富媒体 智能化

高等教育财经类核心课程系列教材
高等院校应用技能型精品规划教材
高等院校教育教学改革融合创新型教材

金融市场学

FINANCIAL MARKETS

（第四版）

理论 · 实务 · 案例 · 实训

李 贺 ◎ 编 著

视频版 · 课程思政

上海财经大学出版社
SHANGHAI UNIVERSITY OF FINANCE & ECONOMICS PRESS
上海学术 · 经济学出版中心

图书在版编目(CIP)数据

金融市场学：理论·实务·案例·实训 / 李贺编著. 4版. -- 上海：上海财经大学出版社, 2025. 1.
(高等教育财经类核心课程系列教材) (高等院校应用技能型精品规划教材) (高等院校教育教学改革融合创新型教材). -- ISBN 978-7-5642-4503-0

Ⅰ.F830.9

中国国家版本馆 CIP 数据核字 20244ZK573 号

□ 责任编辑　汝　涛
□ 封面设计　贺加贝

金融市场学

——理论·实务·案例·实训

(第四版)

李　贺　编著

上海财经大学出版社出版发行
(上海市中山北一路 369 号　邮编 200083)
网　　址：http://www.sufep.com
电子邮箱：webmaster@sufep.com
全国新华书店经销
上海新文印刷厂有限公司印刷装订
2025 年 1 月第 4 版　2025 年 1 月第 1 次印刷

787mm×1092mm　1/16　20.25 印张　558 千字
印数：13 501—16 500　　定价：62.00 元

第四版前言

金融市场学是一门实践性较强的课程，它以现代金融环境为背景，系统地介绍现代金融市场的基本理论、基本方法和基本技能。新修订的《金融市场学》(第四版)以金融市场基本元素为线索，突出培养学生自信心、自豪感、自主性为目标，系统化地介绍金融市场的各个子市场，内容以习近平新时代中国特色社会主义思想为指导思想，深入贯彻中共二十大精神，兼顾"就业导向"和"生涯导向"。习近平总书记指出，要在教育教学全过程中实施思政教育，始终将立德树人作为高等教育的中心环节，从而开创中国高等教育发展新格局。在此背景下，有必要深入探讨如何将思政教育任务和元素纳入"金融市场学"课程，将专业教育和思政教育有机协同融合起来，这是一个具有重要现实意义的课题，也是回归教育本真，培养具有社会主义核心价值观和合格社会主义事业接班人的必然要求。本书在修订中融入了课程思政建设，以课程思政工作贯穿全过程，营造全员育人环境，全面提升人文素养，强化职业道德素质，增强学生的理想与信念；以工作过程为导向，注重理论联系实际，依照"原理先行、实务跟进、案例同步、实训到位"的原则进行编写。

本书在内容构建上，融合了当下金融市场理论的前沿动态与实践案例，全力提升教材的政治性与引导性。全书总计涵盖 11 章、47 节，在编写过程中，对每一章都进行了细致的阐述。首先，"知识目标"针对每章内容进行了递进层次的编排，分为理解、熟知、掌握三个级别，方便学生在学习时明确侧重点。"技能目标"着重培养学生的思考能力以及解决实际应用问题的能力。"素质目标"致力于培养具备创新意识和创新能力的应用技术型人才，迎接知识经济挑战的关键任务。"思政目标"主要开展马克思主义理论教育，以习近平新时代中国特色社会主义思想铸魂育人，引导学生增强中国特色社会主义道路自信、理论自信、制度自信、文化自信，厚植爱国主义情怀，将爱国情、强国志、报国行主动融入坚持和发展中国特色社会主义、建设社会主义现代化强国、实现中华民族伟大复兴的奋斗历程之中。其次，"课程引例""引例导学"，通过"问题导向式"，引导学生发现并思考问题，借助实践案例持续解决问题，从而为未来的职业生涯做好充分准备，同时激发学生的学习兴趣，让学生通过引例明晰学习内容，增强学习的自信心和自觉性。再次，"知识精讲"实现了理论与实践的有机融合。在内容上，穿插了"拓展阅读""做中学""学中做""提示""注意"等栏目，利于学生对所学知识点的理解；在形式上，尽量采用图表阐释，以便学生清晰理解所学的实践业务；在语言上，力求通俗易懂的表达，将概念和术语变得易于理解。最后，鉴于本课程具有较强的实践性，为了提高学生的整体素质和综合实践应用技术能力，让学生掌握必备的专业知识，课后编排了"本章术语""应知考核"(包含单项选择题、多项选择题、判断题、简述题、计算题)、"应会考核"(包括观念应用、技能应用、案例分析)、"本章实训"(包括实训内容、实训步骤、实训要求)，充分展现了本书内容的实用性、新颖性、创新性和可操作性。

高等院校教育教学改革融合创新型教材力求体现以下特色：

1. 结构优化，金融育人。本书在结构设计上，充分考虑了高等教育和应用技能型院校财经类课程教学教改的特点，以符合教师理论与实践教学为基础，将纷繁复杂的金融市场基础知识进行了系统化梳理与呈现。本书结构的设计以“必需、够用”为原则，紧紧围绕突出学生职业生涯能力需求这一核心，力求知识体系充实、合理且实用。通过这样的结构规划，让师生在“教与学”的过程中目标明确，深切体会“做中学”“学中做”的理念，进而能够更好地对金融市场进行分析与应用。

2. 金融实务，知行合一。本书从高等教育和应用技能型院校教育的教学规律出发，紧密与实际相接轨。本书整合了近年的数据资料、前沿的学术研究成果以及国内外对比分析，并融入了动漫视频等元素，全面地介绍了当前的金融市场理论与实践知识及相关案例。在重视金融市场必要理论的同时，更加强调金融市场实务技能的应用。为方便学生学习，在内容中设置了金融子市场实务操作的二维码链接，主要引导学生将“学中做”和“做中学”有机结合，一边学习理论，一边将所学知识迅速应用于实践，真正实现理论和实训的一体化。

3. 聚焦前沿，筑牢根基。为适应新业态就业需求，本书积极聚焦行业前沿动态，大力推进校企携手共同开发课程培养模式。与当前的职业标准、行业标准以及岗位规范紧密对接，本书在注重培养学生创新能力的同时，进一步强化其实践应用能力，致力于让学生不仅扎实掌握专业知识与技能，而且突出实践操作能力的训练，使实用性与知识性相得益彰。通过这种全面的培养方式，切实提升学生的专业技能和综合能力，为其未来的职业发展筑牢根基。

4. 教材求新，育心赋能。本书在内容创新上力求有所突破，激发学生的学习兴趣和热情，精心设计适合学生掌握的考核要点。本书致力于培养和提高学生通过理论与实践知识丰富自身创新意识的能力，提升在具体工作中的审美素养，激发创新创造活力，最终实现培养当代大学生积极愉快的主观体验、稳定的情绪表现、健康的心态、良好的心境，从而达成职业认同感、职业荣誉感、职业道德感。

5. 多元课堂，资源培优。为实现课堂教学的多元立体化，编著者精心开发了丰富的教学资源，包括教师课件、习题参考答案、课程标准、教学大纲、教师教案、案例专题、模拟试卷及答案等。同时，为助力学生技能培养，本书配备了以纸质教材为主、线上学习平台为载体，融合多种教学资源（如课件、教学视频、教学案例等）的数字化教学资源体系。

本书由李贺编著，赵昂、王海涛、杨阳、王玉春、李洪福五位负责本书教学资源的制作。本书适用于高等教育和应用技能型教育层次的金融学、金融工程学、投资学、工商管理等财经类专业方向的学生，同时可作为专升本层次学生考试和证券从业资格考试的辅助教材。另外，本套图书配有《国际金融学》、《货币银行学》（第二版）、《金融企业会计》（第二版）等相关系列教材。

本书得到了作为上海学术·经济学出版中心的上海财经大学出版社和校企合作单位的大力支持，在编写过程中参阅了参考文献中的教材、著作及相关网站等资料，对于以上作者们的贡献，谨此表示衷心的感谢！由于编写时间仓促，加之编者水平有限，书中难免存在一些不足之处，恳请专家、学者和读者对本书中存在的错误和不足之处给予意见和指正，以便不断地更新、改进与完善。

编著者

2024 年 11 月

目　录

第一章 金融市场导论

知识目标

理解：金融市场的界定；金融市场的概念；金融市场的发展趋势。

熟知：金融市场的功能；金融市场工具；金融市场的构成要素。

掌握：金融市场的不同分类；金融工具的特征；金融市场组织方式。

技能目标

能够正确认知金融市场在现代经济中的功能和未来的发展趋势，提高金融市场专业知识的应用能力、职业判断能力和相关知识的更新能力；认真学习金融市场基础知识，并为进一步学习金融市场的复杂理论和实践操作打下坚实的基础。

素质目标

引导学生树立正确的金钱观和财富观，认识到金融活动的社会功能和责任；增强学生的国家意识，能够从国家战略的高度理解和分析金融市场的运行和发展；能够在金融市场中培育法治意识，遵守金融法律法规，理解诚信的重要性，鼓励学生在未来的职业生涯中积极参与到绿色金融等社会责任实践中去，推动金融服务的普惠性和可持续性。

思政目标

通过本项目的学习，培养学生的国际视野，能够理解和适应国际金融市场的规则和变化，为中国金融业的对外开放和国际合作做出贡献；培养学生的社会主义核心价值观，增强国家意识和社会责任感，以及提升在金融市场领域的专业素养和道德规范；能够积极参与社会实践活动，共同促进学生全面发展。

课程引例

加快建设中国特色现代金融市场体系，提升服务实体经济质效

近年来，中国人民银行以习近平新时代中国特色社会主义思想为指导，全面深入贯彻落实中央经济工作会议、中央金融工作会议精神和党中央、国务院决策部署，持续加强金融市场建设，优化金融市场结构，深化市场功能和强化市场规则，推动金融市场高水平对外开放，防范化解金融风险，提升服务实体经济的质效。

1.优化融资结构,不断增强支持实体经济力度

(1)直接融资比重显著上升。截至2024年1月末,我国债券余额159万亿元,近5年年均增速13%,规模稳居世界第二。2023年,我国债券融资占社会融资规模增量的31.6%,较2022年上升2.9个百分点,对实体经济融资的支持力度不断加大。2023年,债券现券成交354万亿元,债券回购和同业拆借成交2 273万亿元,金融市场活跃度和流动性进一步提升。

(2)货币和财政政策协同发力。债券市场持续支持积极财政政策实施,国债和地方政府债券融资规模保持较快增长。截至2024年1月末,政府债券余额70.2万亿元,其中,地方政府债券余额40.8万亿元,是债券市场第一大券种。2023年,国债发行11万亿元,地方政府债券发行9.3万亿元。

(3)公司信用类债券规模稳步上升。截至2024年1月末,公司信用类债券余额32万亿元,是实体企业除信贷之外的第二大融资渠道。重点领域、重点行业、薄弱环节的债券融资力度进一步加大。民营企业债券融资支持工具累计支持民营企业发行债券2 505亿元。2023年,科创企业发行债券4 055亿元。

(4)金融机构支持实体经济能力提升。截至2024年1月末,金融债券余额38万亿元。其中,政策性银行债券余额24.3万亿元,有效发挥政策性金融的逆周期调节作用。资本债券余额6.4万亿元,累计提高商业银行整体资本充足率约3个百分点。2023年,小微、绿色、"三农"金融债券分别发行2 637亿元、3 988亿元、582亿元。

(5)债券市场收益率处于历史低位。中国人民银行加大货币政策逆周期调节力度,债券市场收益率整体下行。2024年1月末,10年期国债收益率下降至2.43%,各信用等级、各期限信用债券发行利率跟随下行。2024年1月,信用债券加权平均发行利率2.92%,较2023年1月下降87个基点。

2.加强金融市场建设,深化市场功能和强化市场规则

(1)加强金融市场制度建设。完善债券承销、估值、做市等规则,建立公开市场业务一级交易商与做市商联动机制,提升债券市场定价准确性和货币政策传导效率。推动柜台债券业务扩容,提升债券市场普惠性,加快多层次市场发展。实施商业汇票承兑贴现新规和黄金租借业务管理暂行办法。

(2)提升金融市场活跃度和流动性。上线中央债券借贷业务,优化银行间债券市场债券回购机制,提升市场流动性和交易结算效率。推出债券市场投资一揽子措施,便利市场参与者多元化投资需求。

(3)强化重要金融基础设施统筹监管。牵头制定《金融基础设施监管办法》,建立健全统一的金融基础设施监管框架和准入制度。推进交易报告制度和交易报告库建设。持续推动债券市场登记结算系统互联互通,促使金融市场要素自由流通。

(4)推动健全金融市场法制。贯彻落实中央金融工作会议精神,研究起草《公司债券管理条例》,推动修订《票据法》。加强银行间市场自律管理、行政监管、统一执法工作有效衔接,坚持对市场违法违规行为"零容忍"。

3.推动金融市场高水平对外开放,提升中国债券市场的国际影响力和竞争力

(1)促进与全球市场有序联通。推动"债券通""互换通"落地并保持平稳高效运行,境外投资者可"一点接入"中国债券市场和金融衍生品市场。截至2024年1月末,已有1 129家境外投资者进入我国债券市场,涵盖70多个国家和地区的主权类和商业类投资者,持有我国境内债券3.9万亿元人民币。推动上海黄金交易所国际板稳健运行。

(2)优化境外机构投资环境。推动债券市场发行交易、登记结算、评级、税收等各项规则制度与

国际接轨，不断提升境外投资者入市投资便利性。中国债券先后被纳入彭博巴克莱、摩根大通、富时罗素三大国际债券指数，国际影响力不断提升。截至2024年1月末，境外投资者已连续12个月净买入我国债券，累计净买入超过1.8万亿元。

(3)稳步扩大制度型开放。完善熊猫债券发行管理制度，截至2024年1月末，境外机构在我国债券市场累计发行熊猫债约7 960亿元。统筹推进债券市场对外开放，落地便利投资一揽子措施。将“北向通”的债券纳入中国香港金管局人民币流动资金安排合格抵押品。

4.防范化解金融风险，维护金融市场稳健运行

(1)健全市场化、法治化违约处置机制。丰富展期、置换、回购等市场化违约处置手段，畅通司法救济渠道，提高市场违约处置效率。探索建立金融市场机构投资者纠纷调解中心，加强市场投资者保护，引导市场风险有序出清。

(2)丰富市场投资者风险管理手段。推出标准利率互换业务，不断完善衍生品市场交易清算安排，丰富利率衍生品供给。2023年，人民利率互换、债券远期等衍生品交易31.9万亿元，同比增长50%。持续优化票据业务功能。

(3)强化金融市场监测预警和处置机制。健全货币、债券、黄金、外汇、票据等各子市场的风险监测和预警机制。强化国有企业债券风险监测预警各项工作，做好国有企业债券风险联防联控。稳定房地产债券融资，稳妥化解城投企业债券风险。债券市场总体保持稳健，债券违约率保持较低水平。

资料来源：中国人民银行金融市场司：《加快建设中国特色现代金融市场体系 提升服务实体经济质效》，中国人民银行，2024年3月10日。

● 引例导学

通过上述引例可以看出，中国人民银行将继续深化金融市场改革开放发展，持续完善金融市场结构和产品体系，强化金融市场功能，加强金融市场宏观审慎管理和金融基础设施统筹监管，提升金融市场稳健性和货币政策传导效率，推进金融市场更高水平双向开放，加快建设具有高度适应性、竞争力、普惠性的现代金融市场体系，为实体经济发展提供更高质量、更有效率的金融服务。什么是金融市场？金融市场工具有哪些？金融市场的发展趋势如何？本章将详细讲述。

● 知识精讲

第一节 金融市场概述

一、金融市场的界定

从一般意义上说，市场(Market)是一个交易机制的概念，任何有关商品和劳务的交易机制都可以形成一种市场。市场既可以是有特定场所的有形市场，也可以是无形市场，尤其是在泛指的情况下，因此可以把金融市场定义为对金融交易机制的概括，即通过金融工具交易进行资金融通的场所与行为的总和。

下面先来介绍一下市场体系中常见的几种市场类型。通过分析它们与金融市场的联系和区别，可以更深刻地认识金融市场。

在全球经济体系中运行的市场主要有以下三个类型：

1.要素市场

在要素市场上，消费单位向生产单位销售劳动力、土地、资本等生产资源，相应获得生产单位给

予的以工资、租金、利息等形式存在的回报。

2. 产品市场

在产品市场中，如消费品市场、生产资料市场、旅游服务市场等，消费单位把从要素市场上获得的大部分收入用来购买生产单位提供的商品和服务。在市场经济条件下，各类市场在资源配置中发挥着基础性作用，这些市场共同组合成一个完整、统一且互相联系的有机体系，如图 1—1 所示。

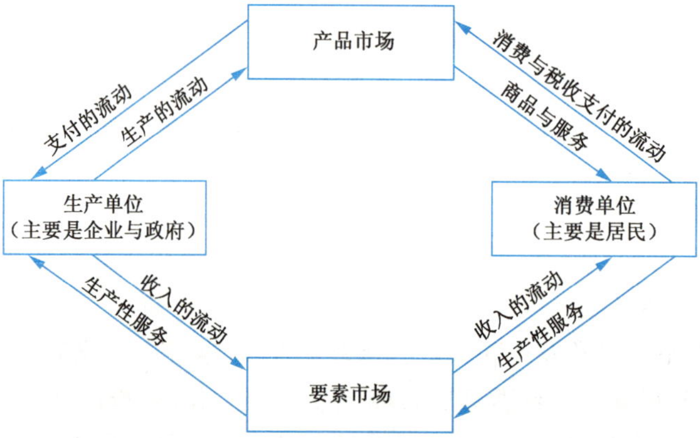

图 1—1　经济中的市场类型（仅包括产品市场和要素市场）

在图 1—1 中，只有消费单位将它们在要素市场中获得的全部收入都用于产品市场中购买商品和服务，并且生产单位将从产品市场中获得的收入全部用于要素市场中购买生产要素，整个社会的生产规模才会保持不变，否则就会萎缩。例如，如果消费单位通过在要素市场出卖劳动力获得 100 元收入，他只将其中 80 元用于产品市场的消费，而保留了 20 元，则生产单位在产品市场只能获得 80 元收入，他也只能用这 80 元在要素市场购买生产要素组织下一轮生产。这样，原本为 100 元的生产规模就缩减为 80 元。

3. 金融市场

金融市场的出现为资金从消费单位流向生产单位提供了一个新的平台。对于消费单位没有用于产品市场而保留的 20 元，可以通过金融市场提供给生产单位，即消费单位将 20 元资金在未来一段时间的使用权转移给生产单位，相应获得未来的金融索取权。通过金融市场，留存在储蓄者手中的盈余资金得以高效率地转移给资金需求者，如图 1—2 所示。

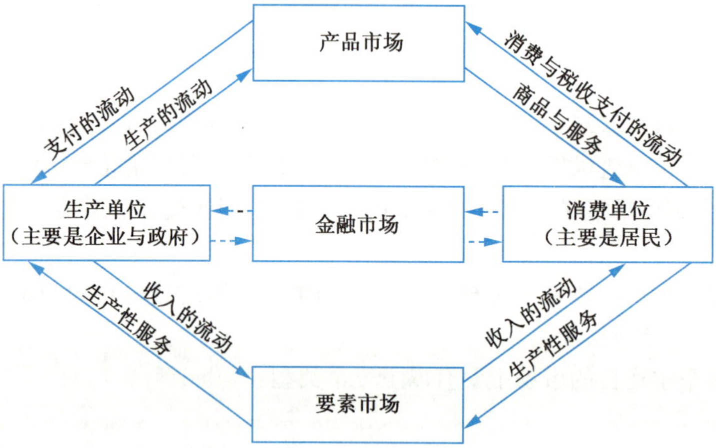

图 1—2　经济中的市场类型

由此可见，在现代市场经济中，无论是消费资料和生产资料的买卖，还是技术和劳动力的流动等，各种市场的交易活动都要通过货币的流通和资金的运动来实现，都离不开金融市场的密切配合。更重要的是，在现实生活中，不是所有的要素收入都用于消费，这部分存留会以个人储蓄、企业储蓄或政府储蓄等形式存在，这时就需要金融市场发挥关键作用了。金融市场将储蓄融通给那些需要资金大于其目前收入的个人和机构。从这个意义上说，金融市场的发展对整个市场体系的发展起着举足轻重的制约作用，市场体系中其他各市场的发展则为金融市场的发展提供了条件和可能。

二、金融市场：储蓄向投资转移的渠道

金融市场的出现，一方面为储蓄者手中的盈余资金提供了新的流向投资领域的渠道；另一方面扩大了投资者的可用资金范围，使其投资规模不再局限于自有资金。

所谓储蓄（Save），是对消费支出的一种节制。它的概念因经济活动中进行储蓄的部门不同而不同。对居民来说，储蓄是当前收入扣除当前消费和税收后剩余的部分；对企业来说，储蓄是企业支付税收、股东红利和其他现金支出后仍保留在企业中的收益；对政府来说，储蓄是政府当前收入大于当前预算支出的盈余。

所谓投资（Investment），一般是指资本商品（如建筑和设备）的获取，以及原材料和待售商品（存货）的购买。它的概念也因经济活动中进行投资的部门不同而不同。对居民来说，投资包括家庭购买的新的住房或家具、汽车或其他耐用商品；对企业来说，投资包括对固定资产（如建筑和设备）和存货的支出；对政府来说，投资主要包括修建和维护公共设施的支出。

众所周知，当代经济需要开展大量的投资来生产商品和提供服务以满足消费者的需要，进而提高整个社会的福利水平。但是，投资所需要的巨额资金远远超过了单个企业或政府支付能力的范围。这时，金融市场的存在为投资者提供了新的资金来源。投资者通过在金融市场上出售金融要求权（如股票和债券），可以迅速地从社会中的资金盈余方（主要是家庭与个人）筹集到巨额资金，如图1—3所示。当然，投资方必须向资金提供方承诺会利用未来的收入来偿还借款。正是金融市场的运作将资金盈余者的当前资金转化为未来的收益，将资金盈余者的储蓄转化为资金需求者的投资，从而使整个社会的生产和就业，以及家庭的收入和生活质量都得以提高。

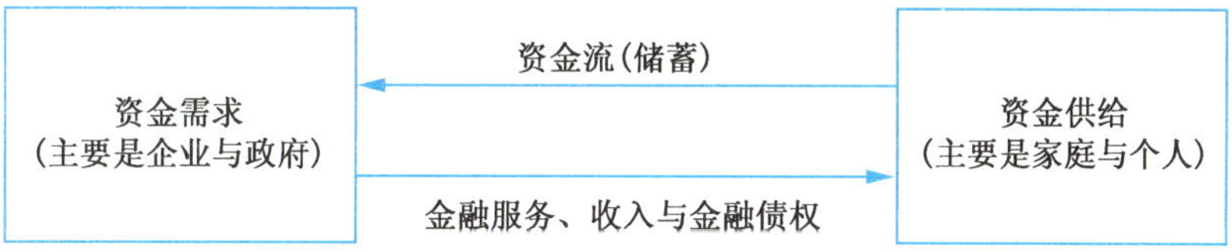

图1—3　储蓄向投资的转化

三、对金融市场的理解

尽管金融市场（Financial Market）也称为“市场”，但它与我们所熟悉的商品市场相比，在参与者、交易对象、交易形式等方面，还是有众多不同的。

首先，金融市场的参与者是资金的供给者和需求者，双方建立在信用基础上，进行一定时期内的资金使用权的有偿转让。一般来说，家庭是金融市场中主要的资金供给方，企业与政府是金融市场中主要的资金需求方。

其次，金融市场的交易对象——金融商品，它既具有异质性又具有同质性。在商品市场中，同

一种商品(如苹果)可能会因为大小、色泽、口感等因素差异而存在不同的价格。在金融市场中,这种商品异质性也存在。同样是企业发行商业票据,高信用等级和低信用等级的企业赋予了商业票据不同的违约风险,进而市场对其要求不同的收益率。而所谓同质性,是指在金融市场中,同一发行者发行的同一批次金融工具,在特征和定价上具有同一性。例如,投资者在中国深圳证券交易所购买同一只股票,就具有同质性。

再次,与大部分有形的商品市场不同,更多的金融市场是无形的。尽管我们所熟悉的一些金融交易是在有形市场中完成的,如银行柜台,但大部分金融市场,特别是机构之间的金融交易并不通过专门的交易场所进行,而主要通过互联网等平台完成。

最后,金融市场可以根据参与者或交易对象的不同而划分为若干个子市场。一方面,这些子市场由于其各自不同的特点而相互区别和隔离;另一方面,由于在大多数金融子市场上交易的金融商品具有信贷这一基本特征,借款人在各个子市场之间的选择和转移会使不同市场上的借贷成本趋于平衡。例如,银行信贷市场和企业债券市场分别经营贷款和债券两种截然不同的金融工具。但企业在有融资需求时会对这两种融资方式进行选择比较。在这两种融资方式的成本偏离过大时,更多的企业会选择参与低融资成本市场而离开高融资成本市场,造成两个市场资金供求关系的变化,进而使两个市场的资金借贷价格发生变化,重新趋于一致。

四、金融市场的概念

(一)金融市场的具体内涵

金融是指资金的融通或者资本的借贷,是资金由资金盈余单位流向资金短缺单位的过程。金融所要解决的核心问题就是:如何在不确定的环境下对资源进行跨期的最优配置。在市场经济体制下,一方面,家庭或一般的资金盈余单位获得收入并分割为当期消费和投资;另一方面,经济体系中存在大量提供产品和劳务的实际生产者,主要是企业,也包括政府,为了生产和再生产,它们需要大量的资金支持。连通消费和生产、媒介资源跨期配置的就是金融市场和金融中介。因此,现代金融可以视为不确定环境下资源跨期最优配置的市场解决方案。由此,我们也可以把金融理解为:在不确定的环境下,通过金融市场对资源进行跨期最优配置。

金融市场有广义和狭义之分。广义的金融市场是指资金供应者和资金需求者双方通过信用工具进行交易而融通资金的市场,也就是说,金融市场是实现货币借贷和资金融通、办理各种票据和有价证券交易活动的市场。而狭义的金融市场往往特指证券的发行与买卖的场所。

动漫视频

金融市场

【提示】一般将金融市场理解为以金融资产为交易对象而形成的供求关系及其机制的总和。金融资产表现为各种金融工具或产品,如债券、股票等,代表持有人对实物资产或未来现金流的索取权,对持有人来说是资产或者财富。

对金融市场概念的理解主要体现在以下三个方面。

(1)金融市场是进行金融资产交易的场所,它不受空间与时间的限制。这个市场既可以是有形的,如证券交易所;也可以是无形的,如外汇交易员通过计算机网络构成的“看不见的市场”进行着资金的调拨。有些金融市场可以全天 24 小时运行,如全球外汇市场。与商品市场一样,金融市场可以是一个场所,如上海证券交易所和深圳证券交易所,它们都有固定的办理交易业务的大厦;金融市场也可以不是一个场所,而仅仅是一种交易关系。在科学技术日益发展的今天,一个电话、一个电传或通过计算机网络,都可实现金融工具的交易。银行家们最熟悉的货币市场,在大多数国家没有任何具体的、有形的“场所”。

(2)金融市场反映了金融资产的供应者与需求者之间所形成的供求关系。不同类型、不同特点、不同形式的金融交易,可分别构成不同类型、不同特点、不同形式的金融市场,而所有的金融交易汇合在一起便构成金融市场。金融交易满足了资金需求者和资金供给者双方的投资和融资、分散金融风险、转换资产存放形式等诸多需求。

【注意】交易双方的关系不是简单的买卖关系,而是建立在信用基础上的资金使用权的有偿转让。

(3)金融市场还包含金融资产交易过程中所产生的各种运行机制,包括价格机制、发行机制、监督机制等,其中最主要的是价格机制。在金融市场上,最重要的价格机制是利率。在金融市场上,利率就是资金的价格,在这种特殊的价格信号指引下,资金可以迅速、合理地流向高效率部门。

(二)金融市场与其他市场的区别

1. 交易对象的特殊性

一般商品的交易是普通商品或劳务,其本身含有一定的价值和使用价值,而且使用价值各不相同,一经交易就进入消费。金融市场的交易对象是货币资金这种特殊的商品,包括票据、债券、股票等,但是使用价值相同。

2. 交易场所的特殊性

一般商品交易有其固定的场所,以有形市场为主;而金融市场既有有形市场,在更大的范围内也有通过计算机、电传、电话等通信工具进行交易的无形市场,这种公开广泛的市场体系可以将供求双方最大限度地结合起来。

3. 交易方式的特殊性

一般商品的交易,遵循等价交换的原则,通过议价、成交付款、交货而使交易结束,双方不再发生其他关系;金融市场的交易是信用、投资关系的建立和转移过程,交易完成之后,信用双方、投融资双方的关系并未结束,还存在本息的偿付和收益分配等行为。可见,金融市场上的交易,作为金融商品的买卖关系虽然已经结束,但作为信用或者投资关系却没有结束。

4. 交易动机的特殊性

一般商品交易的卖者为实现价值取得货币,买者则为取得使用价值满足消费的需求;金融市场上交易的目的,卖者取得筹资运用的权利,买者则取得投融资利息、控股等权利;此外,还派生出保值、投机等动机。

5. 交易价格的特殊性

普通商品市场上的商品价格是商品价值的货币表现,价格千差万别,围绕商品的价值在供求关系作用下上下波动。金融市场上的交易价格完全由市场供求关系决定,而且这种价格不是货币资金当时本身的价格,而是借贷资金到期归还时的价格即利息,因此具有一致性。

6. 交易商品的使用价值相同

这是指金融市场上交易商品的使用价值具有同一性。在普通商品市场上,各种商品的使用价值各不相同;而在金融市场上,虽然交易的对象有许多种类(如货币资金、商业票据、银行票据、债券、股票等),但它们都代表了一定量的货币资金,其使用价值是相同的。

拓展阅读1-1　　金融体系、金融市场与金融中介

金融体系(Financial System)是一个经济体中资金流动的基本框架,是金融资产、金融中介(Financial Intermediaries)、金融市场和金融监管系统等金融要素构成的综合体。金融中介是指在资金融通过程中,在资金供应者与需求者之间起媒介或“桥梁”作用的人或机构。与金融市场的资金转移机制不同,金融中介的运作机理是:它先购买赤字单位发行的直接证券(Direct Securities),然后向盈余单位发行间接证券(Indirect Securities),成为赤字单位与盈余单位之间名副其实的媒介。金融体系包括几个相互关联的组成部分:①金融部门(Financial Sector),包括各种金融机构、市场，它们为经济中的非金融部门提供金融服务；②融资模式与公司治理(Financing Pattern and Corporate Governance)，居民、企业、政府的融资行为以及基本融资工具，协调公司参与者各方利益的组织框架；③监管体制(Regulation System)。金融体系不是这些部分的简单相加，而是相互适应与协调。现实中，不同国家的金融制度差异较大，存在着不同的金融体系：一是以英国、美国为代表的市场主导型金融体系，二是以法国、德国、日本为代表的银行主导型金融体系。在美国，银行资产占 GDP 的比重为 53%，总额只有德国的 1/3；美国的股票市值占 GDP 的比重为 82%，大约比德国高 3 倍。

五、金融市场的功能

与金融中介机构一样，金融市场最基本的功能是充当连接储蓄者与投资者的“桥梁”，对资本进行时间和空间上的合理配置，即通俗意义上的融资功能。但融资并非金融市场的唯一功能，它还有其他功能。

（一）融通资金功能

融通资金是指将储蓄转化为投资，有助于筹集和调剂资金。通过金融工具的买卖既能使资金增强流动性，调节货币资金余缺，又可增加收益性。对资金需求者来讲，他可以根据生产经营活动状况，季节性、临时性的变化和资金需求的数量大小、期限长短，在金融市场上通过贷款和发行证券等方式去筹措资金；对金融机构来讲，它为金融机构之间的资金相互融通、交换金融票据或银行同业拆借、调剂金融机构的头寸提供了方便。这样，金融市场不仅起到了广泛动员、筹集调剂资金和分配社会闲散资金的功能，而且有利于社会经济的发展。

（二）资源配置功能

在金融市场上，随着金融工具的流动，相应地发生了价值和财富的再分配。金融是物资的先导，随着金融资产的流动，带动了社会物质资源的流动和再分配，将社会资源由低效部门向高效部门转移。金融市场中的供求双方通过竞争决定了金融资产的价格，或者说确定了金融资产要求的收益率。显然，公司获取资金的动力取决于投资者要求的回报率。而公司所发行的金融资产，其回报越是丰厚，金融资产的价格也就越高；营运效率越高的公司，其股价也就越坚挺。金融市场的这一特点引导着资金在金融资产间进行分配。金融市场能够将资源从低效率利用的部门转移到高效率利用的部门，从而实现稀缺资源的合理配置和有效利用。

（三）流动性便利功能

金融市场为投资者出售金融资产提供了便利。由于这个特点，它对被迫或主动出售金融资产的投资者有很大的吸引力。如果缺乏流动性便利，投资者将被迫持有债务工具直至其到期或者权益工具直至公司自愿或强制破产清算，那么损失可能会非常大。

金融市场所提供的流动性便利在两个方面体现得尤为突出：一方面是为股东提供了“用脚投票”来监督公司的机制。对股东来说，有两种监督机制，首先是“用手投票”，即参与公司决策的主动型监督；其次是“用脚投票”，即抛售所持有的股份的被动型监督。在成熟的金融市场上，“用脚投票”的监督机制往往对公司影响更大，通常情况是：公司股票的大量甩卖会使股价急剧下降，既会影响管理层与股票挂钩的收入，也容易被外部接管。另一方面是这种便利能加快信息的流通。金融市场配置资金的效率依赖于价格信息的准确性。只有当金融资产的价格如实反映了该公司所有基本面的信息，金融市场才是有效率的，它对资金的配置才是有效率的。因此，金融市场的流动性便利可以使信息尽快地反映到价格中，提高市场的资金配置效率。

（四）风险分散功能

在市场经济中，经济主体面临各种各样的风险，无论是投资于实业还是投资于金融资产，都可能面临价格风险、通货膨胀风险、利率风险、汇率风险、经营风险等。风险是客观存在的现象，人们无法消灭风险，但可以利用金融市场分散风险、降低风险。金融市场为它的参与者提供了分散、降低风险的机会，利用组合投资，可以分散投资于单一金融资产所面临的非系统性风险，如金融衍生工具已成为各类经济主体进行风险管理的重要工具。

（五）信息反映功能

金融市场之所以具有信息反映功能，是因为金融市场的产生与高度发达的市场经济是一国整个市场体系的“枢纽”。首先，金融市场是反映微观经济运行状况的指示器。由于证券买卖大部分在证券交易所进行，人们可以随时通过金融市场了解各种上市证券的交易行情，并据此制定投资决策。在一个有效的市场中，证券价格的涨跌实际上反映着发行企业的经营管理情况和发展前景。其次，金融市场交易直接和间接反映国家货币供应量的变动。货币是宽松还是紧缩均是通过金融市场为媒介而实现的，实施货币政策时，金融市场通过出现相应的波动来反映货币宽松或紧缩的程度。金融市场反馈的宏观经济运行方面的信息，有助于政府部门及时制定和调整宏观经济政策。最后，金融市场有大量专门人才长期从事商情研究和分析，他们与各类工商企业保持着不间断的直接接触，能及时、充分了解企业的发展动态。另外，金融市场有着广泛而及时地收集和传播信息的通信网络，使人们可以及时了解世界经济的变化情况，因此被称为国民经济的“晴雨表”。

（六）公司控制功能

资金的转移和有效配置通常面临许多风险。其中，如何确保资金使用者能够有效运用资金并到期偿还或给予当初允诺的投资回报，是投资者决策时要考虑的重要问题之一。因此，需要有一套监督和激励机制来确保资金的高效使用。金融市场的信息生产功能主要解决投资决策做出前的非对称信息问题，即逆向选择（Adverse Selection）；而监督和激励机制则主要解决投资决策做出后的非对称信息问题，即道德风险（Moral Hazard）。金融市场的监督机制主要包括两类：一类是作为投资者的股东通过“用手投票”和“用脚投票”等方式对公司进行直接干预。“用手投票”的主动型监督是指股东可以参加股东大会，选举董事会成员，或就公司有关经营管理的重大事项进行投票表决，从而对管理层的经营构成直接约束；股东也可以实施“用脚投票”的被动型监督，他们通过外部接管行动或恶意收购等行为直接威胁管理层的生存及其在职业经理人市场上的声誉。另一类监督机制则是金融市场提供了激励公司管理层的有效机制，即对经理人的报酬采取股票期权制度，从而使职业经理人自身的效用最大化行为与公司的利润最大化重合起来。其具体做法是：职业经理人报酬的很大份额是股票或股票认购证（Warranty）、股票期权（Stock Option）等与股票挂钩的权证，那么公司未来的绩效就直接与经理人自己的期望收入联系起来。当然，这种激励机制也是以市场的有效性为前提的。如果公司业绩提高不能在股价中反映出来，即使管理层收入与股票挂钩，也不能激发他们改善经营管理的积极性，相反则可能诱使他们做出短期投机行为。

（七）宏观调控功能

宏观调控功能是指金融市场作为政府宏观调节机制的重要组成部分，具有宏观控制经济的作用。在现代市场经济中，货币像一根无形的纽带，把众多分散的局部经济运行联合起来，形成社会经济的整体运动。国家对国民经济运行的计划调控，转换成一系列金融政策，通过中央银行传导到金融市场，引起货币流量和流向的变动。货币流量和流向变动产生的一系列金融信号又通过金融市场传导到国民经济的各个部门，引起国民经济的局部变动或整体变动。中央银行正是利用金融市场宏观调控功能，通过公开市场业务，在金融市场上买卖有价证券，回笼货币，收缩货币供应量；当流通中货币量过少时，中央银行在金融市场上购买有价证券，增加货币供应量，从而使货币供给与需求相适应。中央银行货币政策对各个金融市场的影响如表 1—1 所示。

表 1—1 中央银行货币政策对各个金融市场的影响

金融市场类型	受货币政策影响的相关因素	主要的机构参与者
货币市场	目前货币市场工具在二级市场的价值； 货币市场新发行证券的收益率	商业银行、储蓄机构、货币市场基金、信用社、保险公司、金融公司、养老基金
债券市场	债券二级市场价值； 正在发行债券的收益率	商业银行、储蓄机构、信用社、金融公司、货币市场基金、保险公司、养老基金
股票市场	股票预期收益率进而影响其市场价值； 公司的收入预期进而影响其价值	股票共同基金、保险公司、养老基金
抵押贷款市场	住房需求进而影响住房抵押贷款需求； 住房抵押贷款在二级市场的价值； 新的住房抵押贷款利率； 住房抵押贷款的溢价	商业银行、储蓄机构、信用社、保险公司、养老基金
外汇市场	货币需求影响货币价值，进而影响货币衍生产品价格	受到汇率风险影响的金融机构

中央银行的货币政策、利率政策和信贷政策，都是国家宏观调控经济发展通常采用的手段，它首先引起金融市场的货币波动，然后传递到商品市场和其他要素市场，最后达到调节整个国民经济运行的目的。

【做中学 1—1】 党的二十届三中全会——深化金融体制改革

党的二十届三中全会公报（简称“公报”）3 次提到“金融”关键词，全会通过的《中共中央关于进一步全面深化改革、推进中国式现代化的决定》（简称《决定》）34 次提到“金融”关键词。其中，在深化金融体制改革的顶层设计方面，提出了多项前瞻性、系统性的金融改革举措。这充分体现了党中央对金融工作的关心和重视，对金融体制改革和金融风险防范提出的殷切希望。

《决定》提出，加快完善中央银行制度，畅通货币政策传导机制。积极发展科技金融、绿色金融、普惠金融、养老金融、数字金融，加强对重大战略、重点领域、薄弱环节的优质金融服务。完善金融机构定位和治理，健全服务实体经济的激励约束机制。在完善金融监管体系方面，《决定》明确，依法将所有金融活动纳入监管，强化监管责任和问责制度，加强中央和地方监管协同。建设安全高效的金融基础设施，统一金融市场登记托管、结算清算规则制度，建立风险早期纠正硬约束制度，筑牢有效防控系统性风险的金融稳定保障体系。

分析提示

做中学1-1

从公报和《决定》可以看出，党中央对金融工作是充分重视的，对做好金融工作提出了明确要求。毫无疑问，金融是全面深化改革的重点领域，在中国式现代化建设全局中发挥着重要作用。金融活，经济活；金融稳，经济稳；经济兴，金融兴；经济强，金融强。国家兴衰，金融有责。金融是“国之重器”，是国家核心竞争力的重要组成部分，是国民经济的血脉。全面深化改革、推进中国式现代化，必须深化金融体制改革，防范化解金融风险。构建强大的金融市场体系和金融机构体系，实现金融业态的多样化和金融功能的多元化，提升金融资源配置效率，防范化解金融风险，推动金融更好服务实体经济，加快实现从金融大国向金融强国的历史性转变。

资料来源：董希淼：“党的二十届三中全会决定为什么 34 次提到‘金融’关键词”，《经济观察报》，2024 年 7 月 25 日。

请问：作为全面深化改革的重点领域，金融体制如何进行改革？防范化解重点领域风险应该从哪些方面入手？

第二节 金融市场的构成要素

一个完备的金融市场，其构成要素包括金融市场参与者、金融市场媒介、金融市场工具、金融市场的组织方式和金融市场的交易价格等。

一、金融市场参与者

金融市场的参与者是指金融市场的主体。

（一）根据参与交易的动机划分，金融市场主体分为筹资者、投资者、套期保值者、套利者和监管者

（1）筹资者是金融市场上资金的需求者。

（2）投资者是金融市场上资金的供给者，是指为了获取收益而购买各种金融工具的主体。

（3）套期保值者是利用金融市场来转嫁风险的主体。

（4）套利者是利用金融市场来赚取无风险利润的主体。

（5）监管者则是对金融市场进行宏观调控和监管的中央银行以及其他各种金融监管机构。

（二）根据参与市场交易的部门划分，金融市场主体分为政府部门、中央银行、金融中介、工商企业、居民个人、外国参与者

1. 政府部门

政府部门（包括中央政府、中央政府的代理机构和地方政府）是金融市场上资金的需求者，主要通过发行财政部债券或地方政府债券来筹集资金，并用于国家基础设施建设，弥补财政预算赤字等；同时，国家财政筹集的大量收入在支出前形成的资金积余又可以使其成为资金的供给者。

【提示】在国际金融市场上，不同国家的政府部门可以是资金的需求者，也可以是资金的供给者。此外，很多国家的政府部门同时担负金融市场的调节和监督职能，也是金融市场的监管者。

2. 中央银行

中央银行在金融市场中具有双重角色，它既是金融市场的行为主体，又是金融市场的主要监管者。中央银行在金融市场中担任着最后贷款人的职责，从而成为金融市场的资金供给者。同时，中央银行参与金融市场是以实现国家货币政策、稳定货币、调节经济为目的的。中央银行通过买卖金融市场工具、投放或者回笼货币来调节和控制货币供应量，并会对金融市场上资金的供求以及其他经济主体的行为产生影响。

【注意】一些国家的中央银行还接受政府委托，代理政府债券的还本付息，以及接受外国中央银行的委托在金融市场上买卖金融工具，参与金融市场活动。

3. 金融中介

金融中介是指在金融市场上资金融通过程中，在资金供求者之间起媒介或桥梁作用的人或机构。金融中介可以分为存款类金融中介和非存款类金融中介。

（1）存款类金融中介

存款性金融机构是指通过吸收存款获得可利用的资金，并将资金贷给经济主体中的资金需求者，或者进行投资以获得收益的金融机构。存款性金融机构在金融市场中是十分重要的中介，同时也是套期保值和套利的主体。

①商业银行。商业银行是存款性金融机构中最重要的一种。现代商业银行全面参与金融市场中的各种活动，既是资金的需求者又是资金的供给者，同时还可以通过创造派生存款来扩张或者收缩货币，从而对整个金融市场的供求产生重大的影响。截至 2024 年 4 月，我国的商业银行有：中国

工商银行、中国农业银行、中国银行、中国建设银行、交通银行和中国邮政储蓄银行这六大国有商业银行;还有中国民生银行、上海浦东发展银行、兴业银行、中信银行等 12 家股份制商业银行;大连银行、哈尔滨银行、长沙银行、北京银行等 128 家城市商业银行;上海农商银行、苏州农商银行、大连农商银行等 1 595 家农村商业银行。[①]

②储蓄机构。最早的储蓄机构起源于 18 世纪的意大利,中国的现代储蓄机构起源于 20 世纪初。1912 年 9 月,法国商人伯顿在上海设立万国储蓄会,这是中国第一个专门办理有奖储蓄业务的机构。1930 年 3 月成立邮政储金汇业局,总局设在上海,利用邮政汇兑业务的有利条件开办储蓄存款业务。储蓄机构以专门吸收储蓄存款作为资金的来源,资金的运用则主要是发放不动产抵押贷款、投资国债和其他证券。与商业银行相比,储蓄机构的资产业务期限长、抵押贷款比重高。一国政府经常利用储蓄机构实现其特定经济目标,如房地产政策目标等,因此储蓄机构往往能够得到政府的特别扶持。

【注意】与商业银行一样,储蓄机构在金融市场上既是资金的供给者,又是资金的需求者。

③信用合作社。信用合作社是指由一些具有共同利益的人们组织起来的、具有互助性质的会员组织。其资金来源主要是会员的存款,也有非会员的存款,资金运用则是提供短期贷款、消费信贷、票据贴现及从事证券投资等。信用合作社对金融体系起到了拾遗补阙的作用,在经济生活中广泛动员了社会资金,弥补了现代金融服务难以覆盖的地区,促进了社会闲散资金的聚集和利用。随着金融业的不断发展,信用合作社的业务不断拓展,资金来源与运用从以前的以会员为主逐渐向多元化方向发展,并且在金融市场上发挥着越来越大的作用。

(2)非存款类金融中介

①投资银行。投资银行是与商业银行相对应的一类金融机构。投资银行是资本市场上从事证券发行、买卖及相关业务的金融机构,主要通过发行股票和债券筹集资金。随着金融市场的发展,投资银行的业务领域不断拓展,涉及证券承销和自营买卖、公司理财、企业并购、咨询服务、基金管理、风险资本管理等方面。投资银行既为资金需求者提供筹资服务,又充当投资者买卖证券的经纪人和交易商。目前,投资银行已经成为资本市场上重要的金融中介机构,在一级和二级市场上发挥着重要作用。

②保险公司。保险公司主要包括人寿保险公司和财产及灾害保险公司两大类型。这两类保险公司的资金来源主要是按照一定标准收取的保险费。人寿保险公司为人们由于意外事故或死亡造成的经济损失提供保险,财产及灾害保险公司为企业及居民的财产意外损失提供保险。人寿保险具有保险金支付的可预测性,因此资金可以投入收益相对较高、期限较长的项目中,如股票等,是金融市场上资金供给者之一。财产及灾害保险公司事故的发生具有不确定性,因此资金运用更注重流动性,主要投资于货币市场上的金融工具和安全性较高的政府债券、高级别企业债券等。

③投资基金。投资基金是通过向社会公众出售其股份或者受益凭证来募集资金,并将所获资金分散投资于多样化的证券组合的金融机构。投资基金的当事人有四个:委托人是基金的发起人;受托人是基金经理公司,代理投资机构经营基金所募资金;受益人是投资者,即持有基金份额的人;信托人负责基金资产的保管,一般由投资银行、信托公司和商业银行等大型金融机构充当。投资基金按照基金份额的变现方式可以划分为开放式基金和封闭式基金。

④养老基金。养老基金是金融市场上资金供给者之一。养老基金是类似于人寿保险公司的一种金融组织,其资金来源是公众为退休后生活所准备的储蓄金,通常由劳资双方共同缴纳,有的只由资

---

① 2023 年 5 月 18 日,国家金融监督管理总局揭牌。根据国家金融监督管理总局公告显示:自 2024 年以来已有 83 家(含拟定)中小银行进行合并重组,其中村镇银行 32 家、农商行 35 家、农信社 15 家和城商行 1 家。重组形式上以吸收合并后改制成为主发起行的分支机构为主流模式。中小银行兼并重组的目的是减量、提质,深化金融供给侧改革,此处数据会不断调整。

方缴纳。养老基金的缴纳一般由政府立法规定,资金来源有可靠保障。养老基金由于能够比较精确地估计未来的支付,因此其资金运用主要是投资于长期公司债券、优质股票及发放长期贷款。

⑤风险投资公司。风险资本家将资金投资于新的企业,帮助管理队伍将公司发展到可以“上市”的程度,即将股份出售给投资公众。一旦达到这一目标,典型的风险投资公司就将售出其在公司的权益,转向下一个新的企业。

⑥信息咨询、资信评估等金融中介。这类机构主要是指资信评估公司及其他以金融信息资讯服务业务为主的金融机构。这类金融机构既为企业和社会服务,也为其他金融机构提供服务。最早的信息服务公司是评级机构,比如为证券业评级的穆迪和标准普尔,以及为保险行业评级的贝氏(A. M. Best)。近年来发展起来的行业是提供财务数据(如彭博资讯和路透社)或进行共同基金业绩统计(如 Lipper、Morningstar、SEI)的公司或公司的部门。

4. 工商企业

工商企业在金融市场的运行中无论是作为资金的需求者还是资金的供给者,都具有重要的地位。在生产经营过程中,经常会有一些企业出现暂时性的资金盈余,而另一些企业则出现暂时性的资金短缺。此时,企业不仅可以通过向金融中介机构进行资金余缺的融通,而且在金融市场上发行或者购买各种金融工具,从而实现盈余资金的投资或者得到所需资金,以此实现企业生产经营过程中的不同目的。工商企业还可以通过发行股票或者中长期债券等方式来筹集资金,用于扩大再生产和经营规模。此外,工商企业为了控制财务风险,也经常在金融市场上进行套期保值等活动。

5. 居民个人

居民个人主要是金融市场上的资金供给者和金融工具的购买者。居民个人除掉必要的消费外,为了筹集资金或者留存部分资金以备不时之需,往往会将手中的资金存入银行或者在金融市场上购买股票、债券等金融工具。通过这些金融投资组合,既可以满足居民个人日常的流动性需求,又可以达到保值增值的目的。居民的投资可以用于直接购买金融工具,也可以通过金融中介进行间接投资,如投入保险、购买共同基金等,最终都是向金融市场提供资金。此外,居民有时也会有资金需求,如用于耐用消费品的购买以及住房、汽车消费等。

6. 外国参与者

外国参与者(Foreign Participants)构成了外国部门。这个部门包括所有来自国外的参与者,包括非金融机构、政府和中央银行等。随着世界各国逐步开放其金融市场,外国参与者参与国内金融市场和国际金融市场的现象将越来越普遍。

二、金融市场媒介

按照不同的身份特征,金融市场媒介可主要分为存款性金融机构和非存款性金融机构。

(一)存款性金融机构

存款性金融机构是指以吸收存款方式获得可利用资金,并通过将之贷给需要资金的各经营主体以及投资于证券等途径而获取收益的金融机构,如商业银行、储蓄机构、信用合作社等。

1. 商业银行

在存款性金融机构中,商业银行是业务最广泛、资金实力最雄厚的一种机构。一方面,商业银行利用其可开支票转账的特殊性,大量吸收居民、企业和政府部门暂时闲置不用的资金,此外还通过发行金融债券、参与同业拆借等方式获得资金;另一方面,商业银行通过发放贷款和证券投资等方式来将融入的资金再投放给社会。此外,商业银行还能通过派生存款的方式创造和收缩货币,对整个金融市场的资金供应和需求产生巨大的影响。

2. 储蓄机构

储蓄机构是指专门吸收居民储蓄存款，并为居民家庭或个人提供专门金融服务的金融机构。这类机构数量多、种类庞杂、名称各异，如储蓄银行、互助储蓄银行、储蓄贷款协会、国民储蓄银行、信托储蓄银行等。储蓄机构的大部分资金用来发放不动产抵押贷款、投资于国债和其他证券。与商业银行相比，储蓄机构的资产业务期限长、抵押贷款比重较高。政府也常利用储蓄机构来实现其某些经济目标，如住房金融政策、不动产开发政策等。因此，一些储蓄机构会得到政府的扶持。

3. 信用合作社

信用合作社是由某些具有共同利益的人们组织起来的、具有互助性质的会员组织。其资金来源主要是会员的存款(也有部分来自非会员)。其主要目的是通过会员共同出资，建立共同资本，并在需要时以较低的利率借给有需要的会员来增强会员们的融资能力。当前，在发展方向上，国家鼓励有能力的城市信用合作社、农村信用合作社向城市商业银行、村镇银行方向发展，从而提高管理经营效率和扩大金融服务范围，向现代金融企业方向发展。随着中国经济的发展和金融体制的改革，农村信用社逐渐演变为现在的农商银行。因此，可以说农商银行是农村信用社改革和发展的产物。

(二)非存款性金融机构

非存款性金融机构包括证券公司、投资基金、保险公司等。

1. 证券公司

证券公司主要是从事证券发行、承销、交易，企业并购，资产证券化等业务的非银行金融机构。证券公司是证券市场上重要的金融中介，在国外也常常被称为投资银行。证券的承销发行是证券公司的主要业务之一，由于各国对证券的公开上市都有严格的标准和程序，想要上市的企业自身往往不具备独立完成这些程序的能力，因此需要证券公司帮助拟上市公司进行上市辅导，完善公司治理结构、财务制度等必备的条件，进行上市之前必要的发行准备。在拟上市公司达到上市要求后，证券公司还要帮助其确定发行规模、发行价格等关键发行条件，并为其寻找足够的投资者从而帮助公司将股票顺利地销售出去。这就是证券的发行与承销。证券公司另一大主要业务是自营业务，即自己充当交易者在证券二级市场上买卖证券。

证券公司开展自营业务主要基于两点原因：①增加经营收益。证券公司拥有专业人员对上市公司进行调研分析，再加上证券公司常年开展发行、承销业务对各行业的情况比较了解，有助于其准确把握上市公司情况并对上市公司的证券进行合理估值，增加在二级市场上买卖证券的收益。②充当做市商，增加市场流动性。作为证券市场最重要的中介机构，证券公司有责任也有义务来维持证券二级市场的交易活跃程度，从而保证一级市场上发行、承销业务能够顺利开展。因此，有时证券公司在没有盈利要求的情况下也会主动参与二级市场交易，充当二级市场做市商。另外，证券公司有时还参与企业并购，帮助企业或者其他金融机构将资产进行证券化等业务。

2. 投资基金

投资基金是证券市场上重要的机构投资者，其作用主要有以下几点：①组合投资，增加收益。利用组合投资可以充分降低风险，提高投资收益。但是，对中小投资者来说，往往受限于资金规模和交易成本无法运用组合投资。而投资基金可以积少成多，将中小投资者手中的少量资金聚集起来，形成规模优势，进行组合投资增加投资收益。②平衡投资方与融资方力量，有利于证券市场健康发展。证券市场上的融资方往往是大公司，在资金规模、人员素质、信息来源上都具有优势，因此，客观上需要大的投资者存在以平衡这种力量对比关系，维护证券投资者利益。③稳健的投资风格有利于降低市场的波动性。证券投资基金往往有成熟的投资策略，遵循相对固定的投资计划。因此，一定规模的机构投资者的存在有利于消除个体投资者频繁交易带来的市场波动性。

3. 保险公司

保险公司按业务类别可以划分为财产保险、人身保险和再保险公司三类。

(1)财产保险(Property Insurance)是指投保人根据合同约定,向保险人交付保险费,保险人按保险合同的约定对所承保的财产及其有关利益因自然灾害或意外事故造成的损失承担赔偿责任的保险。财产保险包括财产损失保险、农业保险、责任保险、保证保险、信用保险等以财产或利益为保险标的的各种保险。

(2)人身保险(Personal Insurance)是以人的寿命和身体为保险标的的保险。当人们遭受不幸事故或因疾病、年老以致丧失工作能力、伤残、死亡或年老退休时,根据保险合同的约定,保险人对被保险人或受益人给付保险金或年金,以解决其因病、残、老、死而造成的经济困难。人身保险分为人寿保险、健康保险和人身意外伤害保险。其中,人寿保险又可分为定期寿险、两全保险、年金保险、疾病保险等;健康保险则又可分为疾病保险、医疗保险、护理保险等。

(3)再保险(Reinsurance)也称分保,是保险人在原保险合同的基础上,通过签订分保合同,将其所承保的部分风险和责任向其他保险人进行保险的行为。在再保险交易中,分出业务的公司称为原保险人(Original Insurer)或分出公司(Ceding Company),接受业务的公司称为再保险人(Reinsurer),或分保接受人或分入公司(Ceded Company)。再保险转嫁风险责任支付的保费称作分保费或再保险费;由于分出公司在招揽业务过程中支出了一定的费用,由分入公司支付给分出公司分保佣金或分保手续费。如果分保接受人又将其接受的业务再分给其他保险人,这种业务活动称为转分保(Retrocession)或再再保险,双方分别称为转分保分出人和转分保接受人。中国现有中国财产再保险有限公司、中国人寿再保险有限公司、劳合社再保险公司等8家再保险公司。

三、金融市场工具

金融市场的客体是金融市场供求双方交易的指向对象,即金融市场上流通的各种金融工具。金融市场工具简称金融工具,是指金融市场主体交易的对象(交易的标的物),是金融市场上资金运行的载体,通常称为金融工具。

(一)金融工具分类

金融工具种类繁多,分类方法也有多种。

1. 按性质划分,金融工具分为债权凭证和所有权凭证

(1)债权凭证是发行人依法定程序发行,并约定在一定期限内还本付息的有价证券。债权凭证反映了发行人与持有人之间的债权与债务关系,对还本付息的条件有所约定。

(2)所有权凭证一般是指股票,它是股份有限公司发行的,用以证明投资者的股东身份和权益,并据此获得股息红利的有价证券。

2. 按市场属性和期限划分,金融工具分为货币市场工具、资本市场工具和金融衍生品市场工具

(1)货币市场工具是期限在一年以内的金融工具,包括短期政府债券、商业票据、银行承兑汇票、大额可转让定期存单、同业拆借、回购协议等。货币市场工具具有期限短、流动性强、安全性高的特征。

(2)资本市场工具是期限在一年以上、代表债权与股权关系的金融工具,包括股票、债券等。与货币市场工具相比,资本市场工具期限长、价格波动幅度较大。

(3)金融衍生品市场工具是建立在基础金融工具之上、价格取决于基础工具的派生工具,主要包括金融远期、金融期货、金融期权、金融互换等。表1—2列出了主要的金融市场工具。

表 1—2　　金融市场工具

货币市场	资本市场
A. 固定收益货币市场工具	B. 固定收益资本市场工具
国库券	国债和国库票据
存单	中央政府机构债券
商业票据	市政债券
银行承兑汇票	公司债券、企业债券
回购协议	公司中期票据
央行票据	抵押支持证券
短期融资券	C. 权益市场工具
联邦基金	普通股
同业拆借市场	优先股
	D. 衍生市场工具
	远期和期货
	互换和期权

（二）金融工具的特征

1. 偿还性

金融工具的偿还性是指金融工具的债权人或投资人可以按照金融工具上所记载的应偿还债务的时间，到期收回投资本金。债券一般有明确的还本付息期限，以满足不同筹资者和投资者对融资期限与收益率的不同要求。对于股票，虽然它属于长期投资，但可以通过卖出股票收回投资，仍然具有偿还性。

2. 流动性

金融工具的流动性是指金融工具在不受或少受损失的情况下能迅速变现的能力。能随时在市场上卖出而换取现金的金融工具，表明它的流动性强，反之则弱。衡量金融工具流动性强弱的标准，一是金融工具能否及时变现，二是变现过程中价格的损失程度和交易成本的大小。

3. 风险性

金融工具的风险性是指金融工具的持有人预期收益不能实现，甚至连本金也遭受损失的可能性。风险性是未来经济状况的不确定性带来的。在现代社会经济条件下，未来的经济变化有些是可预测的，有些是难以预测的，这些变化会影响金融工具发行人的经营状况和盈利能力，使金融工具具有预期收益不确定性的风险。金融工具的风险性不仅取决于发行人的资信水平、经营能力和盈利能力，而且受宏观经济状况、金融市场完善程度等因素的影响。

4. 收益性

金融工具的收益性是指金融工具能定期或不定期给持有人带来收益的特性。金融工具收益性的大小，是通过收益率来衡量的，其具体指标有名义收益率、实际收益率和平均收益率等。

四、金融市场的组织方式

金融市场的组织方式主要有拍卖方式和柜台方式两种。

（一）拍卖方式

金融市场上的拍卖方式(Auction)是指所有的金融交易都采取拍卖的方式成交，买卖双方通过公开竞价来确定买卖的成交价格。目前，公开竞价有两种方式：一种是人工拍卖，即由金融工具的出售方呼喊加手势报出要价，购买方之间激烈竞争报出买价，出价最高的购买方将最终获得所售金融工具；另一种是计算机自动撮合，即买卖双方不必直接见面，而是分别将欲买和欲售金融工具的价格输入计算机，由计算机按照时间优先、价格优先的原则自动配对，实现成交。时间优先是指同样的价格先提出者优先成交。价格优先包括两种：对购买方而言，同一时间价格高的优先成交；对出售方而言，同一时间价格低的优先成交。金融市场工具的拍卖在交易所内进行。但交易所内除了真正要买卖金融工具的市场参与者之外，还有受人委托代理买卖的经纪人和股票交易商。他们由作为交易所会员的经纪人公司和证券公司派出，这些公司受实际投资人、筹资人、保值人或者投机人的委托，按照委托人的要求以尽可能有利的价格进行交易。这是拍卖方式的一大特点。

拍卖方式可以分为单向拍卖（One-way Auction）和双向拍卖（Two-way Auction）。①单向拍卖方式的交易双方中一方是一个交易群体（Trading Crowd），例如一批要购买或要出售的同一金融工具，而另一方是一个交易单位。后者报出买卖金融工具的出价或要价，前者中的各个交易单位围绕报价展开竞争，竞相抬价以求买进或者竞相压价以求售出。最后，后者将要出售的金融工具卖给出价最高的交易方，或以最低的价格购得要购买的金融工具。②双向拍卖方式的交易双方都是交易群体，交易双方在买卖某种交易工具时，以该种工具上次成交的价格为基础，分别提出各自的出价和要价。买方希望以较低价格买入，卖方希望以较高价格卖出。买方群体中不断有人为买进而提高出价，卖方群体中不断有人为卖出而降低要价，这样双方的报出价格逐渐接近，到双方群体中最高出价和最低要价相等时便可以成交。

（二）柜台方式

柜台方式（Over-the-Counter）是指通过作为交易中介的证券公司来买卖金融工具，而不是通过交易所竞价方式确定交易价格。这种方式中金融工具的买卖双方分别同证券公司进行交易，或者将出售的金融工具卖给证券公司，或者从证券公司买进欲购买的金融工具。

在柜台方式组织的金融交易中，买卖价格不通过交易双方直接竞争来确定，而是由证券公司根据市场行情和供求关系自行确定。对于同意交易的某种金融工具，证券公司以双价制（Ask and Bid System）的方式进行挂牌，即同时报出该工具的买入价格（Bid Price）和卖出价格（Ask Price），表示愿意以所报出价格买入或者卖出金融工具。证券公司一旦对某种金融工具报出双价，则在报出新的价格之前，不得拒绝以已经报出的买入或者卖出的价格来买卖该种工具。一般证券公司的报价中买入价格低于卖出价格，价差（Spread）就是证券公司的主要利润来源。

五、金融市场的交易价格

金融市场的交易价格是指货币资金使用权的转让价格，即利率。利率是指一定时期内利息额与贷出额（本金）的比率。利率的表示方式有年利率、月利率和日利率。年利率一般以本金的百分之几表示，通常称为年息几厘。月利率一般以本金的千分之几表示，通常称为月息几厘。日利率一般以本金的万分之几表示，通常称为日息几厘。利率总是表现为一个既定的、明确的量。利息额的大小及其在总利润中所占的比重虽然是由贷者和借者在再生产过程之外通过竞争决定的，但是，由于货币具有可以向任何商品转化的特点，其投向不受地区、部门和企业的限制，因此这种竞争是在货币所有者和货币使用者这两类人之间进行的而不是由个别竞争决定的。此外，影响利率的因素相当复杂，这些因素综合作用的结果使利率总是表现为一个既定的、明确的量。

（一）利率的特征

1. 双动性

作为交易价格，利率本身就是市场机制的组成部分。因此，它是经济运行中的内生变量，随着社会资金需求量的增加和社会资金供给量的减少而提高，随着社会资金需求量的减少和社会资金供给量的增加而下降。这就是其自动的一面。同时，利率又是国家干预经济的重要手段，作为政策变量，它与社会总需求呈反方向变动。为刺激需求，必然会降低利率，放松信贷；为抑制需求，则应该提高利率，紧缩信贷。因此，它又具有他动的另一面。

2. 相关性

利率在经济活动中不是孤立地发挥作用的，而是与其他经济杠杆相互联系、相互制约、相互作用，共同组成一个经济杠杆体系，对社会经济运行发生影响。任何其他经济杠杆的变动都会直接或间接地影响利率；反过来，利率的变动也会直接或间接地影响其他经济杠杆。

3. 调节性

物质利益是人们行动的动力，也是商品生产者经营者的基本目标，而利息作为价值的表现形式，利率的变动直接影响到物质利益在人们之间的分配，使企业和个人做出相应反应。因此，利率的变动能够调节企业和个人的经济行为。

4. 直接性

虽然借贷资金作为货币资金在社会总资金运动中占有重要地位，能否顺利得到货币资金是企业资金循环能否顺利进行的重要前提，但是企业是根据其利润率的高低来决定如何生产的，在需要借款时，企业一般需要权衡利率和平均利润率水平的高低。因此，调节利率对生产过程具有直接的作用。

（二）利率的分类

利率是一个十分复杂的经济变量系统，一方面金融资产日益多样化，另一方面人们具有不同的考虑角度，因此利率有各种各样的表现形式。

1. 名义利率与实际利率

名义利率是指以名义货币数量表示的利率，也就是我们通常所说的银行挂牌的利率，或借贷合同和有价证券上载明的利率。它是投资者根据借贷契约应该收到的利率或债务人应该支付的利率。名义利率包含了物价变动率、货币升值或贬值率等诸多因素。实际利率是指剔除物价变动、货币升值或贬值等诸多因素后的利率。它表明投资者实际所获得的利率或债务人实际所支付的利率。实际利率可以表示为：

$$实际利率=名义利率-物价变动率$$

2. 短期利率与长期利率

短期利率一般是指融资期限在一年以内的利率，包括各种存款、各项贷款及有价证券的利率。长期利率是指融资期限在一年以上的利率，包括期限在一年以上的各种存、贷款及各种有价证券利率。

短期利率低于长期利率，这是因为：首先，长期融资比短期融资风险大，期限越长，贷者遭受损失的风险就越大；其次，融资时间越长，借入者使用借入资金经营所获得的利润越多，贷者得到的利息理应越多；最后，在纸币流通的条件下，期限越长，通货膨胀造成的损失越大。

3. 固定利率与浮动利率

固定利率是指不随借贷资金的供求状况而波动，在整个借款期内固定不变的利率。其特点是不随市场资金供求关系及市场利率的变化而变化，简便易行，易于计算借款成本，比较适用于短期借款或市场利率变化不大的情况。

浮动利率指利率随市场资金供求关系及市场利率的变化而定期调整的利率。由于浮动利率在借款期内随着市场利率的变化而定期调整，因此借款人在计算借款成本时比较困难，利息负担可能减轻，也可能加重。但由于借贷双方可以共同承担利率变化的风险，利息的负担与资金供求状况密切结合，这种利率比较适用于中长期贷款。

4. 官定利率与市场利率

官定利率也称法定利率，是指一国政府通过中央银行（或金融管理部门）确定的利率，如中央银行对商业银行和其他金融机构的再贴现利率等。官定利率是国家实现宏观调控目标的一种政策手段，在一定程度上反映了非市场的强制力量对利率形成的干预。

市场利率是指在金融市场上由借贷双方通过竞争而形成的利率，包括借贷双方直接融资时商定的利率，以及在金融市场上买卖各种有价证券时的利率。市场利率是借贷资金供求状况的显示器：当资金供过于求时，利率呈下跌趋势；反之，当资金供不应求时，则呈上升趋势。

5. 一般利率与优惠利率

一般利率是指金融机构按一般标准发放贷款或吸收存款所执行的利率，而优惠利率则是指低于一般标准的贷款利率，以及高于一般存款利率的利率。在国际借贷市场上，一般以伦敦同业拆借利率（LIBOR）为衡量标准，低于该标准的可被称为优惠利率。

第三节　金融市场的分类

一、根据要求权的期限，金融市场分为货币市场和资本市场

（一）货币市场

货币市场是短期金融资产市场，是指以期限在一年以下的金融资产为交易标的的市场。而期限在一年以上的金融资产市场则称为资本市场。债务工具等短期金融资产在一年期或一年期以下的，是货币市场的一部分，而一年期以上的就归到了资本市场。

货币市场的主要功能是保持金融资产的流动性，将金融资产转换成现实的货币。货币市场主要进行国库券、商业票据、银行承兑汇票、可转让定期存单、回购协议、联邦资金等短期金融工具的买卖，交易量庞大。政府、金融机构、工商企业等是货币市场的主体。货币市场是无形市场，交易量巨大，因此也是批发市场。同时，货币市场又是公开市场，按照市场价格进行交易，具有很强的竞争性。

（二）资本市场

资本市场是专门融通期限在一年以上的中长期资金的市场。资本市场包括两大部分：银行中长期存贷款市场和有价证券市场。证券市场是资本市场中最重要的部分。

我国的资本市场自 1990 年沪、深两市开办至今，经历了多个重要发展阶段，已经形成了主板、中小板、创业板、三板（含新三板）市场、产权交易市场、股权交易市场等多种股份交易平台，初步建立了多层次资本市场。

1. 起步阶段（1990—1992 年）

1990 年 12 月 19 日上海证券交易所开业，1990 年 12 月 1 日深圳证券交易所成立，标志着我国改革开放后集中交易的证券市场开始形成。这一时期上市交易的股票数量较少，市场处于初步探索阶段。1991 年 8 月 28 日中国证券业协会成立，为证券行业的自律管理奠定了基础。1992 年，邓小平南方谈话消除了证券市场“姓资”“姓社”的争议，为资本市场的发展指明了方向，此后中国股份制和股票市场的改革试验得到迅猛发展。

2. 快速发展阶段（1993—1998 年）

1993 年 6 月 28 日，深圳 B 股改为港币挂牌、结算；7 月 26 日，上海石化股份有限公司在纽约证交所和香港联交所上市，成为我国第一家在上海、香港和纽约三地上市的公司，我国企业开始走向国际资本市场。1996 年 12 月 16 日，深沪交易所决定从即日起对股票、基金类证券的交易实行价

格涨跌幅 10%限制，市场交易制度不断完善。1997 年 7 月 2 日，国务院办公厅发布通知，将上交所与深交所划归中国证监会直接管理，资本市场的监管体制逐步确立。1998 年 4 月 1 日，上交所实施全面指定交易，进一步规范了证券交易行为。

3. 规范发展阶段(1999—2005 年)

1999 年 7 月 1 日，《中华人民共和国证券法》正式实施，资本市场的法律框架基本建立，为市场的规范发展提供了法律保障。2001 年 12 月 4 日，退市制度正式推出，PT 水仙成退市第一股，市场优胜劣汰机制开始发挥作用。2004 年 5 月 27 日，深交所中小企业板块正式启动，为中小企业提供了融资平台，丰富了资本市场的层次。2005 年 4 月 29 日，股权分置改革试点正式启动，解决了我国股市长期存在的同股不同权问题，为股市的健康发展奠定了基础。

4. 创新发展阶段(2006—2013 年)

2006 年 9 月 8 日，中国金融期货交易所在上海挂牌成立，为投资者提供了风险管理工具，推动了金融衍生品市场的发展。2009 年 10 月 30 日，创业板开市，为创新创业企业提供了融资渠道，进一步完善了多层次资本市场体系。2012 年 8 月 3 日，非上市股份公司股份转让(新三板)试点扩大，除北京中关村科技园区外，新增上海张江高新技术产业开发区、武汉东湖新技术产业开发区、天津滨海高新区，多层次资本市场建设取得实质性进展。2013 年 12 月 14 日，国务院发布《关于全国中小企业股份转让系统有关问题的决定》，新三板全国扩容。

5. 开放加速阶段(2014—2020 年)

2014 年 11 月 17 日，沪港通正式启动，中国资本市场国际化进程进入新纪元。2016 年 12 月 5 日，深港通实施，进一步加强了内地与香港资本市场的联系。2019 年 7 月 22 日，科创板首批 25 家企业上市，标志着设立科创板并试点注册制这一重大改革任务正式落地，为科技创新企业提供了有力的支持。2020 年 8 月 24 日，注册制正式扩围至创业板。

6. 高质量发展阶段(2021 年至今)

2024 年，证监会积极推动新“国九条”及其配套的资本市场“1＋N”政策的落实落地，强调资本市场的政治性和人民性，以及强监管、防风险、促高质量发展的主线，致力于提升资本市场的服务能力和水平，更好地服务于经济的高质量发展和中国式现代化建设。

根据要求权的不同，金融市场还可区分为权益市场及债务市场。图 1—4 显示了货币市场、资本市场、权益市场和债务市场之间的关系。

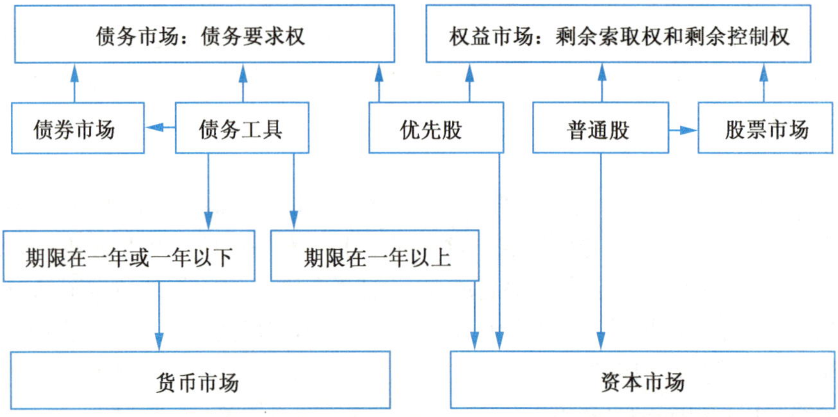

图 1—4 货币市场、资本市场、权益市场和债务市场之间的关系

二、根据交易合约的性质，金融市场分为现货市场、期货市场和衍生产品市场

（一）现货市场

动漫视频

保证金

现货市场是必须在交易协议达成后的若干个交易日内办理交割的金融交易市场。现货交易是金融市场上最普遍的一种交易方式，包括现金交易、固定方式交易及保证金交易。现金交易是指成交日和结算日在同一天的交易；固定方式交易是成交日和结算日相隔 7 天以内的交易；保证金交易也称垫头交易，是在投资者资金不足，但又想获得较多投资收益时，采取交付一定比例的现金，其余资金由经纪人贷款垫付买卖金融工具的交易方式。目前，现货市场上主要是固定方式交易。

（二）期货市场

广义上的期货市场(Future Market)包括期货交易所、结算所或结算公司、经纪公司和期货交易员；狭义上的期货市场仅指期货交易所。期货交易所是买卖期货合约的场所，是期货市场的核心。比较成熟的期货市场在一定程度上相当于一种完全竞争的市场，是经济学中最理想的市场形式。所以，期货市场被认为是一种较高级的市场组织形式，是市场经济发展到一定阶段的必然产物。期货市场是交易双方达成协议或成交后，不立即交割，而是在未来的一定时间内进行交割的场所。

（三）衍生产品市场

衍生产品市场是各种衍生金融工具进行交易的市场。衍生金融工具是指由原生性金融商品或者基础性金融工具创造出的新型金融工具，一般表现为一些合约，合约的价值由其交易的金融资产的价格决定，包括远期合约、期货合约、期权合约、互换等。20 世纪 80 年代金融衍生产品市场开始快速增长，美国的交易所由于积极进行金融创新、率先开发出股指期货等金融衍生产品而获得了国际投资者的青睐，在国际金融市场占据了绝对优势。20 世纪 90 年代后衍生产品市场进入快速发展的轨道，大力提倡和扩张电子交易的欧洲期货交易所上升为衍生产品市场的主角。进入 21 世纪，亚洲市场迅速崛起并成为衍生产品市场的新主力，而且很可能成为下一个衍生产品市场中心。由于具有交易速度快、流动性强、透明度高、风险监控体系严密等优势，不管是在吸引投资者还是在防范金融风险方面，衍生产品市场都发挥了至关重要的作用。

三、根据发行和流通特征，金融市场分为发行市场、流通市场、第三市场和第四市场

（一）发行市场

动漫视频

一级市场

资金需求者将金融资产首次出售给公众时所形成的交易市场称为发行市场或一级市场(Primary Market)。金融资产的发行有公募和私募两种方式。前者的发行对象是社会公众，后者的发行对象是机构投资者，两者相比，公募涉及的范围大、影响广、成本高、准备的手续复杂、需要的时间长。私募发行又分为包销、代销和自销。包销是由银行等承销机构按照商定的条件把全部证券承接下来负责向公众销售，包销期满后无论金融资产是否已经全部销售出去，包销机构都要如数付给发行人应得资金。代销是发行人自己承担全部发行风险，代销商如投资银行接受委托收取手续费用，销售多少是多少，不必承担任何风险。自销是发行人通过私下洽商的方式直接销售给少数的个人或者团体投资者。

（二）流通市场

流通市场又称二级市场(Secondary Market)，是指金融工具发行后在投资者之间买卖、转让所形成的市场。金融工具通过流通市场而更具有流动性，使社会范围内的资源能够得到充分利用。按照其组织形式，流通市场又可以分为场内交易市场和场外交易市场。前者有证券交易所，后者有

柜台交易或者店头交易市场，是在证券交易所之外进行证券买卖的市场，一般针对未上市的证券提供交易服务。

发行市场和流通市场是密不可分的，发行市场是流通市场的基础和前提，没有发行市场就没有流通市场；而流通市场是发行市场存在与发展的重要条件之一，无论是在流动性上还是在价格的确定上，发行市场都受到流通市场的影响。

（三）第三市场和第四市场

在发达的市场经济体中还存在第三市场和第四市场，它们都是场外市场的一部分。第三市场是原来在交易所上市的证券转移到场外进行交易所形成的市场，相对于交易所来说，其交易限制更少、成本更低。第四市场是投资者和证券的出卖者直接交易形成的市场，其形成的主要原因是机构投资者在证券交易中所占的比重越来越大，买卖数额巨大，因此希望避开经纪人，直接交易以降低成本。

四、根据作用和地域范围，金融市场分为国内金融市场和国际金融市场

（一）国内金融市场

国内金融市场是指金融交易的作用和范围仅仅限于一国之内的市场，包括全国性的以本币计值的金融资产交易市场和一国范围内的地方性金融市场。国内金融市场又可分为两部分：本国证券市场和外国证券市场。居住于本国的发行人发行的证券及其交易的市场称为本国证券市场；外国证券市场是指证券的发行人不居住在本国，但在本国发行和交易证券的市场。外国证券的发行需要遵守所在国监管当局的政策规定。外国证券市场在一些国家名称不同，如美国的称为扬基市场、日本的称为武士市场、英国的称为猛犬市场、荷兰的称为伦勃朗市场、西班牙的称为斗牛士市场等。

（二）国际金融市场

国际金融市场是金融资产跨越国界、进行国际交易的场所。国际金融市场上的证券的显著特点是：同时向许多国家的投资者发行，不受一国法令的制约。国际金融市场有广义和狭义之分。广义的国际金融市场又称传统的国际金融市场，是指进行各种国际金融业务的场所，包括货币市场、资本市场、外汇市场、黄金市场和衍生产品市场等。狭义的国际金融市场是指与市场所在国的国内金融体系相分离，主要由市场所在国的非居民从事境外交易，既不受所使用货币发行国政府法令的管制，又不受市场所在国政府法令管制的金融市场，又称离岸金融市场或欧洲市场。离岸金融市场是无形市场，只存在于某一城市或地区而不在一个固定的交易场所，由所在地的金融机构和金融资产的国际性交易形成。欧洲市场并不只局限于欧洲，由于该类型市场在欧洲产生，因此是习惯称谓。

拓展阅读 1—2　　世界三大金融市场

1. 纽约金融市场

纽约是世界主要的金融中心之一。由于美国凭借两次世界大战期间膨胀起来的经济实力登上了资本主义世界金融霸主的宝座，建立了以美元为中心的国际货币制度，使美元成了主要的国际支付手段和储备货币，纽约也就成了国际金融中心。纽约金融市场主要包括外汇市场、货币市场和资本市场。纽约外汇市场并无固定的交易场所，所有的外汇交易都是通过电话、电传等通信设备，在纽约的商业银行与外汇市场经纪人之间进行的。这种联络就组成了纽约银行间的外汇市场。此外，各大商业银行都有自己的通信系统，与该行在世界各地的分行外汇部门保持联系，又构成了世界性的外汇市场。纽约货币市场即纽约短期资金的借贷市场，是世界主要货币市场中交易量最大

的一个。除纽约市金融机构、工商业和私人在这里进行交易外，每天还有大量短期资金从美国和世界其他地方涌入与流出。与外汇市场一样，纽约货币市场交易都是供求双方直接或通过经纪人进行的。在纽约货币市场的交易，按交易对象包括联邦基金市场、政府库券市场、银行可转让定期存单市场、银行承兑汇票市场和商业票据市场等。纽约资本市场是世界最大的经营中长期借贷资金的资本市场，可分为债券市场和股票市场。纽约债券市场交易的主要对象是政府债券、公司债券、外国债券。纽约股票市场是纽约资本市场的一个组成部分。在美国，有10多家证券交易所按证券交易法律注册，被列为全国性的交易所。其中，纽约证券交易所、纳斯达克和美国证券交易所规模较大，它们都设在纽约。

2. 伦敦金融市场

伦敦是资本主义世界最早和最大的国际金融中心。它位于伦敦的泰晤士河北岸2.54平方千米的地区内，又称为伦敦城。在18世纪60年代至19世纪40年代，英国的工业革命推动了英国资本主义的发展，经济实力不断增强，对外贸易发展尤为迅速。这样，英国经济和政治的中心——伦敦便成为世界贸易的中心，英镑也成为最主要的国际支付工具。伦敦金融市场的国际信贷、外汇交易量均居世界第一，证券交易量居世界第二，外国银行的集中程度也超过纽约、东京居世界第一。20世纪50年代末，欧洲美元市场在伦敦的形成，以及后来以伦敦为主要基地的欧洲货币市场的迅速发展，1973年以美元为中心固定汇率制度的崩溃，把伦敦的地位推到新的高度，重新成为世界上最重要的金融中心之一。

3. 瑞士苏黎世外汇市场

苏黎世外汇市场是一个有历史传统的外汇市场，在国际外汇交易中处于重要地位。这一方面是由于瑞士法郎是自由兑换货币；另一方面是由于第二次世界大战期间瑞士是中立国，外汇市场未受战争影响，一直坚持对外开放。其交易量原先居世界第四位，但近年来被新加坡外汇市场超越。

在苏黎世外汇市场上，外汇交易是由银行自己通过电话或电传进行的，并不依靠经纪人或中间商。由于瑞士法郎一直处于硬货币地位，汇率坚挺稳定，并且瑞士作为资金庇护地，对国际资金有很大的吸引力。另外，瑞士银行能为客户资金严格保密，吸引了大量资金流入瑞士。所以，苏黎世外汇市场上的外汇交易大部分是由于资金流动而产生的，只有小部分是出自对外贸易的需求。

第四节 金融市场的发展趋势

随着各国经济的发展和世界经济分工的进一步细化，国际金融市场发生了重大变化，目前呈现明显的金融自由化、金融全球化、资产证券化、金融工程化和数字金融的趋势。

一、金融自由化

金融自由化的目的是改革金融制度，阻止政府对金融过度干预，主张放松对金融机构的限制，以使利率反映资金供求，汇率反映外汇供求，最终实现内外部平衡和经济稳定增长。

金融自由化对所有的金融市场参与者，无论是借款者还是贷款人，都既形成了压力也提供了机会，使他们有可能也有必要降低成本或提高收益。在金融自由化的条件下，金融信息更具公开性，能够更为准确、更为迅速地反映市场的供求状况，也即资金的稀缺程度，形成更为有效的价格信号体系。尤为重要的是，金融自由化减少了产品间、银行间的资金流动障碍，从而使资源配置更接近最优化。金融自由化为金融企业提供了更多的盈利机会。一方面，金融自由化极大地推动了金融资本的形成，为金融企业提供了更广阔的活动空间；另一方面，分业管理制度的逐步解除为金融企业（尤其是商业银行）提供了更灵活的经营手段。

二、金融全球化

金融全球化是指因全球范围内金融管制放松和金融业开放加速而使国别资本得以在全球范围内自由流动的趋势。它是资金(或资本)或金融服务在全球范围内迅速、大量和自由地流动,最终形成全球统一金融市场、统一货币体系的趋势。

金融活动的全球化主要包括以下方面:①资本流动全球化。随着投资行为和融资行为的全球化,即投资者和融资者都可以在全球范围内选择最符合自己要求的金融机构与金融工具,资本流动也全球化了。②金融机构全球化。金融机构是金融活动的组织者和服务者。金融机构全球化就是指金融机构在国外广设分支机构,形成国际化或全球化的经营。③金融市场全球化。金融市场是金融活动的载体,金融市场全球化就是金融交易的市场超越时空和地域的限制而趋向于一体。目前,全球主要国际金融中心已连成一片,全球各地以及不同类型的金融市场趋于一体,金融市场的依赖性和相关性日益密切。

金融全球化是一把“双刃剑”,它对世界各国利弊兼而有之,机遇与风险相伴。在金融全球化程度加深的同时,金融风险日益增大,危险性也日益严重。因为在金融全球化中,国际金融危机的破坏作用具有很强的传染性和自我增强性,即使在本国金融市场基本面的问题尚未严重到发生动荡的程度下,也存在由于外部市场冲击导致金融体系崩溃的可能。然而,全球金融的创新和发展是必然趋势,各国间金融市场的联动性也必然会进一步加强。

三、资产证券化

资产证券化(Asset Securitization)是把流动性较差的资产通过商业银行或者投资银行的集中以及重新组合,以这些资产作为抵押来发行证券,从而实现相关债权的流动化。其主要特点在于将原来不具有流动性的融资形式变成具有流动性的市场性融资。按照国际上通用的分类标准,资产证券化产品可分为住房抵押贷款证券化产品(MBS)与信贷资产证券化产品(ABS)。

资产证券化最早起源于 1968 年美国住房抵押贷款的证券化(MBS),20 世纪 80 年代后以住房抵押贷款为标的的资产贷款协会(Ginnie Mae)、联邦国民抵押贷款协会(简称房利美,Fannie Mae)和联邦住宅抵押贷款公司(简称房地美,Freddie Mac)为其提供担保,由于其信用等级等同于美国国债,因而获得投资者认可。之后基于信用卡贷款、汽车贷款、学生贷款等其他类型的资产支持证券(ABS)相继出现。20 世纪 90 年代美国资产证券化产品进一步发展,信用违约互换(CDS)、担保债务凭证(CDO)等二次证券化的衍生产品开始出现,而其过度的发展最终导致金融危机的发生。

2013 年 3 月,中国证监会正式发布了《证券公司资产证券化业务管理规定》,意味着证券公司资产证券化业务由试点业务开始转为常规业务。可作证券化的基础资产的,可以是企业应收款、信贷资产、信托受益权、基础设施收益权等财产权利,以及商用物业等不动产财产和中国证监会认可的其他财产或财产权利。

资产证券化能够建立连接不同金融市场的通道,将短期存款资金转化为长期资本,从而实现资源和风险的最优配置。从宏观角度来看,资产证券化也有助于完善现有融资体制,提高资源利用效率,改善金融结构和化解金融风险。对中央银行来说,资产证券化不仅有利于疏通货币政策传导渠道,提高货币政策的传导效率,而且可以拓展公开市场操作的工具。但是,资产证券化中的风险也表现出复杂性,使得政府和金融监管当局在信贷扩张与货币供应量的估计上面临更多问题,金融调控监管的难度加大。

四、金融工程学化

金融工程学化是指将工程方法引入金融领域，综合采用各种工程技术方法（主要有数学建模、数值计算、网络图解、仿真模拟等）设计、开发新型的金融产品，创造性地解决金融问题。这里的新型和创造性指的是金融领域中思想的跃进、对已有观念的重新理解与运用，或者是对已有的金融产品进行分解和重新组合。

金融工程学化的趋势为人们创造性地解决金融风险提供了空间。金融工程学化的出现标志着高科技在金融领域内的应用，它大大提高了金融市场的效率。值得注意的是，金融工程学化也是一把“双刃剑”：在 1997 年东南亚金融危机中，国际炒家正是利用它来设计精巧的套利和投机策略，从而直接导致这一地区的金融动荡；反之，在金融市场日益开放的背景下，各国政府和货币当局要保护自己经济与金融的稳定，也必须求助于这种高科技的手段。

五、数字金融

全球新一轮科技革命和产业变革深入发展，催生出大数据、云计算、人工智能、物联网、区块链等新一代信息技术，数字技术革命成为推动世界之变、时代之变、历史之变的重要驱动力。发展数字经济、数字金融是拥抱新一轮科技革命、开创新的技术—经济范式的必然之选。

数字金融具有数字与金融的双重属性，能够加速资金、信息、数字等要素的自由流通与有效配置，矫正传统金融因信息不对称引发的市场失灵和金融割裂问题。数字金融业务模式和业态正在不断进化之中，目前主要包括数字货币、数字支付、数字信贷、数字证券、数字保险、数字理财等金融业态。做好数字金融，需要抓住数字技术革命的机遇，推动金融与数字技术的有机融合，着力提升金融服务实体经济质效，强化系统性风险防控，不断满足经济社会发展和人民群众金融服务需求，加快建设金融强国。

学中做 1—1　数字货币与金融市场创新：引领经济格局新变革

数字货币以其独特的优势正逐渐成为全球金融领域的一股新势力。它不仅改变了传统货币的交易方式，而且为金融市场创新带来了前所未有的机遇。据国际清算银行（BIS）最新报告，截至 2024 年 5 月，全球加密货币市场市值已超过 3 万亿美元，较上一年度增长了近 45%。其中，以太坊等主流数字货币更是成为投资者关注的焦点。数字货币的普及不仅降低了跨境支付成本，提高了金融普惠程度，而且为金融市场创新提供了广阔的空间。

金融市场创新是数字货币发展的重要驱动力。传统的金融市场中，交易往往受到地域、时间等因素的限制，而数字货币的出现打破了这些限制。它利用区块链技术实现了去中心化、安全透明的交易，使得金融市场更加高效、便捷。据 CoinDesk 发布的《2024 年数字资产行业报告》显示，2024 年第一季度，基于区块链技术的智能合约在金融市场中的应用增长了 60%，为投资者提供了更多样化、个性化的投资选择。

数字货币在金融市场创新中的应用案例不胜枚举。以跨境支付为例，传统的跨境支付往往涉及多个中间环节，费用高、速度慢。根据麦肯锡发布的报告，使用数字货币进行跨境支付，平均可以节省 30%以上的成本，并且交易速度提升了 5 倍以上。此外，数字货币还在供应链金融、数字资产交易等领域发挥了重要作用，为金融市场创新注入了新的活力。

分析提示

学中做1-1

资料来源：“数字货币与金融市场创新”，新浪财经，2024 年 5 月 15 日。

请问：数字货币与金融市场创新面临的挑战是什么？分析两者之间的联系。

本章术语

金融市场　金融市场工具　货币市场　资本市场　现货市场　期货市场
衍生产品市场　发行市场　流通市场　第三市场　第四市场　国内金融市场
国际金融市场

应知考核

一、单项选择题

1. 人们可以及时了解世界经济的变化情况，因此被称为国民经济的“晴雨表”，体现了金融市场的(　　)功能。

A. 风险分散　B. 融通资金　C. 流动性提供　D. 信息反映

2. (　　)是指金融工具能定期或不定期给持有人带来收益的特性。

A. 偿还性　B. 流动性　C. 风险性　D. 收益性

3. 根据(　　)，金融市场分为货币市场和资本市场。

A. 要求权的期限　B. 交易合约的性质
C. 发行和流通特征　D. 作用和范围

4. 与货币市场工具相比，(　　)工具期限长、价格波动幅度较大。

A. 货币市场　B. 资本市场　C. 金融衍生市场　D. 黄金市场

5. (　　)也被称为市场创造者。

A. 政府部门　B. 中央银行　C. 金融中介　D. 工商企业

二、多项选择题

1. 非存款性金融机构包括(　　)。

A. 证券公司　B. 投资基金　C. 保险公司　D. 退休和养老基金

2. 在全球经济体系中运行的市场主要有(　　)。

A. 要素市场　B. 产品市场　C. 金融市场　D. 黄金市场

3. 股票市场主要的机构参与者包括(　　)。

A. 商业银行　B. 股票共同基金　C. 保险公司　D. 养老基金

4. 金融市场的参与者参与金融交易的动机，主要有(　　)。

A. 筹措货币资金　B. 对金融资产投资
C. 金融监管　D. 调控宏观经济

5. 金融衍生市场工具包括(　　)。

A. 股票　B. 债券　C. 金融远期　D. 金融期货

三、判断题

1. 一般来说，企业和政府是金融市场中主要的资金供给方，家庭是金融市场中主要的资金需求方。　(　　)

2. 金融市场的交易对象是金融商品，既具有异质性又具有同质性。　(　　)

3. 广义的金融市场往往特指证券的发行与买卖的场所。 ( )

4. 金融市场的交易对象是货币资金这种特殊的商品，包括票据、债券、股票等。它们的使用价值是相同的，体现了金融市场与其他市场交易对象的特殊性。 ( )

5. 资本市场工具具有期限短、流动性强、安全性高的特征。 ( )

四、简述题

1. 简述金融市场与其他市场的区别。
2. 简述金融市场的功能。
3. 金融市场工具包括哪些？
4. 金融市场是如何分类的？
5. 简述金融市场的发展趋势。

应会考核

■ 观念应用

【背景资料】

金融要服务好构建新发展格局

在现代市场经济条件下，货币资金的流动是资源配置的载体，资金循环带动经济循环。金融作为现代经济的核心和社会资源配置的枢纽，具有引导和优化资源配置、助力创新创业活动和产业升级等多方面功能，因而能在构建新发展格局中发挥重要作用。通过引导和优化货币资金流动与配置，金融能带动人流、物流、信息流及其他生产要素聚集，从供给和需求两端刺激生产和消费，进而提升经济循环效率，成为构建新发展格局的重要驱动力量。发挥好金融作用，让金融为构建新发展格局服务，重在优化金融体系结构、提高金融资源配置效率。

资料来源：邱兆祥：“金融要服务好构建新发展格局”，《人民日报》，2021 年 2 月 18 日。

【考核要求】

请问：你认为金融应该如何服务好构建新发展格局？

■ 技能应用

发挥市场在金融资源配置中的决定性作用

金融是国之重器，是国民经济的血脉。金融资源是现代经济的核心资源，其配置是否合理、有效，决定着经济能否健康高效运行。习近平总书记在 2017 年召开的全国金融工作会议上指出：“发挥市场在金融资源配置中的决定性作用。”

习近平总书记指出，金融是国家重要的核心竞争力，金融安全是国家安全的重要组成部分，金融制度是经济社会发展中重要的基础性制度。必须加强党对金融工作的领导，坚持稳中求进的工作总基调，遵循金融发展规律，紧紧围绕服务实体经济、防控金融风险、深化金融改革三项任务，创新和完善金融调控，健全现代金融企业制度，完善金融市场体系，推进构建现代金融监管框架，加快转变金融发展方式，健全金融法治，保障国家金融安全，促进经济和金融良性循环、健康发展。

资料来源：学习强国，编者改编。

【技能要求】

(1)要明确市场在金融资源配置中的决定性作用，我们应该怎么做？

(2)你认为应如何定位政府在金融资源配置中的作用。

■ 案例分析

【情景与背景】

习近平谈建设金融强国

“中国特色金融发展之路既遵循现代金融发展的客观规律，更具有适合我国国情的鲜明特色，与西方金融模式有本质区别。”2024 年 1 月 16 日，中共中央总书记、国家主席、中央军委主席习近平在省部级主要领导干部推动金融高质量发展专题研讨班开班式上作出这一重要论述。

“新年第一课”聚焦金融，意味深长。金融是国民经济的血脉，是国家核心竞争力的重要组成部分。金融活，经济活；金融稳，经济稳。在百年未有之大变局下，推动金融高质量发展，牵一发而动全身。

2023 年 10 月召开的中央金融工作会议，首次提出了“加快建设金融强国”的目标。何为金融强国？如何建设金融强国？在“新年第一课”上，习近平清晰阐释了金融强国的内涵和路径，进一步细绘了建设金融强国的“施工图”。

何为金融强国？习近平强调，金融强国应当基于强大的经济基础，具有领先世界的经济实力、科技实力和综合国力，同时具备一系列关键核心金融要素，即拥有强大的货币、强大的中央银行、强大的金融机构、强大的国际金融中心、强大的金融监管、强大的金融人才队伍。习近平用“六个强大”勾勒出了金融强国应有的模样。

如今，中国已经是金融大国，拥有全球最大的银行体系，第二大保险、股票和债券市场，但是离金融强国还有一定差距。正如中央金融工作会议所指出的，要清醒看到，金融领域各种矛盾和问题相互交织、相互影响，有的还很突出。因此，必须要加快建设金融强国，这样才能为以中国式现代化全面推进强国建设、民族复兴伟业提供有力支撑。

资料来源：何德旭、龚云、郑联盛：“扎实推进金融强国建设”，《光明日报》，2024 年 1 月 31 日。

【分析要求】

结合情境与背景，在深刻理解习近平总书记的讲话精神后，请分析如何建设金融强国。

本章实训

【实训内容】

比较分析各国金融市场的发展现状。

【实训步骤】

查找美国、德国、英国、日本等国家金融市场发展状况的相关资料；查找我国金融市场发展状况的相关资料；列出各国金融市场发展的对比情况；对比并分析我国与发达国家金融市场存在的差距及提出改进建议。

【实训要求】

完成一篇字数不少于 2 000 字的对比分析后的改进建议，并撰写实训报告。

《比较分析各国金融市场的发展现状》实训报告		
实训班级：	项目小组：	项目组成员：
实训时间： 年 月 日	实训地点：	实训成绩：
实训目的：		
实训步骤：		
实训结果：		
实训感言：		

实务操作

货币市场行情

第二章　货币市场

知识目标

理解：同业拆借市场的概念、特点、功能、作用和分类；票据的概念、特点和分类；商业票据市场的概念；大额可转让定期存单的概念、特点和种类；国库券的概念；回购协议市场的概念和特点；短期融资券的概念。

熟知：同业拆借市场的构成要素；商业票据市场的要素；发行商业票据的非利息成本；商业票据的发行成本；银行承兑汇票的交易；银行承兑汇票的作用。

掌握：商业票据的发行程序和收益；大额可转让定期存单市场的结构、发行要素、发行价格、发行方式和交易机制；国库券的发行、流通市场和收益；证券回购协议的交易机制、收益和风险；短期融资券的优势和作用。

技能目标

能够正确认知货币市场在现代经济中的作用，提高货币市场知识的应用能力、职业判断能力和相关知识的更新能力；能够在货币市场中更加自信和熟练地操作，在交易过程中进行谈判和协商，以达成最有利的交易条件，为未来的职业生涯打下坚实的基础。

素质目标

能够结合当今货币市场的实际，提高分析和总结问题的能力，同时提高语言表达的能力、与人合作的能力。在货币市场交易活动中，体会诚信的重要性，培养学生在未来的职业行为中坚持诚实守信的原则。能够提升专业素养，形成正确的世界观、人生观和价值观，努力成为德才兼备的社会主义建设者和接班人。

思政目标

培养学生社会主义核心价值观，提高思想道德素质和法治意识，同时加深对国家金融政策和经济发展的理解。增强学生对国家经济主权的认识，激发爱国情感，认识到个人发展与国家繁荣的紧密联系。引导学生认识到作为未来金融从业者的社会责任，鼓励在专业学习和实践中关注公共利益，促进社会和谐稳定。鼓励学生在理解和掌握传统货币市场知识的基础上，积极探索新的金融工具和服务模式，培养创新思维和实践能力。

课程引例

货币市场利率回升，市场交易活跃

货币市场利率有所回升。2024 年 3 月，同业拆借月加权平均利率为 1.88%，质押式回购月加权平均利率为 1.91%，比上年 12 月分别高 10 个和 1 个基点。银行业存款类金融机构间利率债质押式回购月加权平均利率为 1.76%，低于质押式回购月加权平均利率 15 个基点。3 月末，隔夜和 1 周 SHIBOR 分别为 1.72%和 1.97%，较上年末分别下降 3 个和上升 10 个基点。

货币市场回购交易活跃。一季度，银行间市场债券回购累计成交 418.7 万亿元，日均成交 6.9 万亿元，同比增长 18.6%；同业拆借累计成交 26.3 万亿元，日均成交 4 313 亿元，同比减少 20.2%。从期限结构看，隔夜回购成交量占回购总量的 85.5%，比重较上年同期下降 0.9 个百分点，隔夜拆借成交量占拆借总量的 85.4%，比重较上年同期下降 4.6 个百分点。交易所债券回购累计成交 118 万亿元，同比增长 4.3%。

同业存单和大额存单业务有序发展。一季度，银行间市场发行同业存单 6 818 期，发行总量为 7.4 万亿元，二级市场交易总量为 60.9 万亿元，3 月末同业存单余额为 16.1 万亿元。3 个月期同业存单发行加权平均利率为 2.26%，比同期限 SHIBOR 低 2 个基点。一季度，金融机构发行大额存单 2.8 万期，发行总量为 5.6 万亿元，同比增加 364 亿元。

利率互换市场平稳运行。一季度，人民币利率互换市场达成交易 8.1 万笔，同比下降 3.0%；名义本金总额 7.8 万亿元，同比下降 2.2%。从期限结构来看，1 年及 1 年以下交易最为活跃，名义本金总额达 5.5 万亿元，占总量的 69.8%。人民币利率互换交易的浮动端参考利率主要包括 7 天回购定盘利率和 SHIBOR，与之挂钩的利率互换交易名义本金占比为 94.6%和 4.5%。一季度，以 LPR 为标的的利率互换共成交 219 笔，名义本金 392.2 亿元。

利率期权业务平稳发展。一季度利率期权交易共计成交 121 笔、259.4 亿元，其中利率互换期权成交 4 笔、18 亿元，利率上限/下限期权成交 117 笔、241.4 亿元。

资料来源：中国人民银行货币政策分析小组：《中国货币政策执行报告：2024 年第一季度》，2024 年 5 月 10 日。

引例导学

通过上述引例可以看出，货币市场不同于一般的金融市场。货币市场是短期资金融通市场，是指融资期限在一年以下的金融市场，是金融市场的重要组成部分。货币市场是一个开放的金融市场，但能够进入货币市场融通资金的参与者只限于资本雄厚、信誉较好的借款人。那么，货币市场是一个怎样的金融市场？有什么类型、特征和功能？本章将详细讲述。

知识精讲

第一节　同业拆借市场

一、同业拆借市场的概念

动漫视频
同业拆借

同业拆借是指金融机构（主要是商业银行）之间为了调剂资金余缺，利用资金融通过程的时间差、空间差、行际差来调剂资金而进行的短期借贷。我国金融机构间同业拆借由中国人民银行统一负责管理、组织、监督和稽核。

动漫视频

同业拆借市场

同业拆借市场(Interbank Lending Market),也称为同业拆放市场,是指具有准入资格的金融机构之间,为弥补短期资金不足、票据清算差额以及解决临时性资金短缺需要,以货币借贷方式进行短期资金融通的市场。换句话说,同业拆借市场是金融机构之间调剂资金的市场。一般而言,同业拆借交易是在无担保条件下进行的,是资金和信用的直接交换,因此同业拆借业务本身处于社会信用的最高层次。同业拆借市场交易量大,能敏感地反映资金供求关系和货币政策意图、影响货币市场利率,因此它是货币市场体系的重要组成部分。

【注意】同业拆借市场的目的在于调剂头寸和临时性资金余缺。

二、同业拆借市场的特点

(一)融资期限较短

同业拆借市场最初多为一日或几日的资金临时调剂,是为了解决头寸临时不足或头寸临时多余所进行的资金融通。我国同业拆借期限最短为 1 天,最长为 1 年。我国同业拆借交易中心共有 1 天、7 天、14 天、21 天、1 个月、2 个月、3 个月、4 个月、6 个月、9 个月、1 年,共 11 个品种。而普通的短期资金融通市场则是一年以下,以 3～6 个月为主。对比而言,同业拆借市场期限较短。

(二)具有严格的市场准入条件

对进入市场的主体即进行资金融通的双方都有严格的限制,交易主体是经中国人民银行批准,具有独立法人资格的商业银行及其授权分行、农村信用联社、城市信用社、财务公司和证券公司等有关金融机构,以及经中国人民银行认可经营人民币业务的外资金融机构。而普通的短期资金融通市场对交易主体没有限制,可以是个人也可以是企业,或者个人与企业之间也可以发生交易。

(三)交易额较大

根据《同业拆借交易操作规则》的规定,每笔拆借交易的最低拆借金额为人民币 10 万元,最小拆借金额变动量为人民币 10 万元。日计数基准为实际天数/360。

【提示】同业拆借一般不需要担保或抵押,完全是一种信用资金借贷式交易。双方都以自己的信用担保,都严格遵守交易协议。

(四)利率由供求双方议定

一般来说,同业拆借利率是以中央银行再贷款利率和再贴现率为基准,再根据社会资金的松紧程度和供求关系由拆借双方自由议定。同业拆借市场上的利率是一种市场利率,或者说是市场化程度最高的利率,能够充分、灵敏地反映市场资金供求的状况及变化。

【提示】由于拆借双方都是商业银行或其他金融机构,其信誉比一般工商企业要高,拆借风险较小,加之拆借期限较短,因而利率水平较低。

(五)同业拆借基本上是信用拆借

同业拆借可以使商业银行在不用保持大量超额准备金的前提下,就能满足存款支付的需要。因为同业拆借活动在金融机构之间进行,市场准入条件较严格,金融机构主要以其信誉参与拆借活动。

学中做 2—1 图 2—1 是我国同业拆借市场的隔夜拆借(O/N)市场利率走势,其他期限在 6 个月以下的短期利率走势也是一样的。这张隔夜拆借的利率走势图蕴含着什么经济信息?该如何解读?

分析提示

学中做2-1

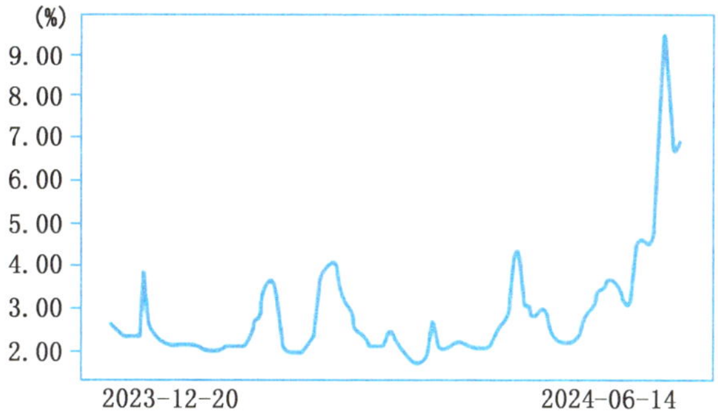

图 2—1 隔夜 O/N 市场 SHIBOR 利率走势

三、同业拆借市场的功能

(一)同业拆借市场的存在加强了金融资产的流动性,保障了金融机构运营的安全性

流动性风险是金融机构日常经营中面临的主要风险之一,同业拆借市场的存在为金融机构提供了一种增强流动性的机制,也间接保障了金融机构的经营安全。由于同业拆借市场的存在,金融机构可以比较方便地获得短期资金来弥补资金缺口,从而满足其流动性的需要。同时,同业拆借市场的存在也使金融机构不需要低价出售高收益资产来维持流动性,这在一定程度上又保障了金融机构的经营安全。因此,金融机构通过同业拆借加强了资产的流动性和安全性,优化了资产负债的组合。

(二)同业拆借市场的存在有利于提高金融机构的盈利水平

一方面,金融机构通过同业拆借市场可以将暂时盈余的资金头寸及时贷放出去,减少资金的闲置,由此增加资产的总收益;另一方面,金融机构特别是商业银行不必为了维持一定的法定存款准备金而可以保持较多的超额准备金,这使得金融机构能够更充分、有效地运用所有资金,增加营利性资产的比重,提高总资产的盈利水平。此外,同业拆借市场的存在也有利于金融机构灵活调整流动性储备,提高资产组合的平均及总体盈利水平。

(三)同业拆借市场是中央银行实施货币政策的重要载体

一是同业拆借市场及其利率可以作为中央银行实施货币政策的重要传导机制。中央银行可以通过调节存款准备金率使同业拆借市场的银根紧缩或放松,影响同业拆借市场的利率,并进而带动其他利率的变动,控制商业银行的信贷能力和信贷规模。二是同业拆借市场利率反映了同业拆借市场资金的供求情况,是中央银行货币政策调控的一个重要参照指标。中央银行可以结合当前的通货膨胀、就业及经济增长情况制定适当的货币政策,从而实现宏观金融调控目标。

(四)同业拆借市场利率往往被视作基准利率,反映社会资金供求状况

金融市场银根的松紧以及整个社会的资金供求状况往往会通过同业拆借市场的交易量及市场利率得到反映。同业拆借市场利率水平及其变化可以反映出整个金融市场利率的变动趋势及资金的供求状况,对宏观经济也起着十分重要的作用。因此,有些国家的中央银行将同业拆借市场利率视为货币政策的中间目标。此外,在金融市场发达的国家,同业拆借市场利率也被视为基准利率,各金融机构的存贷利率都在此利率的基础上加以确定。例如,伦敦银行同业拆放利率,即 LIBOR(London Inter Bank Offered Rate),是指伦敦银行同业之间的短期资金借贷利率。

【提示】国际金融市场中大多数采用浮动利率的基础利率。

拓展阅读 2—1　　上海银行间同业拆放利率

上海银行间同业拆放利率(Shanghai Inter Bank Offered Rate，SHIBOR)。SHIBOR 是根据信用等级较高的银行组成的报价团自主报出的人民币同业拆出利率计算确定的算术平均利率，是单利、无担保、批发性利率。目前公布的 SHIBOR 品种包括隔夜、1 周、2 周、1 个月、3 个月、6 个月、9 个月和 1 年。每个交易日，交易中心根据各报价行的报价，剔除最高、最低各两家报价，对其余报价进行算术平均计算，得出每一期限品种的 SHIBOR，并于北京时间中午 11:30 对外发布。SHIBOR 与 LIBOR 在技术安排上较为类似。从报价品种看，二者都采用由信用等级较高的优质银行组成报价团自主报出的同业拆借利率，属于单利、无担保、批发性利率。从报价行的选择标准看，都要求报价行满足一系列标准，主要包括信用等级较高、货币市场交易活跃以及具有较强的利率定价能力等。从报价生成和发布方式看，都由报价行在每个交易日按时报价，在剔除若干最高和最低报价后，对剩余报价进行算术平均生成报价利率，并由第三方机构作为指定发布人对外发布。

四、同业拆借市场的形成和发展

同业拆借市场最早出现于美国，其形成的根本原因在于法定存款准备金制度的实施。按照美国 1913 年通过的《联邦储备法》的规定，加入联邦储备银行的会员银行，必须按存款数额的一定比例向联邦储备银行缴纳法定存款准备金。而由于清算业务活动和日常收付数额的变化，总会出现有的银行存款准备金多余、有的银行存款准备金不足的情况。存款准备金多余的银行需要把多余部分运用，以获得利息收入，而存款准备金不足的银行又必须设法借入资金以弥补准备金缺口，否则就会因延缴或少缴准备金而受到美联储的经济处罚。在这种情况下，存款准备金多余和不足的银行，在客观上需要互相调剂。于是，1921 年在美国纽约形成了以调剂联邦储备银行会员银行的准备金头寸为内容的联邦基金市场。

在经历了长时间的运行与发展过程之后，当今西方国家的同业拆借市场，较之形成之时，无论是在交易内容开放程度方面，还是在融资规模等方面，都发生了深刻变化。拆借交易不仅仅发生在银行之间，还扩展到银行与其他金融机构之间。从拆借目的来看，已不限于补足存款准备金和轧平票据交易头寸，金融机构如在经营过程中出现暂时的、临时性的资金短缺，也可进行拆借。更重要的是，同业拆借已成为银行实施资产负债管理的有效工具。由于同业拆借的期限较短、风险较小，许多银行把短期闲置资金投放于该市场，以利于及时调整资产负债结构，保持资产的流动性。特别是那些市场份额有限、承受经营风险能力脆弱的中小银行，更是把同业拆借市场作为短期资金经常性运用的场所，力图通过这种做法提高资产质量、降低经营风险、增加利息收入。

五、同业拆借市场的作用

同业拆借市场的重要作用在于，它使金融机构在不用保持大量超额准备金的前提下，满足存款支付及汇兑、清算的需要，弥补银行短期资金的不足、票据清算的差额以及解决临时性资金短缺。在现代金融制度体系中，金融机构为了实现较高利润和收益，必然要扩大资产规模，但同时会面临准备金减少、可用资金不足的问题，甚至出现暂时性支付困难。但准备金过多、可用资金闲置过多又使金融机构利润减少、收益降低。金融机构需要在不影响支付的前提下，尽可能地降低准备金水平，以扩大能获取高收益的资产规模，使利润最大化。同业拆借市场使准备金多余的金融机构可以及时拆出资金，保证获得较高收益，准备金不足的金融机构可以及时借入资金保证支付，有利于金融机构实现其经营目标。

同时，同业拆借市场也是中央银行实施货币政策，进行金融宏观调控的重要场所。同业拆借市场的交易价格即同业拆借市场利率，是资金市场上短期资金供求状况的反映。同业拆借市场利率是指金融机构同业之间的短期资金借贷利率，它有拆进利率和拆出利率两个利率，拆进利率表示金融机构愿意借款的利率，拆出利率表示愿意贷款的利率。中央银行根据其利率水平，了解市场资金的松紧状况，运用货币政策工具进行金融宏观调控，调节银根松紧和货币供应量，实现货币政策目标。

【提示】同业拆借利率是拆借市场的资金价格，是货币市场的核心利率，也是整个金融市场上具有代表性的利率。它能够及时、灵敏、准确地反映货币市场乃至整个金融市场短期资金供求关系。

【注意】当同业拆借利率持续上升时，反映资金需求大于供给，预示市场流动性可能下降；当同业拆借利率下降时，情况相反。

六、同业拆借市场的分类

按照不同的标准，可以将同业拆借市场划分为不同的类型。

（一）根据拆借交易的媒介形式，同业拆借市场分为有形拆借市场和无形拆借市场

1. 有形拆借市场

有形拆借市场主要是指有固定的交易场所，有专门的中介机构作为媒介，资金供求双方资金融通的拆借市场。这些中介机构包括拆借经纪公司或短期融资公司等。资金供求双方的拆出或拆入信息都集中于拆借经纪机构，该机构可以迅速为拆出者或拆入者从数量和价格两个方面找到合适的买主与卖主，使资金供求双方通过比较、选择，实现公平、公正、公开交易。通过中介机构进行资金拆借，除了可以降低成本、提高效率外，还可以保障同业拆借的有序和安全。

2. 无形拆借市场

无形拆借市场主要是指没有固定交易场所，不通过专门的拆借中介机构，而是通过现代化的通信手段所建立的同业拆借网，或者通过兼营或代理中介机构进行资金拆借的市场。一些大的商业银行或证券经纪，代理其他金融机构传递信息，为其牵线搭桥，而且主要是以电话、电传联系成交，从而形成无形的拆借市场。实际上，完全不通过任何形式的中介，由供求或买卖双方直接联系和交易的情形不是很多，因为这样做既不经济也不安全，还不符合效率的原则。

（二）根据拆借资金的保障方式，同业拆借市场分为有担保拆借市场和无担保拆借市场

1. 有担保拆借市场

有担保拆借市场是指以担保人或担保物作为安全或防范风险的保障而进行资金拆借的市场。这类拆借多是由拆出资金方从拆入资金方手中买入银行承兑汇票、短期政府债券或短期金融债券等高流动性资产，即拆入资金方卖出高流动性证券，以取得资金的融通。有担保的资金拆借，有时也会采取回购协议的方式进行拆借。

【提示】有担保的拆借一般适用于较长期限及资信一般的金融机构之间的拆借。

2. 无担保拆借市场

无担保拆借市场是指拆借期限较短，资金拆入方资信较高，可以通过在中央银行的账户直接转账的拆借市场。这是由于这类拆借期限非常短，多为一天或几天，确定担保或抵押在技术上有一定的困难，因而只能建立在良好的资信和法律规范的基础上。

（三）根据拆借交易的性质，同业拆借市场分为头寸拆借市场和同业借贷市场

1. 头寸拆借市场

头寸拆借市场是指金融机构为了轧平票据交换头寸、补足存款准备金和票据清算资金或减少超额存款准备金而进行短期资金融通的市场。头寸拆借期限一般比较短，多为日拆，也有一周以上

的。与补充存款准备金为目的的头寸拆借相比，以调整清算头寸为目的的头寸拆借更具有普遍性和经常性。银行在轧平当日票据交换差额时，对缺头寸的银行来说，可以及时通过拆借来补足头寸，保证清算顺利进行，而且这种拆借方式较之向中央银行再贴现或再贷款取得资金要便利、快捷得多。

2. 同业借贷市场

同业借贷市场源于商业银行等金融机构之间因为临时性或季节性的资金余缺而相互融通调剂，以利于业务经营，它与头寸拆借以调整头寸为目的不同。对拆入资金的金融机构而言，同业借贷可以使其及时获得足额的短期资金，拓展资产业务；对拆出资金的金融机构而言，同业借贷为其短期闲置资金找到了有效的运用渠道，可以增加经营收入。由于在资金用途上存在差异，同业借贷较之头寸拆借的期限要长，其期限可以长达半年甚至一年。

（四）根据拆借交易的期限，同业拆借市场分为半天期拆借市场、隔夜拆借市场和指定日拆借市场

（1）半天期拆借市场，具体又可分为午前和午后两种。

（2）隔夜拆借市场，一般是头天清算时拆入，次日清算之前偿还。

（3）指定日拆借市场，一般是2～30天，但市场上也有1个月以上（1年以内）的拆借交易品种。通常提供报价的指定日交易品种包括：7天、14天、21天、1个月、2个月、3个月……12个月等。

七、同业拆借市场的构成要素

（一）同业拆借市场的参与者

1. 资金需求者

从大多数国家的情况看，在同业拆借市场拆入资金的多为大的商业银行。之所以出现这种情况，主要有两个方面的原因：一方面，商业银行作为一国（或地区）金融组织体系的主体力量，承担着重要的信用中介和支付中介职能。大的商业银行其资产和负债的规模比较大，所需缴存的存款准备金较多，所需的资产流动性及支付准备金也较多。为了尽可能减少库存现金占用及其在中央银行的超额储备金存款，提高资金的利用率和营利性，同时也能够及时足额地弥补资金头寸或流动性不足，由此必须更大程度上依赖同业拆借市场，经常性地临时拆入资金。同时，鉴于其在金融组织体系中所处的重要地位和作用，大的商业银行也是中央银行金融宏观调控的主要对象，其在日常运营过程中经常会出现准备金头寸、清算头寸或短期资金不足的情况，有进入同业拆借市场的主观要求和内在动力。另一方面，同业拆借市场的单位交易额较大，一般又不需要抵押或担保，由于大的商业银行资金实力强、信誉高，因而可以在同业拆借市场上得到资金融通。

2. 资金供给者

总体上讲，在同业拆借市场上扮演资金供给者角色的，主要是有超额储备的金融机构，包括地方中小商业银行、非银行金融机构、境外代理银行及境外银行在境内的分支机构。另外，外国的中央银行也经常成为拆借市场上的资金供给者或拆出者。究其原因，首先是因为这些机构的资本金及资产规模比较小且结构相对单一，不能最大限度地实现业务经营多元化；同时，其随时拆入资金、弥补各类头寸或流动性不足的能力也比较弱，进而导致其在经营管理上更为审慎，保持的超额存款准备金较多，资金头寸相对盈余。其次是因为向大的商业银行拆出资金，既可以充分有效地运用有限的资金，最大限度地减少闲置资金，提高资产的盈利能力，同时又能增加资产的流动性，降低资产的风险，从而实现流动性和营利性的协调。

3. 中介机构

从交易成本的角度考虑，资金供求双方直接面议的交易成本要高于通过中介使供求双方实现

交易的成本。在市场中，这些中介机构能够帮助资金供求双方了解市场上的供求信息及拆借行情，或者协调多个资金拆出方共同对一个资金拆入方提供资金等，这就起到了降低交易成本、提高交易效率的作用。

同业拆借市场上的中介机构大体上可以分为两类：一类是专门从事拆借市场上中介业务的专业性中介机构，这些专业中介机构在有的国家被称为融资公司，有的被称为拆借经纪商或经营商；另一类是非专门从事拆借市场中介业务的兼营机构，这些兼营的拆借中介机构多由大的商业银行承担。

4. 交易中心

大部分国家的同业拆借市场有一个固定的交易场所，交易中心为参与交易的各方提供了一个有规则和秩序的交易场所与结算机制，便利了会员之间的交易，促进了市场的稳定与发展。

5. 中央银行与金融监管机构

中央银行与金融监管机构也是同业拆借市场的重要参与者。同业拆借市场是中央银行货币政策重要的市场传导环节。由于同业拆借市场在货币市场中的基础作用，同业拆借市场也是各国金融监管部门的重要监管对象。在我国同业拆借市场上，中国人民银行与国家金融监督管理总局分别发挥着中央银行与金融监管部门的角色。

（二）同业拆借市场的主要交易工具

1. 本票

本票（Promissory Note）是同业拆借市场上最常用的支付工具之一。资金短缺的银行开出本票，资金盈余银行接到本票后将中央银行的资金支付凭证交换给资金拆入行，以抵补其当日所缺头寸。这种由拆出行交换给拆入行的中央银行支付凭证通常被称为“今日货币”。

2. 支票

支票（Cheque）是同城结算的一种凭证，也是同业拆借市场最通用的支付工具之一。拆入行开出自身银行的支票，至次日才能交换抵补所缺头寸，因此支票也称为“明日货币”。

3. 承兑汇票

承兑汇票（Accept A Bill Of Exchange），即需要经过办理承兑手续的汇票。借入行按规定要求开具承兑汇票交给拆出行，凭票办理拆借款项，到期后拆出行凭票收回相应款项。

4. 同业债券

同业债券（Interbank Bonds）是拆入单位向拆出单位发行的一种债券，主要用于期限超过 4 个月或资金数额较大的拆借。同业债券在金融机构间可以相互转让。

5. 转贴现

在拆借市场上，银行贴现商业票据后，如头寸紧缺，可将贴现票据转贴现给其他银行，以抵补其短缺的头寸。

6. 资金拆借

拆入方与拆出方商妥后，拆入方出具加盖公章和行长章的“资金拆借借据”寄给资金拆出方，经拆出方核对无误后将该借据的第三、第四联加盖印章后寄给拆入方，同时划拨资金。

（三）同业拆借市场的拆借期限和拆借利率

1. 拆借期限

同业拆借的期限一般较短，大多为 1～7 天，超过 1 个月的不多。最短的是半日拆，如日本的半日拆，从上午票据交换后到当日营业终了。最多的是日拆，也称为隔夜拆放，如伦敦同业拆借市场的隔夜拆放，已经成为欧洲货币市场上具有典型代表意义的融资活动。同业拆借期限最长不超过 1 年。

2. 拆借利率

(1)拆借利率的确定和主要的拆借利率

同业拆借按日计息，所以拆借利率是日利率。作为同业拆借的交易价格，利率主要有两种确定方式：一是由拆借双方当事人协定，利率水平主要取决于拆借双方拆借资金意愿的强烈程度，这种机制形成的利率弹性较大；二是拆借双方借助拆借中介人来确定，利率水平主要由经纪商根据市场中拆借资金的供求状况来决定，这种机制下形成的利率弹性较小。

同业拆借中大量使用的利率是伦敦同业拆放利率(LIBOR)。自 20 世纪 60 年代以来，伦敦同业拆放利率已经成为伦敦金融市场上的关键性利率，也成为国际金融市场的关键性利率，许多国际货币市场的浮动利率融资工具在发行时以它作为浮动的参照依据。从 LIBOR 变化衍生出来的，还有新加坡同业拆放利率(SIBOR)、纽约同业拆放利率(NIBOR)和香港同业拆放利率(HIBOR)等。

(2)同业拆借利息的计算

同业拆借利息计算的基本公式为：

$$I=P\times r\times t/D$$

其中，I 为同业拆借利息；P 为拆借金额；r 为拆借利率；t 为拆借期限；D 为 1 年的基础天数，不同的拆借市场，基础天数不同。

【做中学 2—1】 假设英国巴克莱银行 2024 年 10 月 16 日银行间同业拆借利率为 5.3%，拆出资金为 100 万元，一个月到期，固定上浮比率为 0.1%。请问：拆借利息是多少？

【解析】

拆借利率＝5.3%＋0.1%＝5.4%

拆借利息＝100 万×5.4%×31/365

≈54 000×0.084 5

＝4 563 元

拓展阅读 2—2　　生息天数和基础天数

在同业拆借中，当拆借金额和拆借利率确定以后，利息取决于生息天数和基础天数，目前主要有如下三种方式：

(1)欧洲货币法 (365/360)。欧洲货币法把基础天数固定为 360 天，生息天数采用生息月份的实际日历天数计算(闰年为 366/360)。

(2)英国法 (365/365)。英国法的基础天数和生息天数都采用具体年份的实际日历天数计算(闰年为 366/366)。

(3)大陆法 (360/360)。大陆法把一年的基础天数固定为 360 天，生息月份的每个月都按 30 天计算。这种方法适用于欧洲大陆的很多国家。

第二节 票据市场

一、票据的概念

动漫视频

票据

在罗马帝国时期，产生了票据的雏形。我国票据的起源可以追溯到唐代出现的一种名为“飞钱”的票券；学者们多认为“飞钱”是我国现代汇票的起源。票据(Counterfoil)一般是指商业上由出票人签发,无条件约定自己或要求他人支付一定金额,可流通转让的有价证券。

【提示】在我国,票据即汇票、支票和本票的统称。

票据是一种重要的有价证券,它作为金融市场上通行的结算和信用工具,是货币市场上主要的交易工具之一。按照票据的种类来分,票据市场可分为商业票据市场、银行承兑汇票市场和大额可转让存单市场。

二、票据的特点和分类

(一)票据的特点

1. 票据是一种完全有价证券

有价证券分为完全有价证券和不完全有价证券。完全有价证券的证券本身与该证券拥有的权利在任何情况下都不可分离;而不完全有价证券的证券本身与该证券拥有的权利可以分离。票据的权利随票据的设立而设立,随票据的转让而转让。只有在权利行使之后,票据体现的债权债务关系才宣告结束。显然,票据是一种典型的完全有价证券。

2. 票据是一种设权证券

设权证券是指证券权利的发生必须以制成票据为前提。票据所代表的财产权利,即一定金额的给付请求权,完全由票据的制成而产生。也就是说,票据的制成并非用来证明已经存在的权利,而是创立一种新的权利。票据一旦制成,票据关系人的权利和义务关系就随之确立。

3. 票据是一种无因证券

无因证券是指证券上的权利只由证券上的文义确定。持有人在行使权利时无须承担证明责任。票据的持票人只要持有票据,就能享受票据拥有的权利,而不必说明票据取得及票据行为发生的原因。票据债务人也不能以票据所有权发生变化为理由而拒绝履行其因票据行为而承担的付款义务。

4. 票据是一种要式证券

要式证券是指证券的制成必须遵照法律规定。票据的制成和记载事项必须严格依据法律规定进行,而且票据的签发、转让、承兑、付款、追索等行为的程序和方式都必须依法进行。

5. 票据是一种流通证券

票据权利可以通过一定的方式转让,一般包括背书或交付。票据债权与债务关系的转让不需要依照民法中有关债权转让的规定进行,使得票据具有较好的流通性。

6. 票据是一种文义证券

文义证券是指票据上的所有权利和义务关系均以票据上的文字记载为准,不受任何外来因素的干扰。票据在流通过程中,若发现文字内容有误,也不得用票据以外的证据方法予以变更或补充。

7. 票据是一种返还证券

票据权利人实现了自己的权利,收回了票据金额之后,应将票据归还给付款人。而在其他债权中,债务人履行债务后,即使债权人不同时交还有关债权证书,也可以用其他的凭证如收据来证明债务的履行。

(二)票据的分类

1. 汇票

汇票(Bill of Exchange)是由出票人签发的,委托付款人在见票时或者在指定的日期无条件向持票人或收款人支付确定金额的票据。汇票的基本当事人有出票人(即签发票据的人)、付款人(即债务人)和受款人(即持票人)。按出票人不同,汇票分为银行汇票和商业汇票。银行汇票是由银行签发,交由汇款人寄给外地受款人,凭此向指定银行兑取款项的汇款凭证。商业汇票是由企业签发的,要求付款人在一定时间内无条件支付一定金额给收款人的信用凭证。

2. 本票

本票(Promissory Note)又称期票,是由债务人(出票人)签发的,承诺自己在见票时无条件支付一定金额给收款人(或持票人)的承诺书(或保证书),其特征是以出票人自己为付款人。基本当事人有出票人(付款人)和受款人。按出票人的不同,本票可以分为银行本票(银行签发)和商业本票(企业签发)。按是否注明持票人姓名,本票可分为记名本票和不记名本票(不注明持票人或收款人的名称)。按付款期限可以分为即期本票(见票即付)和远期本票(到期付款)。

3. 支票

支票(Cheque)是指银行活期存款人向银行签发的,通知银行在其存款额度内或约定的透支额度内,无条件地即期支付一定款项给指定人(或持票人)的书面凭证。支票区别于其他票据的最主要的特征在于:支票是即期票据;支票的付款人有资格限制,通常只能是商业银行。支票主要有以下几种:

(1)记名支票。这是指在支票上"收款人"一栏注明收款人名称,取款时须由收款人签名方可支取。

(2)不记名支票。不写明收款人或以"来人"抬头,凭票付款。

(3)划线支票。这是指在支票正面划两道平行线的支票,表示只能转入收款人存款账户,不能付现。

(4)保付支票。由开户银行在支票上盖章,注明"保付"字样,保证到期付款,付款银行对支票保付后,即将票款从出票人的账户转入专户,以备付款。

(5)旅行支票。由银行或旅行社签发,由旅行者购买以供其在外地使用的定额支票。

三、商业票据市场

(一)商业票据市场的概念

商业票据(Commercial Paper)是大公司为了筹措资金,以贴现方式出售给投资者的一种短期无担保承诺凭证。商业票据一般没有担保,仅以信用作保证,因此能够发行商业票据的一般都是规模巨大、信誉卓著的大公司。

【提示】商业票据市场即是信誉卓著的大公司所发行的商业票据交易的市场。

(二)商业票据的形成和发展

商业票据是货币市场上历史最悠久的工具,产生于18世纪,最初的商业票据的发展和运用几乎都集中在美国,发行者主要是纺织品工厂、铁路公司、烟草公司等非金融性企业。20世纪60年代后,工商界普遍认为发行商业票据向金融市场筹款,要比向银行借款手续简便,发行利率较低,也不受银行干预,因此商业票据发行量急剧增长。

20世纪70年代,集中于伦敦城的欧洲商业产业票据市场也开始形成,商业票据市场不断扩大。20世纪80年代,日本大藏省也批准日本公司在国内发行商业票据。日本公司发行的以日元标值的商业票据被称为武士商业票据。此外还有欧洲商业票据,是指在货币发行国以外发行的以该国货币标值的商业票据。

(三)商业票据市场的要素

1. 发行者

商业票据的发行视经济及市场状况的变化而变化。一般来说,高利率时期发行数量较少,资金来源稳定时期、市场利率较低时，发行数量较多。从一些西方国家的情况来看，商业票据的发行者主要是金融公司、非金融公司（如大企业、公用事业）和银行控股公司。实际上，真正能在商业票据市场上大量发行票据筹措巨额资金者还为数不多，只有实力雄厚、信誉卓著、经过评级被称为主要公司的一些企业才能具有经常大量发行商业票据筹集资金的条件。

2.投资者

商业票据的主要投资者是大型商业银行、非金融公司、保险公司、养老金、互助基金会、地方政府和投资公司等，通常个人投资者很少。这主要是因为商业票据面值较大或购买单位（通常10万美元以上为一个购买单位）较大，个人投资者无力购买。近年来，商业票据的最小面值已经降低，个人投资开始活跃。

商业银行往往是商业票据的大投资者，但商业银行自己持有的商业票据很少。商业银行购买商业票据是基于两方面的需要：①作为推销代理人，商业银行经常为其信托部门或其顾客代理购买商业票据；②商业银行自己持有商业票据主要作为流动资产的二级准备，在头寸不够时抛出票据补进头寸，或者按不同的投资或产业通过买进卖出票据来分散风险。非金融公司也是商业票据的重要投资者，包括制造业、矿业公司等。这些非金融公司在生产或经营中经常存在季节性和临时性的资金头寸盈余，而有些国家规定商业银行对公司活期存款不支付利息或只支付微息，为避免资金收益损失，通常投资于商业票据。

3.面额和期限

在美国商业票据市场上，虽然有的商业票据的发行面额只有25 000美元或50 000美元，但大多数商业票据的发行面额在100 000美元以上。二级市场商业票据的最低交易规模为100 000美元。

商业票据的期限较短，一般不超过270天。市场上未到期的商业票据平均期限在30天以内，大多数商业票据的期限在20～40天。

4.销售渠道

商业票据的销售渠道主要有两条：一是发行者通过自己的销售渠道直接出售；二是通过商业票据交易商间接销售。发行者究竟通过何种方式销售，主要取决于发行者使用这两种方式成本的高低。一般情况下，非金融性公司主要通过商业票据间接交易商销售，因为它们的短期信用需求通常具有季节性及临时性，建立长期性的商业票据销售队伍不划算。规模非常大的公司则通过自己的下属金融公司直接销售，在这样的大公司中，其未到期的商业票据一般在数亿美元以上，其中大多数为大金融公司和银行持股公司。

由于商业票据的期限非常短，购买者一般都计划持有至到期。而且，商业票据是高度异质性的票据，不同经济单位发行的商业票据在期限、面额和利率等方面不尽相同，其交易难以活跃，因此导致商业票据的二级市场不活跃。

5.信用评估

未经评级的商业票据发行较困难，特别是那些资信不为投资者广泛了解的发行者的商业票据是很难有市场的。美国对商业票据进行评级的机构主要有穆迪投资服务公司、标准普尔公司和惠誉建设投资公司。商业票据的发行人至少要获得其中的一个评级，大部分获得两个。商业票据的评级与其他证券的评级一样，也分为投资级和非投资级。美国证券交易委员会认可两种合格的商业票据：一级票据和二级票据。一般而言，要想成为一级票据，必须有两家评级机构对所发行的票据给予"1"的评级，成为二级票据则必须有一家给予"1"的评级，至少还有一家或两家的评级为"2"。二级票据为中等票据，货币市场基金对其投资会受到限制。

6.发行商业票据的非利息成本

(1)信用额度支持的费用。一般以补偿余额的方式支付，即发行者必须在银行账户中保留一定金额的无息资金。有时则按信用额度的 0.375%～0.75%一次性支付。后一种方法较受商业票据的发行者欢迎。

(2)代理费用。其主要是商业银行代理发行及偿付的费用。

(3)信用评估费用。这是发行者支付给信用评级机构的报酬。

(四)商业票据的发行程序

1. 直接发行

直接发行的发行程序为:①商业票据评级;②发行人公告发行商业票据的数量、价格、期限等;③投资者与发行人洽谈买卖条件,包括数量、票据期限等;④投资者买入票据,卖出票据者收进资金。

2. 通过交易商发行

通过交易商发行主要借助于以下 3 种形式:

(1)助销发行。即商业票据交易商与发行公司事先商妥发行事项,再参照市场情况议定承销期限,全部由该交易商代办门市零售或通信销售,承销期满未售完部分全部由交易商按约定价格承销。

(2)代销发行。即商业票据交易商与发行公司议定承销期限,依照发行公司指定的价格,由交易商代办门市零售或通信销售,承销期满未售完部分退回发行公司。

(3)招标发行。即交易商以受托办理招标方式推销。代发行公司公开标售,未能售出部分,由发行公司自行处理。招标的商业票据通常不定底价,开标时按标价的高低依次得标,直到标售的票据售完为止。加入指定底价时,由已得标者所出标价高于底价的才算得标;否则,交易商必须根据市场情况建议发行公司修正底价,才能顺利筹到短期资金。

(五)商业票据的发行成本

1. 贴现率

确定贴现率一般根据交易商协会提供的参考利率上下浮动一个百分点。交易商的参考利率是一个加权平均利率。交易商每日都按统一规定的期限分类,向协会报告当日利率,协会把这些利率加权平均后得出利率即参考利率。

2. 承销费

承销费根据金额大小及时间长短计付。

3. 签证费

为证明商业票据所记载事项正确,通常由权威的中介机构予以签证。一般按签证金额收费,规定最低起点。

4. 保证费

金融机构为发行商业票据提供信用证,要收保证费。收费标准通常按商业票据保证金的年利率计付,若是发行量大、资信良好的公司可酌减。

(六)商业票据的收益

商业票据是以低于面值的价格出售的,所得到的收益是面值与买价的差值,收益率的计算是以 360 天为基础的。其计算公式为:

$$i_{cp}=\frac{P_f-P_0}{P_f}\times\frac{360}{h}\times100\%$$

转化为等值收益率为:

$$y_{cp}=\frac{P_f-P_0}{P_0}\times\frac{365}{h}\times100\%$$

【做中学 2—2】 假设某投资者以 95.5 万美元的价格购买了一份期限为 182 天、面值为 100 万美元的商业票据。

解析：

该商业银行的贴现收益率可以计算如下：

$$i_{cp}=\frac{1\ 000\ 000-955\ 000}{1\ 000\ 000}\times\frac{360}{182}\times100\%=8.9\%$$

折算成债券等值贴现率为：

$$y_{cp}=\frac{1\ 000\ 000-955\ 000}{955\ 000}\times\frac{365}{182}\times100\%=9.945\%$$

四、银行承兑汇票市场

（一）银行承兑汇票的产生

银行承兑汇票是为了方便商业交易活动而创造出来的一种信用工具，尤其在国际贸易中使用较多。在跨国贸易中，进口商和出口商有时候对彼此的信誉缺乏了解，进口商担心货款支付后不能收到货，或出口商不能按时保量地发货；出口商又担心进口商不能如约付款。在不了解对方信誉的情况下，国际贸易就难以进行。银行承兑汇票的出现解决了这一问题。银行承兑汇票一般是国际上信誉很好的大型商业银行承兑的，所以信誉度很高，即使在交易双方互不了解的情况下，通过这种方式也能避免风险。贸易双方就不必费时、费力去调查对方的信誉。

下面通过一个例子来说明银行承兑汇票的原理。假设 2023 年 12 月 22 日中国出口商向美国出口一批纺织品，双方约定 90 天付款，并使用信用证交易。达成协议后，美国进口商首先要求花旗银行开出一张不可撤销的信用证，作为向中国出口商付款的保证，寄往中国出口商的通知行。通知行收到信用证后交与出口商，此时，出口商就可以发货了。出口商将货物装船后，就要开出以进口商开证行为付款人的远期汇票，汇票面值是出口纺织品的价值，连同发货单据一起寄往美国开证行，要求承兑。美国开证行检查票据无误后，将在票据上盖上“承兑”字样，并交与中国出口商的通知行，这样银行承兑汇票就产生了。通知行把以美国开证行为付款人的银行承兑汇票交与出口商，出口商可以向通知行贴现，这样可以提前收回账款。通知行可以持有至到期，向美国开证行兑现；也可向票据经营商转让。银行承兑汇票产生流程如图 2—2 所示。

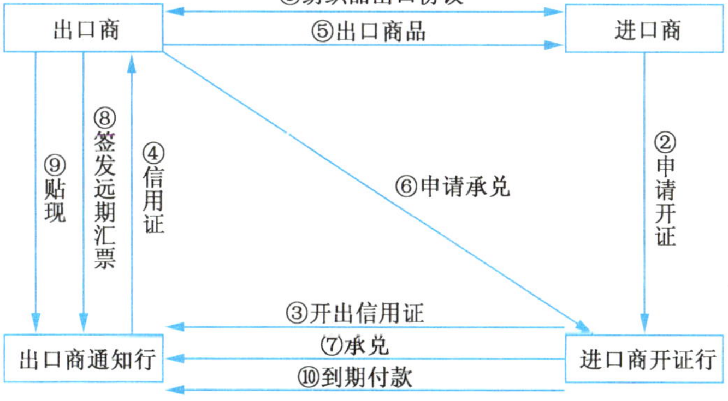

图 2—2 银行承兑汇票产生流程

银行承兑汇票不仅在国际贸易中使用，而且在国内贸易中使用，不过国际贸易产生的银行承兑汇票占绝大部分。银行承兑汇票最常见的期限有 30 天、60 天和 90 天，也有期限为 180 天和 270

天的。银行承兑汇票的违约风险较小，但是有利率风险。

（二）银行承兑汇票的交易

银行承兑汇票是一种可以转让的金融工具，出口商取得银行承兑汇票后，可向通知行贴现，取得现金。银行在取得银行承兑汇票后可以自己持有当作投资，也可以在二级市场上出售。出售渠道有两种：①利用自己的销售渠道直接销售给投资者；②利用票据交易商卖给投资者。银行也可将银行票据向中央银行再贴现。银行承兑汇票的转让流程如下：

1. 背书

背书是持票人将票据权利转让给他人的票据行为。在背书时，背书人要在汇票背面或粘附于汇票背面的粘单上签章，以承担保证后手所持汇票承兑和付款的责任，并证明前手签章的真实性和背书的连续性，以证明票据权利的正当性。

【提示】 如果被背书人向付款人要求付款时遭到拒绝，有权向背书人追索，因此汇票背书人越多，责任人就越多，持票人的权利就越有保障。

2. 贴现

贴现是指汇票持有人以未到期的票据向银行换取现金，并贴付自贴现日至汇票到期日的利息的一种票据行为。从性质上看，贴现是银行以现款买入未到期票据上的债权，等票据到期再获得买入票据日至票据到期日这一段时间的利息，因此对银行来讲，实质上是一种票据买卖行为，与任何金融工具的买卖性质一样。在银行承兑汇票市场上将承兑汇票贴现，国外的做法是持票人可以在任何银行（包括承兑银行）贴现。

3. 转贴现

贴进承兑汇票的银行，如果资金并不短缺，一般都会将贴进的汇票持有至汇票到期日收回资金。如果在汇票到期日之前需用资金，则银行可将其贴进的汇票进行转贴现，获得资金。转贴现是指办理贴现的银行，将其贴进的未到期票据，再向其他银行或贴现机构进行贴现的票据转让行为，是金融机构之间相互融通资金的一种形式。在西方发达国家的票据市场上，转贴现行为非常普遍，银行和市场上其他投资者往往利用银行承兑汇票进行多次转贴现，以保证资金运用的灵活性和良好的收益性。

4. 再贴现

再贴现是指商业银行或其他金融机构将贴现所获得的未到期汇票向中央银行再次贴现的票据转让行为。一般情况下，再贴现是最终贴现，票据经过再贴现即退出流通过程。再贴现是中央银行对商业银行和其他金融机构融通资金的一种形式，也是中央银行调节市场银根松紧的重要手段。

拓展阅读 2—3　　贴现、转贴现与再贴现的区别

贴现、转贴现和再贴现作为票据贴现的具体形式，都是经济主体之间的票据转让行为。但是，从宏观层面分析，三者对市场货币供应量和社会经济生活的影响程度有明显差别。

在贴现和转贴现过程中，授信主体是商业银行，用于贴现与转贴现的资金只是在持票人（企业）与银行之间、银行与银行之间发生位移，只影响充当授信主体的贴现银行的资金存量，并不对总的社会货币供应量产生影响。

中央银行的再贴现则是中央银行基础货币投放的重要渠道。通过再贴现流入商业银行的资金，成为放款的初始资金来源。在整个商业银行体系的派生存款机制作用下，其能够形成数倍于自身的货币供应量，从而对物价上涨率、经济增长率等宏观经济指标产生影响。

（三）银行承兑汇票的作用

与其他货币市场金融工具相比较，银行承兑汇票某些方面的特点非常具有吸引力，深受借款人、银行和投资人的欢迎。

1. 从借款人角度看

一方面，与传统银行贷款的利息成本及非利息成本之和相比，借款人通过银行承兑汇票融资成本较低。要求银行承兑汇票的企业实际上就是借款者，他要支付一定的手续费给银行，当他向银行贴现后，又取得现款，故其融资成本为贴息与手续费之和。而传统的银行贷款，除必须按贷款利率支付贷款利息外，银行一般还要求借款者保持一定的补偿性余额，这部分存款既非企业正常周转所需资金，又没有存款利息，构成了企业非利息成本。

另一方面，借款者运用银行承兑汇票筹资要比发行商业票据有利。一般来说，只有规模大、信誉好的企业才能在商业票据市场上发行商业票据融资，而大多数没有规模和信誉优势的企业则很难以这种方式融资，但它们可以利用银行承兑汇票来解决暂时的资金困难。即使是少数能发行商业票据的企业，其总筹资成本为发行费用和手续费加上商业票据利息成本，也要比运用银行承兑汇票融资的成本高。

2. 从银行角度看

首先，银行运用承兑汇票可以增加收益。银行通过创造银行承兑汇票，一般不需动用自己的资金就可以赚取手续费，尽管银行有时也用自己的资金贴进承兑汇票，但由于银行承兑汇票具有庞大的二级市场，变现容易，因此银行承兑汇票不仅不会影响银行的资产流动性，而且提供了传统的银行贷款所无法提供的多样化的投资组合。其次，银行运用其承兑汇票可以增强其信用能力。各国银行法基本上都规定了银行对单个客户提供信用的最高额度，但银行通过创造、贴现或出售符合中央银行要求的银行承兑汇票，对单个客户的信用一般可在原有的基础上增加10%左右。最后，金融法规不要求就出售合格的银行承兑汇票所取得的资金缴纳准备金。在信用紧缩时期，流向银行的资金减少，而这一措施将刺激银行出售银行承兑汇票，引导资金从非银行部门流向银行部门。

3. 从投资人的角度看

银行承兑汇票也符合其收益、安全和流动性的需求。汇票的投资收益要高于短期国库券，与货币市场的其他信用工具的收益相差不大，票据的承兑银行负有不可撤销的一手责任，汇票的背书人负有二手责任，转手的次数越多，责任人越多，银行承兑汇票的安全性就越高。此外，信誉好的银行承兑汇票投资者很多，流动性很强，可以随时转让。

五、大额可转让定期存单市场

（一）大额可转让定期存单的概念

动漫视频

大额可转让定期存单

大额可转让定期存单（Negotiable Certificates of Deposits，NCDs）是指银行发行的具有固定期限和一定利率，可以转让的金融工具。存单上印有票面金额、存入日、到期日和利率等，到期后可以按照票面金额和规定利率提取本息。存单不能提前支付，但可流通转让。这种金融工具的发行和流通所形成的市场称为可转让定期存单市场。

【提示】 大额可转让定期存单，是银行发行的到期之前可转让的定期存款凭证。大额存单是银行存款的证券化。

大额可转让定期存单是银行为规避利率管制而进行创新的产物，主要用于吸引企业的短期闲置资金。大额定期存单一般由较大的商业银行发行，主要是由于这些机构信誉较高，可以相对降低筹资成本，且发行规模大，容易在二级市场流通。我国自20世纪80年代就引入了大额可转让定期存单，但在1997年因各种原因被叫停。2013年底，央行“开闸”引入大额可转让定期存单。

【提示】 我国四大银行下调存款利率，2024年6月后发布新大额存单利率表。中国工商银行、中国农业银行、中国银行和中国建设银行的大额存单期限和利率有所不同，且不再发行5年期存单，因为大多数人偏好购买 3 年期的存单，而 5 年期的由于期限较长，较少人选择。大额存单可转让，提前支取损失较小。

【注意】大额可转让定期存单市场的主要参与者是货币市场基金、商业银行、政府和其他非金融机构投资者，市场收益率高于国库券。

（二）大额可转让定期存单的特点

与传统的定期存款相比，大额可转让定期存单具有以下几点不同：

(1)定期存款记名，不可流通转让；而大额可转让定期存单则是不记名的，可以流通转让。

(2)定期存款的金额是不固定的，可大可小；而大额可转让定期存单金额较大，在美国向机构投资者发行的 NCDs 面额最小为 10 万美元，二级市场上的交易单位为 100 万美元，但向个人投资者发行的 NCDs 面额最少为 100 美元。在中国香港最小面额为 10 万港元。

(3)定期存款的利率固定；而大额可转让定期存单利率既有固定的，也有浮动的，且一般来说比同期限的定期存款利率高。

(4)定期存款可以提前支取，提前支取时要损失一部分利息；而大额可转让定期存单不能提前支取，但可以在二级市场流通转让。

（三）大额可转让定期存单的种类

1. 国内存单

国内存单是四种存单中最重要、历史最悠久的一种，它由美国国内银行发行；存单上注明存款的金额、到期日、利率及利息期限；向机构发行的，面额在 10 万元美元以上；二级市场最低交易单位为 100 万美元。国内存单的期限由银行和客户协商确定，常常根据客户的流动性要求灵活安排，期限一般为 30 天到 12 个月，也有超过 12 个月的。流通中未到期的国内存单的平均期限为 3 个月。

初级市场上国内存单的利率一般由市场供求关系决定，也有由发行者和存款者协商决定的。利息的计算通常按距到期日的实际天数计算，一年按 360 天计算。利率又有固定和浮动之分。在固定利率条件下，期限在一年以内的国内存单的利息到期时偿还本息。期限超过一年的，每半年支付一次利息。如果是浮动利率，则利率每一个月或每三个月调整一次，主要参照同期的二级市场利率水平。

【注意】国内存单以记名方式或无记名方式发行，大多数以无记名方式发行。

2. 欧洲美元存单

欧洲美元存单是美国境外银行(外国银行和美国银行在外的分支机构)发行的以美元为面值的一种可转让定期存单。欧洲美元存单市场的中心在伦敦，但欧洲美元存单的发行范围并不仅限于欧洲。与国内存单相比，发行银行的发行成本更低，既不需要提取存款准备金，也无须交纳存款保险费。同时，由于美国银行在欧洲美元市场为国内放款筹资可以不受美国银行条例的限制，因而存单数量增加迅速，是欧洲货币市场上一种重要的融资工具。

欧洲美元存单最早出现于 1966 年，它的兴起应归功于美国银行条例，尤其是“Q 条例”对美国国内货币市场筹资的限制。美国大银行过去曾是欧洲美元存单的主要发行者，1982 年以来，日本银行逐渐成为欧洲美元存单的主要发行者。

3. 扬基存单

扬基存单是外国银行在美国的分支机构发行的一种可转让的定期存单。其发行者主要是西欧和日本等地的著名国际性银行在美分支机构。扬基存单一般期限较短，大多在 3 个月以内。

早期扬基存单发行者资信情况不为投资者了解，只有少数扬基存单发行者直接出售给与其建立了关系的客户，大多数扬基存单通过经纪商销售。后来随着外国银行的资信逐渐为美国投资者所熟悉，扬基存单也广为人们接受，这时发行者直接以零售形式出售扬基存单变得更为普遍。外国银行发行扬基存单之所以能在美国立足，是基于以下两个方面的原因：一是这些银行持有美国执照，增加了投资者对扬基存单的安全感；二是其不受美联储条例的限制，没有法定存款准备金要求，使其与国内存单在竞争上具有成本优势。因为外国银行在美国发行证券一般比美国国内银行支付更高的利息，但由于扬基存单在准备金上的豁免，使得其成本与国内存单的成本不相上下，甚至更低。

4. 储蓄机构存单

这是一种出现较晚的存单，它是由一些非银行金融机构（储蓄贷款协会、互助储蓄银行、信用合作社）发行的一种可转让定期存单。其中，储蓄贷款协会是主要的发行者。储蓄机构存单或因法律上的规定，或因实际操作困难而不能流通转让，因此其二级市场规模很小。

（四）大额可转让定期存单市场的结构

大额可转让定期存单市场是大额可转让定期存单发行和流通交易活动关系的总和。它是金融市场的一个重要组成部分，由发行市场和转让市场构成。其参与者主要有以下几个：

1. 存单的发行者

存单的发行者主要是较大的商业银行。这是因为大型商业银行信誉较高，可以相对降低筹资成本，且发行规模较大，容易在二级市场流通。

2. 存单的投资者

存单的投资者包括企业、金融机构、外国政府及个人。

3. 中介机构

中介机构一般由投资银行来充当，它们负责承销可转让大额定期存单，并通过向发行人收取一定的费用作为承销收益。

（五）大额可转让定期存单的发行要素

1. 银行资产负债的差额及期限结构

在分析银行资产负债结构的同时，要预测负债的增长能否满足临时出现的优良资产项目的资金需要及作为经常性调节流动性的需要，也要预测负债差额及支付日期。

2. 利率风险

利率风险主要是根据市场利率变动情况，判断总的利率走势，从而确定适当的期限。一般而言，如果预期利率上升，物价上涨，可将存单期限定长一些，反之则短一些。

3. 发行人的资信等级

发行人通常可向资信评级机构申请评级，若发行人的信用等级高，则可将存单利率定高一些，反之则低一些。

4. 金融管理法规

金融管理法规应根据本国有关金融法规确定发行规模、发行方式和发行利率等。

（六）大额可转让定期存单的发行价格

大额可转让定期存单的发行价格有两种：一种是按面额发行，到期偿还本金和利息；另一种是贴现发行，发行价格低于面额，到期按票面值进行偿还。

存单的利率有固定利率和浮动利率两种。固定利率存单的特点有固定面额、固定存期、固定票面利率、利息到期支付，是市场上普遍存在的存单。浮动利率存单到期支取本息时按付息期的基数加浮动幅度，利息是分期支付的，上下浮动幅度视货币市场利率波动及发行者的资信不同而定。贴现发行的存单，其利息反映在折扣中，在发行时即进行支付。

（七）大额可转让定期存单的发行方式

1. 直接发行

直接发行是指发行者直接在银行营业网点零售或开展销售。大型银行地理位置优越，分支机构多，直接发行存单能节省发行成本。

2. 间接发行

间接发行是通过承销商发行，即发行人委托承销商发行存单。通常是发行人首先公布发行存单的总数、利率、发行日期、到期日、每张存单面值等，然后由一家或数家经理人组成包销团，发行人需要支付承销佣金、法律费用、宣传费用及文件、存单印刷费，还要支付一定的广告费用，因此发行成本较高。

(八)大额可转让存单市场的交易机制

1. 利率和期限

20 世纪 60 年代，可转让存单主要以固定利率的方式发行，这在利率稳定的当时深受投资者欢迎。但是，从 20 世纪 60 年代后期开始，金融市场利率波动加剧，在这种情况下，投资者都希望投资于短期的信用工具，可转让存单的期限大大缩短。20 世纪 60 年代存单的期限为 3 个月左右，70 年代以后缩短为 2 个月左右，此外还有滚动存款单据(Roll-over CDs)。

2. 风险和收益

对投资者来说，可转让存单的风险有两种：一是信用风险，二是市场风险。而存单的收益取决于三个因素：发行银行的信用评级、存单的期限和存单的供求量。另外，收益与风险的高低也紧密相连。

3. 大额可转让定期存单的投资者

大企业是大额可转让存单的最大买主，对企业来说，在保证资金流动性和安全性的情况下，其现金管理目标就是寻求剩余资金的收益最大化。金融机构也是存单的积极投资者。货币市场基金在存单的投资上占据着很大的份额。然后是商业银行和银行信托部门。此外，政府机构、外国政府、外国中央银行及个人也是存单的投资者。

4. 大额可转让定期存单的价值

大额可转让定期存单，对许多投资者来说，既有定期存款的较高利息收入特征，又有活期存款的可随时获得兑现的优点，是追求稳定收益的投资者的一种较好选择。对银行来说，发行存单可以增加资金来源而且由于这部分资金可视为定期存款而能用于中期放款。存单发行使银行在调整资产的流动性及实施资产负债管理上具有了更灵活的手段。

5. 大额可转让定期存单的计算

大额可转让定期存单的存款单据是按票面金额的百分比标价的。例如，假定存款单据的标价是 98.25，这意味着该存款单据的价格是票面金额的 98.25%。存款单据的利息通常按 365/360 计算方法计算。

购买平价存款单据以后，存在着以下三种情况：

(1)在期满时可以得到的利息是：

$$本金\times年利率\times存款天数/360$$

(2)在期满时得到的本息是：

$$本金\times(1+年利率\times存款天数/360)$$

(3)购买贴现存款单据以后，在期满时可以得到的利息是：

$$票面金额\times年贴现率\times存款天数/360$$

在期满时得到的本金则是票面金额。

【做中学 2—3】 某投资者购买了票面金额为 100 万美元、年利率为 15%、期限为 180 天的存单。他在期满时得到的利息是：

1 000 000×15%×180/360=75 000(美元)

本息和则为：

1 000 000×[1+(15%×180/360)]=1 075 000(美元)

又如：某投资者购买票面金额为 100 万美元、年贴现率为 15%、期限为 90 天的存单。他支付的本金是：

1 000 000×[1-(15%×90/360)]=962 500(美元)

在期满时，他得到的利息是：

1 000 000×15%×90/360=37 500(美元)

或 1 000 000-962 500=37 500(美元)

第三节　国库券市场

一、国库券的概念

动漫视频

国库券

国库券是 1877 年由英国经济学家沃尔特·巴佐特发明，并首次在英国发行。国库券(Treasury Securities)又称短期国债，是财政部发行的到期偿还本息的期限在 1 年以内的融资工具，是国家财政当局为弥补国库收支不平衡而发行的一种政府债券。因国库券的债务人是国家，其还款保证是国家财政收入，所以它几乎不存在信用违约风险，是金融市场风险最小的信用工具。

国库券市场即国库券发行与流通所形成的市场。中国国库券的期限最短的为一年，而西方国家国库券品种较多，一般可分为 3 个月、6 个月、9 个月、1 年期四种，其面额起点各国不一。

二、国库券的发行

(一)发行价格的确定

短期国库券一般采用贴现方法发行，即发行时以低于票面金额发行，到期按面额兑付或以票面金额减去贴现利息作为发行价格，到期再按票面金额足值偿付，发售价格与票面金额的差额为国库券的利息。按贴现方法发行国库券的价格计算公式为：

发行价格=面值×(1-贴现率×偿还天数/360)

(二)发行目的

短期国库券的发行主要有两个目的：一是满足政府部门短期资金周转的需要。政府收支也会有季节性的变动，每一年度的预算即使平衡，其间也可能会有一段时间资金短缺，需要筹措短期资金用于周转。这时，可以通过发行短期国库券以保证临时性的资金需要。二是为中央银行的公开市场业务提供可操作的工具。短期国库券是中央银行进行公开市场操作的极佳品种，是连接财政政策和货币政策的契合点。

(三)发行数量及方式

1. 发行数量

短期国库券发行数量主要取决于政府近期内所需要支出的款项数额、应付到期国库券的数额以及政府执行财政政策、货币政策的需要，还有市场的利率水平等因素。

2. 发行方式

(1)公开招标方式

公开招标方式是指财政部或代理财政部发行国库券的中央银行向公众公布计划发行短期国债的期限、数额等情况，邀请有资格参加投标的机构前来竞标，投资者对短期国债的价格或利率进行竞标，发行人按照一定的顺序（价格从高到低、利率从低到高）将投资者的竞标进行排列和选择，直到发行额满为止。投标分为两种：竞争性投标与非竞争性投标。竞争性投标是竞标者报出认购国库券的价格和数量，按出价高低顺序依次卖出。它分为单一价格（即荷兰式）招标方式或多种价格（即美国式）招标方式。这种方式下，由于竞争性投标者竞标过高要冒认购价过高的风险，竞价过低又要冒认购不到的风险，从而可以约束投标者合理报价。非竞争性投标就是投资者报出认购国库券的数量，按照最高价和最低价的平均数购买。参与者一般是个人或其他投资者，他们不会因报价太低而丧失购买机会，也不会因报价太高而冒高成本认购的风险。

（2）承购包销方式

承购包销方式是指财政部或代理财政部发行短期国债的中央银行与一组由金融机构和政府证券交易商组成的承销团签订承购合同，在确定各自权利和义务的基础上，商定双方满意的价格，承销团按照这一价格认购短期国债后，再将短期国债出售给二级市场的投资者。

（3）随时出售方式

随时出售方式也称连续发行方式，是指发行人不预先确定发行条件，而由代理机构或销售网点根据市场情况的变化，随时改变发行条件的一种发行方式。这种发行方式的主要特点是发售期限不确定，发行条件灵活，但发售期限过长，不利于在较短的时间里完成短期国债的发行计划。

（4）直接发行方式

直接发行方式主要是指单方面确定国债发行条件，再通过各种渠道（如银行、证券公司的柜台）等向投资者直接出售国债的方式。这种方式发行国债时间长、成本高、效率低，市场化程度也很低。因此，只有少数国家发行面向个人投资者的非上市流通国债。

三、国库券的流通市场

在短期国库券的流通市场上，买卖的是已发行而尚未到期的国库券，它的转让交易多在场外或柜台市场进行，主要采用委托及自营交易的方式。委托交易也称代理买卖，是指债券买卖双方委托各自的经纪人代理进行买卖。债券经纪人根据客户的委托代理买卖债券，从代理买卖中收取一定的佣金。在场所交易中，代理或委托买卖债券的主要程序是：①客户向证券公司询价和报价。当客户要买进或卖出某种债券时，即与经纪商联系，经纪商立即用电话向其他证券公司询问该种债券的买入价和卖出价，并尽快通知客户，由客户提供买入或卖出价格，发出买入或卖出的委托指令。②由作为代理商的证券公司用电话与有关的证券公司磋商，议定最好的买价或卖价，并按此价格成交，交易即告完成。③作为代理商的证券公司按规定向客户收取合理的佣金。自营买卖也称为自己买卖，即交易商先用自己的资金买入债券，然后再以略高于买入时的价格卖出债券，从中赚取价差。

在短期国债的二级市场交易中，即将发行市场（When-issue Market）比较典型。这是一个短期国债的远期市场，在短期国债发行公布后投标前，政府证券交易商与客户签订出售短期国债的远期合约，到国库券的投标日再进行交割。这实际上是政府证券交易商将自己中标所买进的国库券再按照有关合约的规定交给其他市场投资者。这种交易方式使政府证券交易商在投标前就掌握了能够出售的短期国债数量，使其在投资时做到有的放矢。

在国库券流通市场上，由于国库券风险性较低，流动性和收益高，市场活跃、交易量大，商业银行把投资国库券作为调整其资产流动性的重要手段，其他金融机构、企业和个人也将其作为很好的投资对象。中央银行为了调节货币供应量、实现货币政策目标，也在公开市场业务中买卖国库券，构成了短期国债二级市场的重要组成部分。

四、国库券的收益

国库券的收益率一般以银行贴现收益率(Bank Discount Yield)表示,其计算公式为:

$$Y_{BD}=\frac{D}{F}\times\frac{360}{t}\times 100\% \qquad (2-1)$$

式中:Y_{BD} 为银行贴现收益率;D 为贴现额,即面值与价格间的差额;F 为票面价格;t 为距到期日的天数。

【做中学 2—4】 一张面额为 10 000 美元、售价为 9 818 美元、到期期限 182 天的国库券,其贴现收益率为:

$$\frac{10\ 000-9\ 818}{10\ 000}\times\frac{360}{182}\times 100\%=3.6\%$$

若已知某国库券的银行贴现收益率,可以算出相应的价格,其计算方法为:

$$P=F\times\left(1-Y_{BD}\times\frac{t}{360}\right) \qquad (2-2)$$

银行贴现基础上的收益报价对于衡量国库券的持有收益并没有多大的意义,这是因为,首先这种方法是建立在投资面值而不是实际投资额的基础上的。其次,它的计算基础为 360 天而不是 365 天,使得短期国库券的收益很难与中期、长期的收益相比。许多交易商的报价单和一些报告服务提供了其他两种收益衡量方法:

(1)真实收益率(Effective Annual Rate,EAR)。真实收益率是指所有资金按实际投资期所赚的相同收益率再投资时,原有投资资金在一年内的增长率,它考虑了复利因素。其计算公式为:

$$EAR=\left(1+\frac{D}{P}\right)^{365/t}-1 \qquad (2-3)$$

式中:EAR 为真实收益率;D 为贴现额,即面值与价格间的差额;P 为债券购买价格;t 为距到期日的天数。

【做中学 2—5】 承接做中学 2—4,该国库券的真实收益率为:

$$\left(1+\frac{10\ 000-9\ 818}{9\ 818}\right)^{365/182}-1=3.75\%$$

由此可见,银行贴现收益率低估了国库券的真实收益率。

(2)等价收益率(Bond Equivalent Yield),也称为货币市场等价收益率,计算公式为:

$$Y_{BE}=\frac{D}{P}\times\frac{365}{t}\times 100\% \qquad (2-4)$$

式中:Y_{BE} 为等价收益率;D 为贴现额,即面值与价格间的差额;P 为债券购买价格;t 为距到期日的天数。

【做中学 2—6】 承接做中学 2—4,上述国库券的债券等价收益率为:

$$\frac{10\ 000-9\ 818}{9\ 818}\times\frac{365}{182}\times 100\%=3.72\%$$

由此可见,等价收益率低于真实收益率,但高于银行贴现收益率。

拓展阅读 2—4 央行票据

央行票据即中央银行票据,是中央银行为调节商业银行超额准备金而向商业银行发行的短期债务凭证,其实质是中央银行债券。之所以称作中央银行票据,是为了突出其短期性特点(从已发行的央行票据来看，期限最短的3个月，最长的也只有3年）。但央行票据与金融市场各发债主体发行的债券具有根本的区别：各发债主体发行的债券是一种筹集资金的手段，其目的是筹集资金，即增加可用资金；而中央银行发行的央行票据是中央银行调节基础货币的一项货币政策工具，目的是减少商业银行可贷资金量。商业银行在支付认购央行票据的款项后，其直接结果就是可贷资金量的减少。

第四节 证券回购市场

一、回购协议市场的概念和特点

（一）回购协议市场的概念

回购是交易双方进行的以有价证券为权利质押的一种短期资金融通业务。具体来讲，回购就是资金需求者在将证券出质给资金供给者以融入资金的同时，双方约定在将来某一日期由资金需求者将按约定利率计算的资金额返还给资金供给者，资金供给者则返还原出质证券的融资行为。

回购协议是指资金需求者在出售证券的同时与证券购买者签订的在一定期限内按原定价格或约定价格购回所卖证券的协议。从本质上说，回购协议是一种质押贷款协议，其标的物是有价证券。回购协议市场则是指通过回购协议进行短期资金融通交易的场所。

（二）回购协议市场的特点

1. 流动性强

回购协议的交易期限主要以短期为主，最常见的是隔夜回购，但也有期限较长的，最长的回购期限一般不超过一年。由于回购协议的交易期限较短，因此回购协议市场的流动性往往较好。

2. 安全性高

回购协议的交易场所是经国家批准的规范性场内交易场所，只有合法的机构才可以在场内进行交易，交易的双方以出让或取得证券质押权为担保进行资金拆借，交易所作为证券质押权的监管人承担相应的责任。回购交易的对象是经货币当局批准的最高资信等级的有价证券。

3. 收益稳定且超过银行存款收益

回购利率是市场公开竞价的结果，在一定程度上代表了一定时期的市场利率水平，市场参与者如果将闲置资金用于证券回购交易，一般可获得高于银行同期存款利率的平均收益。

4. 无须缴纳存款准备金

对商业银行来说，利用回购协议融入的资金不属于存款负债，不用缴纳存款准备金。由于大型商业银行是回购市场的主要资金需求者，回购交易具有非常明显的优势，这些银行往往利用回购市场作为筹集资金的重要手段。

二、证券回购市场的概念

证券回购市场是指通过证券回购进行短期资金融通交易的市场。证券回购（Repurchase）是指债券持有人在卖出一笔债券的同时，与买方签订协议，约定一定期限和价格购回同一笔债券的融资活动。证券回购市场是短期的金融商品交易市场，与同业拆借市场、票据市场一起构成货币市场的基本组成部分。

【提示】证券回购业务实际上是一种短期抵押贷款，其抵押品是交易的债券。

三、证券回购协议的交易机制

（一）交易原理

许多企业在资金使用之前通过回购协议的形式把资金投入货币市场，以获取少量的报酬，企业会以自己的闲置资金从银行购买短期国债，而银行则同意在将来以较高的价格将短期国债买回。大多数回购协议发生在银行之间，作为同业拆借资金的抵押品。如前文所述，银行通过彼此之间的同业拆借进行银行保证金的交易，但是这种纯粹的信用交易可能面临到期资金无法偿还的危险，因此拆出行可能要求拆入行提供一些优质资产作为融资抵押品。这样在拆入行融进资金时卖出国债等有价证券，在偿还资金时赎回国债等有价证券。

证券回购协议可以在交易双方之间直接进行，也可通过经纪商和交易商间接完成。下面通过一个例子来说明证券回购协议交易过程。假设 2024 年 1 月 24 日招商银行与交通银行之间进行了一笔价值 1 000 万元、期限是 31 天的回购协议交易。回购协议的买方是招商银行，从交通银行手中买入 1 000 万元的国库券。同时，协议规定 2024 年 2 月 24 日，交通银行买回短期国债。协议一旦达成，招商银行就会要求央行通过电子转账系统将 1 000 万元的超额准备金转到交通银行的准备金账户上；现在所发售短期债券一般都是记账式国债，交通银行就可以通知央行把自己账户价值 1 000 万元的短期国债划到招商银行短期国债账户上。到期日，交通银行通知央行把 1 000 万元连带应付的利息划转到招商银行的准备金账户上；而证券回购协议买方招商银行通知央行从自己短期国债账户划转 1 000 万元的国债到交通银行的准备金账户上，这样这笔交易就结束了。当然，在招商银行持有这 1 000 万元的短期国债期间，可以将它投放到债券市场上交易，或用作其他抵押的形式进行融资，在该回购协议到期之前买回即可，在此期间可以赚得少许收益。

（二）证券回购协议的期限

证券回购的期限一般是短期。按照到期日的性质，证券回购可以分为约定期间的回购和无固定到期日的回购。约定期间的回购，必须在约定日期进行证券的回购，大多数回购属于这种类型，约定的时间有 1 天、7 天、14 天、21 天、1 个月、2 个月、3 个月或 6 个月。在无固定到期日的回购交易中，交易双方都无须预先通知对方即可结束回购协议，这种方式可以避免不断更新回购协议的手续，只要双方合作有利可图，该回购交易就会自动持续下去。

【提示】证券回购交易的标的物主要有国库券、政府债券、其他有担保债券、大额可转让定期存单和商业票据等。

（三）证券回购协议和逆回购协议

动漫视频

逆回购

由于所有的回购协议交易双方都是相互对应的，因此一项交易既可称为回购协议，也可称为逆回购协议。逆回购协议是指证券交易的卖方在购入证券时承诺在协议到期日卖给对方的协议。一项既定的交易从证券买方的角度来看是回购协议，而从证券卖方的角度则称为逆回购协议。

（四）证券回购交易的主体和目的

规范化的证券回购市场应分为三个组成部分。

1. 中央银行公开市场操作的证券回购

它是中央银行实施货币政策的重要工具之一，是开展公开市场业务的主要方式。中央银行与商业银行或证券交易商办理证券回购，其目的就在于以下两个方面：

（1）满足商业银行或证券交易商对流动性即“头寸”资金的需要，或者说是中央银行向商业银行或证券交易商提供再融资的手段，进而达到调节市场货币供应量的目标。

（2）为货币市场确定一个较为合理的利率。

2. 同业拆借市场操作的证券回购

它是商业银行、城市合作银行、农村合作银行及金融信托投资公司之间开展的证券回购交易。它是同业拆借市场拆借短期资金的一种方式，即通过证券回购交易调剂商业银行、城市合作银行、农村合作银行及金融信托投资公司之间的头寸余缺。

3. 证券交易场所（证券交易所、期货交易所、证券交易中心和 STAQ 系统等）操作的证券回购

它是证券交易商、企事业法人、非银行金融机构和非居民的海外投资者进行套期保值与融通短期资金的一种手段。

四、证券回购协议的收益和风险

证券回购市场属于无形市场，大多数交易由资金供求双方之间直接以电信方式进行。在证券回购市场中，回购利率和风险是交易双方十分关注的因素。在回购交易中，约定的回购价格与售出价格之间的差额反映了借款者的利息支出，它取决于回购利率的水平。证券回购价格、售出价格和回购利率之间有以下关系，即：

$$RP = PP + I$$

$$I = PP \times RR \times T/360$$

$$RR = \frac{RP - PP}{PP} \times \frac{360}{T} \times 100\%$$

式中：RP 为证券回购价格；PP 为证券售出价格；I 为应付利息；RR 为交易双方协议确定的回购利率；T 为证券回购的期限。

一般回购利率由交易双方协议确定，回购利率的确定取决于多种因素：①证券卖出者的信用越高，证券的流动性越强，回购利率越低；②一般回购期限越短，回购利率越低；③如果采用实物交割的方式，回购利率会较低，而采用其他交割方式，回购利率就会相对高些；④证券回购实际上是一种用较高信用的证券特别是政府证券作抵押的借款方式，因而，回购利率常常低于银行担保贷款利率、同业拆借利率等其他货币市场的利率水平。

在期限相同时，回购协议利率与货币市场其他利率的关系如图 2—3 所示。

国库券利率 ≤ 回购协议利率 ≤ 银行承兑汇票利率 ≤ 可转让定期存单利率 ≤ 同业拆借利率

图 2—3　回购协议利率与货币市场其他利率的关系

尽管证券回购是一种高质量的抵押借款，但是交易双方当事人也会面临一定的风险，包括信用风险和清算风险。信用风险是指交易双方不履行回购协议中的买回或卖回义务，从而使一方遭受损失的可能性。这有两种情况：一是到约定期限后证券卖方没有再购回证券，则买方只有保留这些抵押品，若市场利率上升，证券价格会下降，买方就会遭受损失；二是市场利率下降，证券价格上升，买方不履行按约定价格卖回给卖方的义务，则证券卖方会遭受损失。在实际业务中，一般是通过设置保证金以及根据抵押品市值调整回购价格或保证金的做法来减少信用风险。为降低交易费用和节省时间，一般在期限较短的回购交易中，证券的交付很少采用实物交割的方式，而是采取账户划转的方式，并以证券保管凭单代替实物证券，这就带来了清算风险。为避免清算风险，许多国家要求证券第三方金融机构统一进行保管，保管凭单必须以真实足额证券为依据，以防同一笔债券被用于多次回购协议。

五、我国的证券回购协议市场

（一）发展概况

1. 以场内市场为主的阶段(1991—1997 年)

我国证券回购协议业务开始于 1991 年 7 月 STAQ 系统，随后以武汉证券交易中心为代表的各证券交易公司纷纷推出证券回购协议。1993 年，以上海为试点的银行间及证券中介机构间的国债回购协议兴起。1994 年，回购市场交易激增到 3 000 亿元。然而，以武汉为中心的 STAQ 系统缺乏全国统一的国债托管和清算系统，出现严重的卖空和金融欺诈现象。从 1995 年开始，交易主体全部转入证券交易所内市场，债券交证券交易所托管。但由于场内交易的风险控制机制尚未建立，交易所的国债也相继出现了风险事件，如“3・27”国债风波。在此背景下，国家决定对武汉、天津证券交易中心和 STAQ 系统回购市场进行整顿。

2. 以场外市场为主的阶段(自 1997 年至今)

1997 年，央行发布商业银行停止证券交易所证券回购协议的通知，要求商业银行全部退出上交所和深交所，各商业银行可通过银行同业拆借中心提供的交易系统进行证券回购交易。自 1997 年以来，银行间债券市场在规范中发展，交易规模不断扩大，品种不断增多。我国银行间回购协议可以分为质押式和买断式回购。其中，买断式回购协议是我国货币市场的创新，它为货币市场参与者提供了一种新的投融资模式，并且提供了融资融券功能。2024 年 6 月份，银行间同业拆借市场成交 7.6 万亿元，同比减少 45.4%，环比减少 6.3%；债券回购成交 117.7 万亿元，同比减少 24.4%，环比减少 2.2%。交易所标准券回购成交 38.3 万亿元，同比减少 0.5%，环比减少 1.8%。同业拆借加权平均利率 1.87%，环比增加 2 个基点；质押式回购加权平均利率 1.89%，环比增加 7 个基点。

（二）我国证券回购市场存在的问题

虽然我国的证券回购市场有了很大的发展，但是与发达国家相比，还存在一定缺陷。一是目前银行间市场回购交易的目的主要为金融机构的头寸调节；而在其他发达国家市场上，回购具有多种用途。二是目前参与银行间回购的交易成员仅限于金融机构。如果能够扩大银行间回购交易主体的范围，特别是允许非金融机构参与回购交易，将大大扩展货币市场的范围，促进货币市场的活跃程度，从而提高货币政策的传导效果。

第五节 短期融资券市场

一、短期融资券的概念及市场运作机制

（一）短期融资券的概念

动漫视频

短期融资券

短期融资券是由中华人民共和国境内具有法人资格的非金融企业，依照《短期融资券管理办法》规定的条件和程序，以融资为目的，直接向银行间货币市场投资者发行，并约定在一定期限内还本付息的有价证券。

短期融资券实际上是一种融资性商业票据，属于货币市场工具，期限较短，在一年以内，它是我国企业直接融资的重要举措。其优点是市场化定价，发行成本低，无需担保、抵押，实行余额管理，可持续滚动发行。

（二）我国短期融资券市场运作机制

《短期融资券管理办法》规定了短期融资券管理的基本原则、监管框架、一级市场和二级市场的

核心规范、信息披露的基本要求、主要监管措施等内容。主要有以下几点：

(1)中国人民银行依法对短期融资券的发行和交易进行监督和管理，弱化行政干预，力图把风险识别和风险承担交给投资者，把信息揭露交给专业评级机构和中介服务机构。发行短期融资券须报中央银行备案。

(2)短期融资券的发行只对银行间债券市场机构发行，不对社会公众发行，上市和交易均无须再行审批。

(3)短期融资券的发行规模实行余额管理，期限上实行上限管理，滚动发行，只要融资券余额不超过企业净资产的40%，企业就可自行选择发行规模、日期和价格；发行利率不受管制，采用市场化定价机制，明确短期融资券发行利率实行放开，由企业和承销商确定，无须事前完成定价并上报批准。

(4)发行人应该及时做好信息披露，央行对发行人的信息披露进行严格监管，建立包括发行信息披露、后续信息披露、重大事项临时公告等在内的整套信息披露制度，使投资者能够及时、快捷地获取发行人的相关信息。

(5)短期融资券发行采取无纸化集中登记托管，这样短期融资券手续更加便捷、高效，便于商业银行同业之间的交易和划转。

二、短期融资券的优势和作用

(一)从发行短期融资企业的角度

短期融资券作为一种市场化的创新型融资工具，具有以下优势：

(1)筹资成本反映市场供求，效率损失较低。一般情况下，短期融资券市场的融资成本比从银行贷款的融资成本低约2%。对目前竞争激烈的企业来讲，能否获得市场化定价的资金支持已经成为企业能否生存和发展的关键。

(2)融资方式便利，发行审批便捷。利用短期融资券，企业可以根据自身的资产规模、财务状况以及面临的市场环境，自主地选择发行规模、发行期限，并与承销商协商发行利率，这些举措能最大化地满足企业的筹资要求。同时，短期资产发行采取备案制，一般报央行30天后即可顺利发行，为企业融资节省了时间、提高了效率。

(3)短期融资券实行余额管理制度，这就意味着企业可以将短期融资券的发行融入整个企业的长期经营策略中去，使短期融资券的发行成为整个企业运营的一个关键组成部分。这种企业市场化的资金运营和管理理念的建立，将为我国企业的国际化发展创造良好的条件。

(二)从商业银行的角度

短期融资券的发行促进了我国商业银行经营业务向国际先进银行所注重的市场化的中间业务转变。

(1)短期融资将银行的短期流动性贷款这一表内业务分离出来，从而减少了银行的风险资产，降低了银行的信用风险，并促进了中间业务发展，使得我国银行业不断向符合现代银行的经营理念方向转型。

(2)面对新《巴塞尔协议》的各种降低风险资产的手段，我国商业银行应该积极借鉴国际经验，充分利用以短期融资券等为代表的市场化金融工具，将商业银行表外资产业务积极地应用到我国银行的管理中去，实现我国银行业资产质量的整体改善。

(三)从央行宏观调控政策的角度

短期融资券为央行的货币政策提供更加灵活的市场和中间目标。

(1)短期融资券的发展为我国中央银行运用金融工具调控经济金融市场提供了良好的平台。

在引进短期融资券后，我国的金融市场对利率等因素反应更加灵敏，央行的货币政策对市场的作用时滞更短、效用更强。

(2)短期融资券将推动短期利率市场化进程，使得货币市场的利率更加灵敏地反映资金的供求，更适合作为货币政策的中间目标，完善了我国货币市场传导机制。

本章术语

货币市场 同业 拆借市场 汇票 本票 支票 商业票据 银行承兑汇票 贴现 转贴现 再贴现 大额可转让定期存单 短期融资券 证券回购

应知考核

一、单项选择题

1.(　　)一般不需要担保或抵押，完全是一种信用资金借贷式交易。

A. 同业拆借　B. 票据　C. 国库券　D. 证券回购

2. 同业拆借中大量使用的利率是(　　)。

A. LIBOR　B. SIBOR　C. NIBOR　D. HIBOR

3.(　　)是由出票人签发的，委托付款人在见票时或者在指定的日期无条件向持票人或收款人支付确定金额的票据。

A. 商业发票　B. 汇票　C. 支票　D. 本票

4.(　　)是持票人将票据权利转让给他人的票据行为。

A. 出票　B. 提示　C. 承兑　D. 背书

5.(　　)是财政部发行的、到期偿还本息的、期限在 1 年以内的融资工具。

A. 票据　B. 国库券　C. 同业拆借　D. 股票

二、多项选择题

1. 根据拆借交易的媒介形式，同业拆借市场分为(　　)。

A. 有形拆借市场　B. 无形拆借市场　C. 头寸拆借市场　D. 同业借贷市场

2. 同业拆借市场的参与者包括(　　)。

A. 资金需求者　B. 资金供给者　C. 中介机构　D. 中央银行

3. 商业票据市场的要素包括(　　)。

A. 发行者　B. 投资者　C. 面额及期限　D. 非利息成本

4. 商业票据的发行中，通过交易商发行主要借助于(　　)形式。

A. 助销发行　B. 代销发行　C. 招标发行　D. 包销发行

5. 短期国库券发行方式有(　　)。

A. 公开招标　B. 承购包销　C. 随时出售　D. 直接发行

三、判断题

1. 短期融资券实际上是一种融资性商业票据，属于货币市场工具，期限较短，在一年以上。(　　)

2. 一般情况下，短期融资券市场的融资成本比从银行贷款的融资成本低约 4%。(　　)

3. 证券回购市场属于无形市场，大多数交易由资金供求双方之间直接以电信方式进行。（　　）
4. 短期国库券是中央银行进行公开市场操作中连接财政政策和货币政策的契合点。（　　）
5. 贴现对银行来讲，实质上是一种票据买卖行为，与任何金融工具的买卖性质一样。（　　）

四、简述题

1. 简述同业拆借市场的特点和功能。
2. 简述票据的特点。
3. 简述银行承兑汇票的作用。
4. 简述大额可转让定期存单的特点。
5. 简述短期融资券的优势和作用。

五、计算题

1. 在回购市场上，某证券的回购价格为 200 万元，回购利率为 6%，回购期限是 1 个月，则该证券的出售价格应为多少？

2. 假设有一张本金为 200 万元的大额可转让定期存单，存单原定利率为 10%，原定期限为 180 天，投资人持有存单 60 天后出售，距到期日还有 120 天，出售时利率为 12%，求该存单出售时的价格为多少？

3. 一张面额 10 000 美元、售价 9 800 美元、到期期限 182 天（半年期）的国库券，其贴现收益率为多少？

4. 有一张 50 万元的大额可转让定期存单，利率为 10%，期限为 6 个月，投资人持有 3 个月后出售，距到期日还有 90 天，当时利率为 12%。请计算该存单的转让价格。

应会考核

■ 观念应用

【背景资料】

如果经济进入急剧衰退阶段，请你预计商业票据与国库券之间的收益率差额将会如何变化？

【考核要求】

请结合本章的内容作答。（提示：价差将扩大。经济的衰退会增加信用风险，即增加无力偿付债务的可能性。投资者会相应要求面临违约风险的债务有更高的溢价。）

■ 技能应用

美国的一款国库券的期限为 180 天，面值 10 000 美元，价格 9 600 美元。银行对该国库券的贴现率为 8%。

【技能要求】

（1）计算该国库券的债券收益率（不考虑除息日结算）。

（2）简要说明为什么国库券的债券收益率不同于贴现率。

■ 案例分析

【情景与背景】

银行承兑汇票买卖风险的警示

某年 5 月 22 日，慈溪市某电器公司经介绍从台州许某处得到一张 200 万元的银行承兑汇票。

该票出票人为甲公司，收款人为乙公司，但该票中并未载明任何有关许某如何取得该票的情况，即许某既不是出票人，也非收款人或被背书人。该电器公司向银行部门查询发现该银行承兑汇票为真票后，并未就许某如何取得该票据作进一步调查，而是在收取了许某对该银行承兑汇票贴现利息之后，将票面的200万元资金打入了许某的账户。当年6月18日，该银行承兑汇票载明的收款人乙公司以不慎将该票遗失为由向温岭市人民法院提出公示催告，并申报了票据权利。随即，乙公司向法院提起诉讼，要求该电器公司返还该银行承兑汇票。次年1月19日，经温岭市人民法院判决，该电器公司取得的该银行承兑汇票不合法，要求该电器公司将200万元银行承兑汇票返还给乙公司。事后，该电器公司虽多次联系许某，但未果。

从该起私下交易的银行承兑汇票情况来看，可以给我们以下警示：一是通过私下交易，而非正常贸易行为等取得的银行承兑汇票存在较大风险；二是私下交易银行承兑汇票，造成损失后，较难通过刑事途径得到有效保护；三是通过民事途径追索损失，困难重重。

资料来源：李贺等：《金融市场学》（第三版），上海财经大学出版社2022年版，第52页。

【分析要求】

针对上述情景与背景，请分析带给我们的警示，你认为如何遵守《票据法》的有关规定？

本章实训

【实训内容】

熟悉货币市场各子市场业务。

【实训步骤】

第一步：分组模拟操作，每组可以自由选择货币市场某一子市场。

第二步：分角色以情境模拟形式进行模拟操作，并分析操作原因及操作效果。

第三步：每组通过上网查阅资料或者实地调研的方式自行设计业务背景，要求数据合理、可靠。

【实训要求】

分组撰写实训模拟操作报告，报告包括背景设计、背景分析、模拟操作步骤及操作效果分析等，最后每组推荐一名学生进行报告陈述，并撰写实训报告。

《熟悉货币市场各子市场业务》实训报告		
实训班级：	项目小组：	项目组成员：
实训时间：　　年　　月　　日	实训地点：	实训成绩：
实训目的：		
实训步骤：		
实训结果：		
实训感言：		

实务操作

债券市场实时趋势

第三章　债券市场

● 知识目标

理解：债券的概念、性质、特征和分类；债券发行市场的概念和作用；债券流通市场的概念、作用和类型。

熟知：债券市场的功能；债券的发行条件；我国债券流通市场的类型和交易方式。

掌握：债券的票面要素；债券发行价格的确定方式；债券的发行方式；债券的交易方式。

● 技能目标

能够正确认知债券市场在现代经济中的作用，提高债券市场知识的应用能力、职业判断能力和相关知识的更新能力。

● 素质目标

能够结合当今债券市场的实际，提高分析和总结问题的能力，以及提高语言表达能力、与人合作的能力；倡导诚信与公平交易，在金融市场中遵守法律法规，维护市场秩序。

● 思政目标

培养学生具备正确的金融伦理观和国家金融安全意识，强化金融市场的社会责任，引导学生理解债券不仅是投资工具，而且是服务实体经济、支持国家建设的重要手段；增强学生的国家认同感，以及对国家经济政策的理解；培养学生风险意识，理解金融市场的波动性和不确定性，学会理性投资，避免盲目跟风；掌握债券市场知识，内化金融职业道德，为成为负责任的金融从业者奠定基础。

● 课程引例

债券市场为何持续走强

2024 年以来，我国债券市场持续走强。截至 3 月 22 日，10 年期国债收益率为 2.305 1%，30 年期国债收益率为 2.483 2%。近年来，我国债券市场取得了长足发展，债券发行规模持续扩容。中国人民银行发布数据显示，截至 2024 年 1 月末，我国债券余额 159 万亿元，近 5 年的年均增速高达13%，规模稳居世界第二位。2023年，债券现券成交额达354万亿元，债券回购和同业拆借成交额高达2 273万亿元。在债市持续走强背景下，中长期国债成为市场焦点。由于中长期国债具有稳定的收益和较低的风险，因此成为投资者追求稳健收益的首选。

目前，我国债券市场收益率处于历史低位。中国人民银行数据显示，2024年1月末，10年期国债收益率下降至2.43%，各信用等级、各期限信用债券发行利率跟随下行。2024年1月，信用债券加权平均发行利率为2.92%，较2023年1月下降87个基点。罕见的债券牛市行情超出了众多从业者和投资者的预期，也推动了债券价格的上涨，并且带动了债券基金收益的上涨。

资料来源：勾明扬："债券市场为何持续走强"，《经济日报》，2024年3月26日。

● 引例导学

通过上述引例可以看出，债券市场是金融市场的重要组成部分。债券市场作为一个开放的金融市场，对国民经济的快速发展及金融战略的实施起着重要的作用。那么，债券市场是一个什么样的金融市场？有什么特征和功能？又是怎样运行的呢？上述课程引例中是什么主要因素引致债券市场走强？本章将详细讲述。

● 知识精讲

第一节 债券和债券市场概述

一、债券的概念和性质

（一）债券的概念

动漫视频

债券

债券(Bonds/Debenture)是一种金融契约，是社会各类经济主体为筹集资金而向债券投资者出具的，承诺按一定利率定期支付利息并到期偿还本金的债权债务凭证。债券持有人有权在约定的期限内要求发行人按照约定的条件还本付息。债券持有人与发行者之间是一种债权债务关系。债券发行人即债务人(Debtors)，债券持有人(或投资者)即债权人(Creditors)。债券属于确定请求权的有价证券。债券的发行最早始于12世纪末期的威尼斯共和国。

（二）债券的性质

1. 债券属于有价证券

由于债券的利息通常是事先确定的，所以债券是固定利息证券(定息证券)的一种。在金融市场发达的国家和地区，债券可以上市流通。一方面，债券反映并代表一定的价值。债券本身有一定的面值，通常它是债券投资者投入资金的量化表现。同时，持有债券可按期取得利息，利息也是债券投资者收益的价值表现。另一方面，债券与其代表的权利联系在一起。拥有债券也就拥有了债券所代表的权利，转让债券也就将债券代表的权利一并转移。

【提示】债券与股票一样，也是一种有价证券，这一性质赋予了债券一定的价格，可以通过证券市场自由流动、转让。

2. 债券是一种虚拟资本

债券作为纸质凭证，尽管有面值，代表了一定的财产价值，但它只是一种虚拟资本，而非真实资本。因为债券的本质是证明债权债务关系的证书，在债权债务关系建立时所投入的资金已被债务人占用，因此债券是实际运用的真实资本的证书。债券的流动并不意味着它所代表的实际资本也同样流动，且债券是独立于实际资本的。

3. 债券是债权的表现

债券代表债券投资者的权利，这种权利不是直接支配财产，也不以资产所有权表现，而是一种债权。拥有债券的人是债权人，债权人不同于财产所有人。以公司为例，在某种意义上，财产所有人可以视作公司的内部构成分子，而债权人是与公司相对立的。债权人除了按期取得本息外，对债务人不能做其他任何干预。

4. 债券是一种信用关系的凭证

债券体现了发行者与投资者之间的一种借贷信用关系。对发行者来说，发行债券实际上是从投资者那里借入了一笔资金，在资金借用期限内，发行者可以自由分配这笔资金，投资者无权影响和干预，也不得要求索还；对投资者来说，购买债券则是对发行者贷放了一笔资金，但这只是一定期限内的资金使用权的暂时让渡，而保留这笔资金的所有权，到期有权索回。在这里，发行者与投资者之间正是通过债券建立起的一种有限期的信用关系，发行者依据债券支付投资者利息；投资者则基于债券的信用性质为取得一定的利息收入而认购债券。

二、债券的特征

债券作为一种重要的融资手段和金融工具具有如下特征。

(一)偿还性

偿还性是指债券有规定的偿还期限，债务人必须按期向债权人支付利息和偿还本金。债券的偿还性使得资金筹措者不能无限期地占用债券购买者的资金；换言之，他们之间的借贷关系将随偿还期结束、还本付息手续完毕而消失。这一特征与股票的永久性有很大的区别。在历史上，债券的偿还性也有例外，英、美等国政府发行过无期公债或永久性公债。这种公债无固定偿还期，持券者不能要求政府清偿，只可按期取息。当然，这只是个别现象，不能因此而否定债券具有偿还性的一般特性。

(二)流动性

流动性是指债券持有人可按自己的需要和市场的实际状况，灵活地转让债券提前收回本金。债券一般都可以在流通市场上自由转让，这样当投资者在债券到期前由于各种原因需要资金时，就可以随时在证券市场上变现提前收回本金。流动性首先取决于市场对转让所提供的便利程度；其次表现为债券在迅速转变为货币时，是否在以货币计算的价值上蒙受损失。

(三)安全性

安全性是指债券持有人的收益相对固定，不随发行者经营收益的变动而变动，并且可按期收回本金。债券通常规定有固定的利率，与企业绩效没有直接联系，收益比较稳定；同时，在企业破产时，债券持有者享有优先于股票持有者的企业剩余资产索取权。因此，与股票相比，债券的风险较小。但这种安全性是相对的，并不是说债券绝对安全、没有风险。作为一种金融资产，债券当然具有自身的风险，债券的风险主要包括利率风险、流动性风险、信用风险和通货膨胀风险。

债券投资不能收回有两种情况：第一，债务人不履行债务，即债务人不能充分和按时履行约定的利息支付或者偿还本金。不同债务人不履行债务的风险程度是不一样的，一般情况下，政府债券的风险低于金融债券和公司债券。第二，流通市场风险，即债券在市场上转让时因价格下跌而承受的损失。许多因素会影响债券的转让价格，其中较重要的是市场利率水平。

(四)收益性

收益性是指债券能为投资者带来一定的收入，即债权投资的报酬。这种收入主要表现在两个方面：一是投资债券可以给投资者定期或不定期地带来利息收入；二是投资者可以利用债券价格的变动，买卖债券赚取价差。从理论上讲，如果利率水平一直不变，这一价差就是其持有债券这段时间的利息收益转化形式，也称资本损益。但是，由于市场利率会不断变化，债券在市场上的转让价格将随市场利率的升降而上下波动。

【提示】债券的偿还性、流动性、安全性与收益性之间存在着一定的矛盾。一般来讲，如果债券的流动性强，安全性就强，人们便会争相购买，于是该种债券的价格就上升，收益率就会下降；反之，如果某种债券的流动性差，安全性低，那么购买的人就少，债券的价格就低，其收益率就高。

【注意】对投资者来说，可以根据自己的财务状况和投资目的来对债券进行合理的选择与组合。

三、债券的分类

债券的种类繁多，各具特点。可以从不同的角度，按照不同的标准对债券进行分类。

（一）根据债券发行主体的不同，债券分为政府债券、金融债券和公司债券

1. 政府债券

政府债券的发行主体是政府，中央政府发行的债券称为国债。国债因其信誉好、利率优、风险小而被称为金边债券。政府债券的主要用途是解决由政府投资的公共设施或重点建设项目的资金需要以及弥补国家财政赤字。

政府债券一般具有以下几个特点：

（1）安全性高。由于政府债券是政府发行和提供担保的，由政府承担还本付息的责任，信用程度高，基本上没有风险，是所有债券中安全性最好的一种债券。

（2）流动性强。政府债券是一国政府的债务，它的发行量一般都非常大。同时，由于政府债券的信誉高，竞争力就比较强，市场属性好。因此，许多国家政府债券的二级市场十分发达，一般不仅允许在证券交易所挂牌上市交易，而且允许在场外市场进行买卖。这样，发达的二级市场为政府债券的转让提供了方便，使其流动性大大增强。

（3）减免税待遇。大多数国家规定，购买政府债券与购买其他收益证券相比，可以享受更优惠的税收待遇，甚至免税。

（4）抵押代用率高。国家债券的持有者不仅可以在到期前到市场转让，而且可以用于抵押贷款。

（5）调节市场货币量。中央银行在公开市场上买卖国债进行公开市场业务操作，可以有效地调节市场货币流通量，进而实现对宏观需求的调节。

政府债券的发行一般以公募为主。有的政府债券附有息票，持券人可以按期领取利息，有的政府债券没有息票，到期按票面金额一次还本付息。政府债券一般在国内以本币币种发行，称作政府本币内债；有时也在国外以外币币种发行，称作政府外币债券。政府在国外发行的外币债券与国外一般借款一样，构成了一个国家的外债。

2. 金融债券

金融债券是由银行和非银行金融机构发行的债券。在我国，金融债券主要由国家开发银行、中国进出口银行和中国农业发展银行等政策性银行发行，不仅可以在国内市场发行人民币金融债券，而且可以在国际市场上发行外币金融债券。金融机构一般有雄厚的资金实力，信用度较高，因此金融债券往往有良好的信誉。

金融债券一般具有以下几个特点：

（1）安全性好。由于金融债券的发行主体和发行额度都须经中央银行批准或法律许可，一般能够发行金融债券的都是资力雄厚的金融机构，信用程度高，风险很小。

（2）期限较长。金融债券多为中长期债券，期限一般为1～5年，长者可达10年，实际上是金融

机构利用自身良好的资信筹集中长期资金的一种重要手段。

(3)利率水平较高。金融债券利率一般要高于同期银行储蓄存款利率，对投资者有更大的吸引力，筹资效率也更高。

(4)流动性强。金融债券一般不记名、不挂失，不能提前兑取，但可以在证券市场上自由转让、买卖，具有很强的流通性，因此，它是一种十分方便、灵活的金融工具。

3. 公司债券

公司债券是公司依照法定程序发行、约定在一定期限还本付息的有价证券。公司债券的发行主体是股份公司，但有些国家也允许非股份制企业发行债券，归类时，可将公司债券和企业发行的债券合在一起，称为公司(企业)债券。

公司债券除了具备债券的一般性质外，与其他债券如国家债券、金融债券相比，有其自身的特点。这主要表现在以下方面：

(1)收益率较高。公司债券所筹集的资金直接用于公司的生产经营活动，没有中间环节，收益率较高，通常高于国家债券、金融债券的收益水平，因而更多地成为公众进行长期投资的选择品种。

(2)风险相对较大。投资公司债券与国家债券、金融债券相比，由于其信誉程度相对较低，且经营状况受到由外部多种因素的影响，因而风险性相对较大。但总的来说，投资公司债券还是安全的，这是因为，发行公司债券时，一般都有严格的审查和财产抵押，必须符合规定的信用评级标准。

(3)分配优先性。债券持有者只是公司的债权人，不是所有者，无权参与公司的经营管理决策，但债券持有人有按期收取利息的权利，其收入在分配顺序上要优先于股东的分红，而当公司经营破产清理资产时，持券人可优先于股东收回本金。

(4)通知偿还性。部分公司债券，附有通知偿还的规定，即发行者具有可以选择在债券到期前偿还本金的权利。

(5)可兑换性。部分公司债券，允许持有者在一定条件下兑换成其他有价证券如公司股票等，其目的是增加公司债券的灵活性和流动性。

【提示】在西方国家，公司债券的期限多在10年以上，是公司筹措长期资金的重要手段，属于长期债券。

【注意】根据债券发行主体的不同进行分类，是最常见，也是最基本、最主要的一种分类方法。

(二)根据债券发行条款中是否规定在约定期限向债券持有人支付利息，债券分为贴现债券、附息债券和息票累积债券

1. 贴现债券

贴现债券又称贴水债券，是指在票面上不规定利率，发行时按某一折扣率，以低于票面金额的价格发行，发行价与票面金额的差额相当于预先支付的利息，到期时按面额偿还本金的债券。

2. 附息债券

附息债券的合约中明确规定，在债券存续期内，对持有人定期支付利息(通常每半年或每年支付一次)。按照计息方式的不同，这类债券还可细分为固定利率债券和浮动利率债券两大类。

3. 息票累积债券

与附息债券相似，这类债券也规定了票面利率，但是，债券持有人必须在债券到期时一次性获得本息，存续期间没有利息支付。

(三)根据募集方式不同，债券分为公募债券和私募债券

1. 公募债券

公募债券是指发行人向不特定的社会公众投资者公开发行的债券。公募债券的发行量大，持有人数众多，可以在公开的证券市场上市交易，流动性好。

2. 私募债券

私募债券是指向特定的投资者发行的债券。私募债券的发行对象一般是特定的机构投资者。

(四)根据担保性质不同,债券分为有担保债券和无担保债券

1. 有担保债券

有担保债券是指以抵押财产为担保发行的债券。按担保品不同,有担保债券又分为抵押债券、质押债券和保证债券。

(1)抵押债券以不动产作为担保,又称不动产抵押债券,是指以土地、房屋等不动产作抵押品而发行的一种债券。

(2)质押债券以动产或权利作担保,通常以股票、债券或其他证券为担保。发行人主要是控股公司,用作质押的证券可以是它持有的子公司的股票或债券、其他公司的股票或债券,也可以是公司自身的股票或债券。

(3)保证债券以第三人作为担保,担保人或担保全部本息,或仅担保利息。

2. 无担保债券

无担保债券也称信用债券,仅凭发行人的信用而发行,是不提供任何抵押品或担保人而发行的债券。

(五)根据债券券面形态不同,债券分为实物债券、凭证式债券和记账式债券

1. 实物债券

实物债券是一种具有标准格式、实物券面的债券。在标准格式的债券券面上,一般印有债券面额、债券利率、债券期限、债券发行人全称、还本付息方式等债券票面要素。

2. 凭证式债券

凭证式债券的形式是债权人认购债券的一种收款凭证,而不是债券发行人制定的标准格式的债券。

3. 记账式债券

记账式债券是没有实物形态的票券,它利用证券账户,通过计算机系统完成债券发行、交易和兑付的全过程。

(六)根据债券是否记有持券人的姓名或名称,债券分为记名债券和无记名债券

1. 记名债券

记名债券除债券上记载的持有人外,其他人不能行使其权利。这种债券如果要转让须办理过户手续。债券如果遗失,可以通过法律程序恢复其持有者的权利。

2. 无记名债券

无记名债券的持有人即是享有债券权利的人,这类债券转让比较自由、方便,无须办理过户手续,只需交付给对方,即可完成转让。但是,如果债券遗失,则无法恢复持有人的权利。

(七)根据债券是否可以转换为公司股票,债券分为可转换债券和不可转换债券

1. 可转换债券

可转换债券是指在特定时期内可以按某一固定的比例转换成普通股的债券,它具有债务与权益双重属性,属于一种混合性筹资方式。由于可转换债券赋予债券持有人将来成为公司股东的权利,因此其利率通常低于不可转换债券。若将来转换成功,在转换前发行企业达到了低成本筹资的目的,转换后又可节省股票的发行成本。根据《公司法》的规定,发行可转换债券应由国务院证券管理部门批准,发行公司应同时具备发行公司债券和发行股票的条件。

2. 不可转换债券

不可转换债券是指不能转换为普通股的债券,又称为普通债券。由于其没有赋予债券持有人

将来成为公司股东的权利，所以其利率一般高于可转换债券。

（八）根据债券付息的方式划分，债券分为零息债券、定息债券、浮动利率债券

1. 零息债券

零息债券也称贴现债券，是指债券券面上不附有息票，在票面上不规定利率，发行时按规定的折扣率，以低于债券面值的价格发行，到期按面值支付本息的债券。从利息支付方式来看，贴现国债以低于面额的价格发行，可以看作是利息预付，因而又可称为利息预付债券、贴水债券。它是期限比较短的折现债券。

2. 固定利率债券

固定利率债券（也称定息债券）是将利率印在票面上并按其向债券持有人支付利息的债券。该利率不随市场利率的变化而调整，因而固定利率债券可以较好地抵制通货紧缩风险。然而，这种债券有可能为债券持有人带来风险。当偿还期内的市场利率上升且超过债券票面利率时，债券持有人就要承担相对利率较低或债券价格下降的风险。当然，在偿还期内如果市场利率下降且低于债券票面利率，债券持有人也就相当于获得了由于利率下降而带来的额外利益。

3. 浮动利率债券

浮动利率债券是指利率可以变动的债券。浮动利率债券的息票率是随市场利率变动而调整的利率。因为浮动利率债券的利率同当前市场利率挂钩，一般高于市场利率的一定百分点。当市场利率上升时，债券的利率也相应上浮；反之，当市场利率下降时，债券的利率就相应下调。这样，浮动利率债券就可以避开因市场利率波动而产生的风险。而当前市场利率又考虑到了通货膨胀率的影响，因此浮动利率债券可以较好地抵制通货膨胀风险。其利率通常根据市场基准利率加上一定的利差来确定。

【注意】浮动利率债券往往是中长期债券。

（九）根据债券是否能够提前偿还划分，债券分为可赎回债券和不可赎回债券

1. 可赎回债券

可赎回债券是指在债券到期前，发行人可以事先约定的赎回价格收回的债券。公司发行可赎回债券主要是考虑到公司未来的投资机会和规避利率风险等问题，以增加公司资本结构调整的灵活性。发行可赎回债券最关键的问题是赎回期限和赎回价格的制定。

2. 不可赎回债券

不可赎回债券是指不能在债券到期前收回的债券。

（十）根据债券偿还方式不同划分，债券分为一次到期债券、分期到期债券

1. 一次到期债券

一次到期债券是发行公司于债券到期日一次偿还全部债券本金的债券。

2. 分期到期债券

分期到期债券可以减轻发行公司集中还本的财务负担。

（十一）根据债券计息方式分类，债券分为单利债券、复利债券、累进利率债券

1. 单利债券

单利债券是指在计息时，不论期限长短，仅按本金计息，所生利息不再加入本金计算下期利息的债券。

2. 复利债券

复利债券与单利债券相对应，是指计算利息时，按一定期限将所生利息加入本金再计算利息，逐期滚算的债券。

【注意】复利债券的利息包含了货币的时间价值。另外，在名义利率相同的情况下，复利债券

的实得利息要多于单利债券

3. 累进利率债券

累进利率债券是指年利率以利率逐年累进方法计息的债券。累进利率债券的利率随着时间的推移,后期利率比前期利率更高,呈累进状态。

【提示】累进利率债券的期限往往是浮动的,但一般会规定最短持有期和最长持有期。

(十二)根据债券面值货币和市场所在地,债券分为国内债券和国际债券

1. 国内债券

国内债券是指国内公司、金融机构及中央政府、地方政府等发行人,以本国货币为单位在本国国内金融市场上发行的债券。

2. 国际债券

国际债券是指发行人在国外发行,且不以发行人所在国货币为面值的债券。国际债券包括外国债券和欧洲债券。

(1)外国债券是指发行人在外国证券市场发行、以市场所在国货币为面值的债券。例如,外国筹资者在美国发行的美元债券,又称"扬基债券";在日本发行的日元债券,又称"武士债券"。发行这类债券一般要求发行地国家的政局比较稳定,资本市场上的资本较充足,以有利于债券的发行和销售。同时,还要有比较健全活跃的证券流通市场、较高的货币币信和宽松的外汇管理制度,以利于债券的流通和转让。目前,主要有美国、瑞士、德国和日本四大外国债券市场。外国债券是历史上发行的第一种国际债券。

(2)欧洲债券是指发行人在外国证券市场发行的、以市场所在国以外的第三国货币为面值的债券,又称境外债券、欧洲货币债券。其发行除须经举债人所在国政府批准外,不受发行市场所在国以及债券面值货币国有关法律约束。这类债券最大特点是其游离于任何国家的货币金融管制之外,筹集的资金是一种比较自由的离岸货币,如双货币债券等。

(十三)根据债券偿还期限的长短,债券可分为短期债券、中期债券、长期债券和无限期债券

下面介绍前三种债券:

1. 短期债券

短期债券是指期限在 1 年以下的债券,如美国、英国的国库券,其期限分为 3 个月、6 个月、9 个月和 1 年期 4 种,是一种短期政府债券,其目的是在财政收入不足、存在赤字的情况下,用以平衡政府财政收支。

2. 中期债券

中期债券是指期限在 1 年以上、10 年以下的债券,如美国的中期国家债券、日本的中期附息票国债和贴现国债等。

3. 长期债券

长期债券是指期限在 10 年以上的债券,如美国的长期国家债券、日本的长期附息票国债等。2024 年 5 月 17 日,我国首发的 30 年期超长期特别国债,为固定利率附息债,总额 400 亿元,票面利率由 56 家金融机构承销团进行竞争性招标后,确定为 2.57%。本期国债自 2024 年 5 月 20 日开始计息,每半年支付一次利息,付息日为每年 5 月 20 日和 11 月 20 日,2054 年 5 月 20 日偿还本金,并支付最后一次利息。

四、债券的票面要素

(一)债券的票面价值

债券的票面价值是债券票面标明的货币价值,是债券发行人承诺在债券到期日偿还给债券持

有人的金额。在债券的票面价值中,首先要规定票面价值的币种,即以何种货币作为债券价值的计量标准。确定币种主要考虑的因素是债券的发行对象。一般来说,在本国发行的债券通常以本国货币作为面值的计量单位;在国际金融市场上筹资,通常以债券发行地所在国家的货币或以国际通用货币为计量标准。此外,确定币种还应考虑债券发行者本身对币种的需要。币种确定后,则要规定债券的票面金额。票面金额大小不同,可以适应不同的投资对象,同时也会产生不同的发行成本。

【提示】债券票面金额的确定需要根据债券的发行对象、市场资金供给情况及债券发行费用等因素综合考虑。

(二)债券的到期期限

债券的到期期限是指债券从发行之日起至偿清本息之日为止的时间,即债券发行人承诺履行合同义务的全部时间。各种债券有不同的偿还期限,短则几个月,长则几十年,习惯上有短期债券、中期债券和长期债券之分。债权发行人在确定债券期限时,要考虑多种因素的影响,主要有以下方面:

1.资金使用方向

债务人借入资金可能是为了弥补临时性资金周转的短缺,也可能是为了满足对长期资金的需求。在前者情况下可以发行短期债券,在后者情况下可以发行中长期债券。这样安排的好处是,既能保证发行人的资金需要,又不因占用资金时间过长而增加利息负担。

2.市场利率变化

债券偿还期限的确定应根据对市场利率的预期,相应选择有助于减少发行者筹资成本的期限。一般来说,当未来市场利率趋于下降时,应选择发行期限较短的债券,可以避免市场利率下跌后仍须支付较高的利息;而当未来市场利率趋于上升时,应选择发行期限较长的债券,这样能在市场利率趋高的情况下保持较低的利息负担。

3.债券变现能力

债券变现能力与债券流通市场发育程度有关。如果流通市场发达,债券容易变现,长期债券较能被投资者接受;如果流通市场不发达,投资者买了长期债券而又急需资金时不易变现,长期债券的销售就可能不如短期债券。

(三)债券的票面利率

债券票面利率也称名义利率,是指债券年利息与债券票面价值的比率,通常年利率用百分数表示。债券的票面利率受很多因素影响,主要有以下方面:

1.借贷资金市场利率水平

市场利率较高时,债券的票面利率也相应较高,否则,投资者会选择其他金融资产投资而舍弃债券;反之,市场利率较低时,债券的票面利率也相应较低。

2.筹资者的资信

如果债券发行人的资信状况好,债券信用等级高,投资者的风险小,债券票面利率可以定得比其他条件相同的债券低一些;如果债券发行人的资信状况差,债券信用等级低,投资者的风险大,债券票面利率就需要定得高一些。此时的利率差异反映了信用风险的大小,高利率是对高风险的补偿。

3.债券期限长短

一般来说,期限较长的债券流动性差,风险相对较大,票面利率应该定得高一些;而期限较短的债券流动性强,风险相对较小,票面利率就可以定得低一些。但是,债券票面利率与期限的关系较复杂,它们还受其他因素的影响,所以有时也会出现短期债券票面利率高而长期债券票面利率低的现象。

（四）债券发行者名称

这一要素指明了该债券的债务主体，既明确了债券发行人应履行对债权人偿还本息的义务，也为债权人到期追索本金和利息提供了依据。

【注意】以上四个因素虽然是债券票面的基本因素，但它们并非一定在债券票面上印制出来。在许多情况下，债券发行者是以公布条例或公告形式向社会公开宣布某债券的期限与利率，只要发行人具备良好的信誉，投资者也会认可并接受。

五、债券市场的功能

债券市场是债券发行和交易的场所，是金融市场的一个重要组成部分。债券市场的功能主要有以下几个方面：

（一）融资和投资功能

债券市场为政府、企业、金融机构等提供了一种低成本、长期、稳定的融资渠道，有利于缓解直接融资的不足，支持经济发展和社会建设。一方面，债券市场作为金融市场的一个重要组成部分，具有使资金从资金剩余者流向资金需求者，为资金不足者筹集资金的功能。以我国为例，为弥补农村融资不足、支持乡村振兴建设为目标而发行的乡村振兴债券。另一方面，债券市场为各类投资者提供了一种投资渠道，比较适合追求稳定收益的投资者，特别是保险资金、社保基金、养老基金、企业年金等。

（二）资源配置功能

债券市场在宏观上还能优化资源的配置，效益好的企业发行的债券通常较受投资者欢迎，因而发行时利率低，筹资成本较低；相反，效益差的企业发行的债券风险相对较大，受投资者欢迎的程度较低，筹资成本较高。因此，通过债券市场，资金得以向优势企业集中，从而有利于资源的优化配置。

（三）宏观调控功能

一国中央银行作为国家货币政策的制定与实施部门，主要依靠存款准备金、公开市场业务、再贴现和利率等政策工具进行宏观经济调控。其中，公开市场业务就是中央银行通过在证券市场上买卖国债等有价证券，从而调节货币供应量，实现宏观调控的重要手段。在经济过热需要减少货币供应量时，中央银行卖出债券，收回金融机构或公众持有的一部分货币，从而抑制经济的过热运行；当经济萧条需要增加货币供应量时，中央银行便买入债券，增加货币的投放。

（四）提供市场基准利率的功能

从国际金融市场的一般运行规律来看，在比较健全的金融市场上，有资格成为基准利率的只能是那些信誉高、流通性强的金融产品的利率，而国债利率一般被视为无风险资产的利率，被视为其他资产和衍生工具进行定价的基准。而只有一个高流动性的、开放的、价格发现机制成熟的国债市场才能提供一个有意义的市场基准利率。

（五）防范金融风险的功能

一个较为完备的债券市场可以有效地降低一国金融系统的风险。一个高流动性的、开放的国债市场不仅提供了市场基准利率，而且是本币国际化的重要支撑。金融债的发行也可以极大地补充银行的附属资本，尤其是次级债券的发行使得银行不仅获得了中长期资金来源，而且在股东之外还增加了债权人的约束，有利于银行的稳健经营。债券市场上投资者的行为高度市场化，企业债务的不履行将迅速导致债权人“用脚投票”，使得企业无度融资的冲动受到有效遏制。在债券融资的背景下，公司债一旦出现债务不履行，会迅速导致公司在投资人群体中的名誉损失，并且通过债市信息披露会使广大社会公众掌握公司的信誉，使这种惩罚自动扩散到整个社会。

学中做 3－1　债市助力巩固拓展脱贫攻坚成果：乡村振兴债券

在 2021 年中央一号文件中，首次提出“全面推进乡村振兴”，并支持地方政府发行一般债券。同年 3 月，银行间市场对乡村振兴票据的支持领域、注册发行要求等予以明确。7 月，交易所市场将乡村振兴专项公司债券纳入公司债券创新品种并发布业务指引，明确了乡村振兴公司债的发行条件。乡村振兴债券是以弥补农村融资不足、支持乡村振兴建设为目标而发行的债券。乡村振兴债券，限于市场中贴有“乡村振兴”“专项乡村振兴”标识的债券。目前乡村振兴债券涉及品种主要包括地方政府专项债（简称“专项债”）、中期票据、公司债、资产支持证券等，发行主体包括地方政府、中央及地方国有企业、民营企业等。

党的二十大将全面推进乡村振兴列为构建新发展格局、推动高质量发展的重要内容。作为全面推进乡村振兴的重要金融抓手，乡村振兴债券将在未来的金融市场中发挥重要作用，成为助力农业现代化进一步发展、保障农村基础设施完善、促进农民就业增收的重要金融工具。

分析提示

学中做3-1

作为金融创新的重要组成部分，乡村振兴债券的推出为金融助推农业项目落地提供了新动力，为金融赋能农村基础设施建设赋予了新可能。相较于传统债券，乡村振兴债券具有融资成本低、融资灵活等优势，以此可引导相关企业到产地发展包括粮油加工、食品制造等农产品加工业在内的多层次、多维度、多元化产业，持续推进农村一、二、三产业融合发展。此外，乡村振兴债券投资项目位于中西部地区的比例较大，通过扎实开展重点领域农村基础设施建设，可推进区域协调发展。尽管乡村振兴债券推动了地方融资结构从间接融资向直接融资转型，丰富了农村金融产品，但乡村振兴债券仍存在发行主体类型集中等不足。从乡村振兴债券的种类来看，目前以专项债为主，信用债、资产支持证券的占比低于市场整体情况；从发行主体来看，以地方政府和国有企业为主；从募集资金用途来看，过半的乡村振兴信用债的募集资金用于乡村振兴的占比不及 40%，大部分企业对募集资金使用情况的披露较少。

资料来源：柴闫明：“债市助力巩固拓展脱贫攻坚成果”，新浪财经，2023 年 1 月 12 日。

请对进一步发挥乡村振兴债券支持实体经济、全面推进乡村振兴的作用提出几点建议。

第二节　债券发行市场

一、债券发行市场的概念和作用

（一）债券发行市场的概念

债券发行市场，又称一级市场，是指债券发行人向债券投资者发行债券的市场。其目的是将政府、金融机构以及公司企业等为筹集资金向社会发行的债券，分散发行到投资者手中。这种市场是一种直接融资的市场，即不通过银行等金融机构的信用中介作用，资金的需求者与资金的供给者，或者说资金短缺者与资金盈余者直接进行融资的市场。

【提示】债券发行人向债券持有人支付利息、偿还本金，以及特殊情况下的赎回和回售也属于债券发行市场的范围。

债券发行市场是由债券发行人、债券投资者、市场监管者以及一些中介服务机构构成的。在债券的整个发行过程中，债券发行人与债券投资者是债券发行市场的主体。市场监管者包括政府监管机构、行业协会等机构，主要负责维护债券发行市场有效、稳定地运行。中介服务机构主要负责为债券的发行提供一些必要的中介服务。

（二）债券发行市场的作用

1.债券发行市场在一定程度上能够保障整个债券市场的有效运行

债券市场分为债券发行市场和债券流通市场，债券发行市场是整个债券市场的一级市场，它决定了债券的发行种类、发行规模和债券质量，这不仅决定了债券流通市场中债券的种类、规模和数量，也在一定程度上决定了整个债券市场是否有效地运行。因为市场的稳定运行与市场客体息息相关，作为债券市场的客体，债券本身的种类是否丰富、规模是否适当、质量是否符合投资者的自身利益对于债券市场的健康发展至关重要。

2.债券发行市场可以引导资本的有效流动

随着债券市场的不断发展，债务融资工具对金融市场有效配置资源的贡献越来越大。债券发行市场是债券发行人进行融资的场所，债券的发行可以引导资金从资金盈余部门流向资金短缺部门，从而优化资源配置。债券发行市场的利率、规模以及所发行债券的种类等信息对各个市场参与者来说都是非常重要的，这些信息的披露和有效利用可以很好地引导资金的有效流动。

3.债券发行市场为投资者提供了一个实现资本增值和投资组合多元化的渠道

作为一种金融资产，债券在期限、流动性、收益和风险等方面具有自身的特点。通过认购债券，投资者既可以实现资本增值，也可以实现投资组合的多元化。对机构投资者来说，债券往往是其投资组合所必不可少的，如许多基金经理会在所管理的基金中配置了一定比例的债券。而对个人投资者来说，债券同样是个人理财所关注的对象。

二、债券的发行条件

公司债券可以公开发行，也可以非公开发行。

公开发行公司债券，应当符合下列条件：①具备健全且运行良好的组织机构；②最近三年平均可分配利润足以支付公司债券一年的利息；③国务院规定的其他条件。公开发行公司债券，由证券交易所负责受理、审核，并报中国证监会注册。公开发行公司债券筹集的资金，必须按照公司债券募集办法所列资金用途使用；改变资金用途，必须经债券持有人会议作出决议。公开发行公司债券筹集的资金，不得用于弥补亏损和非生产性支出。发行人应当指定专项账户，用于公司债券募集资金的接收、存储、划转。

上市公司发行可转换为股票的公司债券，除应当符合规定的条件外，还应当遵守相关规定。但是，按照公司债券募集办法，上市公司通过收购本公司股份的方式进行公司债券转换的除外。

申请公开发行公司债券，应当向国务院授权的部门或者国务院证券监督管理机构报送下列文件：①公司营业执照；②公司章程；③公司债券募集办法；④国务院授权的部门或者国务院证券监督管理机构规定的其他文件。

非公开发行的公司债券应当向专业投资者发行，不得采用广告、公开劝诱和变相公开方式，每次发行对象不得超过 200 人。非公开发行公司债券，可以申请在证券交易场所、证券公司柜台转让。非公开发行公司债券并在证券公司柜台转让的，应当符合中国证监会的相关规定。

【注意】非公开发行的公司债券仅限于专业投资者范围内转让。转让后，持有同次发行债券的投资者合计不得超过 200 人。

有下列情形之一的，不得再次公开发行公司债券：①对已公开发行的公司债券或者其他债务有违约或者延迟支付本息的事实，仍处于继续状态；②违反规定，改变公开发行公司债券所募资金的用途。

（一）债券的发行金额

债券的发行金额是指债券发行人在债券募集说明书中载明的通过发行本期债券所筹措资金的

总金额。债券发行金额既取决于债券发行人的资金需求及其财务状况，也取决于债券市场的运行环境及规模大小。

债券的发行金额并不是债券的票面价值。债券的票面价值指的是每张债券的面值，如 1 000 元等。而债券的发行金额指的是债券发行人的筹资总金额。显然，债券的发行金额必定是债券票面价值的整数倍。

（二）债券的期限

债券的期限是指债券发行人在债券募集说明书中载明的本期债券所筹措资金的偿还期限。按照债券期限的长短，债券可以分为短期债券、中期债券和长期债券。一般来说，债券发行人在确定债券的期限时，要综合考虑各种因素，从而确定对自身最为有利的债券期限。在这些因素中，市场利率的预期是一个重要的考虑因素。如果债券发行人预期未来市场利率将要上升，可以选择发行期限较长的债券；如果债券发行人预期未来市场利率将要下降，则可以选择发行期限较短的债券。另外，筹集资金的目的对债券发行人选择债券期限也具有较大的影响。如果债券发行人筹集资金是为了满足长期的资金需求，则选择发行期限较长的债券；如果债券发行人筹集资金是为了短期内的资金需求，则可以选择发行期限较短的债券。

（三）债券的票面利率

确定债券票面利率的方式有两种：固定利率和浮动利率。在固定利率方式下，债券的票面利率等于固定的债券年利息与债券票面价值的比值，通常用百分比表示。而在浮动利率方式下，债券的票面利率通常伴随市场基准利率的变化而变化。

影响债券票面利率的因素有很多。首先，市场利率水平是一个重要的影响因素。其次，债券的期限也在很大程度上决定了债券票面利率的高低。最后，债券票面利率的高低还与债券发行人的信用等级有关。

（四）债券的发行价格

动漫视频

债券价格

债券的发行价格是指债券发行时依据债券的票面利率和市场贴现利率确定的每张债券的价格。

债券在发行时，其发行价格可以大于、等于甚至小于债券的票面价值。当债券的发行价格大于债券的票面价值时，债券的发行被称为溢价发行。当债券的发行价格等于债券的票面价值时，债券的发行被称为平价发行。当债券的发行价格小于债券的票面价值时，债券的发行被称为折价发行。

（五）债券信用评级

债券信用评级是以企业或经济主体发行的有价债券为对象进行的信用评级。这种信用评级，是为投资者购买债券以及证券市场债券的流通和转让活动提供信息服务。国家财政部发行的国库券和国家银行发行的金融债券，由于有政府的保证，因此不参加债券信用评级。地方政府或非国家银行金融机构发行的某些有价证券，则有必要进行评级。

1.信用评级阶段

债券的信用评级大致可以分为两个阶段：

第一个阶段属于发行评级，即债券评级机构在债券发行时对债券发行人及其所发行的债券进行的评级。

第二个阶段属于跟踪评级，即债券评级机构在必要的时候（如由于债券发行人的经营管理出现问题从而可能导致其信用状况水平下降时）对债券发行人及其所发行的债券进行的评级更新。

2.信用评级的目的

（1）向投资者提供有关债券发行者的资信、债券发行质量以及购买债券可能承担的风险等方面的参考,保障投资者的利益。

(2)有利于投资者合理地选择投资对象以及进行投资组合,提高投资的流动性、安全性和收益性。

(3)有利于提高发行者的经济地位和社会知名度,从而降低筹资成本,方便债券的销售和流通。

3. 信用评级的依据

对债券的信用评级并不是评价各种债券的市场价格、市场销路和证券投资收益,而是评价该债券发行人的偿债能力、资信状况和投资者承担的风险水平。表 3—1 归纳了债券评级机构在债券评级过程中所依据的三个主要因素。

表 3—1　信用评级的依据

债券发行人的偿债能力	预期盈利 负债比例 能否按期还本付息
债券发行人的资信状况	金融市场的信誉 历次偿债情况 历史上是否如期偿还债务
投资者承担的风险水平	破产可能性的大小 破产后债权人所能受到的保护程度 破产后债权人所能得到的投资补偿程度

4. 信用评级的等级

目前,国际上主要的专业信用评级机构主要有标准普尔公司、穆迪投资服务公司和惠誉国际信用评级有限公司。我国的专业信用评级机构主要是中诚信国际信用评级有限责任公司(中诚信)、联合资信评估有限公司(联合资信)、大公国际资信评估有限公司(大公)、国衡信国际信用评级中心有限公司(国衡信)和上海新世纪资信评估投资服务有限公司(新世纪)。其中,中诚信、联合资信、大公和国衡信这四家评级机构的市场份额较大,并称为国内的四大信用评级机构。新世纪是专业从事债券评级、企业资信评估、企业征信、财产征信、企业信用管理咨询等信用服务的中介机构。

拓展阅读 3—1　不同专业机构的信用评级标准

在信用评级机构中,最具权威性的是标准普尔公司和穆迪公司。表 3—2 和表 3—3 分别是这两家公司的等级评定系统。表 3—4 是我国中诚信短期融资券评级方法。

表 3—2　标准普尔等级评定系统

级　别	说　明
A	最高级:债务人有非常强的本息偿还能力
AA	高级:债务人有很强的本息偿还能力
A	中上级:债务人本息偿还能力强,但可能受到经济因素和环境变化的不良影响
BB	中级:债务人有充分的本息偿还能力,会受经济因素和环境变化的较大影响
BB	中低级:不断发生一些可能导致不安全的事件
B	投机级:具有可能损害其本息偿还能力或意愿的不利情况
CCC	强投机级:现在就有可能违约
CC	超强投机级:次于 CCC
C	保留收入债券:已经停止付息,但还保留收入
D	残值证券:不可能偿还本息,只能按一定比例兑付残值

表 3—3 穆迪等级评定系统

级　别	说　明
Aaa	最佳:质量最高,风险最小,本息偿还有充分的保证,又被称为金边债券
Aa	高级:证券保护措施不如 Aaa 级,且其中某些因素可能使远期风险略大于 Aaa 级
A	中高级:担保偿付本息的措施适当,但含有某些将起损害作用的因素
Baa	中低级:偿付本息的措施在短期内适当,但远期不适当
Ba	投机级:担保本息偿付的措施似乎可以,但有投机因素和其他不确定因素
B	不宜长期投资:不具备吸引投资的特点,长远来看本息偿付的保护不可靠
Caa	较差:属于低等级债券,本息偿付将被延迟,甚至危及支付
Ca	有较高投机性:经常发生本息推迟偿付或者其他明显问题
C	最低等级债券

表 3—4 中诚信短期融资券评级方法

等级符号	含　义
A1+	受评对象短期还本付息能力最强,安全性最高
Al	受评对象短期还本付息能力很强,安全性很高
A2	受评对象短期还本付息能力较强,但安全性不如 A1 级
A3	受评对象短期还本付息能力一般,但与 A1 和 A2 级相比,其安全性更易受不良环境的影响
B	受评对象短期还本付息的能力较低,安全性很易受不良环境的影响,有一定的违约风险
C	受评对象短期还本付息能力很低,违约风险较高
D	受评对象短期不能按期还本付息

(六)债券的付息方式

债券的付息方式主要有一次性支付利息和分次定期支付利息。

(1)对一次性支付利息来说,该种付息方式又可以分为两种:第一种是待债券到期后,利息随本金一起支付,即到期一次还本付息;第二种是在债券发行时以本金折扣的方式支付给投资者,即所谓的贴现发行。

(2)对分次定期支付利息来说,债券发行人通常在债券期限内按照会计期限支付利息,如按年付息、按半年付息、按季付息等。

(七)债券的偿还方式

这里的偿还,指的是债券本金的偿还。债券本金的偿还方式包括分期偿还和到期一次性偿还。在第一种本金偿还方式中,债券发行人会在债券到期之前便开始分次进行偿还,并在债券期满时完成本金的偿还。在第二种本金偿还方式中,是按发行债券时规定的还本时间,在债券到期时一次全部偿还本金的偿债方式,也称满期偿还。

三、债券发行价格的确定方式

(一)招标式

招标式是指通过投标人的竞价来确定债券的发行价格(或票面利率)。其基本原理是发行人将拟发行债券的信息公告投资者,然后由投资者发出标书提出自己希望认购的债券数量和价格。最后发行人根据投标人出价情况，决定债券发行价格和投标人中标数量。换句话说，招标式是按照投资者与发行人之间的协调和博弈后确定债券价格。

1. 按照标的的不同，债券发行价格的招标式确定方式一般分为价格招标、收益率招标两种形式

(1)价格招标。价格招标的标的是债券的发行价格，即通过投标人各自报出债券的认购价格来确定债券最终的发行价格。

【注意】价格招标发行方式，蕴含了投资人与发行人、投资人与投资人之间的博弈过程，基本能够反映整个市场的水平，但同样也存在投资人串谋或者投资人胁迫发行人的可能。

(2)收益率招标。收益率招标的标的是债券的利率，即通过投标人各自报出债券的利率来确定债券最终的票面利率

2. 按照招标规则的不同，债券发行价格的招标式确定方式分为荷兰式招标、美国式招标和混合式招标

(1)荷兰式招标。荷兰式招标是以募集完发行额为止的所有投标者报出的最低中标价格(或最高中标利率)作为债券最终的发行价格(或票面利率)。荷兰式招标又称单一价格招标、统一价位招标，在该种规则下，所有中标者在认购债券时的价格都是一样的。

(2)美国式招标。美国式招标是以募集完发行额为止的所有中标者各自报出的中标价格(或中标利率)作为各个中标者认购债券的价格(或利率)。美国式招标又称多种价格招标，在该种规则下，所有中标者认购债券的价格(或利率)是不同的。

(3)混合式招标。混合式招标具有荷兰式招标和美国式招标的双重特征。按照这种招标规则，全场加权平均中标价格(或中标利率)即为债券的发行价格(或票面利率)。

【提示】市场当中纯粹的"荷兰式"或"美国式"并不多见，往往是将这些招标方式混合使用，组合成为新的"混合式"招标。

(二)簿记建档式

簿记建档是一种系统化、市场化的债券发行价格的确定方式。在实际工作中，簿记建档人一般由主承销商承担。其基本原理是簿记管理人记录投资者认购价格和数量意向，在考虑市场利率水平和资金充裕程度的基础上分析拟发行债券的定价区间，最终根据发行期内(簿记建档期间)实际的投标情况确定债券发行价格和分销。

簿记建档的具体流程是：①簿记管理人须进行预路演，并根据预路演反映的市场信息，与发行人协商确定债券发行价格的区间。②预路演之后便是路演。在这一阶段，债券发行人将在簿记管理人的组织下与投资者进行广泛的沟通，而簿记管理人则开始进行簿记建档工作，并接受权威公证机构的全程监督。③簿记管理人在接受认购单后，须在权威公证机构的监督下将每个认购单进行统一编号，并将投资者在每一价格上的累计认购金额录入计算机，形成价格需求曲线，以此为基础与债券发行人协商确定债券最终的发行价格。

(三)定价式

债券发行价格的定价式价格确定方式是一种非市场化的发行方式。在该种确定方式下，债券的发行价格(或票面利率)是由债券发行人、承销商和投资者共同协商确定的。

四、债券的发行方式

(一)按照债券发行对象确定与否，债券的发行方式分为私募发行和公募发行

1. 私募发行

私募发行是指债券的发行只面向少数特定的投资者。一般以少数关系密切的单位和个人为发行对象，不对所有的投资者公开出售。债券私募发行的对象主要有两类：一类是机构投资者，如银

行、信托公司、投资基金、养老基金、资产管理公司等;另一类是个人投资者,如发行单位自己的职工,或是使用发行单位产品的用户等。私募发行一般多采取直接销售的方式,不经过证券发行中介机构,不必向证券管理机关办理发行注册手续,可以节省承销费用和注册费用,手续比较简便。但是,私募债券不能公开上市,流动性差,利率比公募债券高,发行数额一般不大。

2. 公募发行

公募发行是指债券发行人面向非特定的投资者公开地发行债券。公募债券发行者必须向证券管理机关办理发行注册手续。由于发行数额一般较大,通常要委托证券公司等中介机构承销。与债券的私募发行相比,债券的公募发行更有利于提高债券发行人的声誉,并且公募发行的债券由于可以上市流通转让,发行利率一般比私募债券利率为低,因此具有更好的流动性,是主流发行方式。公募债券采取间接销售的具体方式又可分为三种:①代销;②余额包销;③全额包销。

(二)按照债券承销机构对债券发行所承担的责任,债券的发行方式分为代理发行、余额包销和全额包销

1. 代理发行

代理发行(即代销)是指债券承销机构按照债券募集说明书的发行条款,代理债券发行人推销债券,但并不对最终的债券销售量负责,更不向债券发行人承诺购买未销售完的债券,而是将未销售完的债券返还给债券发行人。

2. 余额包销

余额包销是指债券承销机构按照债券募集说明书的发行条款,在销售截止日以内向投资者销售债券,如果在销售截止日债券的销售金额低于预先确定的金额,则由债券承销机构认购上述差额,并向债券发行人支付相应款项。

3. 全额包销

全额包销是指债券承销机构先购买债券发行人发行的全部债券,之后再向投资者发售。

第三节 债券流通市场

一、债券流通市场的概念与作用

(一)债券流通市场的概念

债券流通市场,又称二级市场,是指债券投资者进行债券交易的市场。债券一经认购,即确立了一定期限的债权债务关系,但通过债券流通市场,投资者可以转让债权,把债券变现。债券流通市场是由债券投资者、债券交易的组织者、市场监管者构成的。在债券的流通过程中,债券投资者是债券流通市场的主体,债券投资者也可以相应地分为买者和卖者;债券交易的组织者主要为债券的正常交易提供服务;市场监管者主要负责维护债券流通市场有效、稳定地运行,从而在一定程度上保证了债券的流动性。

(二)债券流通市场的作用

1. 债券流通市场在一定程度上决定了债券的流动性

很多债券投资者在认购债券后,并不会一直持有至到期,各种主观和客观的原因使得债券投资者常常需要在到期前转让债券变现。而债券能否迅速、有效地变现则在很大程度上取决于债券流通市场。在其他条件不变的情况下,债券流通市场越发达,债券的流动性就越强。

2. 债券流通市场影响着后续债券的发行价格(或票面利率)

在债券流通市场上,每只债券的市场价格(或到期收益率)会不断地发生变化。如果一只债券

现在要发行,其发行价格(或票面利率)的确定往往要受到现有债券流通市场上同类债券市场价格(或到期收益率)的影响。

3.债券流通市场为投资者提供了一个实现资本增值和投资组合多元化的渠道

与债券发行市场一样,债券流通市场为投资者提供了一个实现资本增值和投资组合多元化的渠道,因为债券流通市场为那些希望持有债券但没能在债券发行时购买到债券的投资者提供了一个获得债券的渠道。

二、债券流通市场的类型

(一)交易所市场

交易所市场属于场内交易市场,它有特定的交易规则和固定的交易时间。投资者如果要在交易所进行交易,一般需要委托具备交易所会员资格的证券经营机构进行交易。在交易所市场上,债券的交易是通过公开竞价的方式进行的。由于交易所市场集中了债券的供求双方,因此,交易所具有较高的成交率。

(二)场外交易市场

在国外,大部分债券是在场外交易市场进行交易的。柜台市场是场外交易市场的主体。许多证券经营机构设有专门的证券柜台,通过柜台进行债券买卖。在柜台交易市场中,证券经营机构既是交易的组织者,又是交易的参与者。此外,场外交易市场还包括银行间交易市场,以及一些机构投资者通过电话、计算机等通信手段形成的市场等。

三、债券的交易方式

(一)按照债券交易性质的不同,债券的交易方式分为现券交易、期货交易和回购交易

1.现券交易

债券的现券交易是指债券的买卖双方依据商定的付款方式,在较短的时间内进行交割清算。按照交割时间的安排,债券的现券交易可以分为三种:第一种是即时交割,即债券成交时可以立即办理交割;第二种是次日交割,即在债券成交后的第二个工作日可以办理交割;第三种是择日交割,即在债券成交后的若干个工作日内完成交割。

2.期货交易

债券的期货交易是指债券的买卖双方依据协议规定的价格和数量,在未来的某一日期进行交割清算。由于债券的价格会不断发生变化,因此,投资者可以通过期货交易的方式锁定债券的价格,从而规避价格风险。

3.回购交易

债券的回购交易是指债券的买卖双方在进行债券交易的同时,约定在未来某一日期以约定的价格进行反向交易,这种交易方式在本质上可以被视为一种融资方式。

目前,我国的回购交易主要分为质押式回购和买断式回购。

在质押式回购中,正回购方(资金融入方)在将债券出质给逆回购方(资金融出方)融入资金的同时,双方约定在将来某一日期由正回购方向逆回购方返还本金以及按约定回购利率计算的利息,逆回购方则向正回购方返还之前出质的债券。但是,在回购期内,逆回购方并不拥有标的债券的所有权,也就无权对标的债券进行处置。

在买断式回购中,正回购方先将债券出售给逆回购方,并约定在将来某一日期向逆回购方返还本金以及按约定回购利率计算的利息,以购回之前出售的债券。但是,在回购期内,标的债券的所有权却属于逆回购方,逆回购方可对回购债券进行处置,只不过回购到期时必须将这种权利交还给

正回购方并相应收回融出的资金。

（二）按照债券报价方式的不同，债券的交易方式分为全价交易和净价交易

1. 全价交易

全价交易是指在债券交易中债券的价格包含债券的应计利息。在全价交易中，债券的交易价格不仅体现了债券本身的价格，而且体现了债券应计利息。因此作为含息价格，全价交易下的债券价格会随着计息时间的推移而不断变化，这不利于投资者对市场利率的判断。

2. 净价交易

净价交易是指在债券交易中债券的价格不包含债券的应计利息。在净价交易中，债券的交易价格剔除了债券应计利息的影响，只体现债券本身的价格。

全价交易与净价交易的关系可以用一个等式来表示：

全价＝净价＋应计利息

四、我国债券流通市场的类型和交易方式

（一）我国债券流通市场的类型

1. 银行间债券市场

银行间债券市场属于场外交易市场，每笔交易均通过询价的方式进行，逐笔成交。银行间债券市场上的交易均为大宗批发交易，因此其参与者都是机构投资者。银行间债券市场的监管者是中央国债登记结算有限责任公司和银行间同业拆借中心。

2. 交易所市场（深圳证券交易所和上海证券交易所）

交易所市场属于场内交易市场，每笔交易均由投资者输入交易信息，最终由电子交易系统集中撮合完成交易。交易所市场的参与者不仅包括机构投资者，而且包括个人投资者。交易所市场的监管者是中国证监会和相关交易所。

3. 商业银行柜台市场

商业银行柜台市场也属于场外交易市场，但与银行间债券市场不同的是，其参与者大多是个人投资者，机构投资者较少。商业银行柜台市场的交易机制采用双边报价机制，即商业银行通过其营业网点按照其挂出的债券买入价和卖出价，与投资者进行债券交易。

目前，银行间债券市场是我国债券流通市场的主体，其交易量已经远远超过了交易所市场和商业银行柜台市场。

（二）我国债券流通市场的交易方式

1. 债券的现券交易

债券的现券交易就是债券交易双方依据商定的付款方式，在相对较短的时间内完成债券交割清算的交易方式。

2. 债券的回购交易

债券的回购交易就是债券的交易双方在进行债券交易的同时约定在未来某一日期以约定的价格进行反向交易。目前，我国的回购交易主要分为质押式回购和买断式回购。

3. 债券的远期交易

债券的远期交易是指债券的交易双方约定在未来某一日期以约定价格和数量买卖标的债券的行为。通过债券的远期交易，投资者可以规避利率风险，实现套期保值。

【做中学 3－1】　处置违规债券，防范金融风险

近年来，货币政策整体呈稳中偏宽，政策利率连续调降带动各类资产收益率下行，金融机构利息收入同步下降。为拓宽利润来源，机构交易类业务需求明显提升。2023 年，各类债券成交规模

为 352.2 万亿元，同比增长 14.5%。其中，机构对利率债偏好上升，国债、地方政府债成交规模分别为 81.2 万亿元、13.2 万亿元，同比增长 48.8%、36.2%。其中，国债成交额占总成交额比重为 23.3%，大幅提升 5.4 个百分点。

随着地产民企、资质较差国企等退出市场，加之经济复苏与信贷支持力度加大，我国债券市场违约风险有所缓释，发生实质性违约规模与违约数量均有所下降。2023 年，债券市场共计 41 只债券出现违约，金额为 308.19 亿元，同比分别下降 47.4%和 42.26%，违约日债券余额也大幅下降超过 20 个百分点。各类主体积极采取风险缓释措施，优质企业综合运用资产处置、担保增信、引入第三方战略投资者等方式化解债务风险。违约主要以民营企业为主，违约行业主要集中于房地产，行业信用风险仍在释放。由于抗风险能力较弱、外部融资环境复杂多变等因素影响，民营企业仍是违约重点，违约规模占比超过 60%。受销售疲弱、融资端承压、债务集中到期等因素影响，个别标杆性龙头民营房企偿债风险也持续发酵。不少外资房产企业也对多期债务进行展期，2022 年和 2023 年违约主体中具有外资背景企业占比出现上升。

分析提示

做中学3-1

资料来源：中银研究："处置违规债券，防范金融风险"，《宏观观察》，2024 年第 11 期（总第 522 期）（有改编）。

请问：如何加快对违约债券的处置工作，防范风险蔓延？

本章术语

债券　政府债券　金融债券　公司债券　贴现债券　附息债券　息票累积债券
公募债券　私募债券　记名债券　无记名债券　可转换债券　不可转换债券
一次到期债券　分期到期债券　债券票面价值　债券到期期限　债券流通市场
现券交易　期货交易　回购交易　全价交易　净价交易

应知考核

一、单项选择题

1. 被称为金边债券的是（　　）。

A. 政府债券　B. 金融债券　C. 公司债券　D. 贴现债券

2. 发行量大、持有人数众多、可以在公开的证券市场上市交易、流动性好的债券是（　　）。

A. 担保债券　B. 无担保债券　C. 公募债券　D. 私募债券

3. 不属于债券特征的是（　　）。

A. 偿还性　B. 流动性　C. 安全性　D. 风险性

4.（　　）方式下，债券的票面利率通常伴随市场基准利率的变化而变化。

A. 浮动利率　B. 固定利率　C. 同业汇率　D. 官方汇率

5. 以募集完发行额为止的所有投标者报出的最低中标价格作为债券最终的发行价格的是（　　）。

A. 价格招标　B. 收益率招标　C. 荷兰式招标　D. 美国式招标

二、多项选择题

1. 按照债券交易性质的不同，债券的交易方式分为（　　）。

A. 现券交易　　B. 期货交易　　C. 回购交易　　D. 期权交易

2. 我国债券流通市场的交易方式有(　　)。

A. 债券的现券交易　　B. 债券的回购交易

C. 债券的远期交易　　D. 债券的即期交易

3. 我国债券流通市场主要有(　　)。

A. 非银行间债券市场　　B. 银行间债券市场

C. 交易所市场　　D. 商业银行柜台市场

4. 我国的专业信用评级机构主要有(　　)。

A. 中诚信　　B. 联合资信

C. 大公　　D. 新世纪评级

5. 根据债券计息方式分类,债券分为(　　)。

A. 单利债券　　B. 复利债券

C. 累进利率债券　　D. 分期到期债券

三、判断题

1. 债券是一种虚拟资本,而非真实资本。(　　)

2. 债券的流动性强,安全性就强,人们便会争相购买,于是该种债券的价格就上升,收益率就会下降。(　　)

3. 债券的流动意味着它所代表的实际资本也同样流动,且债券是独立于实际资本之外的。(　　)

4. 市场利率较高时,债券的票面利率也相应较高。(　　)

5. 流动性风险是指由于市场利率水平的波动导致债券投资者发生损失。(　　)

四、简述题

1. 简述债券的性质和债券的票面要素。

2. 简述债券发行市场的作用。

3. 简述债券的发行条件。

4. 简述债券发行价格的确定方式。

5. 简述债券流通市场的作用和类型。

应会考核

■ 观念应用

【背景资料】

债券市场支持高碳行业低碳转型

党的二十大报告提出,推进美丽中国建设,协同推进降碳、减污、扩绿、增长,推进生态优先、节约集约、绿色低碳发展。为进一步推动经济社会绿色低碳转型,解决高碳行业转型资金缺口和棕色领域转型融资难题,我国债券市场相继推出可持续发展挂钩债券、转型债券等创新型债券品种,成为绿色债券的有益补充,为实现低碳目标和促进生态文明建设提供了更为全面、深入的金融支持。

2020 年 9 月,我国提出“二氧化碳排放力争于 2030 年前达到峰值,努力争取 2060 年前实现碳中和”的“双碳”目标。根据不同研究机构预测,在碳中和背景下,未来绿色低碳投融资需求为百万亿级，其中包括用现有绿色金融工具支持符合绿色和零碳标准的项目，也包括需要通过转型金融支持高碳企业和高碳资产向低碳、零碳转型的需求。转型金融作为绿色金融的有益补充，为解决高碳行业融资难、投资主体意愿不强等问题提供了一种新的解决方案。转型金融将与绿色金融一起，为我国绿色低碳转型发展提供助力。“碳达峰、碳中和”政策发布以来，高碳行业低碳转型逐步成为研究者关注的重要问题。

2022 年 6 月，我国债券市场推出各类转型债券支持高碳行业低碳转型。为满足我国碳密集型行业企业低碳转型的融资需求，我国推出转型金融创新产品——转型债券。转型债券的推出是我国债券市场支持高碳行业低碳转型的重要尝试，是转型金融市场的重要组成部分。

目前，银行间市场和交易所市场已确定煤炭清洁生产及高效利用、天然气清洁能源使用、绿色装备/技术应用、基础设施节能降耗领域等多个类型符合转型债券支持项目，但在实际发行过程中转型债券募集资金支持项目具体建设内容、能耗标准等应符合国家政策及标准要求。我国转型债券市场处于起步阶段，转型债券的发行为我国转型债券市场建设提供了重要参考。

资料来源：“债券市场支持高碳行业低碳转型的实践与建议”，新浪财经，2022 年 10 月 14 日。

【考核要求】

(1)什么是债券？债券的特征有哪些？债券市场具有哪些功能？

(2)为什么说大力发展债券市场对于中国金融市场的完善将是关键一步？

(3)请对促进债券市场支持转型债券发展提出相关建议。

(4)请提出进一步优化我国转型类债券发展的建议。

■ 技能应用

充分发挥国债服务实体经济职能

党的二十大报告指出，要加强财政政策和货币政策协调配合。国债发行是政府灵活运用财政政策、优化资源配置结构的关键举措。在宏观经济面临需求不足的挑战时，国债通过促进公共支出和投资，直接激发新的经济活力，促进经济稳定增长。特别是在财政支出出现短板时，国债成为填补资金缺口的有效手段，确保政府能够持续推进重大项目。明确国债的作用路径和方向，优化其结构配置，不仅是实现宏观调控和资源优化配置的必要策略，而且是推动实体经济持续稳定发展的关键。

近年来，我国宏观经济在复杂的环境下表现出韧性，积极因素累积增多，经济恢复向好的基础更为牢固。同时也需要注意，在当前经济运行中，总需求不足和流动性过剩是影响宏观经济回暖的关键问题。与此同时，当前我国面临着一定的财政收支矛盾。如何有效运用财政政策工具平衡发展与安全的动态关系，成为未来财政政策发力的核心点。

2023 年增发的国债资金已逐步落实到具体项目，进一步形成实物工作量，有助于加快国家重大战略领域投资、建设的步伐，提振实体经济。据国家统计局、国家发展改革委等发布数据，截至 2024 年 2 月，国家发展改革委完成了全部 3 批共 1 万亿元增发国债项目清单下达工作，相关项目建设有序推进，有效拉动了投资增长，也带动了相关产业链的发展。从 2024 年第一季度民间投资的细分数据来看，电力、热力、燃气及水生产和供应业，住宿和餐饮业，采矿业民间投资增长较快，分别同比增长 40.4%、40.1%和 21.9%；制造业民间投资同比增长 11.9%，增速比全部制造业投资高 2 个百分点；基础设施民间投资同比增长 8.1%，增速比全部基础设施投资高 1.6 个百分点。可见，伴随对民间投资项目融资支持和要素保障等政策陆续落地实施，国债的发行有效增强了民间投资信心和市场预期。

资料来源：姚东旻、罗文淇：“充分发挥国债服务实体经济职能”，新浪财经，2024 年 8 月 5 日。

【技能要求】

结合资料分析如何优化国债市场高质量发展。

■ 案例分析

【情景与背景】

债券违约的“第一只螃蟹”

某年3月4日，中国债券市场史上出现首宗违约事件。深陷困境的太阳能设备公司超日太阳于当日晚承认债务违约，无法全额支付即将到期的第二期利息8 980万元，仅能支付其中的400万元。这也宣告中国债市长期以来的刚性兑付神话破灭。

超日债违约事件首先引发债市动荡。由于担心连续亏损且无担保的民营公司债成为“超日第二”，部分公司债价格出现快速下跌。在一级市场上，短短几天内已有超过10家公司推迟发行债券或中票、短融等，私募债发行也降至冰点。

超日债违约引发的“蝴蝶效应”还引发了铜融资“黑天鹅”。产能过剩的光伏产业出现兑付危机后，有色金属、钢铁、煤炭等同样出现产能过剩的行业，也被投资者担心引发违约风险。一些用铜作抵押融资的贷款人纷纷抛售手中的铜。3月7日，伦敦金属交易所铜期货价格大跌，全球矿业股也遭到重创。

3月10日，超日债的“蝴蝶效应”达到高潮。上期所刚一开盘沪铜直接跌停，随后铁矿石、焦煤、焦炭、螺纹钢也都跌停。在期市暴跌带动下，股市也遭遇了“黑色星期一”，上证综指跌破2 000点重要心理关口，跌幅达2.8%，创业板指数跌幅高达6%，40多只股票跌停。

不过，仍有不少经济学者和业内人士乐观认为，超日债违约对投资者有一定的警示意义，终结了债务违约“政府兜底”时代，有助于债券市场的健康发展，并视之为中国债券市场正常化的里程碑事件。

【分析要求】

如何防范和化解债务风险？交易所在债券市场的发展过程中应履行哪些职责？对此案例进行分析，谈谈你的看法。

本章实训

【实训内容】

债券交易的基本程序和影响债券价格的因素。

【实训步骤】

第一步：熟悉债券交易的程序；分组进行情景模拟，5名学生为一组，作为债券交易人员，开展债券交易。

第二步：利用“大智慧”软件选择一只企业债券；查找当前的宏观经济变量的变动情况；找出该企业的经营和财务信息。

第三步：分析各因素对该债券价格的影响，并判断该债券的价格走势。

【实训要求】

进行小组总结，分组讨论，教师对实训效果进行综合评价，并撰写实训报告。

<table>
<tr><th colspan="3">《债券交易的基本程序和影响债券价格的因素》实训报告</th></tr>
<tr><td>实训班级：</td><td>项目小组：</td><td>项目组成员：</td></tr>
<tr><td>实训时间： 年 月 日</td><td>实训地点：</td><td>实训成绩：</td></tr>
<tr><td colspan="3">实训目的：</td></tr>
<tr><td colspan="3">实训步骤：</td></tr>
<tr><td colspan="3">实训结果：</td></tr>
<tr><td colspan="3">实训感言：</td></tr>
</table>

实务操作

股票市场实时走势

第四章　股票市场

知识目标

理解：股票的概念、性质和特征；股票的分类；股票市场的概念与地位；股票发行制度和条件；股票发行的目的；股票流通市场的概念和功能。

熟知：股票市场的参与主体；创业板市场；我国股票发行的具体方法；股票流通市场的构成要素和组织方式。

掌握：股票与债券的比较；股票市场的性质与职能；股票价格和股票价格指数的计算；股票的发行方式；股票承销；股票交易方式；股票上市；股票交易过程。

技能目标

能够正确认知股票市场在现代经济中的作用，提高对股票市场知识的应用能力、职业判断能力和相关知识的更新能力。

素质目标

能够结合当今股票市场的实际，提高分析和总结能力、语言表达能力和与人合作的能力。

思政目标

培养学生树立正确的财富观和风险意识，明白股票市场不仅是资本的运作场所，而且是经济发展的晴雨表，要具有宏观经济视野和社会责任感；深刻理解诚信在金融市场中的重要性，坚决抵制内幕交易、操纵市场等违法违规行为，强化学生的法治观念，激发学生有维护市场公平正义的担当。

课程引例

极致分化——2024 年上半年 A 股深度复盘

2024 年上半年全球大类资产的表现。股票市场：全球股市普涨，A 股市场表现靠后，红利板块涨幅靠前。债券市场：中美利差走扩，海外主要国家进入降息周期。外汇："强美元"格局延续，人民币汇率波动性降低。大宗商品：全球定价品种上涨，黑色系商品下跌。

2024年上半年A股市场的整体走势。2024年上半年大盘深V反弹至关键点位，指数阶段性盘整后再度上行至阶段高点，但此后向上动能稍显不足，指数开启回调，6月末市场呈现出企稳特征。年初市场延续2023年下跌走势，其间尝试修复但均未果，指数于2月初来到低点后变盘向上，场内流动性和风险偏好改善，板块轮动补涨，主题充分演绎。指数反弹至关键点位后，斜率有所放缓。跨季期间，面临机构调仓、业绩报等关键博弈窗口，资金动作偏谨慎，指数震荡走弱。4月中下旬"新国九条"发布、地产政策预期发酵等催化下指数上行，5月20日市场到达阶段性高点后再度回调，经济复苏放缓、美联储降息预期摇摆等因素成为市场回调的主要原因。经历近一月调整后，指数在6月末呈现出企稳姿态。

2024年上半年市场交易主线。2024上半年，显著跑赢大盘的方向主要为银行、煤炭、有色及电力代表的红利板块，以及工程机械、白电、摩托、电力设备等为代表的出海分支，而市场的交易线索则更为丰富，除红利与出海外，"政策支持"线、"涨价"线、AI为代表的新技术产业周期等分别成为不同阶段反复演绎、交替表现的交易方向。

资料来源：陈刚、陈李："极致分化——2024年上半年A股深度复盘"，新浪财经，2024年7月8日。

● 引例导学

通过上述引例可以看出，股票市场是金融市场的重要组成部分。股票市场作为一个开放的金融市场，对国民经济的快速发展及金融战略的实施起着重要的作用。那么，股票市场是一个什么样的金融市场？有什么特征和功能？又是怎样运行的呢？通过学习，我们为分析股票、看盘及判断K线走势做好知识储备。本章将详细讲述股票知识。

● 知识精讲

第一节 股票和股票市场概述

一、股票的概念和性质

（一）股票的概念

股票(Stock)是一种有价证券，它是股份有限公司公开发行的、用以证明投资者的股东身份权益，并据以获得股息和红利的凭证。

股票一经发行，购买股票的持有者即为发行股票的公司股东，股票实质上代表了股东对股份公司的所有权，股东凭借股票可以获得公司的股息和红利，参加股东大会并行使自己的权利，同时也承担公司相应的责任与经营风险。股票一经认购，持有者不能以任何理由要求退还股本，只能通过证券市场将股票转让和出售。股东的权益在利润和资产分配上表现为索取公司对债务还本付息后的剩余收益，即剩余索取权。在公司破产的情况下，股东通常将一无所获，但只负有限责任，即公司资产不足以清偿全部债务时，股东个人财产也不受追究。同时，股东有权投票决定公司的重大经营决策，如经理的选择、重大投资项目的确定、兼并与反兼并等，对于日常的经营活动则由经理作出决策。换言之，股东对公司的控制表现为合同所规定的经理职责范围之外的决策权，称为剩余控制权。但同样地，如果公司破产，股东将丧失其剩余控制权。概括而言，在公司正常经营状态下，股东拥有剩余索取权和剩余控制权，这两者构成了公司的所有权。

股票作为一种所有权凭证，具有一定的格式。从股票的发展历史看，最初的股票票面格式既不统一，也不规范，由各发行公司自行决定。随着股份制度的发展和完善，许多国家对股票票面格式作了规定，提出票面应载明的事项和具体要求。我国《公司法》规定，股票采用纸面形式或国务院证券管理部门规定的其他形式。股票应载明的事项主要有：公司名称、公司登记成立的日期、股票种类、票面金额及代表的股份数、股票的编号。股票由董事长签名，公司盖章。发起人的股票，应当标明“发起人股票”字样。

目前，我国公开发行的股票均在证券交易所中交易。对股权登记采用证券存管方式，证券存管的原则是对股票、基金、无纸化国债等记名证券实行中央存管的办法，并按股东开设的证券账户以电脑记账的形式记载存管证券数量及其变更情况，对存管后的证券实行非流动性制度，对股权、债权变更而引起的证券转移，不签发实物证券，而是通过账面予以划转。

【提示】作为交易对象和抵押品，股票业已成为金融市场上主要的、长期的信用工具，但实质上，股票只是代表股份资本所有权的证书，它本身并没有价值，不是真实的资本，而是一种独立于实际资本之外的虚拟资本。

（二）股票的性质

1. 股票是反映财产权的有价证券

股票是一种代表财产权的有价证券，代表着股东获取股份有限公司按规定分配股息和红利的请求权。虽然股票本身没有价值，但股票代表的请求权却可以用财产价值来衡量，因而可以在证券市场上买卖和转让。持有有价证券一方面表示拥有一定价值量的财产，另一方面也表明有价证券持有人可以行使该证券所代表的权利。从这一点来看，股票是有价证券的一种。首先，虽然股票本身没有价值，但其包含着股东要求股份公司按规定分配股息和红利的请求权，同时代表着拥有股份公司的一定价值量的资产。其次，股票与其代表的股东权利有不可分离的关系，它们两者合为一体。

【注意】股东权利的转让应与股票占有的转移同时进行，不能只转移股票而保持原来的股东权利，也不能只转让股东权利而不转移股票。

2. 股票是证明股东权的法律凭证

股票持有者作为股份有限公司的股东，相对于公司及公司财产，享有独立的股东权。股东权是一种综合权利，包括出席股东大会、投票表决、任免公司管理人员等“共益权”，以及分取股息红利、认购新股、分配公司剩余财产等“自益权”。股票便是证明这些权利的法律凭证。法律确认并保护持有股票的投资者以股东的身份参与公司的经营决策，或者凭借手持的多数股票控制股份有限公司。公司必须依法服从股东权，执行股东大会的决策意志。

3. 股票是投资行为的法律凭证

对发行者来说，股票是筹措自身资本的手段；对认购者来说，购买股票则是一种投资行为。股票就是用来证明这种筹资和投资行为的法律凭证，或者说是投资和吸引投资的法律依据。

4. 股票是一种要式证券

股票应记载一定的事项，其内容应全面真实，这些事项往往通过法律形式加以规定。在我国，股票应具备《公司法》规定的有关内容，如果缺少规定的要件，股票就无法律效力。同时，股票的制作和发行必须经证券主管机关的审核和批准，任何个人或者团体，不得擅自印制发行股票。

5. 股票是一种证权证券

证券可以分为设权证券和证权证券。设权证券是指证券所代表的权利本来不存在，而是随着证券的制作而产生，即权利的发生是以证券的制作和存在为条件的。而证权证券是指证券是权利的一种物化的外在形式，它是权利的载体，权利是已经存在的。股票代表的是股东权利，它的发行是以股份的存在为条件，股票只是把已存在的股东权利表现为证券的形式。它的作用不是创造股东的权利，而是证明股东的权利。股东权利可以不随股票的损毁、遗失而消失，股东可以依照法定程序要求公司补发新的股票。因此，股票是证权证券。

6. 股票是一种资本证券

股份公司发行股票是一种吸引认购者投资以筹措公司自有资本的手段，对认购股票的人来说，购买股票就是一种投资行为。因此，股票是投入股份公司的资本份额的证券化，属于资本证券。但是，股票又不是一种现实的财富，股份公司通过发行股票筹措的资金，是公司用于营运的真实资本，股票独立于真实资本之外，只是凭借着它所代表的资本额和股东权益在股票市场上进行着独立的价值运动，是一种虚拟资本。

7. 股票是一种综合权利证券

股票既不属于物权证券，也不属于债权证券。物权证券是指证券持有者对公司的财产有直接支配处理权的证券。债权证券是指证券持有者为公司债权人的证券。股票持有者作为股份公司的股东，享有独立的股东权利。股东权是一种综合权利，包括出席股东大会、投票表决、分配股息红利等权利。股东虽然是公司财产的所有人，享有种种权利，但对公司的财产不能直接支配处理，而对财产的直接支配处理是物权证券的特征，因此股票不是物权证券。另外，一旦投资者购买了公司股票，他即成为公司部分财产的所有人，但该所有人在性质上是公司内部的构成分子，而不是与公司对立的债权人，因此股票也不是债权证券。

二、股票的特征

（一）收益性

收益性是股票最基本的特征，它是指股票可以为持有人带来收益的特性。持有者凭其持有的股票，有权按公司章程从公司领取股息和红利，获取投资收益。股票的收益可分成两类：第一类来自股份公司。认购股票后，持有者对发行该股票的公司就享有经济权益，这种经济权益的实现形式是从公司领取股息和分享公司红利。股票收益的大小取决于股份公司的经营状况、盈利水平和股利政策等。第二类来自股票流通。股票持有者可以持股票到市场上进行交易，当股票的市场价格高于买入价格时，卖出股票就可以赚取差价收益。这种差价收益称为资本利得。

【提示】认购股票就有权享有公司的收益，这既是股票认购者向公司投资的目的，也是公司发行股票的必备条件。

（二）风险性

股票的风险性是与股票的收益性相对应的。风险性是指股票可能产生经济利益损失的特性。股票风险的内涵是预期收益的不确定性。尽管股票可能给持有者带来收益，但这种收益是不确定的，认购了股票就必须承担一定的风险。股东能否获得预期的股息红利收益，取决于公司的盈利情况，利大多分，利小少分，无利可以不分，公司发生亏损时股东要承担有限责任，破产时可能失去本金，股票的市场价格也会随公司的盈利水平和市场利率而变化，同时还受政治局势、社会因素、宏观经济状况的影响。如果股价下跌，股票持有者会因股票贬值而蒙受损失。由此可见，股票的风险性与收益性不仅并存而且是对称的，股东的收益在很大程度上是对其所担风险的补偿。从理论上讲，股票收益的大小与风险大小成正比。

（三）稳定性

稳定性又称永久性，它包含两方面的概念：①股东与发行股票的公司之间存在稳定的经济关系；②通过发行股票筹集到的资金使公司有一个稳定的存续时间。

股票是一种无期限的法律凭证，它反映着股东与公司之间比较稳定的经济关系；同时，投资者购买了股票就不能退股，股票的有效存在又是与公司的存续期间相联系的。对认购者来说，只要其持有股票，公司股东的身份和股东权益就不能改变；同时，股票又代表着股东的永久性投资，他只有在股票市场上转让股票才能收回本金。对公司来说，股票则是筹集资金的主要手段，由于股票始终置身于股票交易市场而不能退出，因此，通过发行股票所筹集到的资金在公司存续期间就是一笔稳定的自有资本。

（四）流动性

流动性又称可交易性，是指股票可以在依法设立的证券交易所上市交易或者转让的特性。持有人可按自己的需要和市场情况，灵活地转让股票。当股票持有者需要将股票变现时就依赖在二级市场上的股票转让，从而形成了股票的流动性。另外，投机者在二级市场上的"贱买贵卖"行为也为标的股票提供了流动性。可见，二级市场是股票产生流动性的主要场所。在股票转让时，转让者收回投资（可能大于或小于原出资），而将股票所代表的股东身份及其各种权益让渡给受让者。

【提示】股票持有者虽然不能直接向股份公司退股，但可以在股票交易市场上很方便地卖出股票来变现，因此，股票是流动性很高的证券。在会计上将股票划归为流动资产。

（五）非返还性

股票是一种无限期的有价证券，股票一经发行和承购，便不能向股份公司索还本金。这对股票投资者来说，其投资是一种长期而又没有确定期限的无期投资。股东要想收回投资，只能把股票转卖给别人。这种证券的转让易手，仅是公司股东结构的改变，并不影响公司资本存量，这从根本上确保了公司生产经营的连续性和稳定性，也保障了公司和股东的权益。

除此之外，股票在运用过程中，还引申出了下面三个区别于其他有价证券的特征。

（六）股份的伸缩性

股份的伸缩性是指股票所代表的股份既可以拆细，又可以合并。

(1)股份的拆细，即是将原来的 1 股分为若干股。股份拆细并没有改变资本总额，只是增加了股份总量和股权总数。当公司利润增多或股票价格上涨后，投资者购入 1 股股票所需的资金增多，股票市场交易就会发生困难。在这种情况下，就可以将股份拆细，即采取分割股份的方式来降低单位股票的价格，以争取更多的投资者，扩大市场的交易量。

(2)股份的合并，即是将若干股股票合并成较少的几股或 1 股。股份合并一般是在股票面值过低时采用。公司实行股份合并主要出于如下原因：公司资本减少，公司合并或是股票市价由于供应减少而回升。

（七）价格的波动性

股票价格的高低不仅与公司的经营状况和盈利水平紧密相关，而且与股票收益和市场利率的对比关系密切相关。此外，股票价格还会受到国内外经济、政治、社会，以及投资者心理等诸多因素的影响。

（八）经营决策的参与性

根据有关法律的规定，股票的持有者即是发行股票的公司的股东，有权出席股东大会，选举公司的董事会，参与公司的经营决策。股票持有者的投资意志和享有的经济利益，通常是通过股东参与权的行使而实现的。股东参与公司经营决策的权利大小，取决于其所持有的股份的多少。从实践中看，只要股东持有的股票数额达到决策所需的实际多数时，就能成为公司的决策者。

三、股票的分类

动漫视频

普通股和优先股

（一）根据股东的权利，股票分为普通股股票和优先股股票

1. 普通股股票

普通股股票，简称普通股，是股份有限公司发行的对股东不加特别限制，股东享有平等权利，并随公司利润的大小而分取相应的股息、红利的股票。它是享有股东基本权利（如表决权、经营权等）的股份。设立股份有限公司时最初发行的股票是普通

股股票，其发行量最大，通过发行普通股股票所筹集的总量构成了股份有限公司股本的基础，因此，普通股股东也便成为股份有限公司的基本股东。普通股的基本特点是其投资收益不是在购买时约定的，而是事后根据股票发行公司的经营业绩来确定的。公司的经营业绩好，普通股的收益就高；而经营业绩差，普通股的收益也就低。

【提示】普通股是股份公司资本构成中最重要、最基本的股份。普通股股票也是一种报酬最高、风险也最大的证券。

普通股股东之间的法律地位是平等的，不因股东的身份、地位、信誉、财产状况和工作能力等人身条件的不同而有差别。普通股与股份有限公司的存续时间相一致，在此期间，股东享有以下权利，也构成了普通股的股权特点。

(1)经营参与权。股东的这一权利是通过参加股东大会来行使的，普通股股东有权出席股东大会，对公司重大决策行使表决权，如审议和批准公司提交的财务报告、利润分配方案；选择和任命公司董事会、监事会及其成员，对公司的合并、分立、解散和清算等重大事项作出决议等，间接地参与公司的经营活动。

一般来说，股东大会每年或者半年召开一次，普通股股东都有权参加。在法律上，普通股股东对公司的经营参与权是平等的，持有者都拥有表决权，持股份额越多，拥有的表决权就越多。普通股股东可直接出席股东大会来行使表决权，也可以委托代理人出席股东大会代为行使表决权。

普通股的投票方式，绝大多数股份公司采取“一股一票制”，即普通股股东每持有一股便有一个投票权，以体现股权的同一性。投票的方法有两种：一是多数投票制，二是累进投票制。

①多数投票制，又称普通投票制、直接投票制。在选举董事会时，股东每持有一股便有一个投票权，并且必须对每位董事的空缺进行分散投票。例如，一位股东持有 100 股，那么每个董事的空缺，他都可投 100 票。由于每个董事候选人都必须得到选票总数的半数以上，因此，这种办法使少数派股东无法当选为董事，而掌握大部分投票权的大股东可以垄断全部董事会人选。

②累进投票制，是针对多数投票制的弊端，为保障多数小股东的利益而采用的投票方法。在累进投票制下，每一个股东可以把投票权累进起来，集中投选某一位候选人。他可投的总票数，等于所持有的股数乘以所要选出的董事数。这样，小股东们可集中推选某一位董事，或根据需要适当分散投票，选出能代表小股东利益和意愿的董事人选。例如，上述那位股东持有 100 股股票，本次股东大会要选出董事 12 人，那么这位股东总共可投 1 200 票(100×12)，他可用这 1 200 票来选举他认为合适的一位或数位董事人选。

(2)盈利分配权。股东的这一权利是其股东权在经济利益上的直接体现。投资者投资于股票是为了获取利益，因此，普通股股东在经董事会决定之后，有权要求从公司经营的净利润中分取股息和红利。根据各国公司法规定，股份有限公司的总利润，必须在支付公司职工的工资、借贷款项、税款、公司债券持有者的债息、法定公积金以及优先股股东的股息之后，才能用于普通股的股息、红利分配，因此，公司经营的净利润是在总利润中作出上述扣除后的剩余部分。这样，第一，普通股股东的股息红利收益在股票发行之时是不能确定的，而应根据股份有限公司的实际经营情况和盈利水平来确定；第二，普通股股东能否分到股息和红利以及分取多少取决于公司净利润的多少。可见，普通股股东的收益带有很大的波动性，投资于普通股的风险性相对较大。

(3)认股优先权。股东的这一权利指的是，当股份有限公司为增加公司资本而决定增加发行新的普通股票时，现有的普通股股东有权优先认购，以保持其在公司中的股份权益比例。一般来说，公司是按照现有股东在公司中的持股比例来分配新股优先购股份额的。股份有限公司增发新的普通股股票，一般采取两种方式：一是有偿配股，即对现有普通股股东以股票面额或低于股票市场价值的优惠价格分配新股的优先购买权；二是无偿送股，即对现有普通股股东无偿赠送新发行的普通股股票。

(4)剩余资产分配权。在股份有限公司破产或解散清算时，当公司资产满足了公司债权人清偿权以及优先股股东优先分配剩余资产的请求权后，普通股股东有权参与公司剩余资产的分配。普通股股东享有这项权利的多少，依其持有的股票份额多少而不同。当股份有限公司经营不善而破产，普通股股东只负责有限责任，即只以其持有的股份金额为限承担损失风险，个人财产不会因公司的破产而清算。

2. 优先股股票

优先股股票是相对于普通股股票而言的，优先股股票，简称优先股，是股份公司专为某些在盈余分配、剩余财产分配上享有优先特权的投资者而设立的一种股票。优先股股票并不完全具备通常定义的股票的一般特征，是具有股票和债券某些共同特点的证券。其特征主要表现在以下几个方面：

(1)约定的固定股息率。优先股股票在收益分配上与普通股股票具有很大的不同，其收益分配采取约定股息率的方式，即在公司发售股票时就已确定了以后的股息率，且股息是固定的，不随公司利润的增减而波动。

(2)优先分派股息和清偿剩余资产。按照公司章程规定：优先股股东优先于普通股股东分取股息；当公司破产或解散清算时，优先股股东对剩余资产的索偿权优先于普通股股东。因此，优先股的风险比普通股要小。但是，当公司经营好时一般也不能像普通股那样获得高额利润。

(3)表决权受到限制。一般情况下，优先股股东不能参加公司的经营管理，不享有投票表决权，只具有当公司活动涉及优先股所保障的权利时，优先股股东才能引起相应的表决权。

(4)股票可由公司赎回。优先股股东不能要求退股，但可以依照优先股股票上所附的赎回条款，由发行公司赎回。

对发行公司而言，设立和发行优先股股票，便于公司增发新股票，也有利于公司在需要时，将优先股股票转换成普通股股票或公司债务，同时，由于优先股股东一般无表决权，可以避免公司经营决策权的分散。对投资者而言，购买优先股，其收益能够得到保障，并且其收益率一般要高于公司债券以及其他债券的收益率。一些国家的公司法规定，优先股可以在设立公司时发行，也可以在公司募集股本时发行，法律不加限制。但有些国家的法律规定，优先股只能在特殊情况下，如在公司增扩新股或清理债务时才能发行。

根据优先股股票所包含的权利的不同，优先股股票可以分为以下不同种类：

①累积优先股和非累积优先股。累积优先股是指在某个营业年度内，如果公司无盈利或所获盈利不足以分派规定的股利时，在以后年度，可以对往年未支付的股息进行累积补发的优先股。在累积未发的优先股股利尚未补足前，公司不得分派普通股股利。非累积优先股是指公司当年所获利润不足以支付规定的优先股股利时，其所欠部分即使在以后盈利的年度，股东也不能要求公司予以补发。其特点是利息固定，但只能在本营业年度净利润中进行分配，如果本营业年度的盈利不足以支付全部优先股股息时，对不足部分公司不予计算。

【提示】对投资者来说，累积优先股比非累积优先股具有更大的优越性。

②参与分配优先股和不参与分配优先股。参与分配优先股是指当公司利润增加时，股东除了按规定收取当年既定比率的股息外，还有权跟普通股共同参与利润分配的优先股。因此，参与分配优先股可以享受固定股息率之外的额外股利。根据优先股股东参与公司利润分配的方式和比例不同，参与分配优先股又可分为全部参与分配优先股和部分参与分配优先股。前者是指优先取得股息后，还有权与普通股股东等额分享公司本期剩余利润；后者是指优先取得股息后，有权以一定额度为限与普通股一起分享公司本期剩余利润。不参与分配优先股是指只按规定股息率取得股息，

不能参与公司利润分配的优先股。

③可赎回优先股和不可赎回优先股。可赎回优先股，又称“库藏股”或“库存股”，指的是股份有限公司有权按规定价格收回该股票，其特点是在公司发行该种股票时就规定，根据公司将来的需要，公司有权按照规定的条件将股份收回注销。一般来说，赎回价格要高于原来的发行价格。不可赎回优先股即根据规定不允许公司赎回其已经发行的优先股。

④股息可调优先股和股息不可调优先股。股息可调优先股指的是股息可以调整的优先股股票。一般来说，发行这种股票与股份有限公司的经营状况无关，而是由于受到其他证券价格或市场利率变化的影响而发行的，它对保护股东权益、扩大公司股票发行量具有一定的积极作用。股息不可调优先股即股息率不能调整的优先股股票。常见的优先股，一般都是股息不可调优先股。

⑤可转换优先股和不可转换优先股。可转换优先股是指在特定的条件下，股东可以将其所持股票变换成普通股股票或公司债券的一种优先股。持有这种股票的股东，可以根据公司经营状况和股市行情自主决定是否将其变换成普通股股票或公司债券。一般来说，当公司盈利增加，市场行情好转时，持有者可以将优先股转换成普通股，从而获得较大的收益，并可取得表决权，参与公司经营管理。而公司发展前景不明、盈利减少、支付股息有困难时，持有者可以将优先股股票转换成公司债券，这样持有者就由公司股东变成了公司债权人，有权在规定的期限收回本金。不可转换优先股指的则是不能变换成普通股股票或公司债券的优先股股票。

普通股与优先股的区别主要在于：①普通股拥有股东大会的发言权与表决权，而优先股一般不具备；②普通股有优先认股权，而优先股一般不具备；③普通股的股利随公司经营情况而定，盈利增加时可能很丰厚，优先股的股息则是固定的，一般不能享受公司利润增长而进行的分红，因此优先股的风险性与收益性都不可能像普通股那么高；④普通股的股利发放与公司剩余资产分配均在优先股之后，并且视优先股发放的余额多少而定。

（二）根据票面是否记载投资者姓名，股票分为记名股票和无记名股票

1. 记名股票

记名股票是指在股票票面和股份公司的股东名册上记载股东姓名的股票。记名股票不能私自转让，记名股票转让时，必须按有关法律规定，到股票的发行公司办理过户手续，即将受让人的姓名、住址记载于股票和公司的股东名册上，这样受让人才正式成为公司股东，享受股东应享有的权利。

2. 无记名股票

无记名股票是指在股票票面和股份公司的股东名册上均不记载股东姓名的股票。无记名股票可以自由转让，不需办理过户手续。从法律上讲，无记名股票的持有者转让股票，只要将股票交给受让人即可。

（三）根据有无面额，股票分为有面额股票和无面额股票

1. 有面额股票

有面额股票是指在股票票面上记载一定金额的股票。股票的票面金额即股票的票面价值。股票面额可大可小，但是就某一股份公司发行的有面额股票来说，其发行股票的面额应是一致的。如果股票面额是 100 元，那么每一股的票面面额都是 100 元。股票的面额也就是每一股所代表的资本额。

2. 无面额股票

无面额股票是指在股票票面上不记载金额但记载所占份额的股票。这种股票的价值随公司财产的增减而增减。相对于有面额股票来说，无面额股票可以不受面额限制的约束，有助于增强股票的流通性。

（四）根据发行地及交易币种的不同，股票分为 A 股、B 股、H 股和 N 股

1. A 股

A 股是人民币普通股票，是指股份有限公司经过特定程序发行的以人民币标明面值，由中国人（境内）买卖的记名普通股票。

2. B 股

B 股是人民币特种股票，是指在中国境内股份有限公司经过特定程序发行的，以人民币标明面值，在境内证券交易所上市，专供境外外国人和我国港、澳、台地区投资者用外币买卖的股票。

3. H 股和 N 股

H 股股票和 N 股股票指的是我国企业（公司）在内地注册、分别在香港联合证券交易所和美国纽约证券交易所发行上市的港元股票与美元股票。

（五）根据投资主体不同，股票分为国家股、法人股、公众股和外资股

1. 国家股

国家股是指有权代表国家投资的政府部门或机构以国有资产投入股份公司形成的股份。国家股一般不采用股票形式。

2. 法人股

法人股是指企业法人以其依法可支配的资产投入股份公司形成的股份，或具有法人资格的事业单位和社会团体以国家允许用于经营的资产向股份公司投资形成的股份。法人股是我国股份制企业的重要组成股。

3. 公众股

公众股也可以称为个人股，它是指社会个人或股份公司内部职工以个人合法财产投入公司形成的股份。公众股一般采用股票的形式。

4. 外资股

外资股是指股份公司向境外投资者发行的股票，是我国企业近年来利用外资的一种主要方法。外资股按上市地点可以分为境内上市外资股和境外上市外资股。境内上市外资股是股份有限公司向境外投资者募集并在我国境内上市的股份。境外上市外资股是指股份有限公司向境外投资者募集并在境外上市的股份。它也采取记名股票形式，以人民币标明面值，以外币认购。

（六）根据股票的收益能力、风险特征分类，股票分为蓝筹股、成长股、收入股和周期股

1. 蓝筹股

蓝筹股是历史较长、信誉卓著、资金实力雄厚的大公司发行的股票。这种公司一般在本行业内占有重要的甚至是支配性的地位，具有稳定的长期盈利能力，能定期发放不菲的股息。所以，蓝筹股的股票市场价格稳定、投资风险适中、股价呈上升趋势，普遍受投资者的欢迎。

2. 成长股

成长股是由正处于快速发展阶段的公司发行的股票。由于发行这种股票的公司正处于上升阶段，所以其销售额和收益额都处于上涨之势，公司在今后有足够的实力进行大发展并能长期为股东带来投资收益。这类公司注重科研，留存大量收益进行再投资以满足发展的需要，有大展宏图之势。这种股票的股利虽然近期并不是很高，但极具成长潜力，投资者坚信它的市场价格能随着公司的发展壮大而不断提高，投资者可以获得长远的利益。

3. 收入股

收入股是指当前能发放较高股利的股票。发行收入股的企业一般处于成熟阶段，不需要新的投资项目，且具有较好的盈利能力。收入股留存较少，大量的利润被用作股利的分配。因其收益稳定且不需要专业投资知识，这类股票一般受老年人和一些法人团体的欢迎。

4. 周期股

周期股是指那些收益随商业周期波动的股票。在西方，人们认为机械制造、建材等行业的股票属于周期股。

四、股票与债券的比较

（一）股票与债券的相同点

1. 股票与债券都属于有价证券

尽管股票和债券有各自的特点，但它们都属于有价证券。股票和债券作为有价证券体系中的一员，是虚拟资本，它们本身无价值，但又都是真实资本的代表。持有股票或债券，都有可能获取一定的收益，并能行使各自的权利和流通转让。股票和债券都在证券市场上交易，是各国证券市场的两大支柱类交易工具。

2. 股票与债券都是筹措资金的手段

股票和债券都是有关经济主体为筹资需要而发行的有价证券。经济主体在社会经济活动中必然会产生对资金的需求，从资金融通角度看，股票和债券都是筹资手段。与向银行贷款间接融资相比，发行股票和债券筹资的数额大、时间长、成本低，且不受贷款银行的条件限制。

3. 股票与债券收益率相互影响

从单只股票和债券看，它们的收益率经常会发生差异，而且有时差距还很大。但是，总体而言，如果市场是有效的，则股票的平均收益率与债券的平均收益率会大体保持相对稳定的关系，其差异反映了两者风险程度的差别。因为在市场规律的作用下，证券市场上一种融资手段收益率的变动，会引起另一种融资手段收益率发生同向变动。

（二）股票与债券的不同点

1. 发行主体不同

作为筹资手段，无论是国家、地方公共团体还是企业，都可以发行债券，而股票则只能是股份制企业才可以发行。

2. 权利不同

债券是债权凭证，债券持有者与债券发行人之间的经济关系是债权与债务关系，债券持有者只可按期获取利息及到期收回本金，无权参与公司的经营决策。而股票是所有权凭证，股票所有者是发行股票公司的股东，股东一般拥有表决权，可以通过参加股东大会选举董事，参与公司重大事项的审议和表决，行使对公司的经营决策权和监督权。

3. 目的不同

发行债券是公司追加资金的需要，它属于公司的负债，不是资本金。而发行股票则是股份公司创立和增加资本的需要，筹措的资金列入公司资本。而且发行债券的经济主体很多，中央政府、地方政府、金融机构、公司等都可以发行债券，但能发行股票的经济主体只有股份有限公司。

4. 期限不同

债券一般有规定的偿还期，期满时债务人必须按时归还本金，因此债券是一种有期证券。而股票通常是无须偿还的，一旦投资入股，股东便不能从股份公司抽回本金，因此股票是一种无期证券，或称永久证券。但是，股票持有者可以通过市场转让收回投资资金。

5. 收益不同

从收益方面看，债券在购买之前，利率已定，到期就可以获得固定利息，而不管发行债券的公司经营获利与否。而股票一般在购买之前不定股息率，股息收入随股份公司的盈利情况变动而变动，盈利多就多得，盈利少就少得，无盈利不得。

6. 风险不同

股票风险较大，债券风险相对较小。这是因为：①债券利息是公司的固定支出，属于费用范围；股票的股息红利是公司利润的一部分，公司有盈利才能支付，而且支付顺序列在债券利息支付和纳税之后。②如果公司破产，清理资产有余额偿还时，债券偿付在前，股票偿付在后。③在二级市场上，债券因其利率固定、期限固定，市场价格也较稳定；股票无固定期限和利率，受各种宏观因素和微观因素的影响，市场价格波动频繁，涨跌幅度较大。

7. 保本能力不同

从本金方面看，债券到期可回收本金，也就是说，连本带利都能得到，如同放债一样。而股票则无到期之说。股票本金一旦交给公司，就不能再收回，只要公司存在，就永远归公司支配。公司一旦破产，还要看公司剩余资产清盘状况，甚至连本金都会蚀尽，小股东特别有此可能。

五、股票市场的概念与地位

（一）股票市场的概念

股票市场是股票发行和流通的场所，是指对已发行的股票进行买卖和转让的场所。股票的交易都是通过股票市场来实现的。一般来说，股票市场可以分为一级市场和二级市场，一级市场也称为股票发行市场，二级市场也称为股票交易市场。

（二）股票市场的地位

股票市场是上市公司筹集资金的主要途径之一。随着商品经济的发展，公司的规模越来越大，需要大量的长期资本。而单靠公司自身的资本化积累，是很难满足生产发展的需求的，所以必须从外部筹集资金。公司筹集长期资本一般有三种方式：向银行借贷、发行公司债券、发行股票。前两种方式的利息较高，并且有时间限制，这不仅增加了公司的经营成本，而且使公司的资本难以稳定，因而有很大的局限性。而利用发行股票的方式来筹集资金，则无须还本付息，只需在利润中划拨一部分出来支付红利即可。将这三种筹资方式进行综合比较，发行股票的方式无疑是最符合经济原则的，对公司来说是最有利的。所以，发行股票来筹集资本就成为发展大企业经济的一种重要形式，而股票交易在整个证券交易中因此占有相当重要的地位。

股票市场的变化与整个市场经济的发展是密切相关的，股票市场在市场经济中始终发挥着经济状况“晴雨表”的作用。

六、股票市场的性质与职能

股市一方面为股票的流通转让提供了基本的场所，另一方面也可以刺激人们购买股票的欲望，为一级股票市场的发行提供保证。同时，由于股市的交易价格能比较客观地反映出股票市场的供求关系，股市也能为一级市场股票的发行提供价格和数量等方面的参考依据。

股票市场的职能反映了股票市场的性质。在市场经济社会中，股票有如下四个方面的职能：

（一）积聚资本

上市公司通过股票市场发行股票来为公司筹集资本。上市公司将股票委托给证券承销商，证券承销商在股票市场上发行给投资者。而随着股票的发行，资本就从投资者手中流入上市公司。

（二）转让资本

股市为股票的流通转让提供了场所，使股票的发行得以延续。如果没有股市，我们很难想象股票将如何流通，这是由股票的基本性质决定的。一旦购买了股票就成为企业的股东，此后，既不能要求发行股票的企业退股，也不能要求发行企业赎回。如果没有股票的流通与转让场所，购买股票的投资就变成了一笔死钱，即使持股人急需现金，股票也无法兑现。这样的话，人们对购买股票就会有后顾之忧，股票的发行就会出现困难。有了股票市场，股民就可以随时将持有的股票在股市上转让，按比较公平与合理的价格将股票兑现，使死钱变为活钱。

（三）转化资本

股市使非资本的货币资金转化为生产资本，它在股票买卖者之间架起了一座“桥梁”，为非资本的货币向资本的转化提供了必要的条件。股市的这一职能对资本的追加、促进企业的经济发展有着极为重要的意义。

（四）给股票赋予价格

股票本身并无价值，虽然股票也像商品那样在市场上流通，但其价格的多少与其所代表的资本的价值无关。股票的价格只有在进入股票市场后才表现出来，股票在市场上流通的价格与其票面金额不同，票面金额只是股票持有人参与红利分配的依据，不等于其本身所代表的真实资本价值，也不是股票价格的基础。在股票市场上，股票价格有可能高于其票面金额，也有可能低于其票面金额。股票在股票市场上的流通价格是由股票的预期收益、市场利息率以及供求关系等多种因素决定的。但即使这样，如果没有股票市场，无论预期收益如何、市场利率有多大的变化，也不会对股票价格造成影响。所以说，股票市场具有赋予股票价格的职能。

学中做 4—1　　从功能视角看进一步健全股票市场的发展？

党的二十大报告提出：健全资本市场功能，提高直接融资比重。这十六个字明确了我国资本市场的发展方向。股市在资本市场或直接融资市场中占据中心地位。未来，股市与整个资本市场或直接融资市场一起，将在整个融资体系中占据更重要地位。

股票市场是交易股票的市场。有股票才有股票市场。股票由股份公司发行。最早的股份公司产生于17世纪初荷兰和英国成立的海外贸易公司。这些公司通过募集股份资本建立，有着明显的股份公司特征：具有法人地位、成立董事会、股东大会是公司最高权力机构、按股分红、实行有限责任制。荷兰联合东印度公司成立于1602年。荷兰人把热衷于海外贸易生意的商人们联合起来，成立了股份公司，目的是共同承担航海风险，共享收益。为了募集更多的资金，荷兰联合东印度公司还向全社会融资，每个人只要手头有闲钱都可以投资东印度公司，在小本子上记下自己出了多少钱，公司则承诺有收益就按比例给大家分红。那一年，荷兰人在阿姆斯特丹河大桥上进行荷属东印度公司股票的买卖。这就是最原始的股票市场。

更多股票的出现和买卖，促使股票交易所产生。1611年，一些商人在荷兰的阿姆斯特丹买卖海外贸易公司的股票，形成了股票交易所的雏形。1773年，在伦敦柴思胡同的约那森咖啡馆正式成立了英国第一家证券交易所，以后演变为伦敦证券交易所。1792年，24名经纪人在纽约华尔街的一棵梧桐树下订立协定，形成了经纪人联盟，这就是纽约证券交易所的前身，1863年改为现名。2023年8月15日，纽约证券交易所总市值达到34.15万亿美元；美国股价最高的股票是在该交易所交易的伯克希尔-哈撒韦投资公司股票，当日收盘价538 106.51美元/股，总市值达到7 800亿美元。2023年8月15日，纳斯达克交易所总市值为25.31万亿美元。美国市值最高的公司是在纳斯达克交易所上市的苹果公司，当日收盘价180.4美元/股，总市值达到2.82万亿美元。

中国近代历史上第一家通过发行股票筹集资金兴办的股份制企业，是1872年成立的轮船招商局。1918年，北京证券交易所成立，是我国第一家由中央政府核准的证券交易所；1920年，上海华商证券交易所和上海证券物品交易所相继成立，此后反复停停开开，至1949年全部停办。

分析提示

学中做4-1

1990年6月，中国人民银行上海分行金融管理处受命筹建证券交易所，同年12月19日，上海证券交易所举行开业典礼；1991年7月，深圳证券交易所也得到了正式批文。自此，中国股票市场形成了“双市格局”。2023 年 8 月 23 日，沪深两市公司数达 5 274 家，总市值 79.65 亿元人民币，其中股价最高和总市值最高的股票均是在沪市交易的贵州茅台，当日收盘价 1 744 元/股，总市值达到 2.28 万亿元人民币。

资料来源：冯兴元、孟冰：“从功能视角看进一步健全股票市场的发展 ”,《新理财》,2023 年 10 月刊。

请问：股票市场有哪些功能？从功能视角看如何健全股票市场的发展？

七、股票市场的参与主体

（一）股票发行者

股票发行者是指为筹集资金而发行股票的各类股份公司或者金融机构等。股票发行者必须符合相关的规定，达到一定的条件才可以发行股票。

（二）投资者

股票投资者是指以取得股息、红利、资本利差为目的而进行股票买卖的个人、机构等。他们是股票市场上的主要资金供给方。

（三）证券中介机构

证券中介机构是连接股票投资者与发行人、投资者之间的“桥梁”，是股票市场运行的中介。比如，证券公司、证券登记结算公司、会计师事务所、律师事务所、资信评估公司、资产评估事务所等都是为证券发行与投资提供服务的中介机构。

（四）自律性组织

自律性组织主要是指证券行业协会。证券行业协会是指具有独立社会法人资格、由经营证券业务的金融机构组成的行业性自律组织。它主要负责制定、解释证券行业自愿共同遵守的各项规章制度，调查证券业内人士有关投诉等。根据我国《证券法》规定，证券公司应当加入证券行业协会。

（五）监管机构

中国证券监督管理委员会（证监会）是依照法律、法规和国务院授权，统一监督、管理全国证券、期货市场，维护证券和期货市场秩序，保障其合法运行的权力机构。总的来说，中国证监会的主要作用：一是负责监管整个证券市场，维持证券市场正常的交易秩序；二是为证券市场的正常运行制定相关法律、法规；三是确保证券市场有效运行、健康发展。

八、创业板市场

（一）创业板市场的概念

动漫视频

股市创业板

创业板市场又称二板市场，是指主板之外的、专为暂时无法上市的中小企业和新兴高科技公司提供融资途径和成长空间的证券交易市场。它是对主板市场的有效补充，是多层次股票市场的重要组成部分，在资本市场中占据着重要的位置。在创业板市场上市的公司大多从事高科技业务，具有较高的成长性，但往往成立时间较短，规模较小，业务也不突出。在中国发展创业板市场是为了给中小企业提供更方便的融资渠道，为风险投资资本营造一个正常的退出机制；同时，这也是我国调整产业结构、积极推进经济改革的重要手段。

（二）创业板市场设立的目的

创业板市场设立的目的包括以下方面：

（1）为高科技企业提供融资渠道；

(2)通过市场机制，有效评价创业资产价值，促进知识与资本的结合，推动知识经济的发展；

(3)为风险投资基金提供“出口”，分散风险投资的风险，促进高科技投资的良性循环，提高高科技投资资源的流动和使用效率；

(4)增加创新企业股份的流动性，便于企业实施股权激励计划等，鼓励员工参与企业价值创造；

(5)促进企业规范运作，建立现代企业制度。

(三)创业板市场的风险分析

创业板市场的上市公司规模相对较小，多处于创业及成长期，发展相对不成熟，因此相对于成熟企业，以下风险会更为突出：

1. 上市公司的经营风险

创业企业经营稳定性整体上低于主板上市公司，一些上市公司经营可能大起大落甚至经营失败，上市公司因此退市的风险较大。

2. 上市公司诚信风险

创业板公司多为民营企业，可能存在更加突出的信息不对称问题，完善公司治理、加强市场诚信建设的任务更为艰巨。如果大面积出现上市公司诚信问题，不仅会使投资面临巨大风险，也会使整个创业板发展遇到诚信危机。

3. 股价大幅波动的风险

创业板上市公司规模小，市场估值难，估值结果稳定性差，而且较大数量的股票买卖行为有可能诱发股价出现大幅波动，股价操作也更为容易。

4. 创业企业技术风险

将高科技转化为现实的产品或劳务具有明显的不确定性，必然会受到许多可变因素以及事先难以估测的不确定因素的影响，存在出现技术失败而造成损失的风险。

5. 投资者不成熟可能引发的风险

我国投资者结构仍以个人投资者为主，对公司价值的甄别能力有待提高，抗风险能力不强，对创业企业本身的价值估计难度更大，容易出现盲目投资而导致投资损失风险。

6. 中介机构服务水平不高带来的风险

由于创业企业本身的特点，如果中介机构不能充分发挥市场筛选和监督作用，可能导致所推荐的公司质量不高。

第二节　股票价格和股票价格指数

一、股票价格

(一)股票价格的概念及种类

股票之所以称作有价证券，是因为它依据股票发行公司的实力及生产经营的效益好坏，而具有相应的价格。股票价格有广义和狭义之分，广义的股票价格是股票的票面价格、账面价格、发行价格、市场价格、内在价格和清算价格的统称；狭义的股票价格则主要是指股票的市场价格。

1. 股票的票面价格

股票的票面价格又称票面价值或面值，是股份公司在所发行的股票上标明的票面金额，以元/股为单位。它表明每股股票对公司总资本所占的比例以及该股票持有者在股利分配时所应占有的份额。票面价格是根据上市公司发行股票的总资本额与发行股票的数量来确定的，是固定的。票面价格主要作为等分股本和记录股本之用。

2. 股票的账面价格

股票的账面价格又称股票净值，是指股东持有的每一股份在理论上所代表的公司财产价值。股票的账面价格一般可由每股代表的净资产来表示，通过股份公司的资产负债表进行计算。计算公式为：

$$每股净资产=\frac{公司净资产}{公司股份总额}=\frac{公司总资产-公司总负债}{公司股份总额}$$

股票的账面价格一般与市场价格并不一致，一般成长股票的市场价格往往要高于其账面价格，而一些非成长股票的市场价格往往低于其账面价格。

3. 股票的发行价格

股票的发行价格是指股份公司在发行股票时的出售价格。根据不同公司和发行市场的不同情况，股票的发行价格也是不相同的，主要有平价发行、折价发行与时价发行三种情况。

虽然股票的发行价格有很多种，但是在一般情况下，同一种股票只能有一种发行价格。股票发行过程中究竟采用哪一种价格，主要取决于股票的票面形式、《公司法》的有关规定、公司状况及其他因素。

4. 股票的市场价格

股票的市场价格又称股票行市，是指在证券市场上买卖股票的价格，是由股票市场决定的价值，是经常波动的。股票市场价格的确定有其复杂的机理，它并不单纯是由市场供需关系所决定的，还要受股票的内在价值、收益率等因素的影响。

5. 股票的内在价格

股票的内在价格即理论价值，也即股票未来收益的现值，取决于股票收入和市场收益率。股票的内在价值决定股票的市场价格，但市场价格又不完全等于其内在价值。由供求关系产生并受多种因素影响的市场价格围绕着股票内在价值波动。

6. 股票的清算价格

股票的清算价格是指公司清算时每股股票所代表的真实价格。从理论上讲，股票的清算价格是公司清算时的资产净值与公司股票股数的比值。但是，实际上由于清算费用、资产出售价格等原因，股票的清算价格不等于这一比值。通常，股票的清算价格主要取决于股票的账面价格、资产出售损益、清算费用高低等因素。

（二）影响股票价格的因素

股票的市场价格由股票的价值所决定，但同时受许多其他因素的影响。一般来说，影响股票市场价格的因素主要有以下几个方面。

1. 政治及其他不可抗力的影响

政治因素对股票价格的影响很大，往往很难预料，主要有以下方面：

(1)战争。战争是最有影响力的政治因素。战争会破坏社会生产力，使经济停滞、生产凋敝、收入减少、利润下降。战争期间除了军火工业以外，大部分企业会受到严重打击。战争又使投资者风险明显增大，在生命得不到保障的情况下，人们的投资愿望降到最低点。特别是全面的、长期的战争，会使股票市场受到致命打击，股票价格会长期低迷。

(2)政权更迭、领导人更替等政治事件。这些事件都会影响社会安定，进而影响投资者的心理状态和投资行为，引起股票市场的涨跌变化。

(3)政府重大经济政策的出台、社会经济发展规划的制定、重要法规的颁布等。这些会影响投资者对社会经济发展前景的预期，从而也会引起股票价格变动。

(4)国际社会政治、经济的变化。随着世界经济一体化的发展，国家之间、地区之间的政治、经济关系更趋紧密，加之先进通信工具的运用，国际关系的细微变化都可能引致各国股市发生敏感的联动。

2. 心理因素

投资者的心理变化对股价变动影响很大。在大多数投资者对股市抱乐观态度时，会有意无意地夸大市场有利因素的影响，并忽视一些潜在的不利因素，从而脱离上市公司的实际业绩而纷纷买进股票，促使股价上涨；反之，在大多数投资者对股市前景过于悲观时，会对潜在的有利因素视而不见，而对不利因素特别敏感，甚至不顾发行公司的优良业绩大量抛售股票，致使股价下跌。当大多数投资者对股市持观望态度时，市场交易量就会减少，股价往往呈现盘整格局。股票市场中的中小投资者由于信息不灵，缺乏必要的专业知识和投资技巧，往往有严重的盲从心理，而有的人就利用这一盲从心理故意制造假象、渲染气氛，诱使中小投资者在股价上涨时盲目追涨，或者股价下跌时恐慌抛售，从而加大了股价涨跌的幅度。

3. 政策及制度因素

为保证证券市场的稳定，各国的证券监管机构和证券交易所制定了相应的政策措施并作出一定的制度安排。《中华人民共和国证券法》规定，证券交易所应依照证券法律、行政法规制定上市规则、交易规则、会员管理规则，并经国务院证券监督管理机构批准。因突发事件而影响证券交易的正常进行时，证券交易所可以采取技术性停牌的措施；因不可抗力的突发性事件或者为维护证券交易的正常秩序，证券交易所可以决定临时停市。证券交易所根据需要，可以对出现重大异常交易情况的证券账户限制交易。有的证券交易所对每日股票价格的涨跌幅度有一定限制，即“涨跌停板”规定，使股价的涨跌大大平缓。另外，当股票市场投机过度或出现严重违法行为时，证券监督管理机构也会采取一定的措施以平抑股价波动。

4. 人为操纵因素

人为操纵往往会引起股票价格短期的剧烈波动。因大多数投资者不明真相，操纵者趁机浑水摸鱼，牟取暴利。人为操纵会影响股票市场的健康发展，违背公开、公平、公正的原则，一旦查明，操纵者就会受到行政处罚或法律制裁。

5. 投资者情绪

投资者情绪是影响股票市场波动的另一个关键因素。市场情绪可以受到多种因素的影响，包括政治事件、地缘政治紧张、自然灾害等。当市场情绪乐观时，投资者可能会增加投资，推动股价上涨；当市场情绪悲观时，投资者可能会减少投资，导致股价下跌。

6. 利率和货币政策

利率和货币政策也是影响股票市场的重要因素。当利率较低时，企业和个人的借贷成本会降低，从而刺激经济增长和股市上涨。相反，当利率上升时，借贷成本增加，可能会抑制经济增长和股市表现。此外，中央银行的货币政策，如量化宽松或货币紧缩，也会影响到股市走势。

7. 行业趋势

行业趋势也会对股票市场产生影响。不同行业的表现可能会对相关公司的股价产生不同的影响。例如，随着技术的发展，科技行业的公司可能会受到市场的青睐，从而推动其股价上涨；此外，政策变化、消费者需求和供应链问题等也会影响到行业趋势。

8. 公司业绩

公司的业绩是影响股票价格的另一个重要因素。公司的盈利能力、财务状况、管理层决策和市场竞争力都会影响到其股价。当公司发布强劲的季度或年度盈利报告时，投资者的信心会增强，从而可能推动股价上涨；相反，如果公司业绩不佳，股价可能会下跌。

9. 宏观经济状况

宏观经济状况是影响股票市场波动的主要因素之一。经济指标，如国内生产总值(GDP)、通货膨胀率、就业率和利率等，都会影响到公司的盈利能力和投资者的预期。当经济增长放缓或出现衰退时，公司的盈利预期会下降，从而可能导致股价下跌。

（三）股票的除息与除权

当上市公司向股东分派股息时，就要对股票进行除息；当上市公司向股东送红股时，也要对股票进行除权；当上市公司宣布上年度有利润可供分配并准备予以实施的时候，则该股票就成为含权股，即意味着该股票享有分红派息的权利。在这一阶段，上市公司一般要宣布一个时间为股权登记日，也就是说，在该日收市前持有该股票的股东才享有分红的权利。在已经实现股票无纸化交易的今天，股权登记都通过计算机交易系统自动进行。投资者不必到上市公司或登记公司进行专门的登记，只要在登记日收市时还拥有该股票，股东就自动享有分红的权利。

进行股权登记后，股票将要除权除息，也就是将股票中含有的分红权利予以解除。除权除息都在股权登记日收盘后进行。除权之后再购买股票的股东将不再享有分红派息的权利。在股票的除权除息日，证券交易所要计算出股票的除权除息价，供投资者在除权除息后开盘的参考。

因为在收盘前拥有股票是含权的，而收盘后的次日所交易的股票将不再参加利润分配，所以除权除息价实际上是将股权登记日的收盘价予以更换。这样，除息价就是登记日收盘价减去每股股票应分得的现金红利。其计算公式为：

$$\text{除息指导价}=\text{股权登记日收盘价}-\text{每股股票应分得的股利}$$

对于除权价，股权登记日的收盘价格除去所含有的股权，就是除权报价。其计算公式为：

$$\text{除权指导价}=\frac{\text{股权登记日收盘价}}{1+\text{平均每股送股数量}}$$

若股票在分红时既有现金红利又有红股，则除权除息价的计算公式为：

$$\text{除权指导价}=\frac{\text{股权登记日收盘价}-\text{每股应分的现金红利}}{1+\text{平均每股送股数量}}$$

上市公司有时也将配股与分红派息同时进行，其除权除息价的计算公式为：

$$\text{除权指导价}=\frac{\text{股权登记日收盘价}-\text{每股应分的现金红利}+\text{配股价}\times\text{配股率}}{1+\text{平均每股送股数量}}$$

二、股票价格指数

（一）股票价格指数的概念

股票价格指数简称股价指数，是指金融服务机构编制的、通过对股票市场的股票价格计算平均数和动态对比的相对数，来综合反映股市价格的动态变化。股价指数包括两种类型：一是股价平均数；二是根据不同时期的股价平均数对比所得到的动态相对数，一般称其为狭义股价指数。股价平均数是在平均股价（股票平均交易价格）的基础上，对某些影响股价平均变动的不可比因素进行修正后所形成的股价指标，以反映报告期股票价格水平相对于基期股票价格的变动情况。狭义股价指数是指股价平均数的指数表现形式，它是报告期股票市场上列入计算范围的各种股票的股价平均数与基期的同一范围内股票的股价平均数之比。

一般情况下，我们所说的股价指数是指狭义股价指数。其形成步骤如下：①选出列入指数计算过程的样本股；②计算基期股票价格的平均数；③指数化。

（二）股票价格指数的作用

股票价格指数的作用在于综合考察股票市场的股价动态变化的过程，反映不同时点股票市场的价格水平。根据股票价格指数的变化，一方面可以观察和分析股票市场的发展动态，研究有关国家和地区的政治、经济发展趋势；另一方面为投资者提供股票投资和从事合法的股票增值活动的参考依据。

因此，股票价格指数是用以反映股票市场价格变动的总体状况的重要指标，也是政府进行宏观经济调控的重要参照指标。同时，它是投资人研判股市走势的工具，也是金融衍生工具的标的物。

【注意】在利用股价指数来研判大势的时候，应注意股价指数与个股价格的关系。

（三）我国主要的股价指数

1.上海证券交易所股价指数

上海证券交易所目前主要编制和发布的股价指数是上海证券交易所综合指数（简称上证综合指数）、上海证券交易所每日 30 指数（简称上证 30 指数）和上海证券交易所每日 180 指数（简称上证 180 指数）。

（1）上证综合指数。上证综合指数由上海证券交易所编制，于 1991 年 7 月 15 日公开发布，基期定为 1990 年 12 月 19 日，以点为单位，基期为 100 点。上证综合指数以全部上市公司股票为采样股，以报告期发行股数为权数加权综合。其计算公式为：

$$\text{上证综合指数}=\frac{\text{报告期采样股的市价总值}}{\text{基日采样股的市价总值}}\times 100$$

式中，市价总值是市价与发行股数的乘积，计算公式为：

$$\text{市价总值}=\sum(\text{市价}\times\text{发行股数})$$

基日采样股的市价总值也称为除数。

当市价总值出现非交易因素的变动时，原除数须修正，以维持指数的连续可比。修正公式如下：

$$\text{修正后的除数}=(\text{修正后的市价总值}\div\text{修正前的市价总值})\times\text{原除数}$$

必须进行修正的情况有：新股上市；股票摘牌；股本数量变动（送股、配股、减资等）；股票撤权、更权；汇率变动。

以新股上市为例，新股上市第一天不计入指数。而于当日收盘后修正指数，修正方法如下：

$$\frac{\text{当日的市价总值}}{\text{原除数}}=\frac{\text{当日市价总值}+\text{新股发行股数}\times\text{当日收盘价}}{\text{修正后的除数}}$$

上证综合指数为实时逐笔计算。1992 年 2 月 21 日，增设上证 A 股指数与上证 B 股指数。1993 年 6 月 1 日增设上证股份分类指数，包括工业类指数、商业类指数、地产类指数、公用事业类指数和综合业类指数，以反映不同行业股票的各自走势。从这个意义上看，上证综合指数已经发展成为包括综合股价指数、A 股指数、B 股指数和分类指数在内的不同层次、不同侧面的股票价格指数体系。

上证 A 股指数，是一种以全部上市人民币股票发行股数为权数的加权综合股价指数，并设 1990 年 12 月 19 日的基准指数为 100。

上证 B 股指数，是一种以全部上市 B 股发行股数为权数的加权综合股价指数，并设 1990 年 12 月 19 日的基准指数为 100，其股价以美元直接标价。

上证分类指数，是一种以相应类别的全部上市股票发行股数为权数的加权综合股价指数，并设 1993 年 4 月 30 日 1 358.78（当日收盘上证指数）为全部分类股价指数的基准指数（B 股价位均用适用汇率折算成人民币）。

（2）上证 30 指数。上证 30 指数是以流通股数为权数的加权综合股价指数，于 1996 年 7 月 1 日正式发布。它是采用样本股票编制的指数，入选的样本股多为大盘股、绩优股。上证 30 指数以入选样本股 1996 年 1 月至 1996 年 3 月的平均流通市值为指数的基期值，基期值指数为 1 000。上证 30 指数的推出，目的在于对上海股市进行统计上的缩容，激活上海股市的人气，引起投资人注重上市公司的业绩，并对上市公司本身也造成一种压力。

(3)上证 180 指数。上证成分指数，简称上证 180 指数，是对原上证 30 指数进行调整和更名后产生的指数。上证 180 指数是结合中国证券市场的发展现状，借鉴国际经验，在原 30 指数编制方案的基础上做进一步完善形成的。其目的在于通过科学客观的方法挑选出最具代表性的样本股票，建立一个反映上海证券市场的概貌和运行状况、能够作为投资评价尺度及发展指数衍生产品的基准指数。

至此，上证指数已发展成为包括综合股价指数、A 股指数、B 股指数、分类指数、30 指数和 180 指数在内的，多侧面、多层次的股价指数系列。

2. 深圳证券交易所股价指数

深圳证券交易所目前主要编制深证综合指数、深证成分股指数和深证 100 指数。

(1)深证综合指数是以在深圳证券交易所上市的全部股票为样本股，以 1991 年 4 月 3 日为基期，基期指数为 100 点，以指数股计算日股份数为权数进行加权平均计算的。其基本公式为：

$$指数=\frac{现时指数股总市值}{基日指数股总市值}\times 100\%$$

当有新股票上市时，在其上市后第二天纳入指数计算。

但是，综合指数也存在一些问题：①用总股本作为权数，不能真实反映市场变化的状况。②存在人为操纵指数的可能性。③受新股上市影响较大。④全部股票都计入指数，股票不断增加，结构不断变动，每只股票对指数影响不断降低，指数前后可比性下降。⑤股票除权时调整计算有偏差，有时股票填权会使指数下跌，而股票贴权却使指数上升。

(2)深证成分股指数是由深圳证券交易所于 1994 年推出的，它是按一定标准选出 40 家有代表性的公司作为成分股，用成分股的可流通数作为权数，采用综合法进行编制的。其基本公式为：

$$即日指数=\frac{即日成分股可流通总市值}{基日成分股可流通总市值}\times 1\ 000$$

深证成分股指数的基期日为 1994 年 7 月 18 日，基期值为 1 000。

深证成分股指数与深证综合指数的最主要区别在于以下两点：第一，深证成分股指数仅以 40 家有代表性的上市公司为计算样本，而综合指数是以深市全部上市公司作为计算样本。第二，深证成分股指数只以流通股作为权数进行计算，而综合指数是以上市公司的总股本作为权数进行计算的。

(3)深证 100 指数。深证 100 指数选取在深交所上市的 100 只 A 股作为成分股，以成分股的可流通 A 股数为权数，采用派氏综合法编制。以 2002 年 12 月 31 日为基准日，基期指数定为 1 000 点，从 2003 年第一个交易日开始编制和发布。

(四)股票指数的计算方法

1. 股价平均数的计算

(1)简单算术股价平均数

把采样股票的总价格平均分配到采样股票上，从市场上每种采样股票中拿出一股，将其收盘价格相加，再除以采样股数，得出的商便是股价平均数。其计算公式为：

$$\overline{P}=\frac{\sum P_i}{N}$$

式中：$\overline{P}$ 表示平均股价；P_i 表示各样本股收盘价；N 表示样本股票种数。

【做中学 4－1】 假设某股市采样的股票为 A、B、C、D 四种，在某一交易日的收盘价分别为 10 元、15 元、25 元、30 元，计算该市场股价平均数。

解析：股价平均数$=(P_1+P_2+P_3+P_4)/n$

$=(10+15+25+30)/4$

$=20$（元）

股价平均数一般分为当日股价平均数、6日股价平均数和10日股价平均数。计算公式为：

6日股价平均数＝（当日股价平均数＋前5日股价平均数）÷6

10日股价平均数＝（当日股价平均数＋前9日股价平均数）÷10

世界上第一个股票价格指数——道·琼斯股票平均价格指数在1928年10月1日以前就是使用简单算术平均数法计算的。简单算术平均数法的优点是计算起来简单易懂。其不足之处有两个：①计算时未考虑权数。例如，上述A、B、C、D四种股票的发行量或交易量各异，它们对股市的影响也不相同。②当样本股票发生分割、派发红股、增资等情况时，股价平均数会发生不合理的下跌，使时间序列前后的比较发生困难。比如，如果上述D股票发生1股拆为3股的情况，股价势必从30元下降为10元，这里的平均数就不是按上面计算得出的20元，而是15元（这里暂不考虑其他影响股价变动的因素），这显然不符合平均数作为反映股价变动指标的要求，因此，出现拆股等股权变动时，平均数必须做调整。

（2）调整平均数

为克服拆股后平均数发生不合理下降的弊端，要对原数值进行修正，一般采用两种方法：调整除数和调整股价。

①调整除数，即把原来的除数调整为新除数。在前面的例子中除数是4，经调整后的新除数应是：

新的除数＝拆股后的总价格÷拆股前的平均数

$=(10+15+25+10)\div 20=3$

将新的除数代入下式中，则：

股价平均数＝拆股后的总股价÷新的除数

$=(10+15+25+10)\div 3=20$（元）

这样得出的平均数与未拆股时计算出的结果一样，股价水平也不会因拆股而变动，道·琼斯股价平均指数在发生拆股时就采用此法进行调整。

②调整股价，即将拆股后的股价还原成拆股前的股价。其方法是：设D股股价拆股前是P_n，拆股后新增股份为R，股价为P'_n，则：

调整股价平均数$=[P_1+P_2+P_3+(1+R)P'_4]/n$

$=[10+15+25+10\times(1+2)]/4$

$=20$（元）

随着市场的不断发展完善，平均数的计算也有采用几何平均法和加权平均法的。

2. 股价指数的计算

（1）简单算术股价指数：简单算术股价指数有相对法和综合法之分。

①相对法，又称平均法，是先计算各样本股的个别指数，再加总求出算术平均数。

如果设股价指数为P'，基期第i种股票价格为P_{0i}，计算期第i种股票价格为P_{1i}，样本数为N，则计算公式为：

$$P'=\frac{1}{N}\sum_{i=1}^{n}\frac{P_{1i}}{P_{0i}}\times 100$$

【做中学4—2】 现假定某股市采样股取4只，4只股票的交易资料如表4—1所示。

表 4—1 采样股交易资料

种类 \ 项目	市价(元)		交易量(万股)		发行量(万股)	
	基期	报告期	基期	报告期	基期	报告期
A	5	8	1 000	1 500	3 000	5 000
B	8	12	500	900	6 000	6 000
C	10	14	1 200	700	5 000	6 000
D	15	18	600	800	7 000	10 000

解析：

$$报告期股价指数=\frac{1}{4}\times\left(\frac{8}{5}+\frac{12}{8}+\frac{14}{10}+\frac{18}{15}\right)\times 100=\frac{5.7}{4}=142.50$$

该计算结果说明报告期的股价比基期股价上升了 42.5 个百分点。

②综合法是将样本股票基期价格和计算期价格分别加总，然后再求出股价指数。其计算公式为：

$$P'=\frac{\sum_{i=1}^{n}P_{1i}}{\sum_{i=1}^{n}P_{0i}}\times 100$$

【做中学 4—3】 承接做中学 4—2，

$$报告期股票价格指数=\frac{8+12+14+18}{5+8+10+15}\times 100=\frac{52}{38}\times 100=136.8$$

即报告期的股价比基期股价上升了 36.8 个百分点。

从平均法和综合法计算的股票价格指数来看，二者都未考虑到由于各种采样股票的发行量和交易量的不同，而对整个股市股价的影响不一样等因素，因此计算出来的指数也不够准确。

(2)加权股价指数是以样本股票发行量或成交量为权数加以计算的，又有基期加权、报告期加权和几何加权之分。

为了使股票价格指数的计算精确，需要对各个样本股票的相对重要性予以加权，这个权数可以是成交股数，也可以是股票发行量；按时间划分，权数可以是基期权数，也可以是报告期权数。

①基期加权。以基期成交股数(或发行股数)为权数的指数称为拉氏指数，即拉斯拜尔斯指数(Laspeyres Index)。拉氏指数采用基期固定权数加权，当权数决定后便无须变动，计算较为方便，一般经济价格指数多采用这种方法。但当样本股变更或数量变化后，就不再适用了。其计算公式为：

$$P'=\frac{\sum_{i=1}^{n}P_{1i}Q_{0i}}{\sum_{i=1}^{n}P_{0i}Q_{0i}}\times 100$$

式中：Q_{0i} 为基期第 i 只股票的发行量或交易量。

②报告期加权。以报告期成交股数(或发行股数)为权数的指数称为派氏指数(Paasche Index)。这一方法计算复杂，但是适用性较强，特别是在以发行量为权数计算股票价格指数时。在发生股票分割、派送股票股息和增资配股时，一方面股价下降，另一方面股数增加，而计算期的股票市值并没有发生变化，所以不需要进行调整，虽然基期市值需要修正，但是计算相对简单。此外，派氏

指数比较精确，具有很高的连续性。目前，世界上大多数股票指数，包括标准普尔指数、纽约证券交易所的综合股票价格指数等，采用以发行量为权数的派氏指数。其计算公式为：

$$P'=\frac{\sum_{i=1}^{n}P_{1i}Q_{1i}}{\sum_{i=1}^{n}P_{0i}Q_{1i}}\times 100$$

式中：Q_{1i} 为报告期第 i 只股票的发行量或交易量。

$$加权法指数=\frac{8\times 1\,500+12\times 900+14\times 700+18\times 800}{5\times 1\,500+8\times 900+10\times 700+15\times 800}\times 100=139.465$$

其表明报告期比基期股票价格指数上升了 39.465 个百分点。由于它是加权计算的，比平均法计算出来的指数更能准确地反映股票市场的价格变动情况。

③几何加权法。它也称费雪理想公式（Fisher's Ideal Formula），是对上述两种指数的几何平均。此公式最大的缺点是样本股票增资除权（用除权数去除增资时的拆股认购权）时，修正起来很困难，也很麻烦，因而在实际中很少被采用。其计算公式为：

$$P'=\sqrt{\frac{\sum_{i=1}^{n}P_{1i}Q_{0i}}{\sum_{i=1}^{n}P_{oi}Q_{0i}}\times\frac{\sum_{i=1}^{n}P_{1i}Q_{1i}}{\sum_{i=1}^{n}P_{0i}Q_{1i}}}\times 100$$

第三节 股票发行市场

股票发行市场又称一级市场，是指股票初次发行的市场，是股份公司通过证券市场直接向投资者筹集资本金的场所。股票发行市场是股票流通市场的基础和前提。

一、股票发行制度和条件

（一）股票发行制度

股票发行制度实际就是指发行人在申请发行股票时遵循的一系列的规范。从世界范围来看，股票发行制度一般分为注册制和核准制。

1. 注册制

注册制是指发行人在准备发行证券时，必须将依法公开的各种资料完全、准确地向证券主管机关呈报并申请注册，证券主管机关仅对申报文件的全面性、真实性、准确性和及时性做形式审查，如申报文件没有包含任何不真实的信息且证券主管机关对申报文件没有异议，则经过一定的法定期限，申请自动生效，发行者的发行权无须国家授予，发达国家一般采用注册制。注册制的基础是强制性信息公开披露原则，遵循“买者自行小心”理念。

2023 年 2 月 1 日，我国全面实行股票发行注册制改革正式启动。2023 年 2 月 17 日，中国证监会发布全面实行股票发行注册制相关制度规则。审核注册机制是注册制改革的重点内容。此次改革进一步明晰了交易所和证监会的职责分工，提高了审核注册的效率和可预期性。

实施注册制的条件：该国（或地区）要有较高和较完善的市场化程度；要有较完善的法律法规作保障；发行人和承销商及其他的中介机构要有较强的行业自律能力；投资者要有一个良好的投资理念；管理层的市场化监管手段较完善。

2. 核准制

核准制是指发行人在发行股票时，不仅要充分公开企业的真实状况，而且必须符合有关法律和证券管理机关规定的必备条件，证券主管机关有权否决不符合规定的股票发行申请。证券主管机关除进行注册所要求的形式审查外，还对发行人的营业性质、财力、素质、发展前景、发行数量及价格等条件进行实质性审核，并由此作出发行人是否符合发行实质条件的价值判断，发行人的发行权由审核机关以法定方式授予。证券市场历史不长、条件和制度不完善、不规范的新兴市场一般采用核准制。核准制遵循的是强制性信息公开披露和合规性管理相结合的原则，其理念是“买者自行小心”和“卖者自行小心”并行。

（二）股票发行条件

1. 首次公开发行股票的条件

公司首次公开发行股票，应当符合下列条件：①具备健全且运行良好的组织机构；②具有持续经营能力；③最近三年财务会计报告被出具无保留意见审计报告；④发行人及其控股股东、实际控制人最近三年不存在贪污、贿赂、侵占财产、挪用财产或者破坏社会主义市场经济秩序的刑事犯罪；⑤经国务院批准的国务院证券监督管理机构规定的其他条件。

上市公司发行新股，应当符合经国务院批准的国务院证券监督管理机构规定的条件，具体管理办法由国务院证券监督管理机构规定。公开发行存托凭证的，应当符合首次公开发行新股的条件以及国务院证券监督管理机构规定的其他条件。

公司对公开发行股票所募集资金，必须按照招股说明书或者其他公开发行募集文件所列资金用途使用；改变资金用途，必须经股东大会作出决议。

【注意】擅自改变用途，未作纠正的，或者未经股东大会认可的，不得公开发行新股。

2. 首次公开发行股票应当报送募股申请和相关文件

公司首次公开发行股票，应当报送募股申请和下列文件：公司营业执照、公司章程、股东大会决议、招股说明书或者其他公开发行募集文件、财务会计报告、代收股款银行的名称及地址。

依照规定聘请保荐人的，还应当报送保荐人出具的发行保荐书。实行承销的，还应当报送承销机构名称及有关的协议。

二、股票发行的目的

（一）为筹措资本金而发行股票

为建立新的股份公司必须筹集足够资本。为此，筹集资本的公司创办人必须首先认购第一次发行的、通常不得少于总资本的35%的股票，其余部分向社会公开招股，使之达到预定的资本总额。

在公司资金不足时，需要以发行股票的方式来筹集资本金以保证生产经营活动的顺利进行，或者用于扩大生产规模。

（二）为巩固公司的经营权而发行股票

这种方式的股票发行目的不在于筹措资金，一般是出于两方面的考虑：一是为了维护公司的经营支配权，防止被其他公司兼并。二是为了本公司经营事业的发展，谋求与其他公司合作而增资发行股票。

（三）为了股东直接利益而增资发行股票

这种股票发行是为了股东利益而进行的无偿增资。公司股本的增加不是靠外部募集，而是靠减少公司的公积金或盈余结存，按照比例无偿交付给原股东，以调整公司的资本结构，提高公司的信誉，增强股东的信心。

三、股票的发行方式

(一)根据发行的对象不同,股票的发行分为公开发行与私募发行

1. 公开发行

公开发行又称公募,是指事先没有特定的发行对象,向社会广大投资者公开推销股票的方式。采用这种方式,可以扩大股东的范围,分散持股,防止囤积股票或被少数人操纵,有利于提高公司的社会性和知名度,为以后筹集更多的资金打下基础,也可以增加股票的适销性和流通性。公开发行可以采用股份公司自己直接发售的方法,也可以支付一定的发行费用通过金融中介机构代理。

2. 不公开发行

不公开发行又称私募,是指发行者只对特定的发行对象推销股票的方式。通常在以下两种情况下采用:

一是股东配股,又称股东分摊,即股份公司按股票面值向原有股东分配该公司的新股认购权,动员股东认购。这种新股发行价格往往低于市场价格,事实上成为对股东的一种优待,一般股东都乐于认购。如果有的股东不愿认购,他可以自动放弃新股认购权,也可以把这种认购权转让给他人,从而形成认购权的交易。

二是私人配股,又称第三者分摊,即股份公司将新股票分售给股东以外的本公司职工、往来客户等与公司有特殊关系的第三者。采用这种方式往往出于两种考虑:一是为了按优惠价格将新股分摊给特定者,以示照顾;二是当新股票发行遇到困难时,向第三者分摊以求支持。

无论是股东配股还是私人配售,由于发行对象是既定的,因此不必通过公募方式,这不仅可以节省委托中介机构的手续费,降低发行成本,而且可以调动股东和内部的积极性,巩固和发展公司的公共关系。但缺点是这种不公开发行的股票流动性差,不能公开在市场上转让出售,而且也会降低股份公司的社会性和知名度,还存在被杀价和控股的危险。

(二)根据发行者推销出售股票的方式不同,股票的发行分为直接发行和间接发行

1. 直接发行

直接发行又称直接招股,是指股份公司自己承担股票发行的一切事务和发行风险,直接向认购者推销出售股票的方式。采用直接发行方式时,要求发行者熟悉招股手续、精通招股技术并具备一定的条件。如果当认购额达不到计划招股额时,新建股份公司的发起人或现有股份公司的董事会必须自己认购未出售的股票。因此,直接发行只适用于有既定发行对象或发行风险小、手续简单的股票。在一般情况下,不公开发行的股票或因公开发行有困难(如信誉低所致的市场竞争力差、承担不了大额的发行费用等)的股票,或是实力雄厚、有把握实现巨额私募以节省发行费用的大股份公司股票,才采用直接发行的方式。

2. 间接发行

间接发行又称间接招股,是指发行者委托证券发行中介机构出售股票的方式。这些中介机构作为股票的推销者,办理一切发行事务,承担一定的发行风险并从中提取相应的收益。股票的间接发行有二种方法:一是代销,又称为代理招股,推销者只负责按照发行者的条件推销股票,代理招股业务,而不承担任何发行风险,在约定期限内能销多少算多少,期满仍销不出去的股票退还给发行者。由于全部发行风险和责任都由发行者承担,证券发行中介机构只是受委托代为推销,因此代销手续费较低。二是承销,又称余股承购,股票发行者与证券发行中介机构签订推销合同明确规定,在约定期限内,如果中介机构实际推销的结果未能达到合同规定的发行数额,其差额部分由中介机构自己承购下来。这种发行方法的特点是能够保证完成股票发行额度,一般较受发行者的欢迎,而中介机构因需承担一定的发行风险,故承销费高于代销的手续费。三是包销,又称包买招股,当发

行新股票时，证券发行中介机构先用自己的资金一次性地把将要公开发行的股票全部买下，然后再根据市场行情逐渐卖出，中介机构从中赚取买卖差价。若有滞销股票，中介机构减价出售或自己持有，由于发行者可以快速获得全部所筹资金，而推销者则要全部承担发行风险，因此包销费更高于代销费和承销费。

（三）根据投资者认购股票时是否缴纳股金来划分，股票的发行分为有偿增资、无偿增资和搭配增资

1. 有偿增资

有偿增资是指认购者必须按股票的某种发行价格支付现款，方能获得股票的一种发行方式。一般公开发行的股票和私募中的股东配股、私人配股都采用有偿增资的方式，采用这种方式发行股票，可以直接从外界募集股本，增加股份公司的资本金。

2. 无偿增资

无偿增资是指认购者不必向股份公司缴纳现金就可获得股票的发行方式，发行对象只限于原股东。采用这种方式发行的股票，不能直接从外部募集股本，而是依靠减少股份公司的公积金或盈余结存来增加资本金。一般只在股票派息分红、股票分割和法定公积金或盈余转作资本配股时采用无偿增资的发行方式，按比例将新股票无偿交付给原股东。其目的主要是为了股东利益，以增强股东信心和公司信誉或为了调整资本结构。由于无偿发行要受资金来源的限制，因此不能经常采用这种方式发行股票。

3. 搭配增资

搭配增资是指股份公司向原股东分摊新股时，仅让股东支付发行价格的一部分就可获得一定数额股票的方式，例如股东认购面额为 100 元的股票，只需支付 50 元就可以了，其余部分无偿发行，由公司的公积金充抵。这种发行方式也是对原有股东的一种优惠，能从他们那里再征集部分股金，以实现公司的增资计划。

上述这些股票发行方式，各有利弊及条件约束，股份公司在发行股票时，可以采用其中的某一方式，也可以兼采几种方式。各公司应从自己的实际情况出发，择优选用。当前，世界各国采用最多、最普遍的方式是公开和间接发行。

（四）根据发行价格和票面金额的关系，股票的发行分为溢价发行、平价发行和折价发行

1. 溢价发行

溢价发行是指发行人按高于面额的价格发行股票，因此不仅可使公司用较少的股份筹集到较多的资金，而且可以降低筹资成本。

2. 平价发行

平价发行也称等额发行或面额发行，是指发行人以票面金额作为发行价格。

3. 折价发行

折价发行是指以低于面额的价格出售新股，即按面额打一定折扣后发行股票，折扣的大小主要取决于发行公司的业绩和承销商的能力。目前，西方国家的股份公司很少有按折价发行股票的。我国不允许折价发行。

四、股票承销

（一）股票承销的概念

股票承销是指股票承销商借助自己在股票市场上的信誉和营业网点，在规定的发行有效期限内将股票销售出去。

（二）股票承销的分类

1. 代销

代销，又称代理招股，中介机构只按发行者的条件推销股票，销不出去的股票可退还给发行者。承销商不承担任何发行风险。代销手续费较低。

2. 包销

包销包括余额包销和全额包销，由承销商承担全部销售风险。其中，余额包销是发行人委托承销商在约定期限内发行股票，到销售截止日期，未售出的余额由承销商按协议价格认购；全额包销又称包买招股，是指发行人与承销商签订承购合同，由承销商按一定价格买下全部股票，并按合同规定的时间将价款一次付给发行人，然后承销商以略高的价格向社会公众出售。由于发行者可以快速获得全部所筹资金，因此手续费高。

拓展阅读 4-1　　我国股票发行的具体方法

一、通过发行认购证发售股票的方法

这是向投资人先发售认购证（或认购表），然后摇号抽签，投资人凭中签的认购证再去认购股票的方法。

1. 限量发售认购证

在发售认购证之前，事先公布认购证发售的总数量，并规定每张居民身份证可购买认购证的数量，投资者排队购买。这种方式在当时股票严重供不应求的情况下通过时间优先原则缓解了供求矛盾。但这种发行方式也存在很多缺陷。

2. 无限量发售认购证

这是原国家体改委于 1993 年规定的新股发行方法，解决了限量发行认购证所产生的严重的供求矛盾。但是仍然存在缺陷，例如发行成本高、发行浪费大与中间盘剥严重。

二、通过发行专项储蓄存单发售股票

我国从 1993 年下半年开始采用专向储蓄存单发行股票的方法。基本程序如下：①公布股票认购办法。②公布储蓄存单与股票发售网点一览表。③公布发行股票工作有关问题的规定。④公布认购专项储蓄存单须知，进行存单认购工作。⑤公布股票专项储蓄存单发售结果。⑥公布专项储蓄存单摇号抽签办法。⑦公开进行摇号抽签工作。⑧公布中签号，中签者交款认股。

优点：节约资金，降低成本，减少社会浪费。

缺点：这种方式有利于资金充足的大户；占压资金过多，占压资金时间过长；会造成严重的存款搬家现象，使银行的储蓄失去稳定；程序复杂，耗费人力过大。

三、全额预缴、比例配售、余款即退

具体步骤如下：①投资者按发行价格和投资者标购数量缴足所需款项。②由主承销商汇总申购总量，按发行数量与有效申购总量的比例在投资者之间进行分配。③未购股数多余款项立即退还投资者。

优点：解决了认购证发行的高成本、高浪费现象，消除了存单发行占压资金过多和时间过长的问题，全部通过计算机自动完成，效率高且受监督。

缺点：由于发行地点有限，所以当申购股票数量大大超过了股票发行数量，每个投资者所能真正购到的股票可能在申购数量中所占比例很小。

四、网上发行

网上发行是指投资者通过证交所计算机交易网络系统进行股票发行。

1. 网上竞价发行

由股票的购买者通过集合竞价的方式决定股票的发行价格。

优点：节约了人力和物力，体现了机会平等，解决了现金大量搬运的问题，降低了投资者的认购成本，提高了效率。

缺点：可能被与发行方有利益关系的机构操纵。

2. 网上定价发行

在网上发行之前，由上市公司与承销商来确定股票的发行价格。

优点：基本上消除了操纵价格的行为，但股价的合理性值得研究。

缺点：平均分配、摇号抽签、限制每个账户申报股数总量。

从上述几种发行方式的比较可以看出，通过证券交易所计算机交易系统按照"保证基数、比例配售"的原则定价发行的方法是较理想且较可行的发行方法，应予倡导。

第四节 股票流通市场

一、股票流通市场的概念和作用

（一）股票流通市场的概念

股票流通市场是已经发行的股票按时价进行转让、买卖和流通的市场，包括交易所市场和场外交易市场两部分。由于它是建立在发行市场基础上的，因此又称作二级市场。

（二）股票流通市场的作用

相比而言，股票流通市场的结构和交易活动比发行市场更为复杂，其作用也更大。①对投资者来说，通过股票流通市场的活动，可以使长期投资短期化，在股票与现金之间随时转换，增强了股票的流动性和安全性。股票流通市场上的价格是反映经济动向的"晴雨表"，它能灵敏地反映出资金和市场供求状况、行业前景和政治形势的变化，是进行经济预测和分析的重要指标。②对企业来说，股权的转移和股票行情的涨跌是其经营状况的指示器，能为企业及时提供大量信息，有助于其经营决策和改善经营管理。可见，股票流通市场具有重要的作用。

二、股票交易方式

（一）根据买卖双方决定价格的不同，股票交易方式分为议价买卖和竞价买卖

1. 议价买卖

议价买卖就是买方和卖方一对一地面谈，通过讨价还价达成买卖交易。它是场外交易中常用的方式。一般在股票上不了市、交易量少、需要保密或为了节省佣金等情况下采用。

2. 竞价买卖

竞价买卖是指买卖双方都是由若干人组成的群体，双方公开进行双向竞争的交易，即交易不仅在买卖双方之间有出价和要价的竞争，而且在买者群体和卖者群体内部也存在着激烈的竞争，最后在买方出价最高者和卖方要价最低者之间成交。在这种双方竞争中，买方可以自由地选择卖方，卖方也可以自由地选择买方，使交易比较公平，产生的价格也比较合理。竞价买卖是证券交易所中买卖股票的主要方式。

（二）根据达成交易的方式不同，股票交易方式分为直接交易和间接交易

1. 直接交易

直接交易是买卖双方直接洽谈，股票也由买卖双方自行清算交割，在整个交易过程中不涉及任何中介的交易方式。场外交易绝大部分是直接交易。

2. 间接交易

间接交易是买卖双方不直接见面和联系，而是委托中介进行股票买卖的交易方式。证券交易所中的经纪人制度，就是典型的间接交易。

（三）根据交割期限不同，股票交易方式分为现货交易和期货交易

1. 现货交易

现货交易是指股票买卖成交以后，马上办理交割清算手续，当场钱货两清。

2. 期货交易

期货交易则是股票成交后按合同中规定的价格和数量，过若干时期再进行交割清算的交易方式。

三、股票流通市场的构成要素

股票流通市场的构成要素主要有：①股票持有人，在此为卖方；②投资者，在此为买方；③为股票交易提供流通、转让便利条件的信用中介操作机构，如证券公司或股票交易所（习惯称之为证券交易所）。

四、股票流通市场的组织方式

（一）场内交易

场内交易又称交易所市场，交易所市场是股票流通市场的最重要的组成部分，也是交易所会员、证券自营商或证券经纪人在证券市场内集中买卖上市股票的场所，是二级市场的主体。具体来说，它具有固定的交易场所和固定的交易时间。接受和办理符合有关法律规定的股票上市买卖，使原股票持有人和投资者有机会在市场上通过经纪人进行自由买卖、成交、结算和交割。证券公司也是二级市场上重要的金融中介机构之一，其最重要的职能是为投资者买卖股票等证券，为客户提供保存证券、融资融券、证券投资信息等业务服务。场内交易是股票流通市场的主要组织形式，而证券交易所则是场内交易的主要场所。

（二）场外市场

场外市场又称店头市场或柜台市场。它与交易所共同构成一个完整的证券交易市场体系。场外交易市场实际上是由千万家证券商组成的抽象的证券买卖市场。在场外交易市场内，证券商大多同时具有经纪人和自营商双重身份，随时与买卖证券的投资者通过直接接触或电信等方式迅速达成交易。作为自营商，证券商具有创造市场的功能。证券商往往根据自身的特点，选择几个交易对象。作为经纪证券商，证券商替顾客与某证券的交易商进行交易。在这里，证券商只是顾客的代理人，他不承担任何风险，只收少量的手续费作为补偿。

场外交易市场与股票交易所的主要不同点是：第一，它的买卖价格是证券商之间通过直接协商决定的，而股票交易所的证券价格则是公开拍卖的结果。第二，它的证券交易不是在固定的场所和固定的时间内进行，而是主要通过电信方式成交。在股票交易所内仅买卖已上市的股票，而在场外交易市场则不仅买卖已上市的股票，而且买卖未上市的股票。

场外交易市场的股票通常有两种价格：①公司卖给证券公司的批发价格。②证券公司卖给客户的零售价格。在这种市场上，股票的批发和零售价格的差异不大，但当市场平淡时，差价就要大一些。一般来说，这种差额不得超过买卖金额的 5%。

总之，场外交易市场具有三个特点：①交易品种多，上市不上市的股票都可在此进行交易；②它是相对的市场，不挂牌，自由协商的价格；③它是抽象的市场，没有固定的场所和时间。

（三）第三市场

第三市场是指在柜台市场上从事已在交易所挂牌上市的证券交易。这一部分交易原属于柜台市场范围，近年来由于交易量增大，其地位日益提高，以至于许多人认为它实际上已变成独立的市场。第三市场的交易价格，原则上以交易所的收盘价为准。

第三市场交易属于场外市场交易，但它与其他场外市场的主要区别在于：第三市场的交易对象是在交易所上市的股票，而场外交易市场主要从事上市的股票在交易所以外的交易。

（四）第四市场

第四市场是投资者直接进行证券交易的市场。在这个市场上，证券交易由买卖双方直接协商办理，不用通过任何中介机构。与第三市场一样，第四市场也是适应机构投资者的需要而产生的，当前第四市场的发展仍处于萌芽状态。

第四市场的交易程序是：用计算机将各大公司股票的买进或卖出价格输入储存系统，机构交易双方通过租赁的电话与机构网络的中央主机联系，当任何会员将拟买进或卖出的委托储存在计算机记录上以后，在委托有效期间，如有其他会员的卖出或买进的委托与之相匹配，交易即可成交，并由主机立即发出成交证实，在交易双方的终端上显示并打印出来。由于第四市场的保密性和节约性等优点，对第三市场及证券交易所来说，它是一个颇具竞争性的市场。

五、股票上市

（一）股票上市的概念

股票上市是指已公开发行的股票经过证券交易所批准在交易所内公开挂牌买卖，又称交易上市。在我国，股票公开发行后即获得上市资格。上市后，公司将能获得巨额资金投资，有利于公司的发展。新的股票上市规则主要对信息披露和停牌制度等进行了修改，增强了信息披露的透明性，是一个进步，尤其是重大事件要求细化并持续披露，有利于普通投资者化解部分信息不对称的影响。

（二）股票上市的原则

1. 公开性原则

公开性原则是股票上市时应遵循的基本原则。它要求股票必须公开发行，而且上市公司须连续地、及时地公开公司的财务报表、经营状况及其他相关的资料与信息，使投资者能够获得足够的信息进行分析和选择，以维护投资者的利益。

2. 公正性原则

公正性原则是指参与证券交易活动的每一个人、每一个机构或部门，均需站在公正、客观的立场上反映情况，不得有隐瞒、欺诈或弄虚作假等行为。

3. 公平性原则

公平性原则是指股票上市交易中的各方，包括各证券商、经纪人和投资者，在买卖交易活动中的条件和机会应该是均等的。

4. 自愿性原则

自愿性原则是指在股票交易的各种形式中，必须以自愿为前提，不能硬性摊派、横加阻拦，也不能附加任何条件。

（三）股票上市的程序

根据我国《公司法》《证券法》和有关法规的规定，我国股票上市采取以下程序：①公司提出上市申请；②证券交易所上市委员会审批；③公司与证券交易所订立上市协议书；④股东名册送交证券交易所或证券登记公司备案；⑤披露上市公告书；⑥公司股票挂牌交易。

六、股票交易过程

(一)联系和确定股票经纪商

一般客户不能直接进入股票交易所进行场内交易,而要委托经纪人代为进行。我国的证券经纪业务可分为两类:第一类是A股、基金及债券代理买卖业务,所有证券公司依法设立的证券营业部都可经营此项业务;第二类是B股代理买卖业务,由B股特许证券商来代理。B股特许证券商又分为境内B股特许证券商和境外特许证券商。

(二)开户

开立证券账户是进入市场操作的先决条件。在我国,投资者可以到当地交易所授权办理证券账户的机构开立股东账户。接下来,投资者要在证券公司开立资金账户,其主要作用在于确定投资者信用,表明该投资者有能力支付购买股票的价款和佣金。

(三)委托买卖

开立账户之后,投资者和证券公司分别作为委托人和代理人的关系就基本确定。

1. 股票买卖委托的内容

投资者在向证券商委托时,须填写买卖委托书。委托书上包括投资者的全部委托事宜。投资者在填写时应清楚地说明委托的常见内容。

(1)委托人姓名、身份证号码、委托日期、证券账户号码、资金账户号码。

(2)买进或卖出的股票名称和对应的代码。

(3)是委托买进还是委托卖出,以及委托买卖的数量。

(4)委托价格。

(5)委托的有效期,是指委托指令的最后生效日期。

(6)交割方式,我国当前实行T+1的交割方式。

2. 股票买卖的委托手段

(1)当面委托,即委托人以面对面的形式当面委托证券商,确定具体的委托内容和要求,由证券商受理股票的买卖。

(2)电话委托,又分为证券公司营业部内的场内电话委托和营业部之外的场外电话委托。

(3)传真委托。

(4)信函委托。

我国深圳和上海的证券公司目前主要是当面委托。

3. 委托指令

(1)市价委托指令,是指投资者只提出买卖证券的数量而不指定买卖的价格。它的优点就在于指令执行的速度快,成交的可能性高。

(2)限价委托指令,是指投资者在进行买卖委托时不但限定委托数量而且限定委托价格。它是市场中使用最多的一种委托方式。

(3)停止损失委托指令,是一种特殊的市价委托指令。它是指投资者委托经纪人在股票市场价格上涨到指定价格时按照市场价格买进股票,或者是在市场价格下跌到指定价格时按照市场价格卖出股票。

【提示】我国目前只限于限价委托指令。

(四)受理委托与审查

1. 合法性审查

合法性审查主要包括三个方面的审查,即主体合法、程序合法、内容合法。

2. 同一性审查

同一性审查主要包括三个方面：委托人与所提供的证件一致、证件与委托单一致、委托单上下联一致。

3. 真实性审查

核对委托买卖的数量与实际库存或资金是否相适应。

（五）竞价成交

证券商在接受客户委托后，应该立即通知其在证券交易所的经纪人去执行委托。由于要买进或卖出同种股票的客户都不止一家，他们通常采用竞价成交的方法。

1. 竞价原则

双优先原则即价格优先、时间优先的原则。具体要求如下：

(1)投资者买入同一只股票时，较高的买入委托价优先于较低的买入委托价成交。

(2)投资者卖出同一只股票时，较低的卖出委托价优先于较高的卖出委托价成交。

(3)投资者买入或卖出同一只股票的申报价位相同时，较先报单者优先于较后报单者成交。

在交易中，除了要遵循双优先原则之外，在开市后的交易还要按照以下原则成交：第一，最高买入价与最低卖出价相同；第二，当某种股票的买入申报高于卖出申报或卖出申报低于买入申报时，申报在先的价格为成交价格。

2. 竞价方式

(1)集中竞价。又称集合竞价，就是指在聚集众多的买方和卖方的情况下，当在某一价格水平上出现买卖数量相等时，交易所中介经纪人当场确定成交。在集中竞价市场中，投资者的指令并不立即成交，而是存储起来累计一定的时间，最后以一个单一市场清算价格执行。原则是在有效价格范围内选取使所有有效委托产生最大成交量的价位，进行集中撮合处理。

(2)连续竞价。这是证券交易所普遍采用的交易方法，是指在证券交易所交易时间内，由众多的买方和卖方就某一具体证券集中报出买价和卖价，每次出现买入价与卖出价相等的机会，就成交一笔，然后竞价再继续进行下去。

3. 竞价结果

按照上海证券交易所和深圳证券交易所交易规则的规定，集中竞价按照下列原则进行：

(1)成交量最大的价位。

(2)高于成交价格的买进申报与低于成交价格的卖出申报全部成交。

(3)与成交价格相同的买方或卖方至少有一方全部成交。

两个以上价位符合上述条件的，上交所取其中间价位为成交价，深交所取距前收盘价最近的价位为成交价。集合竞价的所有交易以同一价格成交，集合竞价未成交的买卖申报，自动进入连续竞价。连续竞价时，成交价格的确定原则如下：

(1)最高买入申报与最低卖出申报价格相同，以该价格为成交价。

(2)买入申报价格高于即时揭示的最低卖出申报价格时，以即时揭示的最低卖出申报价格为成交价。

(3)卖出申报价格低于即时揭示的最高买入申报价格时，以即时揭示的最高买入申报价格为成交价。

（六）清算、交割与过户

1. 清算

清算是指将买卖股票的数量和金额分别予以抵销，然后经过证券交易所交割差额股票或价款的一种程序。清算的意义在于同时减少通过证券交易所实际交割的股票和价款，节省大量的人力、物力和财力。证券交易所如果没有清算，那么每位证券商都必须向对方逐笔交割股票与价款，手续相当烦琐。对买卖股票的清算，其同一股票应收、应付数额相抵后，只计轧差后的净余额。对买卖价款的清算，其应收、应付价款相抵后，只计轧差后的净余额。

我国股票交易所以每一个交易日作为一个清算期。

2. 交割

交割是指投资者与受托证券商就成交的买卖办理款项与股票结算事务的手续。卖方向买方交付股票，而买方向卖方交付价款。

3. 过户

所谓过户，即将股票的发行权从一个投资者手中转移到另一个投资者手中的过程。由于在交易所上市的所有股票均采用无纸化的记名方式，当股票买卖时，即表明股权的转让。过户的实际操作过程，仅仅表现为股票账户数额划拨的过程。

本章术语

股票　普通股股票　优先股股票　A股　B股　H股　N股　社会公众流通股
外资股　蓝筹股　创业板市场　股票价格　股票的发行价格　股票的市场价格
股票的内在价格　公开发行　私募发行　直接发行　间接发行　溢价发行
平价发行　折价发行　场内交易　场外市场　股票上市　集中竞价　连续竞价

应知考核

一、单项选择题

1. 由中国境内公司发行的，在中国香港上市的股票被称为(　　)。

A. A股　B. B股　C. H股　D. N股

2. 股票发行者只对特定的发行对象发行股票的方式是(　　)。

A. 直接发行　B. 间接发行　C. 公募发行　D. 私募发行

3. 某股份公司因2023年度出现亏损，董事会提议2023年度暂缓发放优先股股息，待以后盈利年度一并发放。根据上述描述，可知该公司发行的优先股属于(　　)。

A. 可转换优先股　B. 累积优先股

C. 股息率可调整优先股　D. 参与优先股

4. 以人民币标明股票面值，以外币购买和进行交易，在中国境内上市，专供外国和中国(含港、澳、台地区)投资者买卖的股票称作(　　)。

A. A股　B. B股　C. H股　D. S股

5. 目前中国股票的发行制度为(　　)。

A. 申请制　B. 注册制　C. 报告制　D. 核准制

二、多项选择题

1. 股票的法律性质主要表现在(　　)。

A. 股票是反映财产权的有价证券　B. 股票是证明股东权的法律凭证

C. 股票是投资行为的法律凭证　D. 股票可以在证券市场上买卖和转让

2. 根据股东的权利,股票可以分为(　　)。
A. 普通股股票　B. 优先股股票　C. 记名股票　D. 无记名股票
3. 创业板市场的风险分析包括(　　)。
A. 上市公司的经营风险　B. 上市公司诚信风险
C. 股价大幅波动的风险　D. 创业企业技术风险
4. 股票的发行方式有(　　)。
A. 公开发行　B. 私募发行　C. 直接发行　D. 间接发行
5. 股票流通市场的组织方式有(　　)。
A. 场内交易　B. 场外市场　C. 第三市场　D. 第四市场

三、判断题

1. 股票收益的大小取决于公司的经营状况、盈利水平和股利政策等。(　　)
2. 无面额股票可以受面额限制的约束,有助于增强股票的流通性。(　　)
3. 股票是一种无期证券,又称"永久证券"。(　　)
4. 股票发行过程中究竟采用哪一种价格,主要取决于股票的票面形式、《公司法》的有关规定、公司状况及其他因素。(　　)
5. 股票上市的原则有公开性、公正性、公平性三原则。(　　)

四、简述题

1. 简述股票的性质和特征。
2. 简述股票与债券的比较。
3. 简述股票市场的性质与职能。
4. 简述创业板市场设立的目的。
5. 简述股票上市的程序和股票交易过程。

应会考核

■ 观念应用

【背景资料】

股票市场服务实体经济

我国"十四五"规划提出要"提高金融服务实体经济能力,健全实体经济中长期资金供给制度安排,创新直达实体经济的金融产品和服务,增强多层次资本市场融资功能"。这表明提高直接融资比重、发展资本市场是我国"十四五"规划关于金融市场发展改革的关键要求。

在现代经济体系中,股票市场与实体经济之间的关系错综复杂,二者相互影响,共同推动经济的发展。股票市场作为资本市场的核心组成部分,其波动往往能够反映出实体经济的健康状况,同时也能够通过资本的配置对实体经济产生深远的影响。中央金融工作会议指出,高质量发展是全面建设社会主义现代化国家的首要任务,金融要为经济社会发展提供高质量服务。这一重要判断,为资本市场下一阶段的改革发展指明了方向。2021 年,随着注册制改革的推进,中国股市对实体经济的服务能力进一步增强,尤其体现在对工业、材料、信息技术企业的支持比例提高,且为中小型企业、民营企业提供了更多的融资支持。

资料来源:吴黎华、韦夏怡:"贯通实体经济血脉 资本市场聚焦服务高质量发展",《经济参考

报》,2023 年 12 月 1 日。

【考核要求】

请根据上述背景资料,简要的分析股票市场与实体经济的关系。

■ 技能应用

“新质生产力”如何映射在股市中?

2024 年两会政府工作报告指出要“大力推进现代化产业体系建设,加快发展新质生产力”“不断塑造发展新动能新优势,促进社会生产力实现新的跃升”。资本市场在服务高质量发展、加快新质生产力形成中发挥着重要作用。新质生产力的核心在于整合科技创新资源,科创企业是发展布局新质生产力的重要载体,因此股市中新质生产力板块呈现出较为鲜明的科创属性。而股票池的具体构成又是以各战略新兴产业为分类标准,因此不同战略新兴产业往往因各自发展阶段、禀赋优势、产业布局方向等存在差异,使产业特征有所分化。

政府工作任务提出“大力推进现代化产业体系建设,加快发展新质生产力”;3 月 5 日,习近平总书记参加江苏代表团审议时再次强调要因地制宜发展新质生产力,新质生产力成为“两会”期间的热点概念。其实从更早的时间维度来看,2023 年 9 月 7 日,习总书记在新时代推动东北全面振兴座谈会上首次提出“新质生产力”这一概念,并于 2024 年 1 月 31 日在中共中央政治局第十一次集体学习时对新质生产力做了系统阐述,为我国塑造发展新动能、新优势提供了科学指引,此后市场对新质生产力的关注度逐渐提升。

高质量高效率的“科技—产业—金融”循环,是新技术产业化的重要通道,是培育发展新质生产力的重要实现机制。中央金融工作会议提出,优化融资结构,更好发挥资本市场枢纽功能,推动股票发行注册制走深走实,发展多元化股权融资,大力提高上市公司质量,培育一流投资银行和投资机构。

资本市场能够帮助创新资本加速汇聚,为新质生产力相关企业引入长期资金,支撑重大基础研究,进行关键技术的攻克,推动新质生产力相关企业高端化、高质量发展。并且,资本市场独特的风险共担、利益共享机制也为产业发展带来积极效应,其与科技创新企业的“迭代快、风险高、轻资产”等特征高度契合,能够有效促进创新资本形成,赋能科技成果转化,全面激活内生市场动力。

资料来源:Yugen Xun,Amber Zhou:“‘两会’热点:新质生产力在股市的映射”,海通证券研究报告,2024 年 3 月 5 日。

【技能要求】

1. 请结合背景资料提出资本市场为培育发展新质生产力提供融资支持的路径。

2. 结合所学的知识,新质生产力对股市结构、股市估值、股市投资者行为、股市监管的影响。

■ 案例分析

【情景与背景】

股市新模式引领投资者参与方式的革新

一场革命正悄然兴起,股市投资者的参与方式正在经历前所未有的变革。传统的股市模式正逐渐被新兴的投资模式所取代,引领着投资者走向全新的未来。这一变革不仅改变了投资者的视角,而且是对传统金融体系的一次颠覆。

在这个新的投资时代,投资者们不再满足于传统的股票交易方式,他们开始探索更多元化、创新性的投资方式。从区块链技术到人工智能算法,各种新型投资工具层出不穷,为投资者提供了更多选择和机会。这些新模式不仅让投资更加便捷高效,而且让投资者可以更好地把握市场脉搏,实现更稳健的财富增值。

随着科技的不断进步，投资者们也逐渐意识到信息的重要性。大数据分析、量化交易等技术手段的运用，让投资决策更加科学客观。投资者们通过数据挖掘和分析，能够更准确地评估市场走势和个股表现，从而做出更明智的投资决策。

在当今瞬息万变的金融市场中，股票交易一直是备受关注的话题。随着科技不断发展和创新，传统的股票交易方式正逐渐被颠覆和重新定义。引领着这个全新时代到来的是各种前沿科技以及创新理念。

资料来源："股市新模式引领投资者参与方式的革新"，维思迈财经，2024 年 7 月 16 日。

【分析要求】

请问：股市新模式给投资者带来的优势是什么？

本章实训

【实训内容】

股票交易的基本程序。

【实训步骤】

第一步：选择一家证券公司，找一位证券经纪人，向其了解开户程序和所需资料，并约定由证券经纪人代为开立证券账户和资金账户。

第二步：下载开户证券公司网上交易软件，进入账户并修改交易密码。

第三步：利用银证转账系统向资金账户转账×××元。

第四步：进行模拟操作，具体做法：进入"叩富网"模拟交易网站，下载证券模拟交易软件，进行股票的模拟交易。

【实训要求】

进行小组总结，分组讨论，教师对实训效果进行综合评价，并撰写实训报告。

<table>
<tr><th colspan="3">《股票交易的基本程序》实训报告</th></tr>
<tr><td>实训班级：</td><td>项目小组：</td><td>项目组成员：</td></tr>
<tr><td>实训时间：　年　月　日</td><td>实训地点：</td><td>实训成绩：</td></tr>
<tr><td colspan="3">实训目的：</td></tr>
<tr><td colspan="3">实训步骤：</td></tr>
<tr><td colspan="3">实训结果：</td></tr>
<tr><td colspan="3">实训感言：</td></tr>
</table>

实务操作

证券投资基金市场实时走势

第五章 证券投资基金市场

知识目标

熟知:证券投资基金的特点;证券投资基金的作用。

掌握:证券投资基金与股票、债券的区别;证券投资基金的分类;证券投资基金当事人;证券投资基金的运行。

技能目标

能够正确认知证券投资基金市场在现代经济中的作用,提高证券投资基金市场知识的应用能力、职业判断能力和相关知识的更新能力;掌握基金投资策略,并能进行简单的基金组合构建与调整。

素质目标

能够结合当今证券投资基金市场的实际,准确分析不同基金的风险与收益;学会评估基金业绩,挑选优质基金,提高分析和总结问题的能力,以及提高语言表达能力、与人合作的能力。

思政目标

培养诚信意识,深刻认识诚信的重要性;增强风险意识和责任担当,进行投资决策时要充分评估风险,不盲目跟风;树立正确的财富观,财富的积累需要通过合法合规的途径,不能通过不正当手段获取财富;培养创新精神和竞争意识,鼓励学生关注市场动态,培养创新思维,以适应市场的变化。同时,在竞争激烈的市场中,只有不断提升自己的能力和知识水平,才能取得成功;培养社会责任感,认识到投资行为不仅是为了个人财富增长,而且可以为社会经济发展做出贡献。

课程引例

"严监管"信号持续释放下的公募基金如何健康发展

中国证券投资基金业协会公布的数据显示,截至 2024 年 3 月底,公募基金规模为 29.20 万亿元,连续两个月站在 29 万亿元大关之上。事实上,在 2023 年公募基金已经首次超越银行理财,坐上了“资管一哥”宝座。2023年末，公募基金产品规模达到27.60万亿元，同期银行理财规模26.80万亿元，公募基金资产规模超越银行理财，成为整个财富管理行业的主力军。然而，硬币的另一面是，近两年公募基金领域“基金赚钱，基民不赚钱”的现象越发凸显。截至2024年3月31日，共154家公募基金管理人披露了2023年年度报告，经统计本期公募基金合计亏损4 347.74亿元。

2024年，监管部门对公募基金的“严监管”信号持续释放。日前，多家公募基金公司被异地证监局驻场检查，引发广泛热议。恪守信义义务，真正把投资者的利益摆在公司利益和个人利益前面，切实回归“受人之托、代人理财”业务本位……业内普遍认为，“严监管”之下，公募基金行业将迎来深刻变革。

2024年4月，国务院印发《关于加强监管防范风险推动资本市场高质量发展的若干意见》(简称《若干意见》)。这被市场称为是资本市场的新“国九条”。《若干意见》强调，加强证券基金机构监管，推动行业回归本源、做优做强。其中提到，完善与经营绩效、业务性质、贡献水平、合规风控、社会文化相适应的证券基金行业薪酬管理制度。持续开展行业文化综合治理，建立健全从业人员分类名单制度和执业声誉管理机制，坚决纠治拜金主义、奢靡享乐、急功近利、“炫富”等不良风气。在2024年4月12日的发布会上，证监会证券基金机构监管司司长申兵强调，完善基金管理人分类评价制度，引导基金公司全面提高投资、研究和综合服务能力。规范基金公司高管和基金经理薪酬制度，更加突出稳定投资者回报的政策取向。

2024年全国“两会”期间，证监会主席吴清在经济主题记者会上表示，未来监管工作的重点要突出“两强两严”，其中，“强”是要“强本强基”，“严”就是“严监严管”，依法从严监管市场，依纪从严管理队伍。对公募基金行业的“严监管”回应社会关切，不仅是对中小投资者合法权益的有力保护，而且有利于加快推进建设一流投资机构，推动公募基金行业进一步高质量发展。

资料来源：谢玮：“‘严监管’信号持续释放下的公募基金如何健康发展”，《中国经济周刊》，2024年5月14日。

● 引例导学

通过上述引例可以看出，证券基金经营机构稳步发展，成为我国资本市场乃至金融体系的重要中介力量，在服务实体经济、国家战略、居民财富管理等方面作用日益增强，守住了不发生系统性风险的底线。但对标中国特色现代金融体系，行业机构经营理念有偏差等问题仍较为突出，证券基金行业监管效能有待进一步提高。证券投资基金市场是金融市场的重要组成部分，是投资者可选择的重要投资渠道，对国民经济及金融的发展具有举足轻重的作用。那么，证券投资基金市场是一个怎样的金融市场，有怎样的特征和功能，又是怎样运行的呢？本章将详细讲述。

● 知识精讲

第一节 证券投资基金概述

一、证券投资基金的概念和性质

动漫视频

证券投资基金

(一)证券投资基金的概念

证券投资基金(Securities Investment Fund，以下简称“基金”)是指通过发售基金份额，将众多投资者的资金集中起来，形成独立财产，由基金托管人托管、基金管理人管理，并以投资组合的方式进行证券投资的一种利益共享、风险共担的集合投资方式。

【提示】投资基金在不同的国家和地区有不同的称谓，美国称“共同基金”或“互助基金”，也称

“投资公司”;英国和中国香港称“单位信托基金”;日本、韩国和中国台湾称“证券投资信托基金”。

(二)证券投资基金的性质

根据证券投资基金的含义,我们可以看出其性质体现在以下几个方面:

1. 证券投资基金是一种集合投资制度

证券投资基金是一种积少成多的整体组合投资方式,它从广大的投资者那里聚集巨额资金,组建投资管理公司进行专业化管理和经营。在这种制度下,资金的运作受到多重监督。

2. 证券投资基金是一种信托投资方式

证券投资基金与一般金融信托关系一样,主要有委托人、受托人、受益人三个关系人,其中受托人与委托人之间订有信托合同。但证券基金作为金融信托业务的一种形式,又有自己的特点。如从事有价证券投资主要当事人中还有一个不可缺少的托管机构,它不能与受托人(基金管理公司)由同一机构担任,并且基金托管人一般是法人;基金管理人并不对每个投资者的资金都分别加以运用,而是将其集合起来,形成一笔巨额资金再加以运作。

3. 证券投资基金是一种金融中介机构

证券投资基金存在于投资者与投资对象之间,起着把投资者的资金转换成金融资产,通过专门机构在金融市场上再投资,从而使货币资产得到增值的作用。证券投资基金的管理者对投资者所投入的资金负有经营、管理的职责,并且必须按照合同的要求确定资金投向,保证投资者的资金安全和收益最大化。

4. 证券投资基金是一种证券投资工具

证券投资基金发行的凭证即基金券(或受益凭证、基金单位、基金股份)与股票、债券一起构成有价证券的三大品种。投资者通过购买基金券完成投资行为,并凭之分享证券投资基金的投资收益,承担证券投资基金的投资风险。

二、证券投资基金的起源与发展

证券投资基金在发达国家已经有上百年的历史,是证券市场发展的必然产物。一般认为,证券投资基金起源于英国。19 世纪,英国产业革命推动了生产力的解放与发展,社会和个人财富大幅增加,国内资金十分充裕。于是,人们为了谋求资本的最大增值,希望投资海外,但又苦于资金量小和缺乏国际投资经验,由此萌发了集合众多投资者的资金委托专人经营和管理的想法。1868 年,英国成立“海外及殖民地政府信托基金”,委托具有专门知识的代理人,投资于美国、俄罗斯等国的政府债券,该基金被称为证券投资基金的雏形,为现代基金的产生奠定了基础。

美国在 1893 年成立了第一家封闭式基金——“波士顿个人投资信托”,但美国基金业的真正发展是在第一次世界大战后。第一次世界大战后,美国经济空前繁荣,大大刺激了美国国内外投资活动,英国的投资信托制度被引入。1929 年,美国爆发经济危机,许多投资基金纷纷倒闭,证券投资基金发展处于低谷。1940 年,美国政府颁布了《投资公司法》和《投资顾问法》,以法律形式明确规定了投资基金的组成、托管及管理,为投资者提供了完整的法律保护,此后证券投资基金被置于严格的管制和监督之下。20 世纪 70 年代,由于连续的通货膨胀,投资者倾向于投资高收益、高流动性而且安全的金融资产,美国证券投资基金以爆发性的速度成长。进入 20 世纪 90 年代,美国证券投资基金拥有 3 000 多万个投资者和 300 多万个投资机构。证券投资基金在美国金融业中已经处于绝对优势,对整个经济运行具有举足轻重的影响。

在欧洲,证券投资基金市场的规模约占世界基金总资产的 35%。其中,法国为欧洲的基金大户;其次是卢森堡、德国和英国。卢森堡由于税收方面的优惠政策,成了欧洲证券投资基金市场的后起之秀,目前它已成为著名的国际基金管理中心之一。

在亚洲，日本的证券投资基金建立最早，发展速度也最快。日本在1948年颁布了《证券投资公司法》，1951年颁布了《证券信托法》，从而奠定了现行日本投资信托的法律基础，为投资基金的发展铺平了道路。

我国证券投资基金发展的时间比较短，1998年3月，两只封闭式基金——基金金泰、基金开元设立，开始了我国基金规范发展的新时期；2004年6月1日，我国《证券投资基金法》正式实施，以法律形式确认了证券投资基金在资本市场及社会主义市场经济中的地位和作用，成为中国证券投资基金业发展史上的一个重要里程碑。2012年12月28日，中华人民共和国第十一届全国人民代表大会常务委员会第三十次会议表决通过了修订后的《中华人民共和国证券投资基金法》，并于2013年6月1日生效实施。

1998—2000年是我国封闭式基金发展阶段，在此期间，我国证券市场只有封闭式基金。随着2004年的市场规模的高速扩容，2005年的多元化、国际化、规范化发展，2006年的股市百年一遇的“大牛市”，基金业可谓蓬勃发展。截至2024年5月底，我国境内共有基金管理公司148家，取得公募基金管理资格的证券公司或证券公司资产管理子公司13家、保险资产管理公司1家。以上机构管理的公募基金资产净值合计31.24万亿元。

三、证券投资基金的特点

（一）集合理财、专业管理

证券投资基金将众多投资者的资金集中起来，积少成多、共同投资，表现出一种集合理财的特点，有利于发挥资金的规模优势，降低投资成本。基金由基金管理人进行投资管理和运作，而基金管理人一般拥有大量的专业投资研究人员和强大的信息网络，能够更好地对证券市场进行全方位的动态跟踪与分析，因此中小投资者通过投资基金将资金交给基金管理人进行投资管理，可以享受到专业化的投资管理服务。

（二）组合投资、分散风险

为降低投资风险，我国《证券投资基金法》规定，基金必须以组合投资的方式进行基金的投资运作，从而使“组合投资、分散风险”成为基金的一大特色。“组合投资、分散风险”的科学性已为现代投资学所证明。中小投资者由于资金少，一般无法通过购买不同的股票分散投资风险。基金通常会购买几十种甚至上百种股票，投资者购买基金就相当于用很少的资金购买了“一篮子”股票，某些股票下跌造成的损失可以用其他股票上涨的盈利来弥补，可以充分享受到组合投资、分散风险的好处。

（三）利益共享、风险共担

基金投资者是基金的所有者。基金投资人共担风险、共享收益。基金投资收益在扣除由基金承担的费用后的盈余全部归基金投资者所有，并依据各投资者所持有的基金份额比例进行分配。为基金提供服务的基金托管人、基金管理人只能按规定收取一定的托管费、管理费，并不参与基金收益的分配。

（四）严格监管、信息透明

为切实保护投资者的利益，增强投资者对基金投资的信心，监管部门对基金业实行比较严格的监管，对各种有损投资者利益的行为进行严厉的打击，并强制要求基金进行较为充分的信息披露。在这种情况下，严格监管与信息透明也就成为基金的一个显著特点。

（五）独立托管、保障安全

基金管理人负责基金的投资操作，本身并不经手基金财产的保管。基金财产的保管由独立于基金管理人的基金托管人负责。这种相互制约、相互监督的制衡机制对投资者的利益提供了重要的保护。

四、证券投资基金的作用

(一)为中小投资者拓宽了投资渠道

对中小投资者来说,存款或购买债券较为稳妥,但收益率较低;投资于股票有可能获得较高收益,但风险较大。证券投资基金作为一种投资工具,把众多投资者的小额资金汇集起来进行组合投资,由专家来管理和运作,经营稳定,收益可观,可以说是专门为中小投资者设计的间接投资工具,大大拓宽了中小投资者的投资渠道。

(二)通过把储蓄转化为投资,从而促进了产业发展和经济增长

设立基金可以吸收社会上的闲散资金,为企业在证券市场上筹集资金创造了良好的融资环境,实际上起到了把储蓄资金转化为生产资金的作用。这种储蓄转化为投资的机制为产业发展和经济增长提供了重要的资金来源,而且,随着基金的发展壮大,这种作用也越来越大。

(三)有利于证券市场的稳定和发展

首先,基金的发展有利于证券市场的稳定。证券市场的稳定与否同市场的投资者结构密切相关。基金的出现和发展,能有效地改善证券市场的投资者结构,成为稳定市场的中坚力量。基金由专业投资人经营管理,其投资经验比较丰富、信息资料齐备、分析手段较为先进、投资行为相对理性,客观上能起到稳定市场的作用。同时,基金一般注重资本的长期增长,多采取长期的投资行为,较少在证券市场上频繁进出,能减少证券市场的波动。其次,基金作为一种主要投资于证券的金融工具,它的出现和发展增加了证券市场的投资品种,扩大了证券市场的交易规模,起到了丰富活跃证券市场的作用。随着基金的发展壮大,它已成为推动证券市场发展的重要动力。

(四)有利于证券市场的国际化

很多发展中国家对开放本国证券市场持谨慎态度,在这种情况下,与其他国家合作组建基金,逐步、有序地引进其他国家资本投资于本国证券市场,不失为一个明智的选择。与直接向其他国家投资者开放证券市场相比,这种方式使监管当局能较好地控制利用外资的规模和市场开放程度。

五、证券投资基金与股票、债券的区别

基金与一般的股票、债券一样,都是金融投资工具,但又与股票、债券存在着差异。

(1)投资者地位不同。股票持有人是公司的股东,具有法定的股东权利和义务;债券的持有人是债券发行人的债权人,有权到期收回本息;基金单位的持有人是基金的受益人,是基金资产的最终所有人,其主要权利为本金受偿权、收益分配权及参与投资人大会表决权等。

(2)所反映的关系不同。股票反映的是产权关系,债券反映的是债权债务关系,而契约型基金反映的则是信托关系。

(3)所筹资金的投向不同。股票和债券是融资工具,筹集的资金主要是投向实业,而基金主要是投向其他有价证券等金融工具。

(4)风险水平也不同。股票的直接收益取决于发行公司的经营效益,不确定性强,投资于股票有较大的风险。债券的直接收益取决于债券利率,而债券利率一般是事先确定的,投资风险较小。基金主要投资于有价证券,并且其投资选择相当灵活多样,从而使基金的收益有可能高于债券,投资风险又可能小于股票。因此,基金能满足那些不能或不宜于直接参与股票、债券投资的个人或机构的需要。

(5)价格取向不同。在宏观政治、经济环境一致的情况下,基金的价格主要决定于资产净值;而影响债券价格的主要因素是利率;股票的价格则受供求关系的影响巨大。

(6)投资回收方式不同。债券投资是有一定期限的,期满后收回本息;股票投资是无限期的,除非公司破产、进入清算,否则投资者不得从公司收回投资,如要收回,只能在证券交易市场上按市场价格变现;投资基金则要视所持有的基金形态不同而有所区别。封闭型基金有一定的期限,期满后,投资者可按持有的份额分得相应的剩余资产,在封闭期内还可以在交易市场上变现;开放型基金一般没有期限,投资者可随时向基金管理人要求赎回。

第二节 证券投资基金的分类

一、根据运作方式的不同,证券投资基金分为封闭式基金和开放式基金

(一)封闭式基金

封闭式基金(Closed-end Fund)是指基金的发起人在设立基金时,限定了基金单位的发行总额,筹足总额后,基金即宣告成立,并进行封闭,在一定时期内不再接受新的投资。基金单位的流通采取在证券交易所上市的办法,投资者日后买卖基金单位,都必须通过证券经纪商在二级市场上进行竞价交易。

封闭式基金的期限是指基金的存续期,即基金从成立起到终止之间的时间。决定基金期限长短的因素主要有两个:①基金本身投资期限的长短。一般如果基金目的是进行中长期投资(如创业基金)的,其存续期就可长一些;反之,如果基金目的是进行短期投资(如货币市场基金),其存续期可短一些。②宏观经济形势。一般经济稳定增长,基金存续期可长一些;若经济波动起伏,则应相对短一些。当然,在现实中,存续期还应考虑基金发起人和众多投资者的要求来确定。基金期限届满即为基金终止,管理人应组织清算小组对基金资金进行清产核资,并将清产核资后的基金净资产按照投资者的出资比例进行公正合理的分配。

如果基金在运行过程中,因为某些特殊的情况,使得基金的运作无法进行,报经主管部门批准,可以提前终止。提前终止的一般情况有:①国家法律和政策的改变使得该基金的继续存在为非法或者不适宜;②管理人因故退任或被撤换,无新的管理人承继的;③托管人因故退任或被撤换,无新的托管人承继的;④基金持有人大会上通过提前终止基金的决议。

(二)开放式基金

开放式基金(Open-ended Fund)是指基金发起人在设立基金时,基金单位或股份总规模不固定,可视投资者的需求,随时向投资者出售基金单位或股份,并可应投资者要求赎回发行在外的基金单位或股份的一种基金运作方式。投资者既可以通过基金销售机构购买基金,使基金资产和规模由此相应增加,也可以将所持有的基金份额卖给基金并收回现金,使得基金资产和规模相应减少。

【提示】目前,开放式基金已成为国际基金市场的主流品种,美国、英国、中国香港和中国台湾的基金市场 90%以上是开放式基金。

拓展阅读 5—1　　封闭式基金与开放式基金的区别

1. 期限不同。封闭式基金一般有固定的存续期,而开放式基金一般是无期限的。我国《证券投资基金法》规定,封闭式基金的存续期应在 5 年以上,封闭式基金期满后可以通过一定的法定程序延期。我国封闭式基金的存续期大多在 15 年左右。

2. 规模限制不同。封闭式基金的基金规模是固定的,在封闭期限内未经法定程序认可不能增减。开放式基金设立后没有规模限制,投资者可随时提出申购或赎回申请,基金规模会随之

增加或减少。

3. 交易场所不同。封闭式基金规模固定，在完成募集后，基金份额在证券交易所上市交易。投资者买卖封闭式基金份额，只能委托证券公司在证券交易所按市价买卖，交易在投资者之间完成。开放式基金规模不固定，投资者可以按照基金管理人确定的时间和地点随时向基金管理人或其销售代理人提出申购、赎回申请，交易在投资者与基金管理人之间完成。作为一种场外交易品种，投资者既可以通过基金管理人直接买卖开放式基金份额，也可以通过基金管理人委托的证券公司、商业银行等销售代理人进行开放式基金的申购、赎回。

4. 价格形成方式不同。封闭式基金的交易价格主要受二级市场供求关系的影响，并不必然反映单位基金的净资产。当需求旺盛时，封闭式基金二级市场的交易价格会超过基金份额净值而出现溢价交易现象；反之，当需求低迷时，交易价格则会低于基金份额净值而出现折价交易现象。开放式基金的买卖价格以基金份额净值为基础，其申购价一般是基金份额净资产值加一定的申购费，赎回价是基金份额净资产值减去一定的赎回费，不受市场供求关系的影响。

5. 激励约束机制与投资策略不同。封闭式基金规模固定，即使基金表现好，其扩展能力也受到较大的限制，如果表现不尽如人意，由于投资者无法赎回投资，基金经理也不会在经营上面临直接的压力。与此不同，如果开放式基金的业绩表现好，就会吸引到新的投资，基金管理人的收入也会随之增加；如果基金表现差，开放式基金则会面临来自投资者要求赎回投资的压力。因此，与封闭式基金相比，开放式基金向基金管理人提供了更好的激励约束机制。

但同时，由于开放式基金的规模不固定，开放式基金的投资操作常常会受到难以预测的资金流入、流出的影响与干扰，特别是为满足基金赎回的要求，开放式基金必须保留一定的现金资产，并高度重视基金资产的流动性，这在一定程度上会对基金的长期经营业绩带来不利影响。相对而言，由于封闭式基金规模固定，没有赎回压力，基金经理人完全可以根据预先设定的投资计划进行长期投资和全额投资，并将基金资产投资于流动性较差的证券上，这在一定程度上将有利于基金长期业绩的提高。

二、根据法律形式的不同，证券投资基金分为契约型基金和公司型基金

（一）契约型基金

契约型基金(Contractual Type Funds)又称为单位信托基金(Unit Trust Fund)，是指把投资者、管理人、托管人三者作为当事人，通过签订基金合同的形式发行受益凭证而设立的一种基金。契约型基金依据基金(信托)合同募集投资者资金；基金经理人根据基金(信托)合同进行基金管理活动；基金收益依据基金(信托)合同在当事人之间进行分配。契约型基金起源于英国，后在新加坡、印度尼西亚、中国香港等国家和地区十分流行。

契约型基金是基于契约精神而组织起来的代理投资行为，没有基金章程，也没有董事会，而是通过基金契约来规范三方当事人的行为。基金管理人负责基金的管理操作。基金托管人作为基金资产的名义持有人，负责基金资产的保管和处置，对基金管理人的运作实行监督。

（二）公司型基金

公司型基金(Corporate Fund)是按照《公司法》规定，以发行股份的方式募集资金而组成的公司形态的基金。认购基金股份的投资者即为公司股东，凭其持有的股份依法享有投资收益。不同国家(地区)具有不同的法律环境，基金采用法律形式也会有所不同。这种基金要设立董事会，重大事项由董事会讨论决定。

公司型基金的特点是：基金公司的设立程序类似于一般股份公司，基金公司本身依法注册为法人，但不同于一般股份公司的是，它是委托专业的财务顾问或管理公司来经营与管理；基金公司的

组织结构也与一般股份公司类似，设有董事会和股东大会，基金资产由公司所有，投资者则是这家公司的股东，承担风险并通过股东大会行使权利。

【注意】《证券投资基金法》是我国基金发展史上的里程碑。考虑到种种原因，该法只明确规定了开放式及封闭式的契约型投资基金，且其投资方向只限于证券投资，因此，中国的证券投资基金都属于契约型基金。

拓展阅读 5-2　　契约型基金与公司型基金的区别

1. 基金的资金性质不同。契约型基金是依据基金合同组建的，《信托法》是契约型基金设立的依据，契约型基金不具备法人资格。公司型基金的资金是通过发行普通股筹集的公司法人的资本。

2. 投资者的地位不同。契约型基金的投资者作为基金合同的受益人，对基金的重要投资决策并没有发言权。而公司型基金的投资者是公司的股东，有权对公司的重大决策进行审议。

3. 基金的运营依据不同。公司型基金像一般的股份公司一样，除非依据《公司法》破产、清算，否则公司一般都具备永久性。而契约型基金依据基金合同进行运作，合同期满后，基金运营随之终止。另外，公司型基金作为法人在运用债务杠杆方面具有更大的空间和灵活性。

从世界基金业的发展趋势看，公司型基金除了比契约型基金多了一层基金公司组织外，其他各方面都与契约型基金有趋同化的倾向。

三、根据投资对象的不同，证券投资基金分为股票基金、债券基金、货币市场基金、混合基金等类别

（一）股票基金

股票基金（Stock Fund）是指以股票为主要投资对象的基金。股票基金的投资目标侧重于追求资本利得和长期资本增值。基金管理人拟定投资组合，将资金投放到一个或几个国家，甚至是全球的股票市场，以达到分散投资、降低风险的目的。

投资者之所以钟爱股票基金，原因在于不仅有不同的风险类型供选择，而且可以克服股票市场普遍存在的区域性投资限制的弱点。此外，还具有变现性强、流动性强等优点。由于聚集了巨额资金，几只甚至一只基金就可以引发股市动荡，所以各国政府对股票基金的监管都十分严格，不同程度地规定了基金购买某一家上市公司的股票总额不得超过基金资产净值的一定比例，防止基金过度投机和操纵股市。

股票基金在各类基金中历史最为悠久，也是各国主要采用的一种基金类型。

（二）债券基金

动漫视频

债券基金

债券基金（Bond Funds）是以国债、金融债等固定收益类金融工具为主要投资对象的基金。由于债券的年利率固定，因而这类基金的风险较低，适合稳健型投资者。通常债券基金收益会受货币市场利率的影响，当市场利率下调时，其收益就会上升；反之，若市场利率上调，则基金收益率下降。除此以外，汇率也会影响基金的收益，管理人在购买非本国货币的债券时，往往还在外汇市场上做套期保值。

根据投资股票的比例不同，债券型基金又可分为纯债券基金与偏债券基金。纯债券基金不投资股票，而偏债券基金可以投资少量的股票。

（三）货币市场基金

货币市场基金（Money Market Fund，简称 MMF）是以货币市场金融工具为投资对象的一种基金，其投资对象为期限在一年以内的金融工具，包括银行短期存款、国库券、公司短期融资券、银行承兑票据及商业票据等货币市场工具。通常，货币基金的收益会随着市场利率的下跌而降低，与债

券基金正好相反。货币市场基金通常被认为是无风险或低风险的投资。

（四）混合基金

混合基金（Blend Fund，Hybrid Fund）是指可以投资股票、债券和货币市场工具，没有明确投资方向的基金。凡基金名称中出现混合基金或混合型基金，以及无法明确股票、债券或货币类别的基金为混合基金。

四、根据投资目标不同，证券投资基金分为成长型基金、收入型基金和平衡型基金

（一）成长型基金

成长型基金（Growth Fund）以资本长期增值为投资目标，其投资对象主要是市场中有较大升值潜力的小公司股票和一些新兴行业的股票。为达到最大限度的增值目标，成长型基金通常很少分红，而是经常将投资所得的股息、红利和盈利进行再投资以实现资本增值。成长型基金主要把股票作为投资对象。

（二）收入型基金

收入型基金（Income Fund）是指以追求稳定的经常性收入为基本目标的基金，主要投资对象是那些绩优股、债券、可转让大额存单等收入比较稳定的有价证券。收入型基金一般把所得的利息、红利都分配给投资者。这类基金虽然成长性较弱，但风险也相应较低。

（三）平衡型基金

平衡型基金（Balanced Fund）是既追求长期资本增值，又追求当期收入的基金，这类基金主要投资于债券、优先股和部分普通股。这些有价证券在投资组合中有比较稳定的组合比例，一般是把资产总额的25%～50%用于优先股和债券投资，其余的用于普通股投资。

【提示】一般而言，成长型基金的风险大、收益高；收入型基金的风险小、收益较低；平衡型基金的风险、收益介于成长型基金与收入型基金之间。不同的投资目标决定了基金的基本投向和投资策略，也适应了不同投资者的投资需求。

五、依据投资理念的不同，证券投资基金分为主动型基金和被动（指数）型基金

主动型基金是以寻求取得超越市场表现为目标的一种基金；与其对应的是被动型基金（通常被称为指数型基金），它往往选取特定的指数成分股作为投资对象，不主动寻求超越市场的表现，而是试图复制指数的表现。

六、根据募集方式的不同，证券投资基金分为公募基金和私募基金

（一）公募基金

公募基金（Public Offering of Fund）是向不特定投资者公开发行受益凭证的证券投资基金。这些基金在法律的严格监管下，有着严格的信息披露制度、利润分配和运行限制等行业规范。它具有公开性、可变现性、高规范性等特点。

（二）私募基金

私募基金又称私募股权投资（Private Equity，PE），是以非公开方式向特定投资者募集资金并以证券为投资对象的证券投资基金。由于私募基金的销售和赎回都是通过基金管理人与投资者私下协商来进行的，因此它又称为向特定对象募集的基金。它具有非公开性、投资金额较高、投资范围较广、风险较大、封闭运作、非上市、在基金运作和信息披露方面所受到的限制和约束较少等特点，因此，私募基金的投资更具隐蔽性。在中国，私募基金主要是投资于非上市股权或者上市公司非公开交易股权，以期将来通过上市、并购或管理层回购等方式，出售持股获利。

七、根据基金的资金来源和用途的不同，证券投资基金分为在岸基金和离岸基金

（一）在岸基金

在岸基金（On-shore Funds）是指在本国筹集资金并投资于本国证券市场的证券投资基金。由于在岸基金的投资者、基金管理人、基金托管人及其他当事人和基金的投资市场均在本国境内，所以基金的监管部门对基金的投资运作行为比较容易监管。

（二）离岸基金

离岸基金（Off-shore Fund）是指一国的证券基金组织在他国发行证券基金并将募集的资金投资于本国或第三国证券市场的证券投资基金。离岸基金的主要作用是规避国内单一市场的风险，帮助客户进行全球化的资产配置。

八、特殊基金类型

（一）系列基金

系列基金又称为伞形基金，是指多个基金共用一个基金合同，子基金独立运作，子基金之间可以进行相互转换的一种基金结构形式。

（二）基金中的基金

专门投资于其他证券投资基金的基金被称为基金中的基金，它是一种结合了基金产品创新和销售渠道创新的基金品种。在美国，基金中的基金在 20 世纪 90 年代取得了快速发展，短短 10 年间数量增加了 10 余倍。由于中国《证券投资基金法》的限制，国内基金不允许投资于其他基金。

（三）保本基金

保本基金是指通过采用投资组合技术，保证投资者在投资到期时至少能够获得投资本金或一定回报的证券投资基金。保本基金的投资目标是在锁定下跌风险的同时力争有机会获得潜在的高回报。我国香港地区最早发行的一批保本基金是 2000 年 3 月推出的花旗科技保本基金和汇丰 90%科技保本基金，封闭期分别为 2.5 年和 2 年。

（四）交易所交易的开放式基金

交易所交易的开放式基金是把封闭式基金的交易便利性与开放式基金可赎回性相结合的一种新型基金。

【提示】目前，我国深圳和上海证券交易所已经分别推出了交易型开放式指数基金和上市型开放式基金两类交易所交易的开放式基金。

1. 交易型开放式指数基金

交易型开放式指数基金，通常又被称为交易所交易基金（Exchange Traded Funds，ETF），是一种在交易所上市交易的、基金份额可变的开放式基金。交易型开放式指数基金属于开放式基金的一种特殊类型，它综合了封闭式基金和开放式基金的优点，投资者既可以在二级市场买卖 ETF 份额，又可以向基金管理公司申购或赎回 ETF 份额，不过申购赎回一般须以一篮子股票换取基金份额或者以基金份额换回一篮子股票。由于同时存在二级市场交易和申购赎回机制，投资者可以在 ETF 二级市场交易价格与基金单位净值之间存在差价时进行套利交易。套利机制的存在，可使 ETF 避免封闭式基金普遍存在的折价问题。

2. 上市型开放式基金

上市型开放式基金的英文全称是 Listed Open-ended Fund（LOF）。上市型开放式基金发行结束后，投资者既可以在指定网点申购与赎回基金份额，也可以在交易所买卖该基金。目前，我国只有深圳证券交易所开办 LOF 业务。

LOF主要特点有三个：①上市开放式基金本质上仍是开放式基金，基金份额总额不固定，基金份额可以在基金合同约定的时间和场所申购、赎回。②上市开放式基金发售结合了银行等代销机构与深交所交易系统的销售优势。银行等代销机构网点销售基金份额仍沿用现行的营业柜台销售方式，而深交所交易系统销售基金份额则采用通行的新股上网定价发行方式。③上市开放式基金获准在深交所上市交易后，投资者既可以选择在银行等代销机构按当日收市的基金份额净值申购、赎回基金份额，也可以选择在深交所各会员证券营业部按撮合成交价买卖基金份额。LOF所具有的转托管机制与可以在交易所进行申购和赎回的制度安排，使LOF不会出现封闭式基金大幅折价交易的现象。

LOF与ETF都具备开放式基金场外申购、赎回和场内交易的特点，但是两者存在本质区别，主要表现在以下几点：

(1)申购、赎回的标的不同。在申购和赎回时，ETF与投资者交换的是基金份额和一篮子股票，而LOF则是基金份额与投资者交换现金。

(2)申购、赎回的场所不同。ETF的申购、赎回通过交易所进行；LOF的申购、赎回既可以在代销网点进行，也可以在交易所进行。

(3)对申购、赎回限制的不同。通常要求基金份额在50万份以上的投资者才能参与ETF一级市场的申购、赎回交易；而LOF在申购、赎回上没有特别要求。

(4)基金投资策略不同。ETF本质上是指数型的开放式基金，是被动管理型基金；而LOF则是普通的开放式基金增加了交易所交易方式，它可能是指数型基金，也可能是主动管理型基金。

(5)在二级市场的净值报价上，ETF每15秒提供一个基金净值报价；而LOF的净值报价频率要比ETF低，通常1天只提供1次或几次基金净值报价。

(五)QFII和RQFII

1. QFII

QFII(Qualified Foreign Institutional Investors)是合格的境外机构投资者的英文简称。QFII机制是外国专业投资机构到境内投资的资格认定制度。它是在货币没有实现完全可自由兑换、资本项目尚未开放的情况下，有限度地允许境外投资者投资境内证券市场的一项过渡性的制度安排。

2. RQFII

RQFII(RMB Qualified Foreign Institutional Investors)是人民币合格境外机构投资者的英文简称。RQFII可将批准额度内的外汇结汇投资于境内的证券市场。对RQFII放开股市投资，能够从侧面加速人民币的国际化进程。

QFII和RQFII的区别用最简单的一句话来描述就是：QFII是用境外的外币来投资境内的证券市场，RQFII是用境外的人民币来投资境内的证券市场。

(六)QDII基金

QDII(Qualified Domestic Institutional Investors)是合格的境内机构投资者的英文简称。QDII基金是在一国境内设立，经该国有关部门批准从事境外证券市场的股票、债券等有价证券投资业务的证券投资基金。与QFII一样，QDII也是在货币没有实现完全可自由兑换、资本项目尚未开放的情况下，有限度地允许境内投资者投资境外证券市场的一项过渡性的制度安排，为国内的投资者参与国际市场投资提供了便利。2007年，我国推出了首批QDII基金。

(七)复制基金

复制基金是英文Clone Fund的意译，又可直译为克隆基金。复制基金在国外非常普遍，主要可分为两种形式：一种是通过衍生产品来复制目标基金的市场表现，另一种是复制目标基金的投资策略。复制基金的意义在于通过金融创新，创造性地解决投资者的困难，满足其投资需求。复制基金也将加速基金产品的优胜劣汰，具有持续优良业绩回报的基金产品可以通过复制的途径来创造规模，有利于培育基金长期投资的理念。

九、其他特殊类型的基金

（一）对冲基金

对冲基金的本意是指利用金融期货和金融期权等各种衍生工具，对所持资产组合进行套期保值，从而能有效控制风险的基金。近年来，对冲基金的名称范围大大扩大，泛指以追求最大绝对收益为目标的基金。

（二）指数基金

指数基金设立的动机是源于资本市场的有效性，是一种被动投资型的基金。如果基金管理人相信市场是有效的，那么任何试图战胜市场而获得额外收益的行为都是徒劳的。因此，选择某一市场指数作为特定的基准指数，构成一个投资组合，以该指数中成分证券的相对权重作为投资组合中各证券的相对权重，就能复制基准指数的收益，只要指数成分证券不发生频繁的变动，基金管理人就无须花费大量精力来调整投资组合。对投资者而言，指数基金除了能获得与基准指数大致相当的收益外，另一个重要优势就是管理费用低廉。

第三节 证券投资基金的运行

一、证券投资基金当事人

我国的证券投资基金依据基金合同设立，基金份额持有人、基金管理人与基金托管人是基金的当事人。

基金份额持有人即基金投资者，是基金的出资人、基金资产的所有者和基金投资收益的受益人。

基金管理人是基金产品的募集者和基金的管理者，其主要职责就是按照基金合同的约定，负责基金资产的投资运作，在风险控制的基础上为基金投资者争取最大的投资收益。在我国，基金管理人由依法设立的公司或者合伙企业担任。基金管理人在基金运作中具有核心作用，基金产品的设计、基金份额的销售和注册登记、基金资产的管理等重要职能主要由基金管理人承担。

为了保证基金资产的安全，《证券投资基金法》规定，基金资产必须由独立于基金管理人的基金托管人保管，从而使得基金托管人成为基金的当事人之一。在我国，基金托管人由依法设立的商业银行或者其他金融机构担任。商业银行担任基金托管人的，由国务院证券监督管理机构会同国务院银行业监督管理机构核准；其他金融机构担任基金托管人的，由国务院证券监督管理机构核准。基金托管人的职责体现在基金资产的保管、基金资金的清算、会计复核以及对基金投资运作的监督等方面。

担任基金托管人，应当具备下列条件：①净资产和风险控制指标符合有关规定；②设有专门的基金托管部门；③取得基金从业资格的专职人员达到法定人数；④有安全保管基金财产的条件；⑤有安全高效的清算、交割系统；⑥有符合要求的营业场所、安全防范设施和与基金托管业务有关的其他设施；⑦有完善的内部稽核监控制度和风险控制制度；⑧法律、行政法规规定的和经国务院批准的国务院证券监督管理机构、国务院银行业监督管理机构规定的其他条件。

二、证券投资基金的设立

证券投资基金是由基金发起人发起设立的。所谓投资基金的发起人，是指设立或拟设立基金的创办人。在我国，基金的主要发起人应当是依法设立的证券公司、信托投资公司和基金管理公司，其他市场信誉较好、运作规范的机构(如保险公司、各类投资公司等)也可以作为发起人参与基金的设立。

在投资基金设立过程中，发起人要负责各种筹备工作。具体包括：订立发起人协议、成立发起人组织或基金筹备组织、起草申请设立报告和基金公司章程或信托合同等文件、设计基金的具体方案、负责实施各项设立行为等。如果基金不能设立也要承担一定的责任。

基金管理公司设立子公司、分支机构，应当具备下列条件：①公司治理健全，内部监控完善，经营稳定，有较强的持续经营能力；②公司最近 1 年内没有因违法违规行为受到行政处罚或者刑事处罚；③公司没有因违法违规行为正在被监管机构调查，或者正处于整改期间；④拟设立的子公司、分支机构有符合规定的名称、办公场所、业务人员、安全防范设施和与业务有关的其他设施；⑤拟设立的子公司、分支机构有明确的职责和完善的管理制度；⑥中国证监会规定的其他条件。

三、证券投资基金的募集

(一)基金的公开募集

公开募集基金，应当经国务院证券监督管理机构注册。未经注册，不得公开或者变相公开募集基金。公开募集基金，包括向不特定对象募集资金、向特定对象募集资金累计超过 200 人，以及法律、行政法规规定的其他情形。

【提示】公开募集基金应当由基金管理人管理，基金托管人托管。

(二)基金的非公开募集

非公开募集基金应当向合格投资者募集，合格投资者累计不得超过 200 人。合格投资者，是指达到规定资产规模或者收入水平，并且具备相应的风险识别能力和风险承担能力、其基金份额认购金额不低于规定限额的单位和个人。

【提示】合格投资者的具体标准由国务院证券监督管理机构规定。

四、证券投资基金的销售

(一)封闭式基金的销售

在我国，封闭式基金的基金管理人应当自收到中国证监会核准文件之日起 6 个月内进行基金的发售，募集期一般为 3 个月。封闭式基金份额的发售，由基金管理人负责办理，基金管理人一般会选择证券公司组成承销团代理基金份额的发售。我国封闭式基金的发售价格一般采用 1 元基金份额面值加计 0.01 元发售费用的方式加以确认。

(二)开放式基金的销售

开放式基金份额的发售，也由基金管理人负责办理。与封闭式基金一样，基金管理人应当自收到中国证监会核准文件之日起 6 个月内进行开放式基金的募集，募集期一般为 3 个月。基金管理人可以委托商业银行、证券公司等经认定的其他机构代理基金份额的发售。在募集期内购买基金份额的行为通常被称为基金的“认购”。开放式基金的认购须缴纳一定比例的认购费用。认购费用、净认购金额、认购份数之间的关系可以用公式表示为：

认购费用＝认购金额×认购费率

净认购金额＝认购金额－认购费用

认购份数＝净认购金额÷基金份额面值

【做中学 5－1】 某基金认购费率为 1%，某投资者以 10 000 元认购该基金，请确定该投资者认购基金的份额数量。

解析：认购费用＝10 000×1%＝100（元）

净认购金额＝10 000－100＝9 900（元）

认购份数＝9 900÷1＝9 900（份）

即该投资者认购基金的份额数量是9 900份。

（三）交易型开放式指数基金（ETF）的销售

在我国，交易型开放式基金在募集期内，根据投资者认购的渠道不同，可以分为场内认购和场外认购。场内认购是指投资者通过基金管理人指定的基金发售代理机构，使用证券交易所的交易网络系统进行的认购。场外认购是指基金投资者通过基金管理人或指定的发售代理机构进行认购。

根据投资者认购交易型开放式指数基金所支付的对价种类，交易型开放式指数基金的认购又可以分为现金认购和证券认购。在我国，按照证券交易所的规则，认购交易型开放式指数基金的方式有场内现金认购、场外现金认购、网上组合证券认购和网下组合证券认购。

（四）上市型开放式基金（LOF）的销售

在我国，上市型开放式基金的募集可分为场外募集和场内募集两部分。场外募集与普通的开放式基金的募集无异，投资者可以通过基金管理人或银行、证券公司等基金代销机构进行认购。场内募集，即上市型开放式基金通过交易所募集基金份额，除要遵循一般开放式基金的募集规则外，基金管理人还需向深圳证券交易所提出发售申请，经确认后，上市型开放式基金在深交所挂牌发售。

五、证券投资基金的投资

投资基金一般应当以分散风险、确保资金安全、追求长期投资利得以及使投资人获得稳定的收益为目标。因此，证券投资基金应有其特定的投资范围。世界各国基金管理法律都规定，基金的主要投资范围为有价证券，包括股票、认股权证、地方公债、政府公债、公司债券、政府担保公债、可转换公司债券、金融债券等。

由于基金的运作方式不同，封闭式基金和开放式基金的投资策略也不尽相同。封闭式基金在封闭期内基金规模不会减少，因此从理论上可以把资金大部分甚至全部用来进行长期投资，基金资产的投资组合能有效地在预定计划内进行。开放式基金因基金份额可以随时赎回，为了应对投资者随时赎回的兑现，所以募集的资金不能全部用来投资，更不能把全部资金用于长期投资，必须保持基金资产的流动性，在投资组合上必须保留一部分现金和高流动性的金融工具。

六、证券投资基金的信息披露

为了加强对基金投资运作的监管、提高基金运作的透明度、保障基金投资者的合法权益，基金必须履行严格的信息披露义务。基金管理人除了要按期公布投资组合公告、中期报告、年度报告等，还要定期公布基金资产净值，并保证所披露信息的真实性、准确性和完整性。对于开放式基金，公开披露的信息还包括基金份额申购、赎回价格。在我国，由于基金的运作方式不同，封闭式基金和开放式基金对于基金份额资产净值公布的要求也不同。封闭式基金一般每周或者更长时间公布一次，开放式基金一般在每个交易日连续公布。

七、证券投资基金的收益、费用和收益分配

（一）基金的收益

基金的收益是基金资产在运作过程中所产生的超过自身价值的部分。基金的收益包括以下五类：

（1）股利收入，是指因投资于股票而定期获取的股息红利收益。

（2）利息收入，是指因购买债券、商业票据、可转让定期存单和其他短期票据以及将基金现金准

备金存入银行而获取的各种利息收入。

(3)资本利得,是指因低价买进高价卖出证券而获取的价差收益。

(4)资本增值,是指经理人在进行基金营运过程中,由于基金所投资的证券的增值,使基金的总资产和基金单位的净资产值也随之增长,从而使投资人所持有的相同基金单位的实际财产价值也相应增加。这部分增加额即为基金的资本增值。

(5)其他收入,是指运用基金资产而带来的成本或费用的节约额等,如基金因大额交易而从证券商处得到的交易佣金优惠等杂项收入。这部分收入通常数额很小。

(二)基金的费用

(1)基金管理费,是指从基金资产中提取的、支付给为基金提供专业化服务的基金管理人的费用。基金管理费率的大小通常与基金规模成反比,与风险成正比。不同国家和地区及不同种类的基金,管理费率不完全相同。

(2)基金托管费,是指基金托管人为保管和处置基金资产而向基金收取的费用。托管费从基金资产中提取,费率也会随着国家、地区和基金种类的不同而有所不同。

(3)其他费用,包括封闭式基金上市费用,证券交易费用,基金信息披露费用,与基金相关的会计师、律师等中介机构费用,基金分红手续费,清算费用,法律、法规及基金合同规定可以列入的其他费用。

(三)基金的收益分配

基金收益分配的方式,一般有以下三种:

(1)分配现金。这是基金收益分配的最普遍的形式。

(2)分配基金单位。这是指将应分配的基金净收益折为等额的新的基金单位送给投资者。这种分配形式类似于通常所说的股利分配中的“送股”,实际上是增加了基金的资本总额和规模。

(3)不分配。这是指基金既不分配现金,也不送基金单位,而是将净收益列入本金进行再投资,体现为基金单位净资产值的增加。

我国《证券投资基金管理公司管理办法》(2020年)规定,基金收益分配应采用现金分配。封闭式基金的收益分配每年不得少于一次,收益分配比例不能低于基金年度收益的90%,开放式基金的基金合同应当约定每年基金收益分配的最多次数和基金收益分配的最低比例。封闭式基金当年收益应先弥补上一年的亏损,如当年发生亏损则不进行收益分配。封闭式基金一般采用现金分红方式。开放式基金的基金份额持有人可以事先选择将所获分配的现金收益,按照基金合同有关基金份额申购的约定转为基金份额;基金份额持有人事先未作出选择的,基金管理人应当支付现金。

八、证券投资基金的交易

(一)封闭式基金的交易

封闭式基金在设立时,就限定了基金单位的发行总额,在基金合同期限内基金份额可以在依法设立的证券交易所交易,基金份额持有人不能申请赎回。

我国封闭式基金的交易与交易所上市公司股票的交易一样,采用集合竞价和连续竞价两种方式。集合竞价是指对一段时间内接收的买卖申报一次性集中撮合的竞价方式。连续竞价是指对买卖申报逐笔连续撮合的竞价方式。封闭式基金交易的原则是“价格优先、时间优先”。价格优先是指较高价格买进申报优先于较低价格买进申报,较低价格卖出申报优先于较高价格卖出申报。时间优先是指当买卖方向和价格相同时,先申报者优先于后申报者成交。

(二)开放式基金的申购与赎回

开放式基金是指基金份额总额不固定,投资者可以申购基金份额,或者要求赎回发行在外的基金份额。开放式基金的交易价格以基金份额净值为基础，其申购价一般是基金份额净资产值加上一定的申购费，赎回价是基金份额净资产值减去一定的赎回费。

(1)基金资产净值。基金资产净值是衡量基金经营业绩的主要指标，也是基金份额交易价格的内在价值和计算依据。

基金资产净值＝基金资产总值－基金负债

单位基金份额净值＝基金资产净值÷基金总份额

其中，基金资产总值是指基金所拥有的各类证券的价值、银行存款本息、基金应收的申购基金款以及其他投资所形成的价值总和。

(2)申购费用。开放式基金份额的申购须收取申购费。

申购总额＝申购金额＋申购费用

申购金额＝申购份额×申购日单位基金份额净值

申购费用＝申购金额×申购费率

申购份额＝申购总额/(单位基金份额净值＋申购费)

＝申购总额/[单位基金份额净值×(1＋申购费率)]

【做中学5—2】 某开放式基金的资产净值为每份额2元，基金的申购费率为2%。某投资人欲申购10万份的基金，试问该投资者支付的申购费和申购总额是多少？

解析：申购金额＝申购份数×申购日单位基金份额净值＝100 000×2＝20(万元)

申购费用＝申购金额×申购费率＝20×2%＝0.4(万元)

申购总额＝申购金额＋申购费用＝20＋0.4＝20.4(万元)

那么，该投资者申购10万份的基金需要支付的申购费是0.4万元，申购总额20.4万元。

【做中学5—3】 某A开放式基金的资产净值为每份额2元，基金的申购费率为2%。某投资人欲申购10万元的A基金，试问该投资者可以申购多少份额A基金？

解析：申购份额＝申购总额/[单位基金份额净值×(1＋申购费率)]

＝100 000/[2×(1＋2%)]

＝100 000/2.04

＝49 019.6

＝49 019(份)

也就是说，如果不考虑基金申购最小单位限制，该投资者可以申购49 019份A基金。

(3)赎回费用。开放式基金份额的赎回收取赎回费。

赎回金额＝赎回总额－赎回费用

其中，赎回总额是指赎回基金的净值总额；赎回金额是指投资者按照基金净值赎回基金扣除赎回费用后得到的资金数额；赎回费用是指赎回一定份额或一定金额基金付出的费用。

赎回总额＝赎回数量×赎回日单位基金份额净值

赎回费用＝赎回总额×赎回费率＝赎回数量×赎回日单位基金份额净值×赎回费率

赎回金额＝赎回数量×赎回日单位基金份额净值×(1－赎回费率)

【做中学5—4】 某投资者持有开放式A基金100 000份，基金单位份额净值为2元，基金的赎回费率为2%。该投资者欲赎回其持有的100 000份A基金，请问该投资者可以收回多少投资？

解析：赎回金额＝赎回数量×赎回日单位基金份额净值×(1－赎回费率)

＝100 000×2×(1－2%)

＝196 000(元)

也即，该投资者可以收回 196 000 元投资。

九、证券投资基金的变更与终止

（一）基金的变更

所谓基金的变更，是指基金在运作过程中，基金当事人依据有关法律和基金公司章程或信托合同的规定，在履行规定的审批手续之后，更改对基金各当事人影响重大的基本事项的行为。

基金管理公司变更下列重大事项，应当报中国证监会批准：①变更持股 5%以上的股东；②变更持股不足 5%但对公司治理有重大影响的股东；③变更股东的持股比例超过 5%；④修改公司章程重要条款；⑤中国证监会规定的其他重大事项。

基金管理公司变更股东、注册资本、股东持股比例后，股东的条件、股东的持股比例、股东参股基金管理公司的数量、注册资本等应当符合中国证监会的规定。

我国《证券投资基金法》规定，按照基金合同的约定或者基金份额持有人大会的决议，并经国务院证券监督管理机构核准，可以转换基金运作方式。封闭式基金扩募或者延长基金合同期限，应当符合下列条件，并经国务院证券监督管理机构核准：①基金运营业绩良好；②基金管理人最近两年内没有因违法违规行为受到行政处罚或者刑事处罚；③基金份额持有人大会决议通过；④证券投资基金法规定的其他条件。

（二）基金的终止

所谓基金的终止，是指投资基金在符合一定的条件之后，基金当事人依据有关法律和基金公司章程或信托合同的规定，办理基金的清算、解决当事人债权债务关系及基金持有人的资产分配，终止基金运作的行为。

根据《证券投资基金法》的规定，有下列情形之一的，基金应当终止：①基金合同期限届满而未延期的；②基金份额持有人大会决定终止的；③基金管理人、基金托管人职责终止，在六个月内没有新基金管理人、新基金托管人承接的；④基金合同约定的其他情形。

基金终止时，基金管理人应当组织清算组对基金财产进行清算。清算组由基金管理人、基金托管人以及相关的中介服务机构组成。清算组做出的清算报告经会计师事务所审计、律师事务所出具法律意见书后，报国务院证券监督管理机构备案并公告。清算后的剩余基金财产，应当按照基金份额持有人所持份额比例进行分配。

学中做 5－1　坚守初心回归本源——以基金行业高质量发展落实党的二十大精神

2024 年 4 月，国务院印发了新“国九条”，突出了资本市场工作的政治性、人民性，并把功能性摆在重要位置，强调要“推动证券基金机构高质量发展”。2024 年 7 月，党的二十届三中全会审议通过了《中共中央关于进一步全面深化改革、推进中国式现代化的决定》，对以中国式现代化全面推进强国建设、民族复兴伟业具有重大而深远的意义。这些会议精神和重要论述，为公募基金行业高质量发展、助力推进中国式现代化提出了更高的时代要求，也指明了改革发展的前进方向。

分析提示

学中做5–1

党的二十大报告指出，高质量发展是全面建设社会主义现代化国家的首要任务。当前，公募基金行业已步入高质量发展新征程，作为普惠金融代表、专业资产管理机构，如何加快构建行业新发展格局，提升行业整体的发展内涵，在国家推进高质量发展、实现 14 亿人中国式现代化的伟大进程中，努力承担更多责任、发挥更大作用，是基金行业的时代课题。深入学习贯彻总书记关于金融工作的重要论述精神和党的二十届三中全会精神，坚守金融报国的初心，勇担基业向善的责任，以专业的投资能力、稳健的产品业绩和优质的客户服务为抓手，努力建设一流资产管理机构，认真做好科技金融、绿色金融、普惠金融、养老金融、数字金融“五篇大文章”，以自身高质量发展为实现居民财富保值增值、推进资本市场稳健运行、服务实体经济健康发展、助力金融强国建设作出贡献。

资料来源：李文：“坚守初心回归本源 建设一流资产管理机构”，《中国证券报》，2024 年 8 月 8 日。

请问：(1)建设一流资产管理机构，我们应该怎么做？

(2)以基金行业高质量发展落实党的二十大精神，基金行业应该做什么？

本章术语

封闭式基金　开放式基金　契约型基金　公司型基金　股票基金　债券基金
成长型基金　收入型基金　平衡型基金　主动型基金　被动(指数)型基金
公募基金　私募基金　在岸基金　离岸基金　系列基金　基金中的基金
保本基金　QFII　RQFII　QDII

应知考核

一、单项选择题

1. 按照风险由小到大进行排列，正确的是(　　)。
A. 收入型基金、平衡型基金、成长型基金　B. 收入型基金、成长型基金、平衡型基金
C. 成长型基金、平衡型基金、收入型基金　D. 成长型基金、收入型基金、平衡型基金

2. 我国封闭式基金的收益分配(　　)。
A. 每年只能分配一次　B. 每年不得少于一次
C. 每年不得少于两次　D. 没有规定

3. 我国的证券投资基金都属于(　　)。
A. 开放式基金　B. 封闭式基金
C. 契约型基金　D. 公司型基金

4. 下列选项中，负责具体运营基金的机构是(　　)。
A. 基金托管人　B. 基金发起人　C. 基金管理人　D. 基金投资人

5. 基金持有人与基金管理人和托管人之间的法律合同是(　　)。
A. 基金合同　B. 招募说明书　C. 托管协议　D. 申请报告

二、多项选择题

1. 根据投资对象的不同，可以将基金分为(　　)。
A. 股票基金　B. 债券基金　C. 货币市场基金　D. 混合基金

2. 成长型基金与收入型基金的区别表现在(　　)。
A. 目标不同　B. 投资对象不同
C. 投资策略不同　D. 基金资产分布不同

3. 开放式基金的基本交易种类是(　　)。
A. 回购　B. 申购　C. 转换　D. 赎回

4. 基金的收益包括(　　)。

A. 股利收入　　B. 利息收入　　C. 资本利得　　D. 资本增值

5. 基金的费用主要有(　　)。

A. 基金管理费　　B. 基金托管费

C. 基金分红手续费　　D. 清算费用

三、判断题

1. 证券投资基金是一种直接投资工具。　(　　)

2. 我国封闭式基金的存续期大多在 5 年左右。　(　　)

3. 股票基金是指以股票为主要投资对象的基金。　(　　)

4. 开放式基金的认购须缴纳一定比例的认购费用。　(　　)

5. 基金管理费率的大小通常与基金规模成正比,与风险成反比。　(　　)

四、简述题

1. 简述证券投资基金的特点。

2. 简述证券投资基金的作用。

3. 简述 LOF 与 ETF 的区别。

4. 简述 QFII 与 RQFII 的区别。

5. 简述公司型基金与契约型基金的区别。

五、计算题

1. 某基金认购费率为 1%,某投资者以 10 000 元认购该基金,则该投资者认购基金的份额数量为多少?

2. A 开放式基金的资产净值为每份额 2 元,基金的申购费率为 2%。某投资人欲申购 10 万元的 A 基金,试问该投资者可申购 A 基金的份额为多少?

应会考核

■ 观念应用

【背景资料】

《私募证券投资基金运作指引》正式实施,给行业带来什么影响?

近年来,随着居民财富管理意识和需求的快速提升,作为大众理财常见投资选项的私募基金发展迅速,成为资本市场的重要金融产品。近期正式施行的《私募证券投资基金运作指引》(以下简称《运作指引》)全文共 42 条,为私募证券投资基金行业提供了指引规范。自 2024 年 8 月 1 日起,将正式施行。

2013 年 6 月,《证券投资基金法》正式生效,首次将"非公开募集基金"纳入监管范畴。2023 年 9 月,《私募投资基金监督管理条例》正式施行,该条例的出台填补了私募基金行业在行政法规这一立法层面空白状态。自此,由法律、行政法规、部门规章、自律规则等层面共同构建的中国私募基金行业监管框架形成,为私募基金的健康发展提供了法律基础和支持。《运作指引》即由中国证券投资基金业协会在中国证监会指导下起草的又一份重要行业规则文件,该指引旨在加强私募证券基金的自律管理,规范其业务活动,保护投资者利益,从而促进行业的健康发展。

私募基金按照投资方向分类，主要划分四大类，即私募证券投资基金、私募股权、创业投资基金、私募资产配置类基金及其他私募基金。其中，私募证券投资基金是一种专门面向特定投资者群体募集资金，并主要投资于公开交易的金融工具，如股票、债券、期货、期权、基金等的金融产品。截至 2024 年 6 月，存续私募证券投资基金管理人 8.20 万家，私募证券投资基金 9.50 万余只，存续规模 5.20 万亿元。

在私募基金行业规模快速扩张的同时，产品基础交易结构日趋复杂，产品发行及销售阶段存在不规范行为，在投资运作方面缺乏必要的约束。行业内的小、乱、散、差业态较为明显，部分私募基金管理人偏离了“受人之托，代人理财”的基本属性，损害投资者的合法权益，影响市场的稳定运行。

资料来源：上海虹口法院：“私募证券投资基金‘行动指南’落地实施，这些知识点你 get 了么”，上海虹口法院微信公众号，2024 年 8 月 8 日。

【考核要求】

(1)《运作指引》出台目的是什么？

(2)《运作指引》对各方产生的短期影响有哪些？

(3)《运作指引》对私募证券投资基金行业的长期影响有哪些？

■ 技能应用

低空经济[①]领域投融资活跃，产业基金积极参与

2024 年至今，与低空经济有关的规划性或支持性政策频频出台。从资本端看，政策效果正在显现。2024 年 1 月 1 日至 8 月 8 日，低空经济领域发生的投融资事件已达 26 起，超过 2023 年全年数量(25 起)；从公开披露的金额看，26 起投融资事件共涉及金额 52.06 亿元，比 2023 年全年金额(35.74 亿元)多 16.32 亿元。

除政策支持外，市场规模的快速增长、产业链的逐步完善、技术创新与应用场景的拓展以及巨大的潜在消费需求等，都为低空经济领域投融资热度的持续走高贡献良多。投融资热度的持续高涨，也会进一步推动相关市场扩张，加速低空经济的商业化进程，为产业高质量发展蓄力。

26 起投融资事件涵盖核心技术研发、精密零部件生产、空中物流体系运营、生产线扩容等多环节。其中，低空飞行器如无人机(UAV)、电动垂直起降飞行器(eVTOL)、飞行汽车等“吸金”能力最强，至少 13 起投融资事件与此相关。低空飞行器的发展极具想象力，其当前正处于从 0 到 1 的成长阶段，对资金需求量很大。在资本尤其是产业基金的支持下，从研发、生产到产业链培育，低空飞行器的各环节发展都会明显提速。

发展低空经济，离不开多样化、多渠道资金的支持。其中，通过投融资活动，产业基金能有效整合资源，引导社会资本关注并流向低空经济的关键环节和重点企业，充分发挥其产业助力作用，更好推动低空经济领域的技术创新、产业升级和市场拓展。

资料来源：寇佳丽：“低空经济领域投融资活跃，产业基金积极参与”，《证券日报》，2024 年 8 月 8 日。

【技能要求】

(1)请分析产业基金投资低空经济的影响。

(2)简要说明产业基金投资低空经济的具体运作及应注意的事项。

---

① 低空经济是以各种有人驾驶和无人驾驶航空器的各类低空飞行活动为牵引，辐射带动相关领域融合发展的综合性经济形态。其相关产品主要包括无人机、eVTOL(电动垂直起降飞行器)、直升机、传统固定翼飞机等，涉及居民消费和工业应用两大场景。“低空经济”在今年全国两会首次写入政府工作报告。近日，工业和信息化部、科学技术部、财政部、中国民用航空局印发《通用航空装备创新应用实施方案(2024—2030 年)》，提出到 2030 年，推动低空经济形成万亿级市场规模。

■ 案例分析

【情景与背景】

中国证券投资基金市场

投资基金起源于英国，盛行于美国。美国是当今全球投资基金发展最发达、规模最大、基金运作最规范、法律监管制度最完善的国家。中国的证券投资基金初创于20世纪90年代初期，规范于90年代末期。不到20年，中国证券投资基金从无到有，经历了初创到规范、规范与发展并重的历程。当前，我国证券投资基金取得了长足的进步。中国证券投资基金业协会数据显示：截至2024年5月底，我国境内共有基金管理公司148家，取得公募基金管理资格的证券公司或证券公司资产管理子公司13家、保险资产管理公司1家。以上机构管理的公募基金资产净值合计31.24万亿元。证券投资基金在稳定市场、倡导理性投资等方面发挥着越来越重要的作用。

【分析要求】

(1)证券投资基金价格的主要决定因素是什么？

(2)证券投资基金有哪些分类？开放型基金和封闭型基金的主要区别是什么？

(3)当前我国发展证券投资基金的主要政策是什么？

本章实训

【实训内容】

开放式基金的申购和赎回、基金的设立。

【实训步骤】

第一步：了解开放式基金申购、赎回的规则。

第二步：将学生随机分成若干组，要求其浏览主要基金公司的网站，并从中选择两只开放式基金(例如华夏大盘精选混合和上投领先)，分析所选基金的发行时间和净值表现，并制定相应的投资策略。

【实训要求】

以组为单位撰写一份开放式基金投资方法的报告书，并撰写实训报告。

《开放式基金的申购和赎回、基金的设立》实训报告		
实训班级：	项目小组：	项目组成员：
实训时间：　　年　　月　　日	实训地点：	实训成绩：
实训目的：		
实训步骤：		
实训结果：		
实训感言：		

实务操作

外汇市场实时走势

第六章　外汇市场

知识目标

理解：外汇的概念、种类和功能；外汇市场的概念、特征、功能、种类和结构；世界主要外汇交易系统。

熟知：世界主要外汇市场；汇率的概念；汇率的标价方法；汇率的分类；外汇报价惯例；外汇交易的概念；外汇头寸；外汇交易的程序。

掌握：外汇市场交易方式的即期外汇交易、远期外汇交易、择期交易、掉期交易、套汇交易、套利交易、外汇期货交易和外汇期权交易。

技能目标

能够熟悉外汇交易中的惯例和规则、初步认识外汇交易中的技巧和战略，能够进行外汇交易的报价和计算，并能进行实际交易的操作。

素质目标

能够按照不同的外汇市场交易种类和交易程序进行简单的外汇交易，能够根据不同地区汇率的差异进行套算；对现有外汇市场的理论和实践进行批判性思考，提出自己的见解和改进建议。

思政目标

培养爱国主义情怀，增强民族自豪感；树立正确的价值观和道德观，遵守法律法规，诚实守信。引领风险意识和责任意识，在外汇市场投资中要谨慎决策，对自己的行为负责；增强国际视野和全球意识，关注国际外汇市场的动态和趋势，了解不同国家的经济政策和金融环境对外汇市场的影响；培养创新意识和批判性思维，鼓励思考外汇市场的创新发展和潜在问题。

课程引例

人民币汇率狂飙，对我们有什么影响？

近年来，在岸人民币兑美元汇率创下年内新高。无论是人民币兑美元的在岸汇率，还是离岸汇率，自 2024 年的低点以来，最大涨幅都超过了 2%。

人民币为何一路升值呢？很大程度上，汇率的走势取决于经济基本面。人民币兑美元的汇率，自然与两国的经济有关。近期，美国多项经济数据发布。2024 年 7 月，美国非农就业人口增长了 11.4 万人，远低于 17.5 万人的预期。当月，失业率高达 4.3%。近 4 个月来，美国就业率一直在升高。随着担忧的加剧，投资者纷纷将目光转向了其他货币市场，比如人民币。

反观中国经济，开始稳步复苏，显示出欣欣向荣的信号。2024 年上半年中国的 GDP 高达 61.7 万亿元，同比增长 5.0%，总体保持平稳。国家统计局新闻发言人称："放在全球坐标中观察，我国经济表现依然较好，一季度 GDP 增速快于美国、欧元区、日本等，结合二季度国内外形势，预计上半年我国经济增速仍将保持领先，仍是世界经济增长的重要引擎和稳定力量。"

国际货币基金组织预计，中国 2024 年全年经济增速为 5%，2025 年增速为 4.5%。中国经济的复苏，提升了人民币资产的吸引力，也促进了人民币汇率的上涨。

美国经济显示出疲软的迹象，通胀率也开始回落。"通货膨胀率已经从 7% 的高位，下降到 2.5%。"经济数据不太好看，需要降息刺激经济，拉动消费和投资。

近日，《人民币国际化报告 2024》出炉，人民币国际化指数 RII 保持长期向上趋势。对比其他主流货币，人民币国际化的趋势明显。其他国家为什么要用人民币？其中一个原因是，我国的产品和服务价廉物美。国家外汇管理局的最新数据显示，2024 年 6 月，我国国际收支货物和服务贸易实现顺差，出口比进口多 2 896 亿元，创下年内月度新高。用人民币的多了，自然会助推汇率的升值。

资料来源：曾思怡："人民币汇率飙升 1 500 点，影响几何"，时代财经，2024 年 8 月 6 日。

● 引例导学

通过上述引例可以看出，人民币升值，降低了进口成本。对依赖进口原材料或设备的企业来说，可以用更少的人民币，换取相同的外币金额，从而降低进口成本，提高利润空间。对居民来说，用人民币购买外国的商品，也会变得更为便宜。人民币汇率的上升，可能促使中国资产的吸引力增强，吸引更多的国际资本。这些钱可能会流入中国市场，比如股票、债券等，这将改善中国资本市场的流动性。外汇市场是以外汇银行为中心，由外汇需求者、外汇供给者或买卖中间机构组成的外汇买卖的场所或交易网络。那么，外汇市场是什么样的市场呢？它有什么功能、结构和运行机制呢？外汇市场中的主要交易方式有哪些？本章将详细讲述。

● 知识精讲

第一节　外汇和外汇市场概述

一、外汇概述

（一）外汇的概念

当今世界上绝大多数国家有自己的货币。一般而言，由于各国货币只能在本国流通使用，一旦跨越国境，它们的流通使用就会受到限制。随着国际经贸活动和国际资本流动的不断发展，为了清偿国际债权债务关系，外汇便应运而生。

动漫视频

外汇

1. 动态的外汇

从动态上讲，外汇(Foreign Exchange)就是国际汇兑。其中，"汇"是指货币资金在地域间的移动，"兑"是指将一国货币兑换成另一国货币，国际汇兑强调了外汇的起源和实质。外汇起源于商品生产和商品交换，而外汇的实质则是清偿国际债权债务的工具。我们举例加以说明，美国进口商从日本进口一批汽车，若双方约定以日元作为支付手段，而美国进口商只有美元存款。为了解决支付问题，美国进口商首先应到银行用美元购买相应金额的日元汇票或有关支付凭证（“兑”的动作），然后将日元汇票或有关支付凭证汇到日本出口商账户（“汇”的动作），通过“汇”和“兑”动作清偿了双方的债权债务关系。若双方约定以美元作为支付手段，则是先进行“汇”的动作，再进行“兑”的动作，从而清偿了双方的债权债务关系。若双方约定以第三国货币，如欧元作为支付手段，则是首先进行“兑”的动作，然后进行“汇”的动作，最后进行“兑”的动作，从而清偿了双方的债权债务关系。

2. 静态的外汇

静态的外汇，是指为清偿国际债权债务关系而进行的汇兑活动所凭借的手段和工具。它是从动态的外汇衍生而来的，不强调具体的“汇”和“兑”的动作或过程。上例中的日元汇票即为静态外汇。我们通常所说的外汇就是静态的外汇，它分为广义的外汇和狭义的外汇。

(1)广义的外汇

各国外汇管理法令所称的外汇就是广义的外汇。如我国 2008 年 8 月 5 日颁布并于同日开始实施的《中华人民共和国外汇管理条例》第三条规定，外汇是指下列以外币表示的可以用作国际清偿的支付手段和资产，它们是：①外币现钞，包括纸币、铸币；②外汇支付凭证或者支付工具，包括票据、银行存款凭证、银行卡等；③外币有价证券，包括债券、股票等；④特别提款权；⑤其他外汇资产。

(2)狭义的外汇

狭义的外汇，也就是我们通常所说的外汇，它是指以外国货币表示的能够用于国际结算的支付手段和资产。狭义外汇需要同时满足四个前提条件：第一，外币性，即外汇是以外币计值的金融资产，如美元汇票是国际支付中最为常见的一种外汇支付凭证，但是，它是针对美国以外的国家而言的。第二，自由兑换性，即作为外汇的货币必须能够自由兑换成其他国家的货币或购买其他信用工具以进行多边支付。因为不具备自由兑换性的外币或外币支付凭证，其持有人不能将其存入商业银行的普通账户，或不能被有关商业银行收购，所以不能用于国际结算，不能视为外汇。第三，可偿性，即这种外币资产是能得到补偿的债权，遭到拒付的汇票和空头支票不能视为外汇。第四，可接受性，即这种外币资产在国际经济交往中被各国普遍地接受和使用，否则它很难在国际上正常履行清偿债权债务关系的职能。

具体来看，狭义外汇主要是指以外币表示的银行汇票、支票、银行存款等。其中，国外银行存款是狭义外汇概念的主体，因为各种外币支付凭证都是对外币存款索取权具体化了的票据，同时外汇交易主要是运用国外银行的外币存款来进行的。

拓展阅读 6—1　　世界主要货币一览及重要外汇介绍

表 6—1　　世界主要货币

国家或地区	货币名称	货币符号	惯用缩写
China(中国)	Renminbi Yuan(人民币元)	CNY	RMB¥
Hong Kong(中国香港)	Hong Kong Dollar(港元)	HKD	HK$
Japan(日本)	Yen(日元)	JPY	JP¥
Korea(韩国)	Won(韩元)	KRW	W
Singapore(新加坡)	Singapore Dollar(新加坡元)	SGD	S$

续表

国家或地区	货币名称	货币符号	惯用缩写
Viet Nam(越南)	Dong(盾)	VND	D
Thailand(泰国)	Baht(泰铢)	THB	B
Malaysia(马来西亚)	Malaysia Ringgit(林吉特)	MYR	Mal $
European Union(欧盟)	Euro(欧元)	EUR	€
United Kingdom(英国)	Pound Sterling(英镑)	GBP	£
Switzerland(瑞士)	Swiss Franc(瑞士法郎)	CHF	SF
United States(美国)	US Dollar(美元)	USD	US $
Canada(加拿大)	Canadian Dollar(加拿大元)	CAD	Can $
Mexico(墨西哥)	Mexican Peso(墨西哥比索)	MXN	MEX
Australia(澳大利亚)	Australian Dollar(澳大利亚元)	AUD	A $
New Zealand(新西兰)	New Zealand Dollar(新西兰元)	NZD	NZ $

资料来源:国际标准化组织 4217 标准 2001 版:货币和资金表示代码。

(一)美元

美元的发行权属于美国财政部,办理具体发行的是美国联邦储备银行。目前流通的纸币面额有 100、50、20、10、5、2、1 美元等,另有 1 美元等于 100 美分(Cents)。美国目前流通的钞票是 1928、1934、1935、1950、1953、1963、1966、1969、1974、1977、1981、1985、1996 等年版。钞票尺寸不分面额均为 15.6cm×6.6cm。每张钞票正面印有券类名称、美国国名、美国国库印记、财政部官员的签名。美钞正面人像是美国历史上的知名人物,背面是图画。另有 500 美元和 500 美元以上面额,背面没有图画,流通量极有限。1963 年以后的各版,背面上方或下方又加印了一句"IN GOD WE TRUST"(我们信仰上帝)。1996 年美国开始发行一种具有新型防伪特征的纸币,第一次发行的为 100 美元券。美国钞票图样中的中心字母或阿拉伯数字分别代表美国 12 家联邦储备银行的名称。

(二)欧元

1995 年 12 月,欧洲委员会决定将欧洲单一货币改名为欧元(Euro)。2002 年 1 月 1 日起,所有收入、支出包括工薪收入、税收等都要以欧元计算。2002 年 3 月 1 日,"欧元"正式流通后,欧洲货币的旧名称消失。欧元共分七种面值,即 5、10、20、50、100、200 和 500 欧元,面值越大,纸币面积越大。最小面值的 5 欧元纸币高为 62mm、宽为 120mm,最大面值的纸币为 500 欧元。每种纸币正面图案的主要组成部分是门和窗,象征着欧盟推崇合作和坦诚精神。纸币的反面是各类桥梁图案,包括很早以前的小桥和现代先进的吊桥,象征着欧洲与其他国家之间的联系纽带。

(三)日元

日元由日本银行发行。日本发行的纸币面额有 10 000、5 000、1 000、500、100、50、10、5、1 元等,另有 500、100、50、10、5、1 元铸币。日本钞票正面文字全部使用汉字(由左至右顺序排列),中间上方均有"日本银行券"字样,各种钞票均无发行日期。发行单位负责人是使用印章的形式,即票面印有红色"总裁之印"和"发券局长"图章各一个。

(四)英镑

英镑为英国的本位货币单位,由英格兰银行发行。1971 年 2 月 15 日,英格兰银行实行新的货币进位制,辅币单位改为新便士(New Penny),1 英镑等于 100 新便士。目前,流通中的纸币有 5、10、20 和 50 元面额的英镑,另有 1、2、5、10、50 新便士及 1 英镑的铸币。

(五)港元

港元又称香港元,主要是由英资上海汇丰银行(HSBC)、香港渣打银行(Standard Chartered Bank)和中国银行(Bank of China)发行。目前在香港流通的港币面额有 1 000、500、100、50、20、10、5 元纸币,另有 1 分纸币及 5、2、1 元硬币和 5、2、1 毫硬币。1 港元等于 10 毫,1 毫等于 10 分。港元实行对美元的联系汇率制,美元兑港元的汇率在一定范围内上下浮动。

(六)新加坡元

新加坡元由新加坡货币局发行。目前新加坡流通的货币有 10 000、1 000、500、50、20、10、5、1 元等面额的纸币,1 元及 50、20、10、5、1 分铸币。1 元等于 100 分。新加坡纸币中 20、25、500、10 000 元券各有一种版式;1、5、10、50 元券各有两种版式;100、1 000 元券各有三种版式。第一种版式以胡姬花为票面主要图案;第二种版式以鸟类为票面主要图案;第三种版式的钞票为 1984 年以来发行的面额为 100、1 000 元券钞票,票面主要图案是各种不同的轮船。在各种面额钞票的正背面显著位置上均印有“SINGAPORE”字样,正面还印有“立狮扶星月盾牌”图。新旧版钞票混合流通使用。新加坡铸币中的 5、10、20、50 分这四种各有两种样式。

(七)瑞士法郎

瑞士法郎的发行机构是瑞士国家银行,辅币进位是 1 瑞士法郎等于 100 生丁,纸币面额有 10、20、50、100、500、1 000 瑞士法郎,铸币有 1、2、5 瑞士法郎及 1、5、10、20、50 生丁等。由于瑞士奉行中立和不结盟政策,所以瑞士被认为是最安全的地方,瑞士法郎也被称为传统避险货币,加之瑞士政府对金融、外汇采取的保护政策,使大量的外汇涌入瑞士,瑞士法郎也成为稳健而颇受欢迎的国际结算和外汇交易货币。

(二)外汇的种类

1. 根据货币兑换的限制程度不同,外汇分为自由外汇和记账外汇

(1)自由外汇

自由外汇是指无须经过发行货币国家批准,既可在国际市场上自由买卖,随时使用,又可以自由转换为其他国家货币的外汇。它在国际交往中能作为支付手段广泛地使用和流通,如美元、英镑、瑞士法郎、日元等主要发达国家货币。

(2)记账外汇

记账外汇是指不经过管汇当局批准,不能自由转换为其他国家货币的外汇。记账外汇通常只能根据协定,在两国间使用,用于贸易、贷款、经济援助、经济技术合作等协定项目。一般只在双方银行账户上记载,既不能转让给第三国使用,也不能兑换成自由外汇。

【提示】目前,我国除中国银行总行还有部分记账外汇业务外,其他银行办理的都是自由外汇结算业务。

2. 根据外汇的来源和用途不同,外汇分为贸易外汇和非贸易外汇

(1)贸易外汇

贸易外汇来源于出口和支付进口的货款以及与进出口贸易有关的从属费用,如运费、保险费、样品、宣传、推销费用等所用的外汇。

(2)非贸易外汇

非贸易外汇是指进出口贸易以外收支的外汇,如侨汇、旅游、港口、民航、保险、银行、对外承包工程等外汇收入和支出。

3. 根据外汇买卖交割期不同,外汇分为即期外汇和远期外汇

(1)即期外汇

即期外汇又称现汇,是指银行与客户或同业之间于当日或两个营业日内按成交时的汇率进行

交割的外汇。

(2)远期外汇

远期外汇又称期汇，是指外汇市场上用作远期付款交割的外汇。买卖双方按预先商定的汇价、交易数量和期限，订立外汇买卖合约，到约定的日期进行实际交付。远期外汇是一种预约性的交易。

(三)外汇的功能

1.实现购买力的国际转移

当国际上发生债权债务关系时，由于货币制度不同，一国货币不能在其他国家自由流通，除了运送国际上共同确认的清偿手段——黄金以外，不同国家间的购买力是不可能转移的。随着银行外汇业务的发展，国际上大量利用代表外汇的各种信用工具(如汇票)，使不同国家间货币购买力的转移成为可能。

2.促进国际贸易和资本流动的发展

外汇是国际上经济往来的产物。没有外汇，就不能加速资金在国际上的周转和运用，国际经济、贸易和金融往来就要受到阻碍。以外汇清偿国际债权、债务关系，不仅可以节省运送现钞的费用与避免运送风险，而且可以避免资金积压，加速资金周转，从而促进国际商品交换和资本流动的发展。

3.便利国际资金供需的调剂

由于世界经济发展的不平衡，各国所需的建设资金余缺程度不同，这在客观上需要在世界范围内进行资金调剂。例如，发展中国家为加快建设步伐，需要有选择地利用国际金融市场上的长短期信贷资金，而发达国家的剩余资金也有寻找出路的必要。因此，外汇可以发挥调剂国家之间资金余缺的作用。

4.增加国际储备手段

国际储备是一国可以用于国际支付的那部分流动资金，是衡量一国经济实力的主要标志之一。外汇作为清偿国际债务的手段，同黄金一样，可以作为国家的储备资产。因此，外汇成了国际储备的一个重要组成部分。国家外汇管理局统计数据显示，截至2024年3月末，我国外汇储备规模为32 457亿美元，较2月末上升198亿美元，升幅为0.62%。2024年3月，受主要经济体货币政策及预期、宏观经济数据等因素影响，美元指数上涨，全球金融资产价格总体上涨。汇率折算和资产价格变化等因素综合作用，当月外汇储备规模上升。我国经济回升向好的态势不断巩固增强，长期向好的基本面不会改变，将为外汇储备规模保持基本稳定提供支撑。

二、外汇市场

(一)外汇市场的概念

动漫视频

外汇市场

所谓外汇市场(Foreign Exchange Market)，是指进行货币买卖、兑换的市场，是由经营外汇业务的银行、各种金融机构、外汇需求者、外汇供给者、买卖中介机构以及个人进行外汇买卖、调剂外汇供求的交易场所。随着经济全球化的发展，各国逐步放松外汇管制，实行开放的外汇政策，使外汇市场获得了巨大的发展，外汇市场已由伦敦、纽约、苏黎世、巴黎扩展到全世界，外汇交易量不断增长。

(二)外汇市场的特征

1.外汇市场全球一体化

首先，外汇市场分布呈全球化格局，以全球最主要的外汇市场为例：北美洲有纽约、多伦多；欧洲有伦敦、巴黎、法兰克福、苏黎世、米兰、布鲁塞尔、阿姆斯特丹；亚洲有东京、香港、新加坡。其次，外汇市场高度一体化，全球市场连成一体，各市场在交易规则、方式上趋同，具有较大的同质性。各市场在交易价格上相互影响，如西欧外汇市场每日的开盘价格参照香港和新加坡外汇市场的价格来确定，当一个市场发生动荡，往往会影响到其他市场，引起连锁反应，市场汇率表现为价格均等化。

2. 外汇市场全天候运行

从全球范围看，外汇市场是一个 24 小时全天候运行的昼夜市场，如图 6－1 所示。每天的交易，大洋洲的惠灵顿、悉尼最先开盘，接着是亚洲的东京、香港、新加坡，然后是欧洲的法兰克福、苏黎世、巴黎和伦敦，到欧洲时间下午 2 点，北美洲的纽约开盘，当纽约收市时，惠灵顿又开始了新一天的交易。在欧洲时间的下午，此时伦敦和纽约的两大市场均在营业，是大额交易的最佳时间，大的外汇交易商及各国的中央银行一般选择这一时段进行交易。

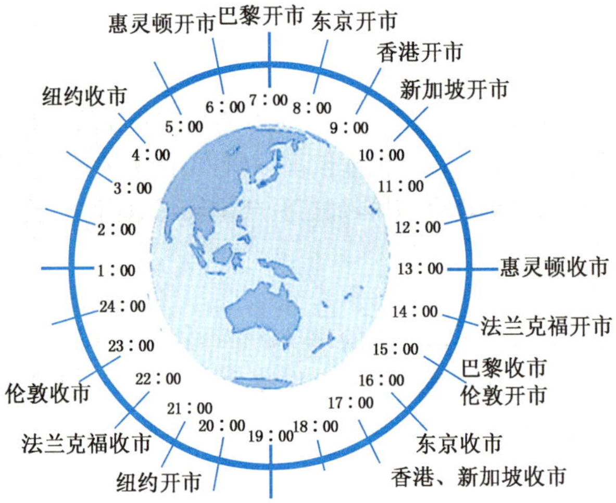

图 6—1 世界主要汇市交易时间(北京时间)

3. 外汇市场动荡不安

自 1973 年布雷顿森林体系瓦解，西方国家普遍开始实行浮动汇率制后，外汇市场的动荡不安就成为一种经常现象。近年来，由于世界经济发展不平衡加剧以及国际资本流动进一步趋向自由化，世界外汇市场上各国货币汇率更加涨落不定，动荡剧烈，必然会给各国的对外经济贸易活动带来极大的风险。

4. 政府对外汇市场的联合干预日趋加强

自 20 世纪 80 年代以来，由于全球外汇市场的一体化发展，一国外汇市场汇率的变化往往波及全球，这样仅靠一国中央银行干预外汇市场显得势单力薄。因此，在目前浮动汇率制下，中央银行干预外汇市场的一个重要特征是多国“联合干预”。

5. 金融创新层出不穷

自 1973 年国际货币体系进入浮动汇率制后，汇率频繁波动，外汇风险增大，各种防范汇率风险的金融创新不断应运而生，如货币互换及其与利率互换相结合的混合互换、货币期货交易、货币期权交易等，并且这些外汇交易与资本市场交易日益结合，使金融创新更加深入，从而使外汇市场交易更加丰富多彩。

(三)外汇市场的功能

1. 实现购买力的国际转移

国际贸易和国际资金融通至少涉及两种货币，这就要求将本国货币兑换成外币来清理债权债务关系，使购买行为得以实现。而这种兑换就是在外汇市场上进行的。外汇市场提供的就是这种购买力转移交易得以顺利进行的经济机制，它的存在使各种潜在的外汇售出者和外汇购买者的意愿能联系起来。同时，由于发达的通信工具已将外汇市场在世界范围内连成一个整体，使得货币兑换和资金汇付能够在极短时间内完成，购买力的这种转移变得迅速和方便。

2. 提供资金融通

外汇市场向国际上的交易者提供了资金融通的便利。外汇的存贷款业务集中了各国的社会闲置资金，从而能够调剂余缺，加快资本周转。

3. 提供外汇保值和投机的机制

在以外汇计价成交的国际经济交易中，交易双方都面临着外汇风险。由于市场参与者对外汇风险的判断和偏好的不同，有的参与者宁可花费一定的成本来转移风险，而有的参与者则愿意承担风险以实现预期利润，由此产生了外汇保值和外汇投机两种不同的行为。在浮动汇率下，外汇市场的功能得到了进一步的发展，外汇市场的存在既为套期保值者提供了规避外汇风险的场所，又为投机者提供了承担风险、获取利润的机会。

（四）外汇市场的种类

1. 根据有无固定场所，外汇市场可分为有形市场与无形市场

（1）有形市场（Visible Market），是指有具体交易场所的市场。外汇市场的出现与证券市场相关。外汇市场产生之初，多在证券交易所交易大厅的一角设立外汇交易场所，称为外汇交易所。外汇买卖各方在每个营业日的约定时间集中在此从事外汇交易。早期的外汇市场以有形市场为主，因该类市场最早出现在欧洲大陆，故又称大陆式市场。

（2）无形市场（Invisible Market），是指没有固定交易场所，所有外汇买卖均通过市场参与者之间的电话等通信工具进行的抽象交易网络。目前，无形市场是外汇市场的主要组织形式，因其最早产生于英国、美国，故又称英美式市场。

与有形市场相比，无形市场具有以下优势：①市场运作成本低。有形市场的建立与运作，依赖于相应的投入与费用支出，如交易场地的购置费（租金）、设备的购置费、员工的工资等；无形市场则无需此类投入。②市场交易效率高。无形市场中的交易双方不必直接见面，仅凭交易网络便可达成交易，从而使外汇买卖的时效性大大增强。③有利于市场一体化。在无形市场，外汇交易不受空间限制，通过网络将各区域的外汇买卖连成一体，有助于市场的统一。

2. 根据外汇交易主体的不同，外汇市场可分为银行间市场和客户市场

（1）银行间市场（Inter-bank Market），也称同业市场。由外汇银行之间相互买卖外汇而形成的市场。银行间市场是现今外汇市场的主体，其交易量占整个外汇市场交易量的 90%以上，又称作外汇批发市场。

（2）客户市场（Customer Market），是指外汇银行与一般顾客（进出口商、个人等）进行交易的市场。客户市场的交易量占外汇市场交易总量的比重不足 10%，又称作外汇零售市场。

此外，外汇市场还有广义与狭义之分。广义外汇市场包括银行间市场与客户市场，狭义外汇市场则仅指银行间市场。

（五）外汇市场的结构

1. 外汇市场的参与者

（1）外汇银行（Foreign Exchange Banks），也称外汇指定银行，是指经过本国中央银行批准，可以经营外汇业务的商业银行或其他金融机构。外汇银行可分为三种类型：①专营或兼营外汇业务的本国商业银行；②在本国经营的外国商业银行分行；③经营外汇买卖业务的本国其他金融机构，如信托投资公司、财务公司等。

【提示】外汇银行是外汇市场上最重要的参加者，它们的外汇交易构成外汇市场的主要部分。

(2)外汇经纪人(Foreign Exchange Broker)，是指介于外汇银行之间、外汇银行和外汇其他参加者之间进行联系、接洽外汇买卖的经纪人公司或个人。外汇经纪人作为外汇买卖双方的中间联络人，本身并不承担外汇盈亏风险，他们熟悉外汇供求情况和市场行情，有现成的外汇业务网络，而且具有丰富的外汇买卖经验，因此，一般客户愿意委托他们代理外汇买卖业务。在西方国家，外汇经纪人一般须经过所在国家中央银行的批准才能取得私营业务的资格。有的国家还规定外汇买卖必须通过经纪人和外汇银行进行，可见外汇经纪人在外汇交易中的作用是十分重要的。

(3)外汇交易商(Exchange Dealer)，是指经营票据买卖业务、买卖外国汇票的公司或个人，多数是信托公司、银行的兼营机构或票据贴现公司。它们利用自己的资金，根据外汇市场上的行市，赚取买卖中的差价。外汇交易商可以自己直接买卖外汇，也可以通过经纪人交易。

(4)进出口商及其外汇供求者。出口商出口商品后需要把收入的外汇卖出，而进口商进口商品则需要买进对外支付的外汇，这些都要通过外汇市场的外汇交易来进行。其他外汇供求者是指运费、旅费、留学费、汇款、外国有价证券买卖、外债本息收付、政府及民间私人借贷以及其他原因引起的外汇供给者和需求者，包括劳务外汇收入者、国外投资受益者、接受国外援助者、收到侨汇者、接受外国贷款者、对本国进行直接投资的外国企业和在国外发行有价证券者。

(5)外汇投机者(Exchange Speculator)，是指在外汇市场上预测汇价的涨跌，以买空或卖空的形式，根据汇价的变动低买高卖，赚取差价。这些人往往是活跃外汇交易的重要力量，但过度投机常会带来汇价的大起大落。

(6)中央银行(Central Bank)，在外汇市场上一般不进行直接的、经常性的买卖。它们主要通过经纪人和商业银行进行交易，目的是防止国际上对本国货币的过度需求或过度抛售，以维护本国货币的汇价稳定，并执行本国的货币政策。在实际过程中，外汇市场上的投机者经常希望有汇价波动，或者进行投机以造成汇价波动，而中央银行总是希望保持汇价的相对稳定，因此这两股力量在外汇市场上的此消彼长往往是影响汇价的重要因素。

2. 外汇交易的层次

一般来说，外汇交易可以分为三个层次，即外汇银行与顾客之间的交易、外汇银行之间的交易、外汇银行与中央银行之间的交易。

(1)外汇银行与顾客之间的交易。顾客向银行买卖外汇，往往是出于国际结算中收付货款的需要，故主要是本币与外币之间的兑换。在与顾客的外汇交易中，银行一方面从顾客手中买入外汇，另一方面又将外汇卖给顾客，实际上是在外汇的最初供给者与最终需求者之间起中介作用，赚取外汇的买卖差价。

(2)外汇银行之间的交易。银行在为顾客提供外汇买卖中介服务时，经常出现营业日内外汇买入额与卖出额不平衡的情况。如果某一币种的购入额多于出售额，则银行该币种外汇头寸即出现“多头”(Long Position)或“超买”(Overbought)；如果某一币种购入额低于出售额，则银行该币种外汇头寸即出现“空头”(Short Position)或“超卖”(Oversold)。“多头”和“空头”统称“敞口头寸”(Open Position)。为了规避汇率变动的风险，银行应当遵循“买卖平衡”的原则，主动参与银行间市场的交易以轧平各币种的头寸，将多头抛出、空头补进。这种头寸抛补业务又称外汇头寸调整交易。银行进行外汇交易，也可出于投机获利的目的。银行同业间交易汇集了外汇市场的供求流量，由此决定着汇率的高低。在外汇市场上，实力雄厚的大银行凭借其先进的电信设备、高素质的外汇交易员及广泛的代理行关系处于“造市者”地位。这些银行对某种货币的买卖报价可以直接影响该种货币的汇率。

(3)外汇银行与中央银行之间的交易。中央银行对外汇市场的干预，是通过与外汇银行之间的交易进行的。当某种外币汇率上涨高于期望值时，中央银行就会向外汇银行出售该种货币，促使汇率下跌；反之，当某种外币汇率下跌低于期望值时，中央银行就会从外汇银行处购入该种外币，使其汇率上升。

（六）世界主要外汇交易系统

随着国际金融的一体化，各金融中心的联系越来越紧密，为了满足广大外汇交易者的需要，通信与信息系统越来越普及。目前，运用最广泛的有三种系统：路透社终端、美联社终端和德励财经终端。这三大系统在服务内容和方式上大同小异，下面仅就路透社终端进行介绍。

路透社终端由英国路透新闻社推出。路透社利用分散于全球各地和金融中心的新闻记者，广泛采集有关政治、经济、金融、贸易等的信息，并通过先进的通信工具，以最快捷的速度向用户提供服务。

全世界参加路透社交易系统的银行达数千家，每家银行都有一个指定的代号，例如中国银行总行的代号是 BCDD。交易员若想与某家银行进行交易，在键盘上输入对方银行的代号，叫通后即可询价，并可以讨价还价。双方的交易过程全部显示在终端机的荧屏上，交易完毕后即可通过打印机打印出来，作为交易双方的文字记录和交易合同。路透社终端提供的服务主要包括以下方面：

（1）即时信息服务。路透社记者将即时的政治、金融、商品等信息汇集到路透社编辑中心，然后再输送到各地的终端。用户只需输入代号，即可在屏幕上阅读信息。

（2）即时汇率行情。路透社终端的即时汇率界面，为交易员显示即时世界各大银行外汇买卖的参考价。

（3）走势分析。路透社系统中，有许多专业的分析员负责每天撰写汇市评论和走势分析，然后输入路透社计算机中心，用户需要时可调出作参考。

（4）外汇买卖和技术图表分析。通过路透社交易机，交易员可以向系统内任何一家银行买卖外汇。路透社为用户提供各种货币的技术图表，以帮助用户进行分析。

三、世界主要外汇市场

目前，世界上最重要的外汇市场是伦敦、纽约、东京、新加坡、苏黎世、香港、巴黎和法兰克福外汇市场等。

（一）伦敦外汇市场

伦敦外汇市场因其历史最悠久和交易规模最大而成为久负盛名的国际外汇市场。在第二次世界大战前，由于英镑是当时最主要的国际货币，大量的外汇业务使伦教外汇市场在世界上独占整头。在第二次世界大战后，虽然英国开始衰落，但由于其在历史上建立起来的国际金融关系和信誉及长期积累起来的业务经验和技术，伦敦仍是为世界上最重要的外汇市场之一。

目前，其外汇交易量仍居国际外汇市场首位，日均外汇交易量达 6 000 亿美元左右。在英国交易的美元总额是在美国本土交易的美元总额的 2 倍，在英国交易的欧元总额比在所有欧元区国家交易的欧元总额的 2 倍还多。

伦敦外汇市场是一个典型的无形市场，它没有固定的交易场所，只是通过电话、电传、电报完成外汇交易。在伦敦外汇市场上的外汇交易类别有即期外汇交易、远期外汇交易和外汇掉期交易等。在伦敦外汇市场上交易的货币几乎包括所有的可兑换货币，规模最大的是英镑兑美元的交易。其次是英镑兑欧元和日元的交易。此外，像美元兑欧元、欧元兑日元、日元兑美元等多边交易，在伦敦外汇市场上也普遍存在。由于伦敦外汇市场所在的时区处于东京与纽约之间，其一天 24 个小时都能够与这两个主要外汇市场进行交易。

（二）纽约外汇市场

纽约外汇市场的交易量仅次于伦敦外汇市场。在第二次世界大战后，美国的经济实力大增，对外经济关系迅速发展，美元取代英镑，成为世界上最主要的储备货币和清算手段。纽约外汇市场就成了全世界美元交易的清算中心，它不但是美国国内外汇交易中心，而且是世界各地外汇结算的枢纽。纽约外汇市场也是一个无形市场，其货币结算均通过纽约地区银行同业清算系统和联邦储备银行支付系统进行。由于美国没有外汇管制，对经营外汇业务没有限制，政府也不指定专门的外汇银行，所以几乎所有的美国银行和金融机构都可以经营外汇业务。

但纽约外汇市场的参加者仍以商业银行为主，包括 50 余家美国银行和 200 多家外国银行在纽约的分支机构、代理行及代表处。纽约外汇市场的汇率报价既采用直接标价法，如美元兑英镑，又采用间接标价法，如美元兑欧洲各国货币和其他国家货币，以便在世界范围内进行美元交易。其交易货币主要有欧元、英镑、加拿大元、日元等。

（三）东京外汇市场

随着日本经济的不断发展及经济地位的提高，东京外汇市场的规模不断扩大，已经成为仅次于伦敦和纽约的第三大国际外汇市场。与伦敦外汇市场和纽约外汇市场相似，东京外汇市场也是无形市场，交易者利用电话、电报等通信设施完成交易。

从交易货币上看，东京外汇市场上的币种比较单一，主要是日元兑美元和日元兑欧元的交易，其中日元兑美元的交易占交易总额的 60%以上。从交易品种上看，掉期业务比较活跃，占外汇市场交易量的 60%以上，而即期交易、远期交易所占比重较小。

（四）新加坡外汇市场

新加坡外汇市场是全球第四大外汇市场，日均交易量仅次于东京外汇市场。

新加坡外汇市场是一个无形市场，除了保持现代化通信网络外，还直接同纽约 CHIPS(Clearing House Interbank Payment System)即纽约清算所银行同业支付系统，和欧洲的 SWITF(Society Worldwide Interbank Financial Telecommunications，即环球同业银行金融电讯协会)系统连接，因而其货币结算功能十分方便。

新加坡外汇市场的交易以美元为主，占交易总额的 85%左右。该市场中的大部分交易是即期交易，掉期交易及远期交易合计占交易总额的 1/3，汇率均以美元报价。非美元货币间的汇率通过套算求得。新加坡地处欧、亚、非三洲交通要道，时区优越。上午可与香港、东京、悉尼等市场进行交易，下午可与伦敦、苏黎世、法兰克福等欧洲市场进行交易，中午还可同中东的巴林进行交易，晚上可同纽约进行交易。根据交易需要，新加坡外汇市场一天 24 小时都可同世界各地区进行外汇买卖。

（五）香港外汇市场

1973 年香港取消外汇管制后，国际资本大量流入，促使香港外汇市场日趋活跃，并得到迅速发展。作为世界第五大外汇交易中心的香港外汇市场也是无形市场，通过现代化通信设施进行交易，没有固定交易场所。

香港外汇市场由两部分构成：一是港元兑外币的市场。其中包括美元、日元、欧元、英镑、加拿大元、澳大利亚元等主要货币和东南亚国家的货币。其中，当然也包括人民币。二是美元兑其他外汇的市场。在香港外汇市场中，港元与其他外币不能直接兑换，必须通过美元套购。美元是所有货币兑换的交易媒介，所有货币都需要先换成美元，再由美元折成。

此外，香港外汇市场与伦敦、纽约外汇市场保持着密切的联系，只要欧美外汇市场上有新的外汇业务，很快就会传到香港外汇市场。因此，香港外汇市场上的金融创新品种比较多。

第二节 外汇市场的汇率

一、汇率的概念

动漫视频

汇率

外汇汇率(Foreign Exchange Rate)又称汇价、外汇行市、外汇牌价,是一国货币折算成另一国货币的比率,或者是用一国货币表示的另一国货币的价格。

二、汇率的标价方法

(一)直接标价法

直接标价法(Direct Quotation),又称为应付标价法(Giving Quotation),是以一定单位(1 个、100 个或 10 000 个外币单位)的外国货币为标准,折算成若干单位的本国货币来表示的,即以本国货币表示外国货币的价格。

【注意】当今世界上,绝大多数国家使用直接标价法。

在直接标价法下,汇率具有以下两大特征:第一,标准货币是外币,报价货币是本币;第二,外汇汇率的升(贬)值与报价货币数额的多少呈同方向变化。外国货币的数额保持固定不变,本国货币的数额随着外国货币或本国货币币值的变化以及外币供求条件的变化而变动。如果一定单位的外国货币升值或本国货币贬值,则报价货币的数额增加;反之,如果一定单位的外国货币贬值或本国货币升值,则报价货币的数额减少。

(二)间接标价法

间接标价法(Indirect Quotation),又称应收标价法(Receiving Quotation),是以一定单位的本国货币为标准,折算成若干单位的外国货币来表示的,即以外国货币表示本国货币的价格。当今世界上,实行间接标价法的国家和地区较少,主要是英国、美国、欧元区、新西兰、加拿大、澳大利亚等。

在间接标价法下,汇率具有以下两大特征:第一,标准货币是本币,报价货币是外币;第二,外汇汇率的升(贬)值与报价货币数额的多少呈反方向变化。本国货币的数额保持固定不变,外国货币的数额随着本国货币或外国货币币值的变化以及外汇供求条件的变化而变动。如果外国货币升值或本国货币贬值,则报价货币的数额减少;反之,如果外国货币贬值或本国货币升值,则报价货币的数额增加。

这里有两点需要注意:①在判断直接标价法和间接标价法时,一定要明确来源于哪一个外汇市场。例如,某日在纽约市场,1 美元=1.654 5 瑞士法郎,为间接标价法,对于同样的汇价,若在苏黎世市场则变为直接标价法,若在香港市场,则既不是直接标价法,也不是间接标价法。②对于同一外汇市场,直接标价法和间接标价法互为倒数。例如,某日在纽约市场,1 美元=1.654 5 瑞士法郎,为间接标价法,而 1 瑞士法郎=1/1.654 5 美元,则为直接标价法。

(三)美元标价法和非美元标价法

美元标价法(US Dollar Quotation),是以一定单位的美元为标准,折算成若干单位的其他货币来表示的。非美元标价法是以非美元货币为标准,折算成若干单位的美元来表示的。在国际外汇市场上,除英镑、澳大利亚元、新西兰元、欧元、南非兰特等几种货币采用非美元标价法以外,其余大多数货币采用美元标价法。这一惯例已被全世界的市场参与者所接受。

直接标价法和间接标价法都是针对本国货币与外国货币之间的关系而言的。相对于某个国家或某个外汇市场而言,本币以外其他各种货币之间的比价则无法用直接或间接标价法来表示。事实上,第二次世界大战以后,特别是欧洲货币市场兴起以来,国际金融市场之间外汇交易量迅速增长。为便于在国际上进行外汇业务交易，银行间的报价一般都以美元为标准来表示各国货币的价格，至今已成习惯。世界各金融中心的国际银行所公布的外汇牌价，一般都是美元对其他主要货币的汇率。非美元货币之间的汇率则将各自对美元的汇率作为基础，进行套算。

三、汇率的分类

（一）根据银行买卖外汇的角度，汇率分为买入汇率、卖出汇率、中间汇率和现钞汇率

1. 买入汇率

买入汇率（Buying Rate）又称买入汇价或买价，是银行从同业或客户买入外汇时所使用的汇率。

2. 卖出汇率

卖出汇率（Selling Rate）又称卖出价或卖价，是银行向同业或客户卖出外汇时所使用的汇率。

买入汇率和卖出汇率都是从银行（报价银行）的角度出发的，外汇银行买卖外汇的目的是追求利润，因而，它们总是以低价买入某种货币，然后高价卖出，即外汇银行在经营外汇的过程中始终遵循贱买贵卖原则。买入汇率与卖出汇率二者之间的差额就是银行买卖外汇的收益。在直接标价法下，外币折合本币数额较少的那个汇率是买入汇率，外币折合本币数额较多的那个汇率是卖出汇率；在间接标价法下，本币折合外币数额较多的那个汇率是买入汇率，本币折合外币数额较少的那个汇率是卖出汇率；在既不是直接标价法，也不是间接标价法下，标准货币折合报价货币数额较少的那个汇率是标准货币买入汇率（报价货币卖出汇率），标准货币折合报价货币数额较多的那个汇率是标准货币卖出汇率（报价货币买入汇率）。

我们举例说明，在香港外汇市场上某银行给出的美元兑港元的即期汇率为 USD1＝HKD7.752 0/32，是直接标价法，则美元作为外汇，美元买入价为 7.752 0，美元卖出价为 7.753 2，每买卖 1 美元银行可获得 0.001 2 港元的收益；若在纽约外汇市场上某银行给出的美元兑港元的即期汇率仍为 USD1＝HKD7.752 0/32，则是间接标价法，港元作为外汇，港元买入价为 7.753 2，港元卖出价为 7.752 0，每买卖价值 1 美元的港元，银行可获得 0.001 2 港元的收益；若在伦敦外汇市场上某银行给出的美元兑港元的即期汇率仍为 USD1＝HKD7.752 0/32，则既不是直接标价法也不是间接标价法，美元和港元均为外汇，外汇银行根据贱买贵卖原则买卖外汇，银行若买入 1 美元，支付给客户 7.752 0 港元，银行若卖出 1 美元，收入 7.753 2 港元，因此，美元的买入价为 7.752 0，美元的卖出价为 7.753 2。由于银行买入美元而支付港元，也可以看作是银行卖出港元而买入美元，因此，在这里，美元的买入价就是港元的卖出价。同样道理，美元的卖出价就是港元的买入价。

按照汇率标价惯例，无论何种汇率的标价方法，总是数字较小的在前面，数字较大的在后面。为了方便记忆，我们总结出买入汇率和卖出汇率的判断方法为：直接标价法，“前买后卖”（即买入价在前，卖出价在后）；间接标价法，“前卖后买”（即卖出价在前，买入价在后）；标准货币，“前买后卖”（即标准货币的买入价在前，卖出价在后）；报价货币，“前卖后买”（即报价货币的卖出价在前，买入价在后）。

3. 中间汇率

中间汇率（Middle Rate），也称中间价，是银行外汇的买入汇率与卖出汇率的平均数，即买入汇率加卖出汇率之和除以 2。中间汇率不是外汇买卖的执行价格，常用于对汇率的分析，它是衡量一国货币价值的重要指标。报刊、电视报道汇率时也常用中间汇率。

学中做 6－1 假设在某一天，银行给出的美元兑人民币的买入汇率是 1 美元＝7.10 元人民币，卖出汇率是 1 美元＝7.15 元人民币。请计算该日美元兑人民币的中间汇率。

解析：中间汇率 =（买入汇率＋卖出汇率）÷2

=（7.10＋7.15）÷2

=7.125 元人民币

因此，该日美元兑人民币的中间汇率是 1 美元=7.125 元人民币。

4. 现钞汇率

现钞汇率（Bank Notes Rate）又称现钞买入价，是指银行从客户那里购买外币现钞时所使用的汇率。现钞买入价一般低于现汇买入价，而现钞卖出价与现汇卖出价相同。前述的买入汇率、卖出汇率是指银行购买或卖出外币支付凭证的价格。银行在买入外币支付凭证后，通过划账，资金很快就存入外国银行，开始生息或可调拨使用。一般国家都规定，不允许外国货币在本国流通。银行收兑进来的外国现钞，除少量部分用来满足外国人回国或本国人出国的兑换需要外，余下部分积累到一定的数量后，必须运送到各外币现钞发行国去或存入其发行国银行及有关外国银行才能使用或获取利息，这样就产生了外币现钞的保管、运送、保险等费用及利息损失，银行要将这些费用及利息损失转嫁给出卖外币现钞的顾客，所以银行买入外币现钞的汇率要低于现汇买入汇率。

（二）根据制定汇率的方法不同，汇率分为基本汇率和套算汇率

1. 基本汇率

基本汇率（Basic Rate）或基准汇率，是指一国货币对关键货币的比率。所谓关键货币（Key Money），是指在国际交往中使用最多、在外汇储备中所占比重最大、在国际上普遍接受的可自由兑换的货币。美元作为国际上主要的结算货币和储备货币，成为外汇市场的关键货币。因此，目前大多数国家把本国货币与美元的汇率作为基本汇率。

【提示】基本汇率是确定一国货币与其他国家货币汇率的基础。

2. 套算汇率

套算汇率（Cross Rate）又称交叉汇率，是通过两种不同货币与关键货币的汇率间接地计算出两种不同货币之间的汇率。套算汇率的计算方法有两种，即“同项相乘法”和“交叉相除法”。“同项相乘法”适用于关键货币不同的套算汇率的计算，“交叉相除法”适用于关键货币相同的套算汇率的计算。下面，我们举两道例题予以说明。

【做中学 6—1】 已知外汇市场的即期汇率为 GBP1=USD1.433 3/38，USD1=HKD7.753 2/40。试求英镑兑港元的套算汇率。

解析：把汇率改成如下形式：GBP/USD=1.433 3/38

USD/HKD=7.753 2/40

进行运算，得到：

$$GBP/HKD=\frac{GBP}{USD}\times\frac{USD}{HKD}$$

根据“同项相乘法”的原则进行计算，即小×小=小，大×大=大，得到：

英镑的买入价为：1.433 3×7.753 2=11.112 7

英镑的卖出价为：1.433 8×7.754 0=11.117 7

即 GBP1=HKD11.112 7/77

【做中学 6—2】 已知外汇市场的即期汇率为 GBP1=USD1.505 0/60，AUD1=USD1.381 0/20。试求英镑兑澳元的套算汇率。

解析：把汇率改成如下形式：GBP/USD=1.505 0/60

AUD/USD=1.381 0/20

进行运算，得到：

$$GBP/AUD=\frac{GBP}{USD}\div\frac{AUD}{USD}$$

根据“交叉相除法”的原则进行计算，即小÷大=小，大÷小=大，得到：

英镑的买入价为：1.505 0÷1.382 0=1.089 0

英镑的卖出价为：1.506 0÷1.381 0=1.090 5

即 GBP1=AUD1.089 0/905

（三）根据银行买卖外汇的时间角度划分，汇率分为开盘汇率和收盘汇率

1. 开盘汇率

开盘汇率(Opening Rate)是外汇银行在一个营业日刚开始营业，进行外汇买卖时所使用的汇率。

2. 收盘汇率

收盘汇率(Closing Rate)是外汇银行在一个营业日的外汇交易终了时的汇率。西方国家报刊发表的外汇行市，一般多以当天收盘汇率为准。

（四）根据外汇买卖是否随时交割，汇率分为即期汇率和远期汇率

1. 即期汇率

即期汇率(Spot Rate)又称现汇汇率，是指外汇买卖双方在成交后的两个营业日内办理交割手续时所使用的汇率。

【提示】交割是指双方各自按对方的要求，将卖出的货币解入对方指定的账户的处理过程。

2. 远期汇率

远期汇率(Forward Rate)又称期汇汇率，是指外汇的买卖双方达成协议并签订合同，到未来一定时期进行交割的汇率。

（五）根据银行外汇收付的方式，汇率分为电汇汇率、信汇汇率和票汇汇率

1. 电汇汇率

电汇汇率(Telegraphic Transfer Rate, T/T Rate)是指经营外汇业务的银行在售出外汇后，用电信方式通知其国外的分行或代理行付款给收款人所使用的一种汇率。一般来说，电汇汇率是外汇市场上的基础汇率。由于电汇付款较快，银行无法占用客户资金头寸，同时，国际上的电信费用较高，所以电汇汇率较一般汇率高。

【提示】外汇市场所公布的汇率多为电汇汇率。

2. 信汇汇率

信汇汇率(Mail Transfer Rate, M/T Rate)是指银行卖出外汇后，开立付款委托书，用信函方式通知国外分行或代理行解付时所采用的汇率。由于信函寄达的时间比电传等电信方式长，在此期间，银行可以占用客户的资金获取利息，所以信汇汇率较电汇汇率低。

【提示】信汇方式通常用在我国香港和东南亚地区邻近国家或地区之间的交易。

3. 票汇汇率

票汇汇率(Demand Draft Rate, D/D Rate)是指银行在卖出外汇时，开立一张由其国外分支机构或代理行付款的汇票交给汇款人，由其自带或寄往国外取款。与信汇相同，由于汇票从卖出外汇到支付外汇有一段间隔时间，银行可以在这段时间内占用客户的头寸，所以票汇汇率一般比电汇汇率低。票汇汇率又可以分为即期票汇汇率和远期票汇汇率。即期票汇汇率是银行买卖即期汇票时所使用的汇率。即期票汇汇率基本上与信汇汇率相同。远期票汇汇率是银行买卖远期外汇汇票时所采用的汇率，一般以即期票汇汇率为基础，扣除远期付款贴现利息后得出，且汇票付款期限越长，

汇率越低。

(六)根据外汇管制情况的不同,汇率分为官方汇率和市场汇率

1. 官方汇率

官方汇率(Official Rate)又称法定汇率,是指国家机构(财政部、中央银行或外汇管理当局)公布的汇率,并规定一切外汇交易都以其公布的汇率为标准。在外汇管制比较严格的国家禁止自由市场的存在,官方汇率就是实际汇率,而无市场汇率。官方汇率一经制定往往不会频繁地变动,这虽然保证了汇率稳定,但汇率缺乏弹性。

2. 市场汇率

市场汇率(Market Rate)是指由外汇市场上的供求决定的、在外汇市场上买卖外汇的实际汇率。市场汇率随外汇的供求变动而波动,同时也受一国外汇管理当局对外汇市场干预的影响。在外汇管制较松或不实行外汇管制的国家,官方宣布的汇率往往只是起基准汇率的作用,实际外汇交易则按照市场汇率进行。

(七)根据政府允许使用的汇率种类多少划分,汇率分为单一汇率和复汇率

1. 单一汇率

单一汇率(Single Rate)是指一国只规定一种本国货币与外国货币的兑换比率,各种外汇收支都须按照这个统一的汇率结算,或者按照国际货币基金组织的规定,一国货币兑外币的即期汇率的买卖差价不超过2%。

2. 复汇率

复汇率(Multiple Rate)是指一国货币兑外国货币的汇率,根据不同性质的外汇收支或外汇交易而同时规定的两种或两种以上的不同汇率,或者按照国际货币基金组织的规定,一国货币兑外币的即期汇率的买卖差价超过2%。复汇率可分为双重汇率和多重汇率。双重汇率是指对某一种外国货币同时存在两种汇率,一般包括贸易汇率和金融汇率。多重汇率则是对某一种外国货币同时存在几种汇率,多者可达几十种,它是实行外汇管制的产物。

(八)根据外汇资金的性质和用途,汇率分为贸易汇率和金融汇率

1. 贸易汇率

贸易汇率(Commercial Rate)主要是指用于进出口贸易及其从属费用方面的汇率。制定这种汇率目的是鼓励出口、抑制进口,从而改善本国的贸易状况。

2. 金融汇率

金融汇率(Financial Rate)主要是指资金转移和旅游支付等方面的汇率。制定这种汇率目的是增加非贸易外汇收入或限制资本流入或流出。

(九)根据经济分析的角度,汇率分为名义汇率和实际汇率

1. 名义汇率

名义汇率(Nominal Rate)是指各国外汇市场或外汇管理机构公开发布的外汇汇率,是没有剔除通货膨胀因素的汇率。

2. 实际汇率

实际汇率(Real Rate)是指对名义汇率经过通货膨胀因素调整以后的汇率。

(十)根据国际汇率制度,汇率分为固定汇率、浮动汇率和联合浮动汇率

1. 固定汇率

固定汇率(Fixed Rate)是指两国货币的汇率只能在规定的幅度内波动。当实际汇率波动超出规定的幅度,中央银行有义务进行干预,使汇率波动维持在规定的上下限内。由于在这种汇率制度下汇率一般不轻易变动,具有相对稳定性,故称为固定汇率。国际金本位制和布雷顿森林体系下的

汇率制度就属于固定汇率制度。

2. 浮动汇率

浮动汇率(Floating Rate)是指一国货币兑另一国货币的比率,任其根据外汇市场的供求关系变化自发形成。实行浮动汇率制,中央银行不规定汇率波动幅度的上下限,原则上也没有义务维持汇率的稳定,任凭汇率根据外汇市场的供求关系而自由波动。

【注意】目前,世界上大多数国家实行浮动汇率制,只不过多数国家是实行有管理的浮动汇率制。

3. 联合浮动汇率

联合浮动汇率(Joint Floating Rate)是指联合浮动成员国货币之间的汇率实行固定汇率,对非成员国的货币实行浮动汇率。欧洲经济共同体曾经使用过联合浮动汇率制,欧元出现后,该种汇率制度已不存在。

(十一)根据外汇买卖的对象不同,汇率分为同业汇率和商业汇率

1. 同业汇率

同业汇率(Inter-bank Rate)也称银行间汇率,是指银行同业之间买卖外汇所使用的汇率。由于外汇银行是外汇市场的主要参与者,银行间的外汇交易是整个外汇交易的中心,故银行间汇率又称为市场汇率。银行间汇率由外汇市场供求关系决定,买卖差价较小。

2. 商业汇率

商业汇率(Commercial Rate)是指银行与客户之间买卖外汇所使用的汇率。商业汇率是根据同业汇率适当增(卖出价)减(买入价)而形成的,所以其买卖差价要大于同业汇率的买卖差价。

四、外汇报价惯例

在长期的外汇交易中,外汇市场逐渐形成了有关外汇行情的固定报价方法,在报价时一般不再对这些固定报价方法加以说明,以提高外汇交易效率。这些报价惯例如下:

(1)各种货币报价一般采用美元标价法,即用1美元兑换多少其他货币的方法报价。只有英镑、澳大利亚元、新西兰元、欧元、南非兰特等几种货币采用非美元标价法。

(2)汇率报价要同时报出买入价和卖出价,采用简洁的方式。银行在接受客户询价时,有义务作出报价。客户无须指明他想买还是想卖外汇,银行应该既报买入价又报卖出价。而报出这两个价格后,银行就有义务承担以此价格买卖外汇的交易。当然这一义务有时间界限,一般不能要求银行按10分钟前的报价成交。通常银行间交易的报价并非报出所有的数字,只是报出小数点后的最后两位数。如GBP1=USD1.505 0/60,只要报出50/60即可,大数1.50可以省略不报,在交易成交后再确定全部的汇率。

(3)汇率报价一般是报到小数点后面4位数,只有日元特殊,报到小数点后面2位数。一般而言,小数点后第4位数,称为点(Point),但美元兑日元的汇率,小数点后第2位数,称为点。

(4)前小后大原则,即无论采用何种汇率的标价方法,总是数字较小的在前面,数字较大的在后面。

(5)一般情况下,银行报出的汇率都是价值100万美元的外汇交易所采用的汇率。

(6)银行报出的汇率是银行同业汇率,银行对非银行客户买卖外汇的差价要大于银行同业间买卖外汇的差价。

(7)交易术语规范化。瞬息万变的外汇行情,要求交易双方以最短的时间达成一项交易。因此,交易员为节省时间、提高效率,通常采用简洁明了的规范化语言(即行话)进行交易。

第三节 外汇市场的交易程序

一、外汇交易的概念

外汇交易(Foreign Exchange Transaction),又称外汇买卖,是指将一个国家的货币按照一定的价格(汇率)兑换成另一个国家的货币。这种外汇买卖,有可能买卖的是货币本身,但绝大多数是以外币表示的各种支付手段或信用工具(如支票、本票、汇票等)的买卖活动。外汇市场是进行外汇买卖的场所,在外汇市场进行外汇交易的主要是经营外汇业务的银行,它们在经营外汇业务中,不可避免地要出现买进和卖出外汇的不平衡情况,进而产生外汇头寸。

二、外汇头寸

外汇头寸(Foreign Exchange Position)是指外汇银行所持有的各种外币账户的余额。如果银行买入某种外币的数额超过卖出的数额,称为该种货币的"多头头寸"(Long Position),或称"超买"(Overbought);如果银行卖出某种外币的数额超过买入的数额,称为该种货币的"空头头寸"(Short Position),或称"超卖"(Oversold);如果银行买入某种外币的数额大致等于卖出的数额,称为该种货币的"平头头寸"(Square Position)。多头头寸和空头头寸将使外汇银行因汇率变动而受到有利或不利的影响。因而,银行为避免汇率波动的风险,在买卖外汇时遵循轧平头寸的原则,对于每笔外汇出现的空头头寸或多头头寸都要进行必要的抛补。如果对空头头寸或多头头寸不加以掩护,任其承受汇率风险,则称为"敞口头寸"(Open Position),或称"风险头寸"(Currency Exposure)。

三、外汇交易的程序

(一)询价

询价方首先要自报家门,以便让报价行知道交易对手是谁,并决定其交易对策。询价的内容主要包括交易的币种、交易金额、交割期限等。为节省时间、提高效率,询价方应采用简洁明了的规范化语言进行询价,如:What is your spot USD/JPY, pls。

(二)报价

外汇银行的交易员接到询价后,应迅速报出所询问的有关货币的现汇或期汇的买入价和卖出价,如 20/30。迅速报价,体现了外汇银行的业务水平和交易效率,也使询价方无暇寻找其他交易对象,增加了成交的可能性。与此同时,外汇银行的交易员还应根据其自身的头寸情况和买卖意图报出一个具有竞争力的价格,现举例予以说明。

【做中学 6—3】 假设某外汇银行的英镑处于多头寸状况,假设国际外汇市场上英镑兑美元的报价为:GBP1=USD1.354 5/65。该外汇银行为了将本行多余的英镑头寸抛出,应如何报价?

解析:该外汇银行为了将本行多余的英镑抛出,就应该压低英镑的报价。

GBP1=USD1.353 5/55,这一报价中英镑的买入价、卖出价显然比市场报价低,这样一方面阻止了客户到该银行卖出英镑,另一方面也吸引了客户到该银行购买英镑,进而达到了抛出英镑的目的。当然,报价银行的交易员在报出具有竞争力买卖价格后,还要根据本行外汇头寸的变化情况,灵活而及时地调整报价。

(三)成交

询价者接到报价后,应立即做出反应,或者成交,或者放弃,而不应该与报价方讨价还价。当询价者表示愿意以报出的价格买入或卖出某个期限的一定数额的某种货币时，报价银行应对此交易作出承诺。一旦报价银行的外汇交易员说“成交了”，外汇交易合同即成立，双方都应遵守各自的承诺，不得反悔、更改或取消。

（四）证实

交易得到承诺后，为防止错漏和误解，双方当事人不管多么繁忙都会不厌其烦地将交易的所有细节以书面形式相互确认一遍。

交易结束后，若发现原证确有错误或遗漏，交易员应尽快与交易对手重新证实，其内容必须得到交易双方的同意方可生效。

（五）交割

交割是外汇交易的最后环节，也是最重要的环节。交易双方需按对方的要求将卖出的货币及时准确地汇入对方指定的银行存款账户中，以了结债权债务关系。

第四节 外汇市场的交易方式

外汇市场上的交易方式有多种，市场参与者可以根据自身的需要灵活选择其中的一种或多种。

一、即期外汇交易

（一）即期外汇交易的概念和作用

动漫视频

即期外汇

即期外汇交易（Spot Exchange Transaction），又称现汇交易，是指在外汇交易成交后于两个营业日内进行清算交割的一种外汇交易。为了正确理解即期外汇交易这一概念，我们首先要理解成交、交割和营业日的基本概念。在外汇交易中，成交是指确定外汇买卖协议，即确定买卖关系，并不发生实际收付行为。交割是指成交以后，买卖双方实际收付货币的行为，交易双方分别按照对方的要求将卖出的货币解入对方指定的银行账户中。营业日是指在实际进行交割的双方国家（货币发行国）的银行都营业的日子，非营业日则不包括在内。例如，某日在中国香港市场上，英镑和美元的即期外汇交易，营业日是指英国和美国的银行都营业的工作日。

在各类外汇交易中，即期外汇交易是基础，是外汇市场中最常见、最普遍的交易形式。即期外汇交易的作用主要包括以下方面：①满足临时性的付款需要。例如，某进口商要支付美元货款，而该公司只有人民币存款，它可以到外汇银行通过即期外汇交易购买美元汇票，以清偿债权债务关系。②用于防范汇率风险。公司和银行可以通过即期外汇交易轧平外汇头寸，以防范汇率风险。跨国公司还可以通过即期外汇交易调整手中外币币种结构，以分散汇率风险。③进行外汇投机。个人和公司首先预测外汇市场行情，然后买卖现汇进行投机。

（二）即期外汇交易的交割日期

交割日又称为结算日或起息日，是进行资金交割的日期。即期外汇交易的交割有以下三种类型：

1. 标准交割日

标准交割日又称即期交割，是指在成交后第二个营业日进行交割，国际外汇市场上，除特殊说明，一般采取即期交割，已成为惯例。这是因为，国际货币的收付除了要考虑时差因素的影响外，还需要对交易的细节进行逐一核对，并发出转账凭证等。当然，随着通信技术和结算技术的发展，即期交割的时间有缩短的趋势。

2. 次日交割

次日交割又称翌日交割，是指在成交后第一个营业日进行交割。例如在香港市场上，港元兑日元、新加坡元、马来西亚林吉特是在次日交割的。

3. 当日交割

当日交割是指在买卖成交当日进行交割。例如在香港市场上，港元兑美元的即期交易就是在当日交割的。

即期外汇交易交割日确定的原则可以简要概括为“节假日顺延，顺延不跨月”。具体来讲，在交割日内如果遇上任何一国(货币发行国)银行节假日，外汇交割时间向后顺延，若顺延跨到下个月，则交割日往前推回到当月最后一个营业日。这里需要注意的是，按照国际惯例，如果某一方节假日是在成交后的第一个营业日，则以报价行的交割日为准。例如，一笔星期一在伦敦市场报价成交的英镑兑美元的即期交易，若星期二是英国节假日，则交割日为星期四；若星期二是美国节假日，则交割日仍为星期三。

(三)即期外汇交易的应用——进出口贸易改换货币报价

在进出口贸易中，经常会遇到以下情况：在出口业务中，出口商品原是以某种货币报价，现在需要改用另外一种货币报价；在进口业务中，进口方需要比较同一商品不同货币的报价。外汇市场上买入价与卖出价之间一般相差1‰～3‰，进出口商在改换货币报价时，如果买入价或卖出价的选取出现错误，就可能会蒙受损失。因此，我们在改换货币报价时，应遵循以下原则：

1. 本币报价改成外币报价，应该用买入价

【做中学 6－4】 我国某出口商品原人民币报价为每件50元，现改为美元报价。假定当日中国外汇市场上，美元兑人民币汇率为1美元＝8.276 0/85元人民币，则美元报价为6.041 6(50/8.276 0)美元。这是因为，我方原为人民币报价，出口每件商品的收入为50元人民币；现改为以美元报价，出口的收入应为美元，出口商将美元卖给银行，应该得到与原来相同的收入。出口商将外币卖给银行，也就是说，银行要买入外币，因此用的是银行买入价。

2. 外币报价改成本币报价，应该用卖出价

【做中学 6－5】 某中国香港商人的出口商品原以美元报价，为每打100美元，现对方要求改为港元报价。假定当日香港外汇市场上美元兑港元的汇率为1美元＝7.789 0/910港元，则港元报价就为779.10(1 007.791 0)港元。这是因为，港商原以美元报价，出口每打商品的收入是100美元，改为本币报价也应得到原来的收入。港商将收入的本币向银行买回如数的外币，因此用的是银行的卖出价。

3. 一种外币报价改成另一种外币报价，首先把外汇市场所在地货币视为本币，然后再按照上面的两条原则处理

【做中学 6－6】 我国出口机床原以美元报价，为每台1万美元，现应客户要求改为以港元报价。当日纽约外汇市场的牌价为1美元＝7.789 0/910港元。我们把外汇市场所在国的货币视为本币，其他货币一律视为外币。因现在是以纽约外汇市场的牌价为准，因此，美元便视为本币，港元则视为外币。要把美元报价改为港币报价，在这里就成为把本币报价改为外币报价，按照第一条原则，应该用买入价进行折算，即港币报价应为77 910(10 000×7.791 0)港元(纽约外汇市场的牌价采用的是间接标价法，因此，前一个数字为卖出价，后一个数字为买入价)。

我们也可以换一个角度予以分析。我国出口商原以美元报价，出口每台机床的收入是1万美元，改为港币报价也应得到原来的收入。我国出口商将收入的港元向银行买回如数的美元(即银行卖出美元)，因此用的是美元的卖出价(这里，美元是标准货币，标准货币的买入价在前、卖出价在后)，因此港元报价应为77 910(10 000×7.791 0)港元。当然，本币报价改成外币报价或外币报价

改成本币报价也完全可以采用这种方法进行分析。

最后，需要说明一点，远期汇率进行进出口贸易改换货币报价，也同样遵循上述三条原则，这里不再赘述。

二、远期外汇交易

（一）远期外汇交易的概念

动漫视频

远期外汇

远期外汇交易(Forward Exchange Transaction)，又称期汇交易，是指外汇买卖双方事先签订外汇买卖合约，规定买卖外汇的币种、数量、汇率和将来交割外汇的时间，到规定的交割日，按合约进行实际交割。远期外汇交易的特点为三个固定：在成交时就把远期汇率固定、成交额固定、合约期限固定。

即期外汇交易是在外汇买卖成交后，于两个营业日内办理清算交割的外汇交易，因此，凡交割日在两个营业日以后的外汇交易均视为远期外汇交易。远期外汇交易的交割日在大部分国家是按月计算，很少按天计算。远期外汇交易的交割期限一般为 1～12 个月，常见的期限有 1 个月、2 个月、3 个月、6 个月、9 个月、12 个月，1 年期以上的交易称作超远期外汇交易，一般比较少。

（二）远期外汇交易交割日的确定

1. 日对日

“日对日”是指远期外汇交易交割日是以即期外汇交易交割日为基准的。例如，即期外汇交易的成交日是 6 月 2 日，即期交割日为 6 月 4 日，则一个月远期外汇交易的交割日为 7 月 4 日(若即期交割日为 6 月 3 日，则一个月远期外汇交易的交割日为 7 月 3 日)，但 7 月 4 日必须是有效的营业日，是相关币种国家共同的营业日。

2. 月对月

“月对月”是指“双底”惯例，即如果即期外汇交易交割日是该月的最后一个营业日，那么远期外汇交易交割日为合约到期月份的最后一个营业日。例如，2020 年 3 月 31 日为即期外汇交易交割日，那么 1 个月远期外汇交易的交割日就是 2020 年 4 月 30 日(4 月份的最后一个共同的营业日)。

3. 节假日顺延

“节假日顺延”是指在远期交割日内如果遇上任何一国(货币发行国)银行节假日，外汇交割时间向后顺延。

4. 顺延不跨月

“顺延不跨月”是指若顺延跨到下个月，则交割日往前推回到当月最后一个营业日。例如，2 个月远期外汇交易的成交日是 5 月 28 日，即期交割日为 5 月 30 日，2 个月远期外汇交易交割日为 7 月 30 日，若 7 月 30 日、7 月 31 日均不是营业日，则交割日不能顺延，否则就跨过 7 月份了。因此，这笔远期外汇交易的交割应为 7 月 29 日，若 7 月 29 日仍为节假日，则退回到 7 月 28 日，以此类推。

需要注意，上述四条原则在确定远期外汇交易交割日时一定要兼顾，否则会出现错误。

（三）远期汇率的报价

1. 完整汇率报价方式

完整汇率报价方式，又称直接报价方式，是直接报出完整的不同期限远期外汇的买入价和卖出价。银行对客户的远期外汇报价通常使用这种方法。例如，某日美元兑日元的 1 个月远期汇价为：USD1=JPY 105.15/25。

2. 汇水报价方式

汇水报价方式，只标出远期汇率与即期汇率的差额，不直接标出远期汇率的买入价和卖出价。

远期汇率与即期汇率的差额，称为汇水或远期差价(Forward Margin)。远期差价在外汇市场上是以升水(Premium)、贴水(Discount)和平价(Parity)来表示的。升水表示远期外汇比即期外汇贵，贴水表示远期外汇比即期外汇贱，平价表示两者相等。

由于汇率标价方法不同，计算远期汇率的公式也不相同，如下所示：

在直接标价法下：

远期汇率＝即期汇率＋升水额

远期汇率＝即期汇率－贴水额

在间接标价法下：

远期汇率＝即期汇率－升水额

远期汇率＝即期汇率＋贴水额

【做中学 6—7】 某日在纽约外汇市场上，即期汇率为 GBP1＝USD1.353 5/55，假设一个月远期英镑升水 10/20，则英镑一个月远期汇率为多少？

解析：在纽约市场即期汇率 GBP1＝USD1.353 5/55 为直接标价法，一个月远期英镑升水，所以，远期汇率＝即期汇率＋升水额，即 GBP1＝USD1.353 5＋0.001 0/1.355 5＋0.002 0＝1.354 5/75。

3.“点数”报价方式

在实际远期外汇交易中，银行只报出远期汇率升、贴水的点数，而且也不说明是升水还是贴水。我们已经知道，实际的远期汇率可通过即期汇率加上或减去升、贴水得出，但上面报价中的数字并未标明是升水还是贴水，因此，我们必须首先进行判断，然后才能对升、贴水进行加减。

在外汇市场上，表示远期汇率点数的有前后两栏数字，分别代表了买价和卖价。判断升、贴水的方法是：当买价大于卖价时，即为贴水；当卖价大于买价时，即为升水。但是，在不同的标价法下，买价和卖价的位置不同。在直接标价法下，前面是买价，后面是卖价；在间接标价法下，前面是卖价，后面是买价。下面举例予以说明。

【做中学 6—8】 某日在纽约外汇市场上，即期汇率为 USD1＝JPY100.48/58，假设三个月远期差价为 10/20，则美元三个月远期汇率为多少？

解析：首先，判断标价方法。在纽约外汇市场上，即期汇率为 USD1＝JPY100.48/58，为间接标价法。其次，判断升水、贴水。间接标价法下，前面的数字是卖价，后面的数字是买价，这里买价大于卖价，所以是贴水。最后，根据公式进行计算。在间接标价法下，远期汇率等于即期汇率加上贴水额。即 USD1＝JPY100.48＋0.10/100.58＋0.20＝JPY100.58/78。

需要注意，实际上无论是何种标价方法(直接标价法、间接标价法、美元标价法与非美元标价法)，只要远期差价点数顺序是前小后大，就用加法；只要远期差价点数的顺序是前大后小，就用减法，即“前小后大往上加，前大后小往下减”。同时，远期差价点数“前小后大”说明标准货币升水，报价货币贴水；远期差价点数“前大后小”说明标准货币贴水，报价货币升水。

(四)远期汇率升水或贴水原因

1.两国货币短期利率的差异

两国货币短期利率的差异是两国货币的远期汇率在即期汇率的基础上升水或贴水的基本原因。通常情况下，低利率的货币远期汇率表现为升水，高利率货币表现为贴水。计算升水额或贴水额的近似公式为：

$$\text{标准货币的升(贴)水额}=\text{即期汇价}\times\text{两国年利差}\times\frac{\text{月数}}{12}$$

若求报价货币的升贴水额，需要先进行汇率变形，把报价货币变为标准货币，再代入上述公式进行计算。

【做中学 6—9】 伦敦货币市场的年利率为 9.5%，纽约货币市场的年利率为 7%，伦敦外汇市场即期汇率为 GBP1=USD1.800 0。求 3 个月英镑的远期汇率和 3 个月美元的远期汇率。

解析：3 个月英镑的贴水额 $=\frac{1}{1.8000}\times(9.5\%-7\%)\times3/12=0.0113$ 美元，所以，3 个月英镑的远期汇率=即期汇率−远期贴水额=1.800 0−0.011 3=1.788 7 美元。

3 个月美元的升水额 $=\frac{1}{1.7887}\times(9.5\%-7\%)\times3/12=0.0035$ 英镑，所以，3 个月美元的远期汇率=即期汇率+远期升水额=0.555 6+0.003 5=0.559 1 英镑。

本例中，3 个月美元的远期汇率也可以通过直接计算 3 个月英镑的远期汇率倒数获得。

2. 两国货币远期外汇市场的供求关系

以两国货币的短期利率差所决定的远期汇率升贴水额只是剔除供求因素影响的纯理论数值，实际的远期外汇市场的升贴水数还要受到供求关系的影响。从长期和均衡的观点来看，远期外汇市场的远期汇率升贴水额总是围绕着由两国货币短期利差所决定的升贴水额上下波动。在供求均衡的情况下，两者才会一致。外汇市场的供求关系决定的标准货币远期汇水的折年率计算公式为：

$$\text{标准货币升(贴)水额的折年率}=\frac{\text{升(贴)水额}\times12}{\text{即期汇价}\times\text{月数}}\times100\%$$

【做中学 6—10】 若某日即期外汇市场汇价为：GBP1=USD2.250 0，3 个月远期汇率为 GBP1=USD2.275 0，纽约市场年利率为 7%，伦敦市场年利率为 5.5%。投资者应该在英国投资还是在美国投资？

解析：

$$\begin{aligned}\text{英镑升水折年率}&=\frac{\text{升水额}\times12}{\text{即期汇价}\times\text{月数}}\times100\%\\&=\frac{0.0250\times12}{2.2500\times3}\times100\%\\&=4.4\%\end{aligned}$$

美、英两国的年利差为：7%−5.5%=1.5%

投资者应该选择在英国投资，因为在英国投资与在美国投资相比，尽管一年有 1.5%的利息损失，但是英镑（低利率货币）的升水折年率为 4.4%，不仅弥补了所有利息损失，还有剩余。

通过上述例子，我们不难得出结论：若升贴水折年率大于两国年利差，投资者在低利率货币国投资有利可图。

（五）远期外汇交易的作用

1. 公司利用远期外汇交易进行套期保值

套期保值（Hedging），是指未来有外汇收入或支出的公司卖出或买入相等于该笔金额的远期外汇，交割期限与该笔外汇收入或支出的期限一致，使该笔外汇以本币表示的价值免受汇率波动的影响，从而达到保值的目的。

在国际贸易、国际投资等国际经济交易中，由于从合同签订到实际结算之间总存在着一段时间。在这段时间内，汇率有可能向不利方向变化，从而使持有外汇的一方蒙受损失。为了避免这种风险，进出口商会在签订合同时，向银行买入或卖出远期外汇；当合同到期时，即按已商定的远期汇率买卖所需外汇。

【做中学 6—11】 某美国出口商向英国进口商出售一批汽车，价值 1 000 万英镑，3 个月后收汇。假定外汇市场的行情为即期汇率 GBP1＝USD1.452 0/30，3 个月远期差价为 30/50。美国出口商如何利用远期外汇交易进行套期保值？

解析：根据已知条件 3 个月远期汇率为：GBP1＝USD1.455 0/80

美国出口商 3 个月后将有 1 000 万英镑的外汇收入。为防止 3 个月后英镑贬值，美国出口商在签订合同时就应向银行卖出 3 个月期 1 000 万英镑远期外汇予以套期保值，即美国出口商签订合同时就明确知道 3 个月后将收入 1 000×1.455 0＝1 455 万美元。

当然，若 3 个月后英镑升值，由于美国出口商在签订合同时就向银行卖出 3 个月期 1 000 万英镑远期外汇予以套期保值，因而也无法获得汇率有利变动的好处。

【做中学 6－12】　某香港公司以 6%的年利率借到了 1 000 万英镑，期限 3 个月。假定外汇市场的行情为即期汇率 GBP1＝HKD12.562 0/30，3 个月远期差价为 20/50。该香港公司如何利用远期外汇交易进行套期保值？

解析：根据已知条件 3 个月远期汇率为：GBP1＝HKD12.564 0/80

该香港公司 3 个月后将支付的本利和为：1 000×(1＋6%×3/12)＝1 015 万英镑

该香港公司为防止 3 个月后英镑升值，在签订合同时就向银行买入 3 个月期 1 015 万英镑远期外汇予以套期保值，即该香港公司在签订合同时就明确知道 3 个月后将支付 1 015×12.568 0＝12 756.52 万港元。

当然，若 3 个月后英镑贬值，由于该香港公司在签订合同时就向银行买入 3 个月期 1 015 万英镑远期外汇予以套期保值，因而也无法获得汇率有利变动的好处。

2.外汇银行利用远期外汇交易平衡其外汇头寸

当面临汇率风险的客户与外汇银行进行远期外汇交易时，实际是将汇率变动的风险转嫁给了外汇银行。而银行在其所做的同种货币的同种期限的所有远期外汇交易不能买卖相抵时，就产生了外汇净头寸，面临风险损失。为避免这种损失，银行需要将多头抛出、空头补进，轧平各种币种各种期限的头寸。

【做中学 6－13】　某银行某日开盘时卖给某企业 1 个月期 100 万英镑的远期外汇，买进相应的 1 个月期远期美元。假设开盘时的汇率行情如下：

即期汇率：GBP1＝USD1.452 0。1 个月远期汇率为：GBP1＝USD1.453 0。

该银行在卖出 1 个月远期 100 万英镑后，若认为其英镑远期头寸不足，应该补回 100 万英镑的远期外汇，以平衡美元头寸。由于外汇市场的行情处于不断的变化之中，银行在平衡外汇头寸过程中，有可能要承担汇率变化的风险。假设该银行在当日接近收盘时补进 1 个月远期 100 万英镑。假设收盘时的汇率行情如下：

即期汇率：GBP1＝USD1.455 0。1 个月远期汇率为：GBP1＝USD1.456 0。

这样该银行就要损失(1.456 0－1.453 0)×100＝0.3 万美元。

因此，在银行实际业务处理过程中，为避免汇率风险，银行在卖出远期外汇的同时，往往要买进相同数额、相同币种的即期外汇。在本例中，银行在开盘时卖给某企业 1 个月期 100 万英镑的远期外汇的同时，以 GBP1＝USD1.452 0 的即期汇率买进 100 万即期英镑；到收盘时，该银行在补进 1 个月远期 100 万英镑的同时，可按 GBP1＝USD1.455 0 的即期汇率卖出 100 万即期英镑。这样，尽管银行补进卖出的 3 个月远期英镑要损失 0.3 万美元，但即期交易中获得 0.3 万美元的收益可以抵销远期外汇市场上的损失。

综上所述，银行在进行外汇买卖过程中，当某种货币出现空头寸或多头寸时，可以利用即期外汇买卖和远期外汇买卖相配合来弥补暂时货币头寸余缺。

3. 利用远期外汇交易进行投机

远期外汇投机与即期外汇投机相比，其突出表现为"以小博大"和"买空卖空"。"以小博大"是指远期外汇投机不涉及现金和外汇的即期支付，仅需少量的保证金，无须付现，一般都是到期轧抵，计算盈亏，支付差额，并且大多数远期外汇投机在到期前就已经平仓了，因而远期外汇投机不必持有巨额资金也可做巨额交易。"买空"或"做多头"是指投机者预测某种货币的汇率会上升，则买入远期的该种货币，此时他并没有立即支付现金，也没有取得相应的外汇，只是订立了一个买卖合约，承担了在未来某一日按一定价格交付某种货币而收取另一种货币的权利和义务。与此相反，"卖空"或"做空头"是指投机者预测某种货币的汇率会下跌，则卖出远期的该种货币。

【做中学 6-14】 在纽约外汇市场上，英镑兑美元 3 个月远期汇率为 GBP1＝USD1.456 0，某美国外汇投机商预测 3 个月后英镑的即期汇率为 GBP1＝USD1.466 0。

请问：(1)如果预测正确，在不考虑其他费用的前提下，该投机商买入 3 个月远期 100 万英镑，可获多少投机利润？(2)若签完远期合约 1 个月后，英镑兑美元 2 个月远期汇率为 GBP1＝USD 1.467 0，该投机商认为英镑汇率继续上涨的可能性不大，该投机商应如何操作？

解析：(1)该投机商按远期合约买入 100 万英镑(价格为 GBP1＝USD1.456 0)，然后在即期外汇市场上卖出，可获投机利润 1 万美元。

(2)该投机商可以卖出 2 个月远期 100 万英镑，关闭其远期外汇头寸提前锁定其收益，为 100×(1.467 0－1.456 0)＝1.1 万美元，而不管以后市场汇率如何变动。但是，这 1.1 万美元的投资收益需要等到远期合约到期后，通过交割这两个远期合约来实现。

当然，投机能否成功，取决于对汇率走势的预测是否正确。预测正确，就可以获利；预测错误，则会蒙受损失。

三、择期交易

(一)择期交易的概念和特点

1. 择期交易的概念

择期交易(Optional Date Forward)，是指外汇买卖双方在签订远期合同时，事先确定交易的币种、数量、汇率和期限，但交割可在这一期限内选择进行的一种远期外汇交易方式。交割日的期限范围如果从成交日至到期日的整个期间，就称作完全择期交易；如果定于该期间中某两个具体日期之间或具体的月份，就称作部分择期交易。择期交易是远期外汇交易方式的一种，而上文中所介绍的远期外汇交易主要是指固定交割日的远期外汇交易。

2. 择期交易的特点

在国际贸易中，很多时候较难肯定付款或收款的确切日期，进出口商与银行进行一般的远期外汇交易(固定交割日的远期外汇交易)不能适应这种情况的发生。而择期交易具有较大的灵活性，客户可以在规定的交割期限范围内，按预定的汇率和金额自由选择日期进行交割，这就恰恰满足了这种需要。由于银行与客户进行择期交易，并将择期主动权授予客户，银行自身就要承担更多的风险和有关成本，因而银行在确定择期汇率时都是按选择期内对客户最不利的汇率确定的。

(二)择期交易的定价

根据远期汇率等于即期汇率加减升贴水的原则，对客户最不利的汇率就是选择期的第一天或最后一天(这两天都必须是有效营业日)的汇率。择期交易期限越长，买卖差价越大，因而客户应尽可能地缩短择期期限，以降低其交易成本，获得更有利的远期汇率。

根据在择期内对客户最不利和对银行最有利的原理，银行交易员归纳出以下原则：若银行买入标准货币，卖出报价货币，如果标准货币升水，按择期第一天的远期汇率计算，如果标准货币贴水，按择期内最后一天的远期汇率计算；反之，若银行卖出标准货币，买入报价货币时，如果标准货币升水，按择期内最后一天的远期汇率计算，如果标准货币贴水，按择期第一天的远期汇率计算。

【做中学 6－15】 在纽约外汇市场，某日的即期汇率为 GBP1＝USD1.453 0/40，1 个月的远期差价为 15/30，两个月的远期差价为 20/50。

请问：(1)若客户向银行购买期限 1 个月内的远期英镑，银行应采用哪个汇率？(2)若客户向银行出售期限 1 个月至 2 个月的远期英镑，银行应采用哪个汇率？

解析：(1)1 个月的远期汇率为：GBP1＝USD1.454 5/70，英镑为标准货币，银行卖出标准货币，且标准货币升水，所以采取择期内最后一天的远期汇率对银行最有利，即 GBP1＝USD1.457 0。

(2)2 个月的远期汇率为：GBP1＝USD1.455 0/90，英镑为标准货币，银行买入标准货币，且标准货币升水，所以采取择期第一天的远期汇率对银行最有利，即 GBP1＝USD1.454 5。

四、掉期交易

(一)掉期交易的概念

掉期交易(Swap Transaction)也称调期交易或时间套汇，是指在外汇市场上，交易者在买进或卖出一种货币的同时，卖出或买入交割期限不同的等额的同种货币的交易。掉期交易改变的不是交易者手中持有的外汇数额，只是改变交易者的货币期限，这也正是“掉期”的概念所在。掉期交易实际上由两笔外汇交易组成，两笔外汇交易的币种相同、金额相等、买卖方向相反、交割期限不同。

掉期交易最初是在银行同业之间进行外汇交易的过程中发展起来的，目的是使某种货币的净头寸在某一特定日期为零，以避免外汇风险，后来逐渐发展成具有独立运用价值的外汇交易活动。

(二)掉期交易的类型

1. 根据交易对象划分，分为纯粹掉期和制造掉期

(1)纯粹掉期是指交易者与同一交易对手同时进行两笔币种相同、数额相等、方向相反、交割期限不同的外汇交易。例如，交易者甲向交易者乙卖出即期 100 万美元，同时又向交易者乙买入 1 个月远期 100 万美元。纯粹掉期是最常见的掉期交易。

(2)制造掉期，又称分散掉期，是指交易者分别与不同交易对手，同时进行两笔币种相同、数额相等、方向相反、交割期限不同的外汇交易。例如，交易者甲向交易者乙卖出即期 100 万美元，同时又向交易者丙买入 1 个月远期 100 万美元，则站在交易者甲的立场上看，他做了制造掉期。

2. 根据掉期的期限划分，分为一日掉期、即期对远期掉期和远期对远期掉期

(1)一日掉期(One Day Swap)是指两笔币种相同、数额相等、交割日相差一天、方向相反的外汇掉期。一日掉期主要用于银行同业的隔夜资金拆借。其目的在于避免银行进行短期资金拆借时因外汇多头或空头的存在而遭受汇率变动的风险。一日掉期包括三种情形：①隔夜交易(Over-Night，O/N)，即在交易日做一笔当日交割的买入(或卖出)交易，同时作一笔第一个营业日交割的卖出(或买入)的交易。②隔日交易(Tom-Next，T/N)，在交易日后的第一个营业日做买入(或卖出)的交割，第二个营业日做相反的交割。③即期对次日(Spot-Next，S/N)，即在即期交割日买进(或卖出)，至下一个营业日做相反交易。

(2)即期对远期掉期(Spot Forward Swap)是指买进(或卖出)一种货币的现汇的同时，卖出(或买进)数额相等的该种货币的期汇。它是最常见的掉期交易，主要用于套期保值、货币的转换和外汇头寸的调整。例如，花旗银行在 3 个月内需要 100 万英镑，它便与劳合银行签订一个掉期协议，买入即期 100 万英镑同时卖出 3 个月远期 100 万英镑，这样，花旗银行既满足了当前对英镑的需

求，又避免了3个月后若英镑贬值带来的损失。

(3)远期对远期的掉期交易是指同时买卖币种相同、金额相等但交割期限不同的远期外汇。例如，一家日本银行一个月后将有1 000万美元的支出，而三个月后又将有1 000万美元的收入。为此，该银行做一笔一个月对三个月的掉期，即买入一个月的远期1 000万美元，同时卖出三个月的远期1 000万美元，以达到套期保值的目的。

(三)掉期交易的作用

1. 进出口商、国际投资者和借贷者利用掉期交易进行套期保值和套期图利

进出口商经常出现有不同期限的外汇应收款和应付款并存的情况，他们通常利用掉期业务套期保值，并利用有利的汇率机会套期图利。国际投资者和借贷者在对外投资与借贷时，需要购买或出售即期外汇，为了避免在收回投资或偿还借款时，外汇汇率波动所带来的风险，他们可以利用掉期交易进行套期保值。

【做中学6-16】 某美国公司2个月后将收到100万英镑的应收款，同时4个月后将向外支付100万英镑。假定外汇市场行情为：2个月期GBP1＝USD1.450 0/50，4个月期GBP1＝USD 1.400 0/50。该公司为维护成本和避免外汇风险，应如何进行掉期交易？

解析：该公司应买入4个月远期100万英镑，按照远期合约应支付140.5万美元；同时卖出2个月远期100万英镑，按照远期合约应收入145万美元，盈利4.5万美元。通过掉期业务，该公司既盈利4.5万元，又避免了外汇风险。

当然，若本例中，4个月期GBP1＝USD1.500 0/50，通过上述掉期业务，该公司将付出掉期成本5.5万元。此后无论市场行情如何波动，该公司均无汇率风险。

2. 银行利用掉期交易调整外汇头寸

在上文，我们讲到外汇银行利用远期外汇交易平衡其外汇头寸的例子，实际上就是在开盘和收盘时分别进行了两笔掉期交易，这里不再赘述。

3. 利用掉期交易进行远期外汇合约的展期和提前

【做中学6-17】 美国某公司3个月后将有一笔500万欧元的货款收入，为避免欧元贬值，该公司卖出3个月远期500万欧元，但是3个月到期时，由于种种原因，该货款没有收到，预计货款将推迟2个月收到。为了固定成本和避免风险，并了结远期合约，该公司应如何进行掉期交易？

解析：该公司买入即期500万欧元，了结原3个月的远期合约，同时卖出2个月远期500万欧元。该公司通过掉期交易对原远期合约进行展期，达到了保值目的。若欧元贴水，该公司要付出掉期成本；若欧元升水，该公司在这笔交易中反而有利。

当然，若该公司提前1个月收到货款，原签订的远期合约还有1个月到期，那么该公司就做一笔掉期交易，把原合约的到期日提前。具体操作为：卖出即期500万欧元，同时买入1个月远期500万欧元，后者用来了结原远期合约。

五、套汇交易

(一)套汇交易的概念

套汇交易(Arbitrage)是利用不同的外汇市场、不同的货币种类、不同的交割期限在汇率上的差异，进行贱买贵卖，赚取利润的外汇买卖业务。套汇交易按其方式可分为地点套汇、时间套汇和套利交易。地点套汇是人们利用同一时刻不同外汇市场上汇率的差异，从价格低的市场买进同时在价格高的市场卖出，赚取利润。时间套汇就是上文中所讲的掉期交易。套利交易是指利用不同外汇市场不同货币短期利率的差异，将资金由利率低的货币转换为利率高的货币，赚取利息差额收

入的外汇交易。本书所说的套汇交易仅指地点套汇。

(二)套汇交易的分类

1. 直接套汇

直接套汇(Direct Arbitrage),又称双边套汇(Bilateral Arbitrage)或两角套汇(Two-Point Arbitrage),是指利用同一时刻两个外汇市场某种货币的汇率差异,同时在两个外汇市场低价买入、高价卖出该种货币,从中赚取利润的外汇交易方式。这种套汇在国际上极为常见。

【做中学 6—18】 某日的即期外汇行情:纽约外汇市场报价为 USD1=JPY105.50/60,东京外汇市场报价为 USD1=JPY105.30/40。假设套汇者用 1 000 万美元进行直接套汇,应如何操作?

解析:显然,日元在纽约便宜,在东京贵,根据贱买贵卖的原理,套汇者应在纽约外汇市场贱买日元(贵卖美元),同时在东京外汇市场贵卖日元(贱买美元)。

套汇者在纽约外汇市场卖出 1 000 万美元买入日元,收入 1 000×105.50=105 500 万日元。同时,套汇者在东京外汇市场卖出 105 500 万日元买入美元,收入 105 500÷105.40=1 000.95 万美元,在不考虑交易成本的情况下,套汇收益为 1 000.95−1 000=0.95 万美元。

2. 间接套汇

间接套汇(Indirect Arbitrage),又称三角套汇(Three-Point Arbitrage)或多边套汇(Multilateral Arbitrage)是指利用同一时刻三个或三个以上外汇市场之间出现的汇率差异,同时在这些市场贱买贵卖有关货币,从中赚取利润的外汇交易方式。间接套汇和直接套汇在本质上是一致的,即贱买贵卖,区别在于直接套汇利用两个市场完成交易,可以直接看出某种货币在不同市场上到底是贵还是贱;而间接套汇则利用三个或三个以上市场完成交易,并且不能直接看出某种货币在不同市场上到底是贵还是贱。

通过直接套汇的例子,我们不难发现,套汇的实质是从一种货币出发,经过一系列同时进行的交易回到该种货币,而且是增大了的货币。我们可以利用套汇的实质进行间接套汇的计算。

【做中学 6—19】 假定三个外汇市场的即期汇率如下:

香港外汇市场 USD1=HKD7.750 0/80

纽约外汇市场 USD1=GBP0.640 0/10

伦敦外汇市场 GBP1=HKD12.200/50

请问:上述条件是否可以三角套汇?如果可以,投资 100 万美元获利多少(交易费用不计)?

解析:首先,找有美元(或投资货币)的外汇市场线路进行分析。

A 线:从香港进纽约出 USD—HKD—GBP—USD

B 线:从纽约进香港出 USD—GBP—HKD—USD

其次,选择 A 线将三个汇率上下排列,并注意三式首尾相连,(首尾货币相同)。

USD1—HKD7.750 0

HKD12.250—GBP1

GBP0.641 0—USD1

如果右边 3 个数的积除以左边 3 个数的积,其结果大于 1,说明可以套汇,且此路线正确;若结果小于 1,也可以套汇,但应该选择另一条线路进行;如果结果等于 1,说明 3 个市场汇率处于平衡,不可以套汇。

最后,

(1)在香港市场卖出 100 万美元,买入 100×7.75=775 万港元。

(2)在伦敦市场卖出 775 万港元,买入 775/12.25=63.3 万英镑。

(3)在纽约市场卖出63.3万英镑，买入63.3/0.641=98.7万美元。

选择B线将三个汇率上下排列：

USD1—GBP0.64

GBP1—HKD12.200

HKD7.758 0—USD1

(1)在纽约市场卖出100万美元，买入100×0.64=64万英镑。

(2)在伦敦市场卖出64万英镑，买入64×12.2=780.8万港元。

(3)在香港市场卖出780.8万港元，买入780.8/7.758 0=100.64万美元。

所以应选择B线，获利100.64−100=0.64万美元。

最后需要说明，若要进行套汇交易获利，必须满足以下条件：

(1)套汇者必须是在低价市场买入某种货币，同时又在高价市场卖出该种货币，买卖同时进行。

(2)由于现代通信技术发达，不同外汇市场之间的汇率差异日趋缩小，套汇的机会十分短暂，套汇者必须拥有先进的技术设备和广泛的信息网络及分支代理机构，全面了解世界各地外汇市场的行情，并对行情的变化做出迅速的反应，才能及时地把握套汇机会。

(3)套汇者必须进行巨额交易。不同外汇市场某种货币的汇率差额十分小，考虑到交易成本，只有进行大宗买卖才有利可图。

一般来说，只有大型商业银行才能满足以上条件。因此，从事套汇交易的大多数是资金实力雄厚的大型商业银行。

六、套利交易

(一)套利交易的概念

动漫视频

套利

套利交易(Interest Arbitrage)也称利息套利，是指投资者根据两国金融市场上短期利率的差异，从利率低的国家借入资金，在即期市场上将其兑换成利率较高的国家的货币，并在利率较高的国家进行投资，以获得利息差额收入的外汇交易。

(二)套利交易的分类

1. 非抛补套利

非抛补套利(Uncovered Interest Arbitrage)是指单纯把资金从利率低的货币市场转向利率高的货币市场，但不同时进行相反方向的远期外汇交易，从中谋取利率差额收入。非抛补套利由于未轧平外汇头寸，因而要承担未来汇率波动的风险。

【做中学6−20】 假设美国外汇市场即期汇率为GBP1=USD1.980 0，美国的年利率为9%，英国年利率为7%。如果投资100万英镑，6个月可获本利多少？

解析：第一步，如果存在英国则6个月后本利为103.5万英镑，即$[100\times(1+7\%\times\frac{6}{12})]$万英镑(这一步只是为最后收益作参照，没有实际意义)。

第二步，先将100万英镑以GBP1=USD1.980 0价格兑换198万美元，再将198万美元存在美国6个月定期，得206.91万美元，即$[198\times(1+9\%\times\frac{6}{12})]$万美元。

第三步，6个月到期后再将206.91万美元按原来的即期汇率GBP1=USD1.980 0换成104.5万英镑，即(206.91÷1.98)万英镑，比在英国多赚1万英镑，即(104.5−103.5)万英镑，实际多赚了2%的利益收益。

这是在6个月汇率不发生变化的情况下的收益，但如果投资货币升值，那么，不仅没有收益还可能亏损。

仍以上面的题为例，如果6个月到期后英镑升值即期汇率为GBP1＝USD2.029 5，到期后的206.91万美元，仅能换回101.95万英镑，即(206.91÷2.029 5)万英镑，比在英国还亏损1.55万英镑，即(103.5－101.95)万英镑。当然，如果投资货币贬值，除了利率收益还有汇率收益。

货币走势难以预测，因此，必须在投资的同时做掉期，也就是做抛补套利。

2.抛补套利

抛补套利(Covered Interest Arbitrage)是指套利者把资金从低利率货币市场调往高利率货币市场的同时，在外汇市场上卖出高利率远期货币，以避免汇率风险。这实际上是将远期交易和套利交易结合起来。从外汇买卖的形式看，抛补套利交易是一种掉期交易。抛补套利是套利者比较常用的投资方法。抛补套利根据抛补的数额，又具体分为本利全抛和抛本不抛利。本利全抛是指本金和利息都进行相反方向的远期外汇交易，抛本不抛利是指本金进行相反方向的远期外汇交易，利息任由市场汇率的波动。在没有明确说明的情况下，抛补套利是指本利全抛。

【做中学6－21】 即期汇率为GBP1＝USD1.980 0/40，美国外汇市场6个月的英镑兑美元的远期为1 ∶ 1.988 0，美国的年利率为9%，英国年利率为7%。如果投资100万英镑，6个月可获本利多少？

解析：第一步，如果存在英国6个月后本利为103.5万英镑，即$[100\times(1+7\%\times\frac{6}{12})]$万英镑(这一步只是为最后收益作参照，没有实际意义)。

第二步，将100万英镑以GBP1＝USD1.980 0价格兑换198万美元，再将198万美元存在美国6个月定期，得206.91万美元，即$[196\times(1+9\%\times\frac{6}{12})]$万美元。

第三步，将206.91美元与银行签订一份卖出6个月的远期合同，按6个月的远期汇率1英镑＝1.988 0美元价格交易，无论6个月的汇率怎样变化，投资者都能获得104.07万英镑，即(206.91÷1.988 0)万英镑。最终比存在英国多收益0.57万英镑，即(104.07－103.5)万英镑。

只要做了掉期，收益就可固定下来，这样汇率的风险就转嫁给了银行。

套利交易应注意以下几点：①套利活动都是短期投机、期限一般不超过一年。②抛补套利是市场利率有差异而产生的套利活动，同时，随着抛补套利活动的不断进行，货币市场与外汇市场之间的利率水平又逐渐趋于均衡。③抛补套利是有交易成本的，如佣金、手续费、管理费、杂费等，因此最终的收益要考虑扣除成本后是否值得。④由于国外金融市场具有“政治风险”或“国家风险”，投资者应谨慎。

套利活动的机会在外汇市场上往往转瞬即逝，套利机会一旦出现，大银行和大公司便会迅速投入大量资金，从而使两国的利差与两国货币掉期率(即远期汇率与即期汇率之间的差额)之间的不一致迅速消除。从这个意义上讲，套利活动客观上加强了国际金融市场的一体化，使两国之间的短期利率趋于均衡并由此形成一个世界性的利率网络。

七、外汇期货交易

(一)外汇期货交易的概念

外汇期货交易(Foreign Exchange Futures)也称货币期货交易，是指期货交易双方在期货交易所以公开喊价方式成交后，承诺在未来某一特定日期，以当前所约定的汇率交付某种特定标准数量的外汇。外汇期货交易并不是实际外汇的交易，其买卖的是标准化的外汇期货合约。

外汇期货是产生最早且最重要的一种金融期货。1972 年 5 月，美国芝加哥商品交易所成立“国际货币市场”(International Monetary Market，IMM)，首次开办了外汇期货交易业务，其主要目的是运用商品期货交易技巧，为外汇市场参与者提供一种套期保值或转移风险的工具。从此，世界上许多国际金融中心相继开设了此类交易。

(二)外汇期货市场的构成

1. 期货交易所

期货交易所是非营利机构，它为期货交易者提供交易的场地，本身并不参加交易。为了使交易活动能够顺利地进行，期货交易所有着严密的管理方式、健全的组织、完善的设施和高效率的办事速度；交易所还具有监督和管理职能，对交易活动起着重要的约束作用。交易所向会员收取费用，包括交易所会费、合同交易费等，以弥补交易所的开支。

【注意】期货交易所一般采用会员制，公司在取得交易席位后，就成为交易所会员，有资格进入交易所进行外汇期货交易。

2. 清算所

清算所(Clearing House)是期货交易所下设的职能机构，其基本工作是负责交易双方最后的业务清算以及征收并保管外汇期货交易必需的保证金。在期货交易中，交易者买进或卖出期货合约时并不进行现金结算，而且交易者往往可能有多笔交易，最后由清算所办理结算。

3. 佣金商

佣金商(Commission Merchants)是代理金融、商业机构和一般公众进行外汇期货交易并收取佣金的个人或组织。佣金商必须是经注册的期货交易所的会员，他们的主要任务是代表那些没有交易所会员资格的客户下达买卖指令、维护客户利益、提供市场信息、处理账目和管理资金，以及对客户进行业务培训等。

4. 场内交易员

场内交易员是指在交易所内实际进行交易的人员。他们既为自己也为那些场外交易者进行买卖。他们接受客户的委托订单，并执行客户发出的指令。

(三)外汇期货的交易过程

外汇期货交易都是在专营或兼营外汇期货的交易所进行的，任何企业和个人都可以通过外汇期货经纪人或交易商买卖外汇期货。

客户想要进行外汇期货交易，首先，必须选定代理自己交易的佣金商，开设账户存入保证金。然后，客户即可委托佣金商替其办理外汇期货合约的买卖。在每一笔交易之前客户要向佣金商发出委托指令，说明他愿意买入或卖出的外汇期货、成交的价格、合约的种类和数量等，指令是以订单的形式发出的。佣金商接到客户订单后，便将此指令用电话或其他通信设备通知交易厅内的经纪人，由其执行订单。成交后，交易厅内交易员一方面把交易结果通知佣金商和客户，另一方面将成交的订单交给清算所，进行记录并最后结算。每个交易日末，清算所计算出每一个清算会员的外汇头寸(买入与卖出的差额)。

外汇期货的交易程序如图 6—2(以芝加哥期权交易所为例)所示。

(四)外汇期货交易的特点

1. 外汇期货交易的是标准化的合约

这种合约除价格外，在交易币种、标准化合约额、交易时间、交割日期等方面都有明确、具体的规定。交易数量用合约来表示，买卖的最小单位是一份合约，每份合约的金额交易所都有规定，并且交易的金额是标准化合约额的整数倍。

2. 交易方式采取双向竞价拍卖方式

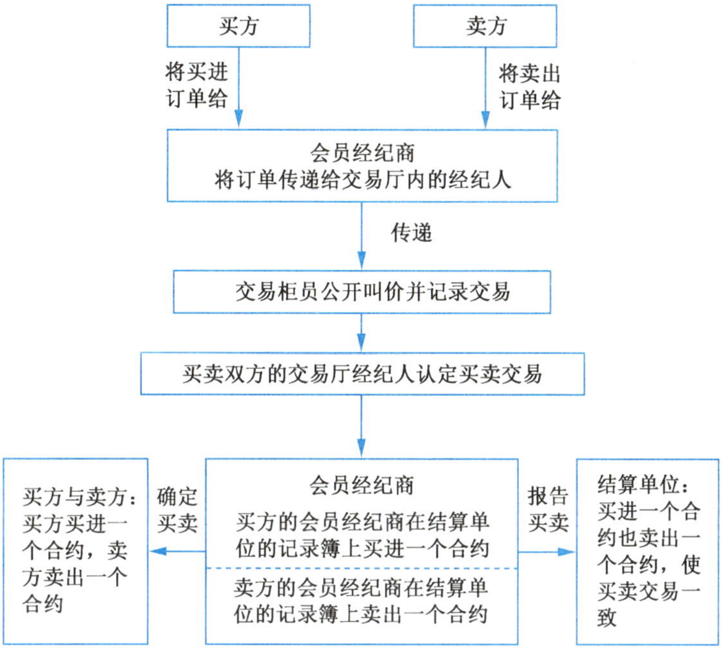

图 6—2　外汇期货交易程序

外汇期货交易在交易所内公开喊价(Out Cry)，竞价成交，同时场上的价格又随时公开报道，进行交易的人可以根据场上价格变化，随时调整他们的要价、出价。

3. 外汇期货市场实行会员制

只有会员单位才可以在交易所内从事期货交易。而非会员只能通过会员单位代理买卖。由于期货交易只限于会员之间，而交易所会员同时又是清算所的成员，都交纳了一定的保证金，因而交易的风险很小。

4. 期货交易的买方和卖方都以交易所下属的清算所为成交对方

清算所既充当期货合约购买方的卖方，又充当期货合约出售方的买方，因此，买卖双方无须知道对方是谁，也不必考虑对方的资信如何。由于期货合约包括双向买卖，所以，一方的盈利恰好就是另一方的亏损。

5. 期货交易实行保证金制度和每日结算制度

为确保每一份期货合约生效后，双方当事人不至于因为期货价格发生不利变动而违约，期货交易所要求交易双方都要交纳保证金。保证金的多少因交易货币、市场不同而有所差异，即使同一市场、同一货币也会因市场变化情况不同而有所改变，具体由清算所和交易所共同决定，一般为合约总值的 3%～10%。保证金一般要求以现金形式存入清算所账户。保证金一般包括初始保证金和维持保证金。初始保证金是客户在每一笔交易开始时必须交纳的保证金，而维持保证金是指开立合同后如果发生亏损，致使保证金数额减少，直到客户必须补进保证金时的最低保证金限额。

外汇期货交易每天由清算所结算盈亏，获利可以提走，而亏损超过最低保证金时，要立即予以补足，否则，期货交易所可以进行强行平仓，这种方法称为“逐日盯市”，即每个交易日市场收盘以后，清算所会对每个持有期货合约者确定当日的盈亏，这些盈亏都反映在保证金的账户上。由于期货合约实行每日结算制度，而期货的初始保证金一般都高于期货价格每日涨跌的最大可能值，因而保证金制度大大保证了期货交易所更为安全、正常地运行。当然，若有些国家只有初始保证金而没有维持保证金,则只要保证金低于初始保证金就要进行补足,否则,期货交易所可以强行平仓。

6.价格波动有规定幅度

期货交易的外币都规定当日价格波动的最低限额和最高限额。只要价格达到限额,当天的交易即告终止。这主要是为了避免期货参与者在单一交易日内承担过高的风险,并防止期货市场发生联手操纵的不法行为。

7.外汇期货合约的流动性

外汇期货合同最后进行实际交割的只占合同总数的1%～3%,其余绝大部分外汇期货合同通过对冲(Offset)的方式予以了结。

8.外汇期货价格和现汇价格具有平行性和收敛性

平行性是指外汇期货价格与现汇价格变动方向相同,变动幅度也大体一致。一般来说,外汇期货价格与现汇价格之间往往不完全相等,其差额被称为基点差。收敛性是指当外汇期货合同临近到期时,基点差随外汇期货合同所规定交割日的接近而缩小,在交割日到期的外汇期货合同中,外汇期货合同所代表的汇率与现汇市场上的该种汇率重合相等,基点差为零。

(五)外汇期货交易的功能

1.价格发现

由于外汇期货市场汇集了大量的外汇供求者,并通过公开竞价成交,将众多影响汇率的因素反映在一个统一的交易市场上,这样形成的价格基本上比较真实、全面反映了市场的供求状况,是买卖双方对价格水平比较一致的看法。因此,外汇期货交易起到了汇率"晴雨表"的作用。

2.投机功能

由于外汇期货交易的保证金制度,使其具有较强的杠杆作用,能够"以小博大",并且外汇期货合约是标准化的合约,能够随时在交易所进行买卖,具有很高的流动性,因而外汇期货交易具有很强的投机功能。当投机者预测外汇期货价格将会上升时,他们会先买入外汇期货合约,待外汇期货价格上升后再卖出外汇期货合约,从中赚取差价。当投机者预测外汇期货价格将会下降时,他们会先卖出外汇期货合约,待外汇期货价格下降后再买入外汇期货合约,从中赚取差价。如果投机者预测的汇率走势与实际走势相一致,投机者就会获利;否则,就会蒙受损失。

【做中学6—22】 某外汇投机商3月1日预测瑞士法郎的期货价格将上升,于是他当天购入10份12月份交割的瑞士法郎合约,成交价为1瑞士法郎=0.611 6美元,到了4月8日,瑞士法郎的期货价格果然上升,于是他迅速卖出10份12月份交割的瑞士法郎合约,成交价为1瑞士法郎=0.621 6美元。

请问:该外汇投机商投机获利多少?利润率是多少?(一份瑞士法郎期货合约的价值为125 000瑞士法郎,在IMM市场每份瑞士法郎期货合约的初始保证金是1 688美元。)

解析:盈利=125 000×10×(0.621 6−0.611 6)=12 500(美元)

$$利润率=\frac{12\ 500}{16\ 880}\times 100\%=74.05\%$$

3.套期保值功能

套期保值(Hedge)又称对冲,是指交易者目前或预期未来将有现货头寸,并暴露于汇率变动的风险之中,在期货市场做一笔与现货头寸等量而买卖方向相反的交易,以补偿或对冲因汇率波动可能带来的损失。外汇期货套期保值可分为买入套期保值和卖出套期保值两种类型。

(1)买入套期保值

买入套期保值(Long Hedge),又称多头外汇期货套期保值,是指交易者的某种外汇将来在现货市场处于空头地位，或预测其外汇汇率将上升，于是在外汇期货市场买进，进行套期保值。买入套期保值主要适用于将来有外汇支出者和外汇债务人，防止外币升值加大自己的未来支付成本。

【做中学 6—23】 某美国进口商在 3 月 1 日从瑞士进口价值 CHF240 000 的商品，3 个月后，即 6 月 1 日需向瑞士出口商支付 CHF240 000 的货款。假设 3 月 1 日的即期汇率为 USD1＝CHF1.651 1，6 月份 SF 期货价格为 CHF1＝USD0.605 7，6 月 1 日的即期汇率为 USD1＝CHF 1.647 1，6 月份 SF 期货价格为 CHF1＝USD0.607 1。

请问：美国进口商如何利用期货交易防范汇率风险？（一份瑞士法郎期货合约的标准金额为 CHF125 000。）

解析：相关内容如表 6—2 所示。

表 6—2

现货市场	期货市场
3 月 1 日即期汇率为 USD1＝CHF1.651 1，假设买进 CHF240 000，需要支付 240 000/1.651 1＝145 357.64 美元	3 月 1 日美国进口商买入 6 月 CHF 期货合约 2 份，支出 2×125 000×0.605 7＝151 425 美元
6 月 1 日即期汇率为 USD1＝CHF1.647 1，实际买进 CHF240 000，需要支付 240 000/1.647 1＝145 710.64 美元	6 月 1 日美国进口商卖出 6 月 CHF 期货合约 2 份，收入 2×125 000×0.607 1＝151 715 美元
亏损：145 710.64－145 357.64＝353 美元	盈利：151 715－151 425＝350 美元

从上文中，我们可以清楚地看到买入套期保值的操作方法。下面我们进一步分析，利用外汇期货交易防范汇率风险的基本原理。当经济单位（或个人）预期将来处于某种外汇空头状态时，就可以在成交日（如本例中 3 月 1 日）先买入外汇期货合约，等到将来交割日（如本例中 6 月 1 日）支付外汇时，可在即期市场上买入该笔外汇，同时在外汇期货市场上卖出外汇期货合约，以冲销原来的外汇期货头寸，这样即期市场的亏损或盈利就会被外汇期货市场上的盈利或亏损所抵销，从而实现套期保值的目的。具体分析如下：如果外汇即期价格降低，则交易者在即期市场处于亏损状态，但由于外汇期货价格和现汇价格的平行性，外汇期货价格也会下跌，则交易者在外汇期货市场就会盈利，盈利与亏损相抵，使交易者达到套期保值的目的；如果外汇即期价格上升，则交易者在即期市场处于盈利状态，但由于外汇期货价格和现汇价格的平行性，外汇期货价格也会上升，则交易者在外汇期货市场就会亏损，盈利与亏损相抵，从而使交易者达到套期保值的目的。同样道理，当经济单位（或个人）预期将来处于某种外汇多头状态时，交易者就可以在成交日卖出外汇期货合约，交割日买入外汇期货合约，达到套期保值的目的。

这里有两点需要注意：①利用外汇期货交易套期保值时，汇率有利变动的额外好处则无法获得；②利用外汇期货交易套期保值时，一般来说，只能部分保值，而不能完全保值。

（2）卖出套期保值

卖出套期保值（Short Hedge），又称空头外汇期货套期保值，是指交易者的某种外汇将来在现货市场处于多头地位，或预测其外汇汇率将下跌，于是在外汇期货市场卖出，进行套期保值。卖出套期保值主要适用于将来有外汇收入者和外汇债权人，防止外币贬值减少自己的未来收入。

【做中学 6—24】 在 3 月 1 日，美国一出口商向加拿大出口一批货物，价值 490 000 加元，以加元结算，3 个月后（即 6 月 1 日）收回货款，美国出口商利用外汇期货交易来防范汇率风险，假设：3 月 1 日的即期汇率为 USD1＝CAD1.177 9，6 月份期货价格为 CAD1＝USD0.849 0；6 月 1 日的即期汇率为 USD1＝CAD1. 182 0，6 月份期货价格为 CAD1＝USD0. 846 0。

请问：美国出口商如何利用外汇期货交易防范汇率风险？（一份加元期货合约的标准价值为 CAD100 000。）

解析：相关内容如表 6—3 所示。

表 6—3

现货市场	期货市场
3 月 1 日即期汇率为 USD1 ＝ CAD1. 1779，假设收入 CAD490 000 490 000/1. 177 9＝415 994. 57 美元	3 月 1 日美国该出口商卖出 6 月 CAD 期货 5 份 5×100 000×0. 849 0＝424 500 美元
6 月 1 日即期汇率为 $1＝C $1. 182 0，实际收入 CAD 490 000 490 000/1. 182 0＝414 551. 61 美元	6 月 1 日美国该出口商买入 6 月 CAD 期货 5 份 5×100 000×0. 846 0＝423 000 美元
亏损：415 994. 57－414 551. 61＝1 442. 9 美元	盈利：424 500－423 000＝1 500 美元

八、外汇期权交易

（一）外汇期权交易的概念

动漫视频

外汇期权

期权（Options）是一种以一定的费用（期权费）获得在一定的时刻或时期内拥有买入或卖出某种货币（或股票）的权利的合约。外汇期权（Foreign Currency Option），又称货币期权，是指期权持有者（即购买者）通过事先付给期权签署者（通常为银行）一定比例的费用（期权费），即可在期权有效期内履行或放弃（按协定汇率和金额）买卖某种货币的一种权利，期权签署者获得期权费后，须承担汇率风险。外汇期权交易以外汇期权合约为交易对象，合约买方拥有权利，可根据汇率变动来决定是否行使权利，而合约卖方仅有义务。

（二）外汇期权的种类

1. 根据期权所赋予的权利划分，外汇期权分为看涨期权、看跌期权和双向期权

（1）看涨期权（Call Option）又称买权，是指期权合约的买方有权在有效期内按约定汇率从期权合约卖方处购进特定数量的货币。这种期权之所以称为看涨期权，一般是进口商或投资者预测某种货币有上涨趋势，购买期权以避免汇率风险。

（2）看跌期权（Put Option）又称卖权，是指期权买方有权在合约的有效期内按约定汇率卖给期权卖方特定数量的货币。这类期权之所以称为看跌期权，一般是出口商或有外汇收入的投资者，在预测某种货币有下跌趋势时，为避免收入减少，按约定汇率卖出外汇以规避风险。

（3）双向期权（Double Option）又称双重期权，是指期权合约的买方有权在有效期内按约定汇率从期权合约卖方处购进或出售特定数量的货币。双向期权实际上是看涨期权和看跌期权的合二为一。当期权合约的买方预测汇率未来将有较大波动，并且波动方向难以确定时，便会购买双向期权，因为不管汇率是大幅上升或下跌，对其均有利。而期权卖方之所以出售双向期权是因为他预测汇率未来波动幅度不会太大，而双向期权的期权费要高于买权或卖权的期权费，故期权卖方愿意承担汇率波动的风险。

2. 根据期权的执行时间划分，外汇期权分为美式期权和欧式期权

（1）美式期权（American-style Option），是指自期权合约成立之日算起，到期权的截止时间之

前，买方可以在此期间内任一时点，随时要求卖方依合约的内容行使外汇期权。

(2)欧式期权(European-style Option)，是指期权买方于到期日之前，不得要求期权卖方履行合约，仅能于到期日的截止时间，要求期权卖方履行合约。

美式期权的买方可于有效期内选择有利的时点履行合约，比欧式期权更具有灵活性，对卖方而言，所承担的汇率风险更大，所以美式期权的期权费比欧式期权高。

3. 根据约定价格与市场价格条件关系划分，外汇期权分为溢价期权、平价期权和损价期权

(1)溢价期权(In the Money Option)，是指执行期权对期权持有者来说是经济的期权，即看涨期权的执行价格低于即期汇率，或看跌期权的执行价格高于即期汇率。

(2)平价期权(At the Money Option)，是指执行期权对期权持有者来说是无所谓经济与否的期权，即期权的执行价格与即期汇率相等。

(3)损价期权(Out of the Money Option)，是指执行期权对期权持有者来说是不经济的期权，即看涨期权的执行价格高于即期汇率，或看跌期权的执行价格低于即期汇率。

4. 根据交易地点划分，外汇期权分为场内期权和场外期权

(1)场内期权(In the Counter Market)，是指在外汇交易中心与期货交易所进行交易的外汇期权。通常情况下，外汇期权交易是在交易所内进行的，交易的期权都是合约化的。

(2)场外期权(Over the Counter Market)，是指在外汇交易中心与期货交易所之外进行交易的外汇期权。场外期权主要是适合个别客户的需要，其合约不像交易所那样标准化，通常通过协商达成，且根据客户的需要可以对期权进行特制，较为灵活。目前，场外期权合约也在向标准化发展，其目的是提高效率，节约时间。

动漫视频

场外期货

(三)外汇期权合约的内容

1. 交易货币的种类和交易数量

只有少数发达国家的货币才有期权交易，以 IMM 市场为例，只有美元对加元、英镑、欧元、澳元等货币的期权。每种货币合约的交易数量都是固定的，其中，不同货币的合同标准金额也是不一致的。

2. 汇率表示方法

为便于期权交易，所有的汇率均以美元表示，即美元标价法。

3. 协议价格及其最小变动值

协议价格(Contract Price)又称履约价格或行使价格，是指在期权合约中规定买卖双方行使期权买卖外汇的交割汇率。日元期权价格以万分之一美元表示，即每日元标价单位为 USD0.000 1；其他外汇期权则以百分之一美元表示，即标价单位为 USD0.01。不同货币期权的协议价格，其变动的最小幅度都是固定的。

4. 到期月份

对于到期月份，不同的交易所有不同的规定。有的交易所只进行少数几种到期月份的期权交易，通常为每年的 3 月、6 月、9 月和 12 月的期权交易，有的交易所进行多种到期月份的期权交易。

5. 到期日

到期日又称期满日或最后交易日，指期权买方有权执行的最后一天。各交易所对此也有固定的规定，如芝加哥期权交易所的到期日为到期月份第三个星期三之前的星期六。

6. 期权费及其表示方式

期权费(Premium)又称权利金或保险费。它是期权买卖的价格，在订约时由买方支付给卖方，以取得履约选择权。期权费既构成了买方的成本，又是卖方承担汇率变动风险所得到的补偿。期权费一旦支付，无论买方是否执行合同，都不能收回，即期权费无追索权。

期权费通常按协议价格的百分比表示或直接报出每单位外汇的美元数。如协议价格为 EUR1＝USD1.020 0 的看涨期权，其期权费可以是 3%或 1 欧元＝0.030 6 美元。

7.保证金

卖方在买方要求履约时有依据履约价格进行交割的义务，而为了确保合同义务的履行，卖方须在订约时交纳保证金。卖方交纳的保证金存于清算所的保证金账户内，一般随市价的涨跌进行必要的追加。

（四）外汇期权交易的功能

1.外汇期权套期保值

由于外汇市场汇率经常发生剧烈波动，外汇期权交易常被跨国公司和进出口商作为规避汇率风险的套期保值手段。外汇期权对合约买方而言是非常灵活的。如果汇率对其有利，他即可行使期权，按约定汇率买进或卖出外汇；如果汇率对其不利，他则可放弃期权。对于期权合约卖方，只要合约买方需要实现他的权利，合约卖方都必须按合约约定价格和数量出售或购买外汇。因而，外汇期权套期保值比外汇期货交易和远期外汇交易套期保值更为彻底，外汇期货交易、远期外汇交易只能保现在值，不能保未来值，而外汇期权交易既能保现在值又能保未来值。也就是说，外汇期权交易既能套期保值，又能获得汇率有利变动的好处。

（1）买入看涨期权

涉外公司未来要向外支付一笔外汇，如果担心外汇汇率上涨，便可以提前买入看涨期权以避免汇率风险。

【做中学 6－25】 美国进口商从英国进口一批货物，3 个月后将支付 625 万英镑。当时的有关外汇行情如下：即期汇价为 GBP1＝USD1.400 0，协议价格为 GBP1＝USD1.430 0，期权费为 GBP1＝USD0.022 0，佣金占合同金额的 0.5%，采用欧式期权。美国进口商担心英镑升值，利用外汇期权交易套期保值。

请问：(1)美国进口商应购买何种外汇期权？(2)3 个月后假设市场汇价分别为 GBP1＝USD1.450 0 和 GBP1＝USD1.410 0 两种情况，该美国进口商各需多少美元才能支付货款？

解析：(1)美国进口商 3 个月后将有外汇支付，应购买看涨期权，以实现套期保值。

(2)当 GBP1＝USD1.450 0 时，英镑市场汇价高于协议价格，应行使期权，支付美元总额为：1.430 0×625＋625×0.022 0＋625×0.5%×1.400 0＝911.86 万美元；当 GBP1＝USD1.410 0 时，英镑市场汇价低于协议价格，应放弃期权，支付美元总额为：1.410 0×625＋625×0.022 0＋625× 0.5%×1.400 0＝899.38 万美元。

这里进行简要的分析：当 GBP1＝USD1.450 0 时，此时英镑升值，由于其提前购买了看涨期权，可以按协议价格购买英镑，起到了套期保值的目的，此时保的是现在值，即接近于按成交日即期汇率计算的支付额；当 GBP1＝USD1.410 0 时，此时英镑恰好贬值，美国进口商尽管提前购买了看涨期权，但可以放弃期权，获得汇率有利变动的好处，此时保的是未来值，即接近于按交割日即期汇率计算的支付额。

（2）买入看跌期权

涉外公司未来要收到一笔外汇，如果担心外汇汇率下跌，便可以提前买入看跌期权以避免汇率风险。

【做中学 6－26】 美国某外贸公司向英国出口商品，1 月 20 日装船发货，3 个月后将收到 150 万英镑，担心到期结汇时英镑对美元汇价下跌减少美元创汇收入，以外汇期权交易保值。已知：1 月 20 日即期汇价 GBP1＝USD1.486 5，协定价格 GBP1＝USD1.495 0，保险费为 GBP1＝USD

0.021 2，佣金占合同金额的 0.5%，采用欧式期权。

请问：(1)美国进口商应购买何种外汇期权？(2)3 个月后在英镑对美元汇价分别为 GBP1＝USD1.400 0 与 GBP1＝USD1.600 0 两种情况下，该公司各收入多少美元？

解析：(1)美国出口商 3 个月后将有外汇收入，应购买看跌期权，以实现套期保值。

(2)在 GBP1＝USD1.400 0 的情况下，英镑协议价格高于市场汇价，应行使期权，收入的美元总额为：150×1.495 0－(150×0.021 2＋150×0.5%×1.486 5)＝220.29 万美元。

在 GBP1＝USD1.600 0 的情况下，因市场汇价对该公司有利，该公司可以放弃期权，让其自动过期失效，按市场价格卖出 150 万英镑，买入美元，所得美元总收入为：150×1.600 0－(150×0.021 2＋50×0.5%×1.486 5)＝236.04 万美元。

2. 外汇期权投机

由于外汇期权交易的灵活性，外汇期权投机的策略非常丰富，下面介绍一个简单的例子。

【做中学 6－27】 我国某公司根据近期内国际政治经济形势预测 1 个月内美元兑日元汇价会有较大波动，但变动方向难以确定，因此决定购买 100 个日元双向期权合同做外汇投机交易。

已知：即期汇价 USD1＝JPY110.00，协定价格 JPY1＝USD0.008 929，期权费 JPY1＝USD 0.000 268，佣金占合同金额的 0.5%。(1 个日元期权合同的标准金额为 1 250 万日元。)

请问：在市场汇价分别为 USD1＝JPY100.00 和 USD1＝JPY125.00 两种情况下，该公司的外汇投机各获利多少？

解析：(1)在 USD1＝JPY100.00 的情况下，该公司可按协定价格行使买入期权，可盈利：

$$125\ 000\times(0.01-0.008\ 929)-125\ 000\times0.000\ 268-\frac{125\ 000\times0.5\%}{110}=137.5-33.5-5.68=98.32$$ 万美元。

(2)在 USD1＝JPY125.00 的情况下，该公司可按协定价格行使卖出期权，可盈利：

$$125\ 000\times\left(0.008\ 929-\frac{1}{125}\right)-125\ 000\times0.000\ 268-\frac{125\ 000\times0.5\%}{110}=116.13-33.5-5.68=76.95$$ 万美元。

这里进行简要的分析：投机者预测 1 个月内美元兑日元汇价会有较大波动，但变动方向难以确定，因此决定购买日元双向期权合同做外汇投机交易。这样，只要日元汇率大幅波动，投机者就可以利用其中一种期权获取利润。当日元汇率大幅上升时，投机者可以从买权交易中获得利润，并放弃行使卖权；当日元汇率大幅下降时，投机者可以从卖权交易中获得利润，并放弃行使买权。

（五）影响外汇期权价格变动的因素

1. 期权的协议价格

买权的协议价格越低，对买方越有利，卖方蒙受损失的可能性越大，要求较高的期权费作为补偿；反之，买权的协议价格越高，买方获利的机会越小，所愿意支出的期权费越小。因而，买权的期权费与协议价格是反向变动的。卖权约定价格越高，买方获利越大，卖方所要求的期权费也越高；反之，卖权的协议价格越低，买方获利的机会越小，所愿意支出的期权费越小。因而，卖权的期权费与期权协议价格是同向变动的。

2. 合约的有效期

合约的有效期越长，期权费越高。因为期权合约的有效期越长，期权买方从汇率变动中谋取利益的机会越多，而期权卖方承担的汇率风险越大，需要收取较高的期权费作为补偿。

3. 预期汇率的波动幅度

如果在有效期内作为标的物的货币价格越不稳定，期权卖方承担的风险就越大。预期波动幅度较大时，期权费较高；当汇率相对稳定时，期权费较低。

4. 期权供求状况

一般而言，外汇期权市场上的供求关系对期权费也有直接影响。期权买方多、卖方少，期权费自然收得高些；期权卖方多、买方少，期权费就会低一些。

5. 利率差别

由于较高利率货币有贬值趋势，所以，当本国利率相对于外国利率上升时，外汇汇率会趋于升值，人们会增加对外汇买权的需求，外汇买权的价格就会上升，而外汇卖权的价格则会下降；反之，则相反。

6. 远期汇率

通常远期汇率较高，交易者对未来汇率行情趋于看好，他会买入外汇买权，以便日后外汇汇率确实上升时获得收益。这样，通过期权市场供求力量的相互作用，外汇看涨期权的价格，会随着远期汇率的升高而上涨，而外汇看跌期权的价格则会下降。

本章术语

外汇市场　外汇经纪人　外汇交易商　外汇投机者　即期外汇业务　交割日
远期外汇业务　套期保值　外汇投机　套汇　套利　择期外汇交易　掉期交易

应知考核

一、单项选择题

1. 原则上，即期外汇交易的交割期限为(　　)。

A. 一个营业日　　B. 两个营业日
C. 三个营业日　　D. 一周的工作日

2. 在直接标价法下，升水时的远期汇率等于(　　)。

A. 即期汇率＋升水　　B. 即期汇率－升水
C. 中间汇率＋升水　　D. 中间汇率－升水

3. 当远期外汇比即期外汇便宜时，则两者之间的差额称为(　　)。

A. 升水　　B. 贴水　　C. 平价　　D. 中间价

4. 套汇交易赚取利润所依据的是不同市场的(　　)。

A. 汇率差异　　B. 利率差异
C. 汇率及利率差异　　D. 通货膨胀率差异

5. 组成掉期交易的两笔外汇业务的(　　)。

A. 交割日期相同　　B. 金额相同
C. 交割汇率相同　　D. 买卖方向相同

二、多项选择题

1. 远期对远期的掉期交易所涉及的两笔外汇业务的(　　)。

A. 金额相同　　B. 汇率相同　　C. 汇率不同　　D. 交割期不同

2. 在外汇市场上，远期外汇的卖出者主要有(　　)。

A. 进口商　　B. 持有外币债权的债权人

C. 负有外币债务的债务人　　D. 对远期汇率看跌的投机商

3. 在外汇市场上，远期外汇的购买者主要有(　　)。

A. 进口商　　B. 出口商

C. 负有外币债务的债务人　　D. 对远期汇率看涨的投机商

4. 在外汇市场上，远期汇率的标价方法主要有(　　)。

A. 直接标出远期外汇的实际汇率　　B. 标出远期汇率与即期汇率的中间汇率

C. 标出远期汇率与即期汇率的差额　　D. 标出即期汇率与远期汇率的差额

5. 远期外汇交易的特点是(　　)。

A. 买卖双方有直接合同责任关系　　B. 不收手续费

C. 实行双向报价　　D. 最后要进行交割

三、判断题

1. 目前，无形市场是外汇市场的主要组织形式。(　　)

2. 当今世界上，绝大多数国家使用间接标价法。(　　)

3. 基本汇率是确定一国货币与其他国家货币汇率的基础。(　　)

4. 即期外汇交易交割日确定的原则是“节假日顺延，顺延可跨月”。(　　)

5. 在没有明确说明的情况下，抛补套利是指本利全抛。(　　)

四、简述题

1. 简述外汇的概念和功能。

2. 简述外汇交易的程序。

3. 简述外汇期货市场的构成、交易过程、特点及其交易功能。

4. 简述远期外汇业务的作用。

5. 简述掉期交易的作用。

五、计算题

1. 3 月 2 日某法国进口商从日本进口一批家电，价值 10 亿日元，3 个月后(即 6 月 2 日)付款。已知 3 月 2 日外汇市场的行情如下：即期汇率：1 欧元＝105.20/30 日元。3 个月远期差价：70/40。

请问：该法国进口商如何利用远期外汇交易进行套期保值？

2. 已知纽约外汇市场上的即期汇率为 1 英镑＝1.583 6 美元，美国货币市场年利率为 4.20%，英国货币市场年利率为 1.90%。

试计算英镑 6 个月的远期汇率。

3. 已知：某日巴黎外汇市场欧元兑美元的报价如下：即期汇率：1.812 0/50。3 个月远期差价：70/20。6 个月远期差价：120/50。

试根据客户要求报出远期汇率：①买入美元，择期从即期到 6 个月；②买入美元，择期从 3 个月到 6 个月；③卖出美元，择期从即期到 3 个月；④卖出美元，择期从 3 个月到 6 个月。

4. 假设英国货币市场年利率为 4.0%，美国货币市场年利率为 5.5%，外汇市场上即期汇率为 1 英镑＝1.422 0/30 美元，6 个月远期汇水为 10/30，英国投资者将 100 万英镑用于抛补套利，请计算其盈亏状况(不计交易成本)。

5. 假设某日外汇市场行情如下：纽约外汇市场 1 美元＝7.731 0/20 港元；伦敦外汇市场 1 英镑＝1.570 0/10 美元；香港外汇市场 1 英镑＝12.499 0/10 港元。

如果某套汇者以 1 000 万港元进行套汇，试计算其套汇利润(不考虑交易费用)。

6. 已知香港外汇市场，即期汇率为 1 美元＝7.753 6/82 港元，3 个月美元汇率贴水为 400/300 点。香港某公司拟向巴西出口一批商品，原报价每台 100 000 港元。

求：①3 个月远期美元汇率是多少？②如果巴西进口商要求改报美元价，即期付款情况下应报多少？③如果巴西进口商要求延期 3 个月付款，港商应报多少美元？

7. 某日伦敦外汇市场即期汇率报价 1 英镑＝1.895 0/60 美元，1 月期点数为 20/10，6 月期点数为 80/90。

请计算 GBP/USD 1 个月期、6 个月期的远期汇率是多少？

8. 已知三个外汇市场汇率如下：

伦敦外汇市场　　GBP1＝USD1.563 0/40

悉尼外汇市场　　GBP1＝AUD2.787 0/90

纽约外汇市场　　USD1＝AUD1.723 0/60

问：三个外汇市场是否有套汇可能，如果可以，投资 200 万英镑收益多少？

应会考核

■ 观念应用

【背景资料】

纽约外汇市场

纽约外汇市场是与伦敦外汇市场平分秋色的世界主要外汇市场，它不但是美国国内外汇交易中心，而且是世界各地外汇结算的枢纽。纽约外汇市场是重要的国际外汇市场之一，其日交易量仅次于伦敦。纽约外汇市场也是一个无形市场。外汇交易通过现代化通信网络与电子计算机进行，其货币结算可通过纽约地区银行同业清算系统和联邦储备银行支付系统进行。由于美国没有外汇管制，对经营外汇业务没有限制，政府也不指定专门的外汇银行，所以几乎所有的美国银行和金融机构都可以经营外汇业务。但纽约外汇市场的参加者以商业银行为主，包括 50 余家美国银行和 200 多家外国银行在纽约的分支机构、代理行及代表处。纽约外汇市场交易活跃，但与进出口贸易相关的外汇交易量较小。相当部分外汇交易与金融期货市场密切相关。美国的企业除了进行金融期货交易而与外汇市场发生关系外，其他外汇业务较少。

【考核要求】

纽约外汇市场的业务给你带来什么样的思考？

■ 技能应用

抛补套利和非抛补套利

假设德国年利率为 2.35%，美国年利率为 5.75%。2024 年 3 月 20 日德国一投资者有资金 500 万欧元，欲存在美国 6 个月。当日欧元兑美元即期汇率为 1∶1.193 0，6 个月远期欧元兑美元为 1∶1.195 0，如果到 2024 年 9 月 19 日存款到期日时，汇率可能发生变化，出现两种情况：第一种是 1 欧元＝1.154 0 美元；第二种是 1 欧元＝1.238 0 美元。

【技能要求】

(1)若不做抛补套利，第一、第二种情况收益状况如何？

(2)若做抛补套利,收益怎样?

■ 案例分析

【情景与背景】

人民币汇率大涨,能加速升值吗?

在日元套利交易逆转等短期因素的推动下,2024年8月2日至8月5日离岸、在岸人民币汇率出现了爆发式升值,累计涨幅均超过1 000个基点,一度逼近7.10。但随着全球金融市场渐归理性,8月6日起,离、在岸人民币汇率又出现了回落。与此同时,银行间外汇市场人民币/美元汇率中间价也一直徘徊在7.13附近,并未出现明显的升值。因此,相对于美联储降息预期,日元套利交易逆转因素并非人民币升值的真正诱因。

从汇率的主要影响因素来看,经济基本面、国际收支顺差、通胀水平差异等原本应支持人民币相对于美元升值。但2022年以来,在美联储强势加息、中美利差倒挂扩大这种强力因素的冲击下,人民币不升反贬。现在上述这些因素依然存在,唯一变化的是美联储要降息了,中美利差倒挂可能逐步收窄。因此,人民币升值可能成为大趋势。

种种迹象表明,美联储降息可能已经箭在弦上。新一轮的美联储降息周期很可能是预防式降息,年内降息幅度可能为50个基点左右。整个降息过程可能从2024年三季度末开始,到2025年四季度结束。

资料来源:连平、刘涛:"人民币汇率大涨,能加速升值吗",观察者网,2024年8月8日。

【分析要求】

(1)哪些因素可能决定人民币未来一年内升值幅度?

(2)随着国际政治经济形势的变化,尤其是美国大选出现政党更替后,美元指数自身也不排除再度阶段性走强的可能。其潜在的驱动因素包括哪些?

本章实训

【实训内容】

外汇交易过程的模拟操作。

【实训步骤】

第一步:了解个人外汇交易的程序,即开户流程:注册账户→签署协议+提交资料→开户→登录邮箱获取账号→下载交易平台。

第二步:选择几种外汇交易的品种。

第三步:分析所选外汇的预期价格变动趋势。

第四步:投资决策。

【实训要求】

结合所学的内容,根据自身理解撰写模拟投资报告,并撰写实训报告。

《外汇交易过程的模拟操》实训报告		
实训班级：	项目小组：	项目组成员：
实训时间：　　年　　月　　日	实训地点：	实训成绩：
实训目的：		
实训步骤：		
实训结果：		
实训感言：		

第七章 黄金市场

实务操作

黄金市场实时走势

知识目标

理解：黄金的属性；黄金市场的概念；黄金市场的发展历史；国际黄金市场；中国黄金市场。

熟知：黄金市场的特点；黄金市场的分类；黄金市场的功能。

掌握：黄金市场的分析方法；黄金的供求分析；黄金的交易方式；黄金交易的交割形式；影响黄金价格的因素。

技能目标

能够掌握黄金市场的基本分析方法，正确认知黄金市场在现代经济中的作用，学会解读影响黄金价格的各种因素，提高黄金市场知识的应用能力、职业判断能力和相关知识的更新能力。

素质目标

能够结合当今黄金市场的实际，提高分析问题和总结问题的能力，提高语言表达能力和与人合作的能力。

思政目标

培养学生的风险意识和理性投资观念，明白黄金市场的波动规律，不盲目跟风；增强爱国情怀，了解我国黄金市场在全球的地位，以及国家对黄金市场的规范和管理；树立正确的财富观，认识到黄金并非唯一的财富象征，而是经济运行中的一部分；培养诚信意识，在黄金交易中坚守道德底线；激发学生对经济发展的关注，为国家金融稳定贡献力量。

课程引例

三大因素影响黄金走势：不确定性和事件风险的上升提振市场情绪

根据世界黄金协会(WGC)的月度报告，虽然季节性因素通常会在8月份为金价带来顺风，但黄金仍面临着美国大选和股市的持续波动带来的强大阻力。

继6月份小幅下跌之后,7月份金价强劲上涨,收盘上涨4%至每盎司2 426美元,相关内容如图7—1所示。月中创下历史新高,月底小幅下跌。

世界黄金协会指出,8月初波动率指数(VIX)创下历史第三高,原因是日本央行加息、金融市场去杠杆以及美国非农就业报告疲软等多种因素导致风险资产大幅下跌。部分跌幅已经收复,但恢复到抛售前的水平可能需要一些时间。近期美国数据疲软,市场定位变得越来越温和。然而,鉴于经济仍然健康,且美联储在选举前一贯保持沉默,对降息的单边押注留下了一些令人失望的空间。如果美联储的措辞没有像市场预期的那样发挥作用,这可能会给黄金带来下行风险。

8月份通常对金价有利,但世界黄金协会指出,一些重大风险因素可能会扰乱金价的潜在涨势。首先是美联储在其年度夏季研讨会上提出的政策倾向;其次是美国政治,也有可能对本月贵金属价格造成重大不利影响;最后是来自股票,尤其是科技板块,近期该板块承受了相当大的压力。

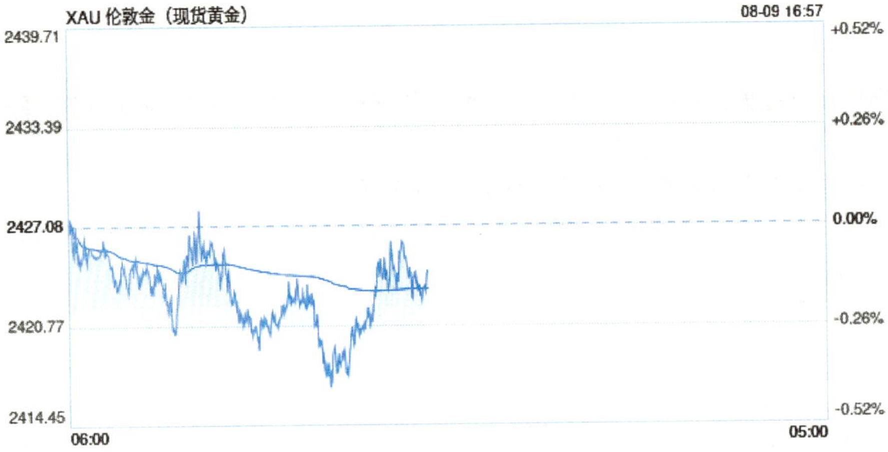

图7—1

资料来源:世界黄金协会:"金价面临三大因素影响,投资者保持高涨的兴趣",汇通网,2024年8月9日。

- **引例导学**

通过上述引例可以看出,对黄金而言,不确定性和事件风险的上升可能会让投资者保持高涨的兴趣。黄金市场是金融市场的重要组成部分。那么,黄金市场是一个怎样的金融市场?有什么样的特征和功能?又是怎样运行的呢?本章将详细讲述。

- **知识精讲**

第一节 黄金市场概述

一、黄金的属性

(一)黄金的商品属性

在人类历史过去的几千年里,黄金一直是财富和权势的象征。黄金除了为帝王贵族所拥有之外,还被人们用来作为供奉器具和修饰保护神灵形象的特殊材料。黄金之所以如此尊贵,原因就在于黄金是世界上最稀有的金属之一,而且即使在微弱光线下也能反射出绚丽的色彩。在现代社会,人们发现黄金除了有良好的装饰功能之外,还具有超强的物理稳定性、延展性、抗氧化能力,并且是热和电的良导体。因此，黄金在航空航天、通信、医学、电力等领域都具有极其广泛的用途。

（二）黄金的货币属性

由于黄金具有高价值性、易分割性、易保存性等优良特性，历史上黄金就行使着货币的职能。目前，世界上发现最早的金币是公元前 700 年位于小亚细亚的吕底亚王国使用的金币。

在中国，据《史记》记载，约公元前 22 世纪的夏朝就开始使用黄金货币。近代，在金本位国际货币体系下，黄金是国际上的硬通货，可自由进出口，当一国国际贸易出现赤字时，可以用黄金支付。在金汇兑本位国际货币体系下，美元与黄金挂钩，美国承担以官价兑换黄金的义务。各国货币与美元挂钩。美元处于中心地位，起到世界货币的作用，但黄金是稳定这一货币体系的最后屏障。在 20 世纪 70 年代，经过多次美元危机之后，布雷顿森林体系解体，之后的《牙买加协议》宣布黄金与美元脱钩，不再有货币的功能特征。

（三）黄金的投资属性

黄金是一种贵金属，虽然当今已经不再具有货币的功能，但因其仍然是国际货币基金组织（IMF）和世界各国中央银行的储备资产，其金融属性中还保留着作为投资品的功能。黄金的投资价值体现在黄金具有内在价值和黄金与相关投资品种的比较价值。

黄金的内在价值具有以下特点：①具有保值作用。②具有很强的流动性。黄金可以在任何国家、任何时间兑换成任何货币和资产。③理想的清偿资产。黄金的价格和价值具有内在稳定性，被人们称为“终极资产”。当一国出现债务危机的时候，黄金可以用来清偿债务。

黄金的投资价值还体现在黄金与相关投资品种的比较价值。在某些特殊政治、经济环境下，黄金与股价指数、债券等投资品的收益率呈现出负相关性，因而能够满足投资者多元化投资的需求，达到分散风险、保值增值的目的。

【提示】 黄金的投资收益率高于股票和债券，而投资风险大于债券、小于股票。

二、黄金市场的概念

黄金市场是黄金供求双方进行黄金交易的交易机制、交换关系以及交换场所的总和，它有广义和狭义之分。广义的黄金市场包括黄金制品市场、黄金投资市场和黄金信贷市场；狭义的黄金市场主要是指黄金投资市场。黄金制品市场主要进行金饰品、金条买卖。黄金投资市场有标准金块和金条交易、黄金期货期权等衍生品交易以及纸黄金交易。黄金信贷市场有黄金抵押贷款、借金还金等业务。

黄金市场的参与主体包括参与黄金买卖的交易主体、金融机构以及法人团体和个人投资者。黄金买卖的交易主体主要是指采金企业和用金单位，它们参与黄金市场的目的是规避价格风险，主要以供货方和需求方的身份出现。参与黄金交易的金融机构主要包括商业银行、中央银行和对冲基金等。而法人团体和个人投资者，在黄金市场中主要扮演着投机者的角色。

目前，世界上总共有 40 多个国际黄金市场，主要分布在发达国家的经济中心城市。伦敦、苏黎世、纽约、芝加哥和香港为世界最主要的五大黄金市场。据中国黄金协会数据显示，2024 年上半年，中国黄金产量为 179.634 吨，中国黄金消费量 523.753 吨；上海黄金交易所全部黄金品种累计成交量双边 2.98 万吨（单边 1.49 万吨）。

三、黄金市场的发展历史

（一）前金本位时期（19 世纪以前）

在 19 世纪之前，因黄金极其稀有，黄金是财富和权势的象征，几乎为帝王独占。黄金矿山也由皇家所有，黄金是由奴隶、犯人在极其艰苦恶劣的条件下开采出来的。16 世纪，殖民者为了掠夺黄金而杀戮殖民地居民，毁灭当地文化遗产，在人类文明史上留下了血腥的一页。这一时期，抢掠与赏赐成为黄金流通的主要方式，自由交易的市场交换方式难以发展，即使存在，也因黄金的专有性而限制了黄金的自由交易规模。

（二）金本位时期（19 世纪初至 20 世纪 30 年代）

从 19 世纪初开始，先后在美国、澳大利亚、南非和加拿大发现了丰富的金矿资源，使得黄金生产力迅速发展。仅 19 世纪后半叶，人类生产的黄金就超过了此前 5 000 年的产量总和。由于黄金产量的增加，人类进入了金本位时期。金本位制具有自由铸造、自由兑换、自由输出三大特点。金本位制始于 1816 年的英国，到 19 世纪末，世界上主要的国家基本上都实行了金本位制。1914 年第一次世界大战时，全世界已有 59 个国家实行金本位制。

20 世纪初，第一次世界大战爆发严重地冲击了金本位制；到 20 世纪 30 年代又爆发了世界性的经济危机，使金本位制彻底崩溃，各国纷纷加强了贸易管制，禁止黄金自由买卖和进出口，公开的黄金市场失去了存在的基础。1939 年，伦敦黄金市场关闭，直到 1954 年才重新开张。在这期间一些国家实行金块本位或金汇兑本位制，大大压缩了黄金的货币功能，使其退出了国内流通支付领域，但在国际储备资产中，黄金仍是最后的支付手段，充当世界货币。

（三）布雷顿森林体系时期（20 世纪 40 年代至 20 世纪 70 年代初）

1944 年 5 月，美国邀请参加筹建联合国的各国政府代表在美国布雷顿森林举行会议，签订了“布雷顿森林协议”，建立了金本位制之后第二个国际货币体系。在这一体系中，美元与黄金挂钩，美国承担以官价兑换黄金的义务，各国货币与美元挂钩，美元处于中心地位，发挥世界货币的作用。在布雷顿森林货币体制中，黄金无论是在流通领域还是在国际储备方面的作用都有所降低，而美元成为这一体系中的主角。但因为黄金是稳定这一货币体系的最后屏障，所以黄金的价格及流动都仍受到较严格的控制，各国禁止居民自由买卖黄金，市场机制难以有效发挥作用。

（四）黄金非货币化时期（20 世纪 70 年代至今）

1973 年，布雷顿森林体系完全崩溃，从此开始了黄金非货币化的改革进程。1978 年，国际货币基金组织通过批准了修改后的《国际货币基金协定》，从此，国际货币体系的黄金非货币化从法律角度正式确定下来。

国际黄金非货币化的结果，使黄金成为可以自由储藏和自由买卖的商品，黄金从国家金库走向了寻常百姓家，其流动性大大增强，黄金交易规模增加，因此黄金市场得以迅速发展。黄金非货币化的几十年来也正是世界黄金市场得以发展的时期。如今，黄金仍作为一种公认的金融资产活跃在投资领域，充当国家或个人的储备资产。

黄金可以分为商品性黄金和金融性黄金。国家放开黄金管制不仅使商品黄金市场得以发展，而且促使金融黄金市场迅速发展起来，并且由于交易工具的不断创新，极大地扩充了黄金市场的规模。

拓展阅读 7—1　　黄金非货币化

1. 产生的原因

黄金非货币化问题是在第二次世界大战后美元危机频繁爆发，以美元—黄金为中心的国际货币体系崩溃后产生的。“二战”后初期，由于美国黄金储备充足，国际收支大量顺差，美元汇率稳定，黄金价格基本上能够维持在国际货币体系所规定的官价上，黄金在一定程度上保持着世界货币的地位。

1950 年朝鲜战争爆发后，美国国际收支连年逆差，黄金储备不断流失，各国中央银行却仍按 35 美元兑换 1 盎司黄金的官价向美国兑换黄金。此后，美元继续外流，到 1960 年 12 月，美国对外流动负债已达 214 亿美元,而黄金储备却减少到 184 亿美元,美元信用大为动摇,终于爆发了“二战”后第一次大规模的美元危机。

20 世纪 60 年代的越南战争使美国国际收支进一步恶化,1968 年 3 月又爆发了空前严重的第二次美元危机。对此,黄金总库各国中央银行行长华盛顿会议决定,美国及黄金总库不再按官价向黄金市场供应黄金,任其市场价格自由涨落;但各国政府或中央银行仍可按黄金官价进行结算。由此形成了黄金比价制,自由市场的黄金价格与其官价完全脱离。

进入 20 世纪 70 年代,美国国内通货膨胀愈演愈烈,财政赤字和国际收支逆差不断扩大,致使 1971 年 5 月和 7 月又连续爆发两次美元危机。其后,在 1971 年 12 月和 1973 年 2 月,美国两度宣布美元贬值。接着,西方各国纷纷取消本国货币与美元的固定汇率,采取浮动汇率。1976 年,牙买加会议召开,正式取消黄金官价,并实施黄金非货币化。

2. 相关内容

正是在上述背景下,美国竭力主张削弱乃至取消黄金在国际货币体系中的作用,贯彻实行黄金非货币化。其主要目的是不再用黄金去收回国际市场上数千亿美元的游资,而是绕开黄金,直接凭借其经济实力,重建失去的美元霸权地位。

但是,黄金并没有完全退出货币制度。各国中央银行的黄金准备仍在增加。20 世纪 70 年代后,金价与西方主要货币汇率的波动仍保持一定的关系。20 世纪 80 年代初,黄金再货币化的呼声日益高涨,但由于黄金产量跟不上世界商品生产和交换的需要,黄金已不太可能再恢复金本位制时代所具有的那种作用,加之各国对此争议很大,因而黄金非货币化仍是目前的主要趋势。

3. 有关争论

在西方国家,黄金非货币化论早在 20 世纪 30 年代就随着国际金本位制的崩溃和凯恩斯主义经济学的问世而产生了。20 世纪 60 年代初发生第一次美元危机,以美国经济学家 R. 特里芬的观点为代表,黄金非货币化形成思潮。20 世纪 70 年代中后期,国际货币基金组织《牙买加协议》宣布废除黄金的世界货币职能后,黄金非货币化遂成为西方国家有关黄金货币作用理论的主流。

在中国,学术界关于黄金非货币化问题存在着两种相反的观点:一种观点认为,黄金已不再是世界货币,而且不再是决定货币汇率的主要因素;另一种观点认为,黄金实际上只是被人为地非货币化,尽管如此,它仍然维持其世界货币地位,在不远的将来还有可能发生黄金再货币化。

虽然黄金在国际货币体系中已不具有明确的货币职能,但仍是各国国际储备的主要组成部分之一。黄金非货币化仍是现实。

资料来源:李贺等:《金融市场学》(第三版),上海财经大学出版社 2022 年版,第 164～165 页。

四、黄金市场的特点

(一)黄金市场是多元化交易市场的集合

黄金市场涉及商品领域与金融领域。黄金商品属性主要体现于黄金制品市场。黄金制品市场分布在各大商场和金饰店,它提供多样化黄金制品品种和金条买卖,满足人们的装饰需求。世界黄金制品需求量占每年黄金供给总量的 70%左右。黄金的金融属性主要体现在黄金投资市场和黄金信贷市场。黄金投资市场用来满足投资者对黄金资源合理配置,规避黄金价格波动风险以达到投资获利的目的。黄金信贷市场是由银行提供融资业务,当企业资金周转不灵或者企业急需大量资金的时候,可以用黄金抵押贷款。银行也可以向企业提供借金还金业务,为企业规避黄金价格高涨的风险。这些市场形式上各自独立,其实它们之间是相互交融的,共同构成完整意义的黄金市场。

（二）商业银行在黄金市场中具有主导地位

商业银行在黄金市场中的作用是由黄金产品的特殊性和商业银行所具备的优势决定的。黄金具有特殊属性，它是一种具有商品、货币、投资多重属性的实物。鉴于这种特殊属性，世界上大部分国家对黄金实行商业化运作、货币化管理。这种模式是通过商业银行参与黄金市场并接受中央银行监管来实现的。另外，商业银行参与黄金市场所具备的条件与其他市场主体相比具有明显的优势：首先，黄金交易需要充裕的资金，商业银行具备资金优势，有利于其拓展黄金业务。其次，商业银行拥有分布广泛的营业网点，能为黄金市场的参与者提供方便快捷的交易平台。再次，商业银行拥有覆盖全国的资金清算和交割系统，可以为投资者提供高效、安全的交割服务；同时，商业银行不断进行黄金交易工具创新，可以帮助投资者更好地规避风险。最后，商业银行具有良好的信誉和客户资源，可以在黄金市场中开展诸如黄金买卖、借金还金等多种业务。总之，商业银行参与黄金市场的广度、深度对黄金市场发展有重要影响。

（三）黄金市场是衍生交易占主导地位的市场

黄金市场既要面临黄金供求失衡的风险，又要受到国际政治、经济局势动荡的影响，还会受到美元汇率风险的影响，因此它是一个风险集中度、风险敏感度很高的金融市场。为了规避各种风险，1975 年美国纽约商品交易所成功推出黄金期货合约。20 世纪 80 年代初又产生了黄金远期合同交易并在此基础上产生了黄金期权交易和黄金互换交易。据统计，现在世界上黄金交易额的 90％以上是黄金衍生品交易形成的。因此，黄金市场是衍生交易占主导地位的市场。

五、黄金市场的分类

（一）根据黄金市场的交易规模和作用，黄金市场分为国际性市场和区域性市场

1. 国际性市场

国际性市场是指进行国际性集中交易，并在世界黄金市场中起主导作用的黄金市场，该市场中黄金价格及交易量的变化对其他市场有很大影响，如伦敦、苏黎世、纽约、芝加哥和香港黄金市场。

2. 区域性市场

区域性市场是指交易规模有限且集中在某个地区，同时对其他黄金市场影响不大的市场，其辐射力和影响力相对有限，如东京、法兰克福、巴黎黄金市场。

（二）根据黄金市场的交易场所，黄金市场分为有形黄金市场和无形黄金市场

1. 有形黄金市场

有形黄金市场是指黄金交易集中在黄金交易所进行的市场，如纽约商品交易所内的纽约黄金交易市场和芝加哥交易所内的芝加哥黄金市场等就属于有形黄金市场。根据黄金市场组织形式，有形市场又可以分为场内交易市场和场外交易市场。在黄金交易所内买卖黄金形成的市场称为场内交易市场，这种市场组织形式比较规范。场外交易市场是指在黄金交易所以外进行黄金交易的市场，比如在银行柜台买卖黄金。

2. 无形黄金市场

无形黄金市场主要是指没有专门的黄金交易场所，而是通过黄金交易商之间形成的网络进行交易的黄金市场。伦敦、苏黎世和香港的黄金市场都属于这类市场。无形黄金市场一般以会员为基础，黄金交易主要是在会员之间通过网络进行的。会员多为世界级的黄金交易商和商业银行。该类市场的交易机制具有特殊性，因而凡在该市场交易的客户和其交易量都是绝对保密的。

（三）根据黄金交易的标的物，黄金市场分为实物市场和衍生品市场

1. 实物市场

实物市场主要是指现货交易市场，即以现货交易为中心、在同业间利用通信工具联系交易活动

的黄金市场，这种市场大多分布在欧洲，也称为欧洲类型的市场。实物交易的标的物主要是金条、金链、纯金币、首饰等。单一从事实物黄金交易的市场有瑞士黄金市场。

2. 衍生品市场

衍生品市场是指主要进行黄金衍生品交易的市场。衍生品是从原生资产派生出来的金融工具，是一种财务工具或合同，其价值由买卖双方根据标的资产的价值来决定。黄金衍生品包括黄金远期、黄金期货、黄金期权和黄金掉期四类。衍生交易的共同特点是保证金交易，即只要支付一定比例的保证金就能进行全额交易，而且合约的结算也主要采取现金差价结算的方式进行。世界上大多数黄金市场既有实物黄金交易也有黄金衍生品交易。美国黄金市场主要进行黄金期货交易。

(四)根据黄金交易的管制程度，黄金市场分为限制交易市场和自由交易市场

1. 限制交易市场

限制交易市场是指黄金的输入和输出受到管制的黄金市场。限制交易市场主要有两种情况：一是禁止黄金输出和输入国境，但是允许居民在国内市场上自由买卖黄金，目前我国的黄金市场就属于这一类型；二是对黄金的进出口加以限制，只允许非居民按照市场价格自由买卖黄金，如1979年英国撤销全部外汇管制前的伦敦黄金市场。

2. 自由交易市场

自由交易市场是指可以自由输出输入黄金、居民与非居民都可以自由买卖黄金的黄金市场，比如苏黎世黄金市场。

六、黄金市场的功能

(一)价格发现功能

黄金同时具有商品属性和金融属性。一般来说，商品的价格主要受供求规律影响，而金融产品的价格主要根据无套利原则确定，其受宏观经济条件以及相关金融产品影响较大。黄金的价格对供求规律敏感性较差，它主要受美元汇率波动、国际政治、经济环境的影响。黄金市场为人们发现黄金价格提供了渠道。黄金的定价方式是由五大国际黄金市场循环决定的。在这些黄金市场的报价中，最重要的是伦敦黄金市场的定价。伦敦黄金市场的价格决定之后，由世界各大通讯社迅速将其向全世界发布，该价格成为全球黄金交易价格的导向。

(二)资源配置功能

黄金市场价格是信息传递的综合反映，它不仅包含了黄金的供求状况，而且包含了国际政治动荡、经济金融危机以及美元汇率波动的信息。通过黄金市场传递的价格信息，黄金生产者、需求者和投机者能够不断调整生产、消费以及投机的规模，使市场趋于均衡状态，从而实现资源配置的效率。黄金资源的合理配置不仅体现在商品黄金上，而且反映在货币黄金上。商品黄金资源配置包括采金企业和用金单位在公开、公平、公正的市场条件下，通过竞争实现优胜劣汰。货币黄金资源配置主要体现在国家外汇储备结构上。出于国家经济金融安全的考虑，一国中央银行可以通过黄金市场购入黄金用于储备以调整外汇储备的结构，也可以通过黄金市场抛售黄金以提高收益。

(三)投资避险功能

黄金具有投资价值，它的价格变动往往与美元汇率变动以及其他投资品的价格变动呈现出负相关性。比如，美元升值会导致黄金的投资需求减少，黄金价格下降；股票、债券价格上升，也会减少对黄金的投资需求进而导致黄金价格下降。黄金与大多数投资品之间的负相关性使得其成为一种重要的分散投资工具。当出现战争、经济危机等重大事件的时候，黄金往往成为规避风险的可靠选择；而当经济出现严重通货膨胀时，黄金是保值和增值的最佳投资品之一。

七、黄金市场的分析方法

黄金作为一种传统的避险资产，其市场分析方法多种多样，涵盖了基本面分析、技术面分析和情绪面分析等维度。

（一）基本面分析

基本面分析是评估黄金市场长期趋势的重要手段。这一分析方法主要关注全球经济状况、货币政策、地缘政治风险等因素。例如，当全球经济增长放缓或出现不确定性时，投资者往往会寻求黄金作为保值工具，从而推高金价。此外，央行的黄金购买行为也是基本面分析中的关键因素，央行的购买量可以直接影响黄金的供需平衡。

（二）技术面分析

技术面分析则是通过研究历史价格和交易量数据来预测未来市场走势。常用的技术分析工具包括趋势线、支撑和阻力位、移动平均线、相对强弱指数（RSI）等。技术分析假设市场行为具有一定的重复性和可预测性，因此通过识别特定的价格模式和指标，投资者可以做出买卖决策。

（三）情绪面分析

情绪面分析关注市场参与者的情绪和预期，这在短期内对黄金价格波动有显著影响。例如，通过分析投机性多头和空头持仓比例，可以了解市场参与者的看涨或看跌情绪。此外，新闻事件、市场传言以及突发事件都可能迅速改变市场情绪，进而影响金价。

为了更直观地展示这些分析方法的应用，表7—1总结了每种分析方法的关键点和应用场景：

表7—1

分析方法	关键点	应用场景
基本面分析	全球经济状况、货币政策、地缘政治风险	长期投资决策
技术面分析	历史价格和交易量数据、技术指标	短期交易决策
情绪面分析	市场参与者情绪、新闻事件	短期市场波动预测

综合运用这三种分析方法，投资者可以更全面地理解黄金市场的动态，从而做出更为明智的投资决策。无论是长期持有还是短期交易，对黄金市场的深入分析都是成功投资的关键。

第二节 黄金的供求和交易

一、黄金的供求分析

（一）黄金的供给

由于黄金是不易消耗的资源，经过加工可以反复使用，因此黄金的供应渠道有两个：一是增量黄金，主要来源于世界各产金国的新产黄金；二是存量黄金。

黄金的供给除了依靠采金国的开采之外，另一个重要来源就是存量黄金的再利用。存量黄金的供给主要包括：①再生黄金供应，主要来自旧首饰、废弃计算机零件等，约占国际黄金供给总量的1/4；②官方机构的售金活动，即各国央行和国际金融公司在黄金市场上抛售黄金；③生产商的对冲，生产商预期黄金价格下降，他们根据自己的产金计划向银行租赁黄金，并在现货市场上卖出，待新产出黄金之后再还给银行。

目前，黄金价格稳中有升，加之南非、加拿大等国家对新矿进行积极开采，同时存量黄金的供应量越来越高，因此黄金的产量仍保持着上升的趋势。

（二）黄金的需求

各国对黄金的需求主要包括官方储备需求、投资投机需求、工业原料需求、消费需求。前两个需求是基于黄金的金融属性，后两个需求是基于黄金的商品属性。

1. 官方储备需求

官方储备需求是指各国中央银行将黄金作为储备，用于国际支付。在金本位制下，黄金的官方储备占全部黄金需求的 50%以上。金本位制解体之后，英、美等发达国家官方储备的黄金有所下降。目前，黄金仍在某种程度上扮演着国际货币的角色，是终极清偿资产。特别是 1997 年发生东南亚金融危机之后，大部分国家又开始增加黄金储备。

2. 投资、投机需求

无论是个人还是机构，他们购进黄金还有其他两个目的：一是进行投资，购入黄金以使资产保值和增值；二是进行投机，即通过预测金价的涨跌趋势以及与之相关的经济、金融、财政等因素而进行的套利活动。

3. 工业原料需求

黄金的工业用途很广，在电子制造业、航空航天业、医疗器械业等领域都有广泛的使用。工业用金量基本上维持在每年 200 多吨的水平上。虽然这些高科技行业将会加速发展，但是因为黄金价格昂贵，很多公司开始使用其他合金材料作为替代品，所以这方面的黄金需求只会略有增长。

4. 消费需求

消费需求主要是首饰需求。金价飙升和全球经济增长放缓是 2024 年上半年阻碍消费者购买金饰的主要因素，包括中国在内，全球主要金饰消费市场如印度、中东、美洲和欧洲地区的黄金消费需求都呈现下降趋势。在 2024 中国国际黄金大会上发布的数据显示，2024 年上半年，国内原料黄金产量为 179.634 吨，与 2023 年同期相比增产 1.036 吨，同比增长 0.58%；受黄金价格强势上涨、不断刷新历史新高影响，全国黄金消费量 523.753 吨，同比下降 5.61%；进口原料产金 72.026 吨，同比增长 10.14%，若加上这部分进口原料产金，全国共生产黄金 251.660 吨，同比增长 3.14%。虽然黄金价格表现较好，但我国黄金产量并未如期增长，主要是老矿山易开采资源逐渐减少，新建矿山面临深井建设难题，且安全环保政策要求不断提高，部分黄金矿山企业减产、关停整改或无法延续生产。随着黄金价格不断刷新历史新高，黄金首饰和金条金币两个类别的销量呈现两极分化之势，溢价较高的黄金首饰消费大幅下降，溢价相对较低的金条及金币消费大幅上涨。金价高位巨幅波动使得黄金加工销售企业生产经营风险增大，批发零售企业进货减少，首饰加工企业加工量大幅下降。

拓展阅读 7—2　二季度全球黄金需求创历史新高，推动金价上涨

世界黄金协会发布的 2024 年二季度《全球黄金需求趋势报告》显示，二季度全球黄金需求总量（包含场外交易）同比增长 4%至 1 258 吨，创下有该项统计以来最强劲的二季度需求。二季度场外交易（OTC）需求强劲，同比显著增长 53%至 329 吨，为全球黄金需求提供助力。场外交易需求的增加、全球央行的持续购金以及黄金 ETF 流出的放缓，共同推动二季度金价屡创新高。本季度黄金均价达到 2 338 美元/盎司，同比上涨 18%，且金价一度升至 2 427 美元/盎司的历史新高水平。

二季度，全球官方黄金储备增加了 184 吨，同比增长 6%，较一季度增速有所放缓。我们的年度央行黄金储备调查显示，各受访央行普遍认为，在复杂的经济和地缘政治环境下，出于保护投资组合及分散投资风险的需要，黄金储备在未来 12 个月内可能将持续增加。

全球黄金投资需求仍保持坚挺，同比小幅增长至 254 吨，但这背后却体现了不同的需求趋势。

由于金币需求的急剧下降，二季度金条和金币投资减少 5% 至 261 吨。欧洲和北美地区一些市场出现了获利了结行为，这些地区较低的净需求量也抵消了亚洲地区强劲的零售投资需求。

二季度全球黄金 ETF 小幅流出 7 吨。亚洲地区基金继续流入态势；欧洲地区基金扭转了 4 月的大幅流出，在 5 月和 6 月期间转为流入；北美地区黄金 ETF 流出态势与上一季度相比明显放缓。

由于金价屡创新高，二季度全球金饰需求同比下降了 19%，至 391 吨。但与 2023 年同期相比，2024 年上半年的金饰总需求仍具韧性，这主要得益于一季度高于预期的金饰需求表现。

此外，在人工智能热潮的推动下，二季度电子行业用金同比增长 14%，继而推动全球科技用金需求持续增长，同比跃升 11%。

二季度，全球黄金供应总量同比增长 4%，金矿产量增至 929 吨。回收金总量较 2023 年同期增长了 4%，为 2012 年以来最强劲的二季度表现。

2024 年以来，全球央行和场外交易市场需求强劲，推动金价不断攀升并屡创新高，屡屡成为新闻头条。在场外交易市场，机构投资者、高净值投资者以及家族办公室将黄金视为投资组合多元化的工具，对黄金的需求保持旺盛。另外，由于金价不断走高，二季度金饰需求大幅下滑，同时也促使一些个人投资者进行获利了结。

二、黄金的交易方式

现货交易、期货交易和期权交易是黄金市场上最主要的三种交易方式。

（一）黄金现货交易

黄金现货交易是指交易双方在成交后两个营业日内完成交割、清算等一切手续的一种交易方式。黄金现货交易的标的物一般以金条为主，交易价格以伦敦黄金市场定价为依据，在买卖双方接受定价之后，必须确定黄金的交易单位和交割地点。

黄金现货的交易方式分为定价交易和报价交易。定价交易是黄金现货交易的一种方式，即金商只给客户提供单一的交易价，不存在价差，客户可以按照所提供的单一价格自由买卖，金商只提取少量佣金。定价交易只在规定的时间有效，交易的时间长短一般视市场客户的供求情况而定。在定价交易以外的时间则进行报价交易。报价交易是指由买卖双方自行达成的交易，报价交易的价格很大程度上受定价交易的影响，但是报价交易存在着价差。一般情况下，报价交易达成的黄金现货交易量比定价交易的要多。

在现货交易中，买卖黄金时需要说明黄金的交收、存入或者提取地点，有关款项从哪个账户借记还是贷记，报价以哪种货币为主。另外，现货交易还需要给金商支付手续费，如伦敦黄金市场的手续费为 0.25%。

现货交易的作用是实现资源的合理配置。现货交易的最大特点是灵活简便，只要买卖双方同意，可以采取任何方式、在任何地点进行交易。但是，现货交易也存在着以下弊端：首先，黄金价格不仅受供求关系影响，而且受国际政治经济环境的影响，因此黄金现货的价格极易产生波动；其次，现货交易缺乏转移价格波动风险的机制，特别是生产周期较长的金矿企业，很容易受到价格波动风险的影响。

（二）黄金期货交易

黄金期货交易是在现货交易的基础上，为克服现货交易的不足而逐渐发展起来的一种交易方式，即交易双方先签订买卖黄金期货的合约并交付保证金，规定所买卖黄金的标准量、价格和到期日，然后再于约定的日期办理交割。

黄金期货交易具有以下特点：①期货合约是标准化合约，合约的内容包括黄金数量、质量、交易单位、交割地点、交割日期等；②交易流动性强，交易量大；③信用风险较低，交易所作为交易双方的中间人，确保清算交割的安全；④期货交割主要采取对冲的方式，一般并不真正交割实物；⑤期货交易实行保证金交易制度，一般投资者只需支付合约面值10%的保证金就能做全额交易。

黄金期货交易的作用体现在：①黄金价格发现；②提供转移现货市场风险的场所；③为投机者提供投机套利的机会。

期货交易可以分为套期保值交易和投机交易两种类型。

（三）黄金期权交易

黄金期权交易指的是买卖双方签订合同后，买方就收到了在规定的期限内按照合同规定的远期价格，买进规定数量的黄金的权利。期权交易中，买方向卖方支付一定数量的费用（也称为期权费）后，拥有在未来一段时间内或未来某一特定日期，以事先约定的价格向卖方购买或出售一定数量的特定标的物的权利，但是并不承担必须买进或卖出的义务。对期权的卖方来说，他必须履行期权合约规定的义务。

黄金期权可以分为看涨期权和看跌期权。看涨期权是指期权的买方向卖方支付了一定数额的期权费后，拥有在期权合约的有效期内按行权价格向期权卖方买进一定数量标的物的权利，但不承担必须买进的义务。看跌期权是指期权买方向期权卖方支付一定数额的期权费后，拥有在期权合约的有效期内按行权价向期权卖方卖出一定数量的期货合约的权利，但不必承担必须卖出的责任。一般而言，期权的买方只有权利而无义务，其最大损失为期权费；期权的卖方只有义务而无权利，其最大收益为期权费。

黄金期权的期权费由黄金价格的波动率、期权合约规定的行权价格和黄金期权的期限共同决定。无论是看涨期权还是看跌期权，黄金价格波动越大、期权期限越长则期权的期权费越高；对看涨期权而言，行权价格越高，则期权费越低；对看跌期权而言，行权价格越高，则期权费越高。

与黄金期货交易类似，黄金期权交易也具有套期保值和投机两大职能，因而黄金期权交易的操作也分为两类，即套期保值策略和投机策略。期权交易为投资者提供了较为灵活的投资工具，但是黄金期权交易并不适合所有的黄金投资者。期权交易工具最大的优势在于它是一种风险限制性投资，不过期权投资交易程序复杂，比较难操作。

三、黄金交易的交割形式

（一）账面划拨

这种形式一般用于黄金市场上的大宗交易，无论是现货还是期货，一般都只需在账面上进行划拨，把存放在金库的属于某个国家或集团的黄金的所有者加以改变（换一个标签而已）。这样既可以节省运输费用，又可以避免运送风险。特别是在国际金融机构、国家之间以及大垄断金融机构的黄金机构之间的黄金买卖更是如此。

（二）实物交易

这种形式多发生在私人或企业对新开采出来的黄金的交易，其特点是一手交钱，一手交货，钱货两清，交易完成。

四、影响黄金价格的因素

（一）黄金价格变动的直接影响因素

1. 成本因素

长期来看，生产黄金的成本是决定黄金价格的重要因素。一般来讲，生产成本与黄金价格同向变化。目前，黄金价格越来越高，很大程度上就是由于黄金富矿越来越少，生产成本越来越高导致的。

2. 供求因素

黄金供求数量的变化，与黄金价格的涨跌有直接关系。若黄金供过于求，则黄金的价格会下降；若供不应求，则黄金的价格会上升。当前，全球各国对黄金的需求日益见长，而同期黄金的产量却增长缓慢，这导致需求超过供给，促使国际黄金价格呈现出上涨态势。

（二）黄金价格变动的间接影响因素

1. 政治局势与突发性重大事件

黄金是一种非常敏感的投机商品，任何政治、经济的大动荡，必然会在黄金价格上有所反映。特别是当政治、经济局势出现动荡时，黄金往往充当资金的“避风港”作用。因此，世界局势的动荡不安，会使黄金价格大涨。例如，1979 年，美国与伊朗冲突、苏联入侵阿富汗曾引致金价骤升。

2. 世界经济的周期波动

当经济衰退时，人们对经济的预期比较悲观，因而会抛售纸币、抢购金币，以实现资产的保值，这直接引致黄金的需求增加，进而引致黄金价格上涨。在经济扩张的时期，人们对经济的发展比较乐观，因而会出售黄金，将资金用于回报率比较高的投资，这又会引致黄金价格下降。

3. 通货膨胀

一般来说，在通货膨胀严重的时期，人们倾向于持有黄金，因为持有黄金比持有纸币更能规避货币贬值的风险。在温和的通货膨胀时期或者通货紧缩时期，人们不再担心物价的快速上涨，因此他们出于保值、增值目的而购买黄金的活动会减少。

4. 美元汇率的波动

虽然以美元为中心的布雷顿森林体系已经瓦解，但是美元仍然是当今世界的国际清算、支付和储备货币。美元汇率的变动会影响到黄金价格的变动。一般来讲，美元汇率与黄金价格反向变动，即美元升值引致黄金价格下跌，美元贬值引致黄金价格上升。

5. 相关投资品因素

由于黄金具有投资属性，因而与其他投资品存在着替代关系。金融市场上主要的投资品种有股票和债券，一般来讲，如果股票和债券的投资收益率较高，则投资者会选择投资于股票和债券，而不是黄金，因此黄金价格下降；如果股票和债券的投资收益率较低而风险较高的话，那么投资者就可能会进行黄金投资，因此黄金价格上升。

【做中学 7－1】　　市场震荡或加剧，黄金或仍有相对收益

在全球经济环境日益复杂多变的背景下，市场震荡似乎已成为常态。无论是股市、债市还是大宗商品市场，都面临着来自宏观经济、地缘政治、货币政策等多方面的压力。在这样的背景下，黄金作为一种避险资产，其表现备受市场关注。市场震荡可能加剧的背景下，黄金为何或仍有相对收益，主要有以下因素。

1. 市场震荡加剧的多重因素

市场震荡的加剧，往往源于多种因素的共同作用。首先，全球经济增速放缓、贸易紧张局势升级等宏观经济因素，使得市场对未来的不确定性增加，投资者风险偏好下降。其次，地缘政治冲突频发，如中东局势的紧张局势、国际关系的微妙变化等，都加剧了市场的避险情绪。此外，货币政策的不确定性也是市场震荡的重要推手。主要经济体央行的政策调整，如美联储的降息预期、欧洲央行的宽松政策等，都可能引发市场波动。

2. 黄金的避险属性凸显

在市场震荡加剧的背景下，黄金的避险属性越发凸显。作为传统的避险资产，黄金在市场不确定性增加时往往能吸引投资者的关注。当投资者对未来感到担忧时，他们倾向于将资金从风险较高的资产中撤出，转而投向黄金等相对安全的资产。这种资金流动不仅为黄金市场带来了流动性，而且推动了黄金价格的上涨。

3. 黄金或仍有相对收益

尽管黄金价格也会受到市场波动的影响，但从长期来看，黄金或仍有相对收益。一方面，随着全球经济增速放缓和通胀压力的上升，黄金的保值增值功能将更加凸显。另一方面，在全球地缘政治环境复杂多变的背景下，黄金的战略配置价值也将得到进一步提升。此外，随着央行购金量的增加和投资者对黄金需求的增长，黄金市场的供需关系也将逐渐改善，为黄金价格的上涨提供有力支撑。

分析提示

做中学7-1

资料来源："市场震荡或加剧 黄金或仍有相对收益"，华泰证券研报，2024 年 8 月 9 日。

请问：你能对当前的黄金市场环境为投资者提供建议与风险提示吗？谈谈你的见解。

第三节　国际黄金市场

一、世界主要黄金市场

动漫视频

世界主要黄金市场

目前，世界上最有影响的国际黄金市场主要是伦敦黄金市场、苏黎世黄金市场、芝加哥商业交易所集团、中国香港黄金市场和中国黄金市场。

（一）伦敦黄金市场

伦敦黄金市场是全球最重要的黄金交易市场之一，其历史悠久，影响力深远，其发展历史可追溯到 200 多年前。1804 年，伦敦取代荷兰的阿姆斯特丹成为世界黄金交易的中心。1919 年，伦敦黄金市场正式成立。伦敦市场上的五大金行定出当日的黄金市场价格，该价格会影响纽约和香港的交易。1982 年以前，伦敦黄金市场主要经营黄金现货交易。1982 年 4 月，伦敦期货黄金市场开业。

伦敦黄金市场的特点之一是交易制度比较特别。伦敦没有实际的交易场所，其交易是通过各大金商的销售联络网以无形的方式来完成的。交易会员由具权威性的五大金商及一些公认有资格向五大金商购买黄金的公司或商店所组成，另外还包括各个加工制造商、中小商店和公司等。交易时由金商根据各自的买盘和卖盘，报出买价和卖价。现任五大金商是洛希尔父子公司、塞缪尔・蒙塔古公司、沙普・毕斯里公司、约翰逊・马赛公司和莫卡塞・固史密托公司。其中，洛希尔父子公司业务量最大、地位最高，是英格兰银行在伦敦黄金市场的代理。

伦敦黄金市场交易的另一特点是灵活性很强。黄金的纯度、重量等都可以选择，若客户要求在较远的地区交售，金商也会报出运费和保费等，也可按客户要求报出期货价格。伦敦黄金市场上进行黄金交易的通行方式是客户不必现金交收即可买入黄金现货，到期只需按约定利率支付利息，但此时客户不能获取实物黄金。这种黄金买卖方式，只是在会计账上进行数字记录，直到客户进行了相反的操作平仓为止。

伦敦黄金市场特殊的交易体系也有若干不足：其一，由于各个金商报的价格都是实价，有时市场黄金价格比较混乱，连金商也不知道哪个价位的金价是合理的，只好停止报价，伦敦金的买卖便会停止；其二，伦敦市场的客户资料和交易信息绝对保密，因此缺乏有效的黄金交易头寸的统计。

伦敦黄金市场主要由伦敦金银市场协会管理。伦敦金银市场协会（London Bullion Market Association，LBMA）成立于 1987 年，也称伦敦黄金市场协会，其主要职责就是提高伦敦黄金市场的运作效率及扩大伦敦黄金市场的影响，为伦敦黄金市场招商，促进所有参与者（包括黄金生产者、精炼者、购买者等）的经营活动。同时与英国的有关管理部门，如英国金融管理局、关税与消费税局等合作，维持伦敦黄金市场稳定而有序的发展。LBMA 有四种主要会员类型：做市会员（Market-Making Member）、正式会员（Full Member）、附属会员（Affiliate Member）、交易所附属会员（Exchange Affiliate Member)，另外还有一种准会员(或称合伙人，Associate Member)。伦敦黄金市场的主要交易品种为现货和远期合约，交易货币为美元。伦敦黄金市场的定价机制是独特的，它通过一系列拍卖程序来确定金价。

(二)苏黎世黄金市场

苏黎世黄金市场是欧洲最大的黄金交易市场之一，其市场规模和影响力在全球黄金市场中处于领先地位。苏黎世黄金市场的特点是交易活跃，市场开放度较高，吸引了大量的投资者参与。苏黎世黄金市场是第二次世界大战后发展起来的国际黄金市场。由于瑞士特殊的银行体系和辅助性的黄金交易服务体系，为黄金买卖提供了一个既自由又保密的环境。同时，瑞士与南非有优惠协议来获得南非的黄金，使得瑞士不仅是世界上新增黄金的最大中转站，而且是世界上最大的私人黄金的存储中心。苏黎世黄金市场在国际黄金市场上的地位仅次于伦敦。

苏黎世黄金市场没有正式组织结构，由瑞士三大银行——瑞士银行、瑞士信贷银行和瑞士联合银行负责清算结账。三大银行不仅可以为客户代行交易，而且黄金交易也是这三家银行本身的主要业务。苏黎世黄金市场建立在瑞士三大银行非正式协商的基础上，不受政府管辖，交易商联合体与清算系统混合体在市场上起中介作用。

苏黎世黄金市场无金价定盘制度，在每个交易日任一特定时间，根据供需状况议定当日交易金价，这一价格成为苏黎世黄金官价。全日金价在此基础上的波动，无涨停板限制。

(三)芝加哥商业交易所集团

纽约和芝加哥黄金市场是 20 世纪 70 年代中期发展起来的。主要原因是 1977 年后美元贬值，美国金融市场上的法人团体为了套期保值和投资增值，使得黄金期货迅速发展起来。自 2007 年芝加哥商业交易所与芝加哥期货交易所(Chicago Board of Trade)合并，由此诞生了迄今为止全球最大的交易所——芝加哥商业交易所集团(缩写为“CME Group”)。2008 年 3 月 17 日，芝加哥商业交易所集团与纽约商品交易所达成协议，芝加哥商业交易所集团以股票加现金的方式实现对后者的收购，涉及资金约 94 亿美元。

拓展阅读 7—3　　纽约商品交易所 (COMEX) 黄金

表 7—2

交易品种	COMEX 黄金(CFD 差价合约并非期货)	交易单位	100 金衡盎司	报价单位	美元/每金衡盎司
最小变动价位	0.1 美元/盎司	涨跌停板幅度	无涨跌停限制	合约交割月份	交易交割在交易当月、之后 2 个月、23 个月期间内的任何 2 月、4 月、8 月、10 月，以及当前月之后 72 个月期间内的任何 6 月与 12 月进行
交易时间	ME GLOBEX (ETH)：周一至周四：17:00—15:15 以及 15:30—16:30(美中时间)，每日系统维护关闭时间：16:30—17:00(美中时间)周日：17:00—15:15(美中时间)。CME ClearPort：周日至周五 16:00—16:15(美中时间)；每天于美中时间 16:15 开始休息 45 分钟	交割品级	交付的黄金应符合最低限度的 995 成色检测。	交割地点	
交易代码	GC	上市交易所	纽约商品交易所(芝加哥商业交易所集团)	附加信息	

资料来源：新浪财经，https://finance.sina.com.cn。

（四）中国香港黄金市场

中国香港作为国际金融中心，其黄金市场在全球范围内具有重要的地位。香港黄金市场的主要交易品种为实物黄金，交易方式灵活多样。由于香港与内地的紧密联系，香港黄金市场在中国内地的黄金市场中扮演着重要的角色。香港黄金市场已有 90 多年的历史，其形成以香港金银贸易场的成立为标志。1974 年，香港撤销了对黄金进出口的管制，此后香港黄金市场发展极快。香港黄金市场在时差上刚好填补了纽约、芝加哥市场收市和伦敦市场开市前的空档，可以连贯亚、欧、美，形成完整的世界黄金市场，伦敦五大金商、瑞士三大银行等纷纷来港设立分公司。它们将在伦敦交收的黄金买卖活动带到香港，逐渐形成了一个无形的当地“伦敦金市场”，促使香港成为世界主要的黄金市场之一。

目前，香港黄金市场由三个市场组成：①香港金银贸易市场，以华人资金商占优势，有固定买卖场所，主要交易的黄金规格为 99 标准金条，交易方式是公开喊价，现货交易；②伦敦金市场，以国外资金商为主体，没有固定交易场所；③黄金期货市场，是一个正规的市场，其性质与美国纽约和芝加哥的商品期货交易所的黄金期货性质是一样的。交投方式正规，制度也比较健全，可弥补金银贸易场的不足。

（五）中国黄金市场

世界黄金协会统计，2022 年全球金矿产量为 3 627.72 吨，中国、澳大利亚、俄罗斯的黄金产量占全球的 1/3，前五大黄金主产国的黄金产量占比达 45%。中国是世界最大的黄金生产国，2022 年金矿产量占全球总量的近 11%，其次为澳大利亚和俄罗斯，占比均为 10%。最近 30 年来，我国黄金年度消费量增长 5 倍左右，成为全球最大的黄金消费国。随着中国经济的快速发展，中国黄金市场也逐渐崛起，成为全球重要的黄金交易市场之一。中国黄金市场主要由上海黄金交易所(SGE)引领，交易品种包括实物黄金和黄金期货等。中国黄金市场的交易特点是价格波动较大，交易量逐年增加。2024 年上半年，上海黄金交易所全部黄金品种累计成交量双边 2.98 万吨(单边 1.49 万吨)，同比增长 39.77%，成交额双边 15.49 万亿元(单边 7.74 万亿元)，同比增长 68.48%。

二、全球及中国黄金供需分析

（一）全球及中国黄金供应分析

据世界黄金协会(WGC)：2024 年一季度，全球黄金总供应量达 1 238.3 吨，同比增长 3%。从分项上来看，金矿产量同比增长 4%至 893 吨，但为 4 个季度以来低位水平。回收金方面，受益于金价走高投资者进行获利了结，一季度回收金总量同比增长 12%至 350.8 吨，创下自 2020 年三季度以来的季度新高水平。据中国黄金协会：2024 年一季度，国内原料黄金产量为 85.959 吨，与 2023 年同期相比增产 0.987 吨，同比增长 1.16%，其中，黄金矿产金完成 60.191 吨，有色副产金完成 25.768 吨。另外，2024 年一季度进口原料产金 53.225 吨，同比增长 78%，若加上这部分进口原料产金，全国共生产黄金 139.184 吨，同比增长 21.16%。如图 7—2、图 7—3 所示。

（二）全球及中国黄金需求分析

据世界黄金协会(WGC)：2024 年一季度，虽然全球各国央行持续购入黄金，但受制于高金价的拖累，金饰消费和 ETF 的持续净流出使得全球黄金需求总量(不含场外交易)整体下滑，同比下降 5%至 1 101.8 吨，为 3 个季度以来最低水平。但包含场外交易市场和其他来源的黄金总需求为 1 238 吨，同比上涨 3%，是自 2016 年以来最为强劲的一季度需求。相关内容如表 7—3 所示。

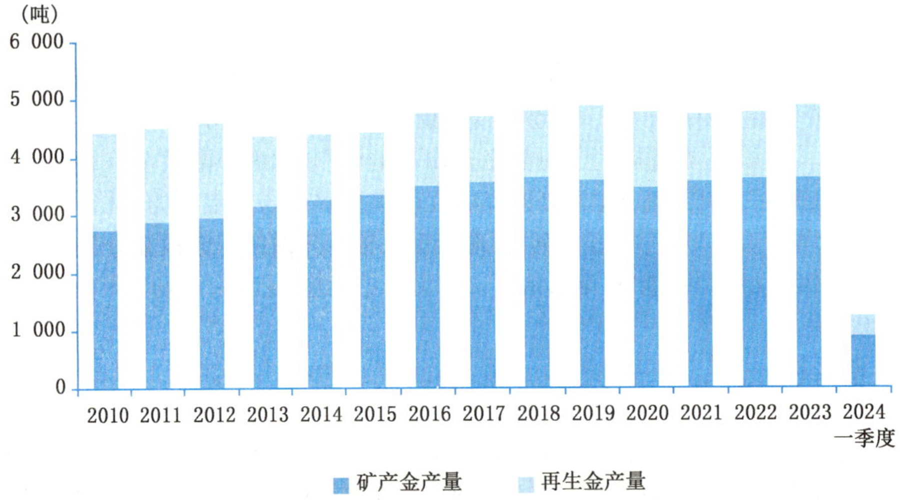

图 7—2　全球黄金供应情况

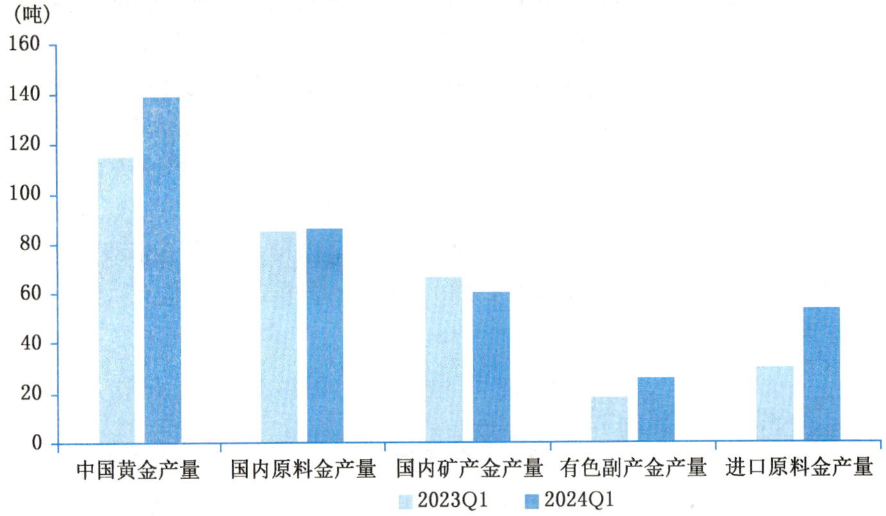

图 7—3　中国黄金供应情况

表 7—3　全球黄金需求情况

单位:公吨	2016	2017	2018	2019	2020	2021	2022	2023	2024一季度	季度同比变化(%)
金饰制造	2 018.8	2 257.5	2 290.0	2 152.1	1 324.0	2 230.3	2 195.4	2 168.0	535	1
金饰消费	2 103.6	2 240.5	2 250.2	2 126.7	1 398.1	2 148.3	2 083.9	2 092.6	479	−2
金饰库存	−84.8	17.0	39.8	25.4	−74.1	82.0	106.5	75.4	56	33
科技	323.0	332.6	334.8	326.0	302.8	330.2	308.7	297.8	78.6	10
电子用金	255.6	265.6	268.4	262.3	249.3	272.1	252.0	241.3	64.4	13
其他行业	49.8	50.7	51.2	49.8	41.6	46.8	46.5	47.1	11.9	2

续表

单位:公吨	2016	2017	2018	2019	2020	2021	2022	2023	2024一季度	季度同比变化(%)
牙科	17.6	16.3	15.3	13.9	11.9	11.4	10.3	9.5	2.3	-5
投资	1 614.4	1 315.2	1 164.2	1 271.2	1 797.6	1 004.1	1 113.0	945.1	198.6	-28
金条和金币总需求量	1 073.1	1 044.3	1 090.7	871.1	905.2	1 193.0	1 222.6	1 189.5	312.3	3
实物金条需求量	797.6	780.1	775.8	583.6	543.2	812.9	802.7	775.9	222.9	20
官方金币量	207.9	188.1	241.9	220.7	292.9	295.2	320.9	297.1	65.3	-30
奖牌/仿制金币	67.7	76.1	73.0	66.8	69.1	84.9	96.9	116.5	24.1	-1
黄金 ETFs 及类似产品*	541.3	270.9	73.6	400.2	892.4	-189.0	-109.5	-244.4	-113.7	-104
各国央行及其他机构	394.9	378.6	656.2	605.4	254.9	450.1	1 081.9	1 037.4	289.7	
黄金总需求量	4 351.1	4 283.8	4 445.3	4 354.7	3 679.3	4 014.7	4 699.0	4 448.4	1 101.8	-5
LBMA 黄金定价(美元/盎司)	1 250.8	1 257.2	1 268.5	1 392.6	1 769.6	1 798.6	1 800.1	1 940.5	2069.8	10

据中国黄金协会:2024 年一季度,全国黄金消费量 308.905 吨,与 2023 年同期相比增长 5.94%。其中:黄金首饰 183.922 吨,同比下降 3.00%;金条及金币 106.323 吨,同比增长 26.77%;工业及其他用金 18.660 吨,同比增长 3.09%。另外,一季度上海黄金交易所黄金的出库量为 522.24 吨,较 2023 年一季度增加了约 57.247 吨,约 12.3%。据海关总署公布的数据显示,一季度中国进口黄金的量为 565.93 吨,较 2023 年一季度增加 144.41 吨(约 34.26%)。如图 7—4、图 7—5 所示。

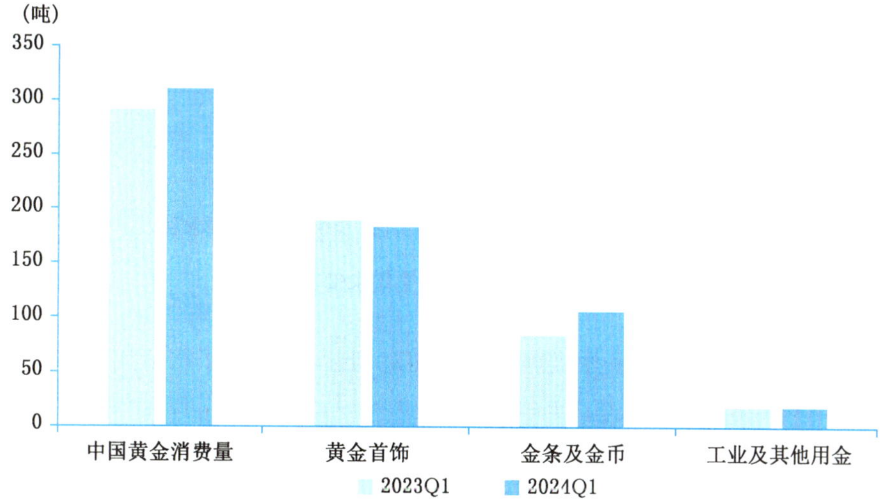

图 7—4　中国黄金需求情况

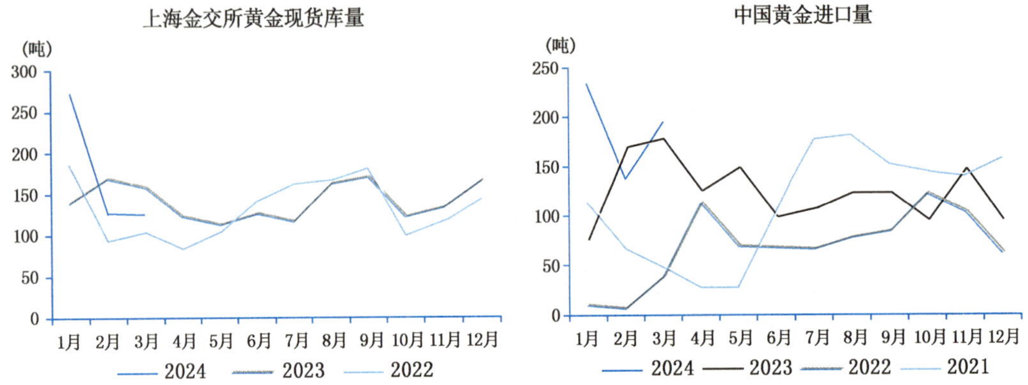

图 7—5　上海金交所黄金出库情况和中国黄金进口情况

(1)金饰消费需求方面:在金价屡创新高的背景下,2024 年一季度全球金饰消费需求同比小幅下降 2%至 479 吨,为 3 个季度以来低位,但仍然高于过去五年一季度需求的平均水平(465 吨),表明金饰需求仍保持韧性,主要韧性表现在亚洲地区金饰需求的上涨抵消了欧洲和北美地区需求的下降。如图 7—6 所示。

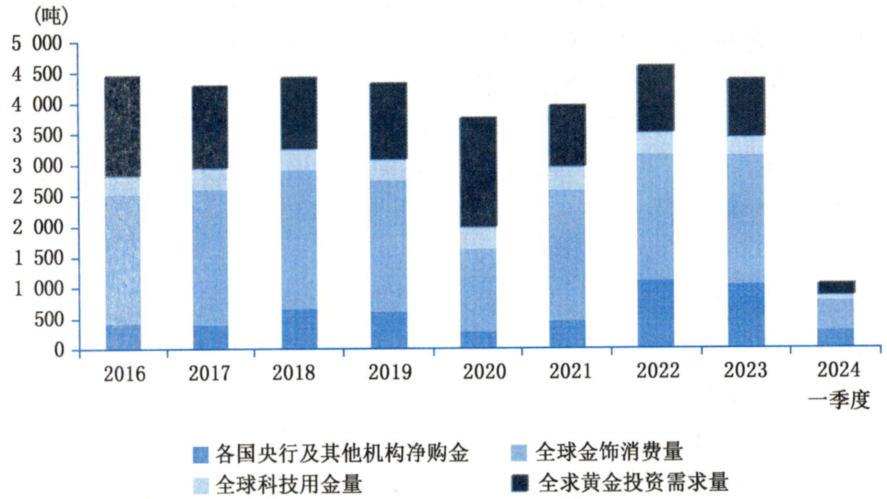

图 7—6　全球黄金需求情况

(2)科技用金方面:全球经济一季度整体表现相对韧性,加上电子行业用金需求的复苏,2024 年一季度,科技行业用金需求量同比大涨 10%,至 79 吨;其中,在人工智能热潮的推动下,电子行业用金需求同比大涨 13%,达 64.4 吨。

(3)投资需求方面:虽然 2024 年一季度金价屡创新高,但由于 ETF 等产品的持续流出,导致全球黄金投资需求整体下滑 28%至 198.6 吨。2024 年一季度,全球黄金 ETF 及类似产品分别净流出 113.7 吨,为连续 8 个季度净流出。其中,受到股市、比特币等资产的持续走强削弱对黄金的需求,北美地区和欧洲地区为主要的流出地区,而亚洲则已连续 1 年实现黄金 ETF 净流入,中国市场领跑亚洲。此外,截至 3 月底,全球黄金 ETF 总持仓减少 14 吨至 3 112 吨,是自 2020 年 2 月以来的最低水平,为连续 10 个月净流出。但需要注意的是,在层出不穷的地缘风险下,投资者青睐金条金币投资,一季度全球金条和金币的需求量同比增加 3%至 312.3 吨,连续 2 个季度维持在近 7 年高位，且实物金条的需求量同比增加 20%至 222.9 吨，创 6 个季度以来新高。

(4)央行购金方面：尽管如此，本轮黄金 ETF 的持续外流对金价表现几乎没有产生负面影响，全球央行的强势购金和全球地缘政治风险仍为金价提供了助力，尤其是全球央行的大幅购金是本轮黄金上涨幅度大幅超出市场预期的重要原因。2024 年一季度，全球央行净购金量同比增加 1%至 289.7 吨，为有该统计以来最高的一季度央行购金需求。预计在全球金融市场、地缘政治局势不确定性仍较高，以及全球去美元化浪潮下，全球央行仍会维持净购金，这将会给黄金价格中枢上行提供坚实的基础。中国方面，截至 2024 年 3 月，中国黄金储备 7 274 万盎司(约 2 262.47 吨)，2 月末为 7 258 万盎司，环比增加 16 万盎司(约 4.98 吨)，为连续第 17 个月增持黄金储备。如图 7－7 所示。

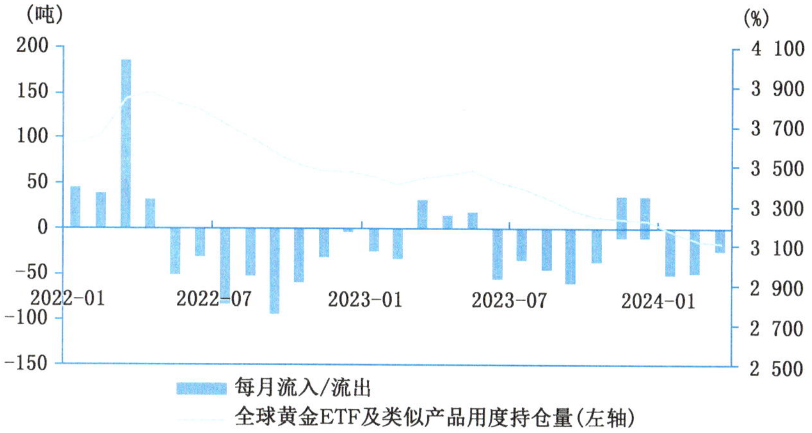

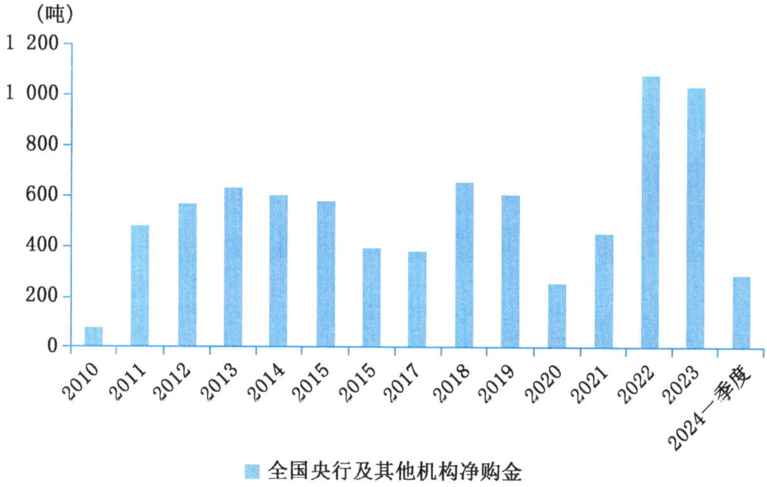

图 7－7 全球黄金 ETF 持仓连续及全球央行维持净购金态势

三、世界各主要黄金市场之间的联系

(一)各市场的交易主体相同

比如，瑞士的三大银行是苏黎世黄金市场的中心，同时它们又以分行或者法人的形式参与伦敦、纽约、香港等市场的交易。

(二)交易主体利用各市场的价差进行套利

当出现特殊情况使得各黄金市场上的黄金价格不一致的时候，市场参与主体就会在价格高的市场抛售黄金，在价格低的市场买入黄金，进行套利活动。

（三）各市场的交易时间相互补充

由于时差的存在，伦敦、纽约、芝加哥、香港的黄金市场依次开市，形成了一个连贯欧美亚三大洲的每天交易时间超过 17 小时的全球性黄金市场。

学中做 7—1　　嘉实黄金（QDII-FOF-LOF）暂停业务引发关注：风险与机遇并存

近日，一则来自嘉实基金管理有限公司的公告引起了黄金投资者的广泛关注——《关于嘉实黄金（QDII-FOF-LOF）2024 年 8 月 1 日暂停申购、赎回及定期定额投资业务的公告》。此公告指出，由于苏黎世证券交易所将在 2024 年 8 月 1 日休市，嘉实黄金（QDII-FOF-LOF）将随之暂停相关业务操作。尽管这一决定看似源于外部因素，但其背后映射出的是当前黄金市场复杂多变的环境及其对投资者行为的影响。

1. 全球金融市场波动加剧

苏黎世证券交易所的休市虽是一次常规安排，但在全球金融市场的高度联动下，这样的临时性暂停往往能引起一系列连锁反应。近年来，随着国际贸易摩擦、地缘政治紧张局势以及全球经济不确定性增加，黄金作为传统避险资产的角色越发凸显。苏黎世作为欧洲重要的金融中心之一，其市场动态对国际黄金价格有着不可忽视的影响。因此，此次暂停业务虽直接关联于市场休市，却也间接反映了全球金融市场波动加剧的现状，提醒投资者需时刻警惕市场变动。

2. 黄金投资策略适时调整

对投资者而言，嘉实黄金基金的暂停业务操作是一个信号，提示需要重新审视和调整自身的贵金属投资策略。首先，投资者应考虑多元化投资组合，避免单一资产集中度过高带来的风险。其次，在市场不确定性高企时，灵活运用黄金 ETF、实物黄金等多种投资工具，以便在市场波动中寻求避险机会。最后，定期审视投资目标和风险承受能力，适时调整投资比重，是应对市场变化的关键。

3. 黄金市场趋势分析

当前，全球黄金市场正处在一个十字路口。一方面，各国央行为应对经济衰退风险而采取的宽松货币政策，理论上利好黄金价格；另一方面，全球经济复苏迹象若隐若现，又可能削弱黄金的避险需求。在这种背景下，投资者需密切关注国际经济数据、央行政策动向以及地缘政治局势，以此为依据做出更为精准的投资决策。

分析提示

学中做7-1

资料来源：“嘉实黄金（QDII－FOF－LOF）暂停业务引发关注”，搜狐，2024 年 7 月 30 日。

请问：面对嘉实黄金基金暂停业务的短暂空窗期，投资者可以借此机会重新审视自己的投资计划，尤其是对黄金的投资比例和持有形式进行评估。请结合所学的知识，作为投资者应该怎么做、如何做、做什么？请你给出一些具体的针对性建议。

第四节　中国黄金市场

一、中国黄金市场的发展历程

（一）严格控制时期（新中国成立初期至 1993 年 9 月）

这一阶段，黄金的价格主要由中国政府委托中国人民银行制定，定价原则、定价方式完全由中国人民银行决定。这一时期，黄金被视为我国重要的外汇资产，同时为取缔金银走私和打击投机倒把活动，对黄金交易严格控制。

（二）黄金市场开放初期（1993年9月至2002年10月）

以1993年9月1日中央政府颁布关于调整黄金政策的文件为起点，中国的黄金市场进入第二个发展阶段。1993年政府颁布的该文件规定：将原来固定的黄金价格制调整为与国际黄金价格接轨的浮动价格制；黄金价格由原来国家审批制改为由中国人民银行根据国际黄金市场的黄金价格制定。由此，中国黄金市场步入市场化改革进程，与国际黄金市场的差距越来越小。2001年4月，中国人民银行取消黄金"统购统配"的计划管理体制，在上海组建黄金交易所。2001年6月，央行正式启动黄金价格周报价制度，根据国际市场价格变动对国内金价进行调整。2001年8月，我国取消黄金制品零售业务许可证管理制度，实行核销制。

（三）黄金市场逐步成熟期（2002年10月至今）

2002年10月30日，上海黄金交易所（简称"上金所"）正式开业，标志着我国黄金市场走向全面开放，标志着中国黄金市场正式形成。目前，中国已逐步形成了以上金所集中统一的一级市场为核心、竞争有序的二级市场为主体、多元的衍生品市场为支撑的，多层次、全功能的黄金市场体系，涵盖竞价、定价、询价、金币、租借、黄金ETF等市场板块。2020年，上金所黄金交易量、实物交割量均居全球黄金交易所市场前列。

二、中国黄金市场的组织结构

目前，我国黄金市场已经建立起以上海黄金交易所、上海期货交易所、商业银行为交易主体，以中国人民银行、国家金融监督管理总局[①]、证监会、交易所为监管主体的组织结构。上海黄金交易所主要组织实物黄金交易，上海期货交易所主要组织黄金期货交易，商业银行主要代理个人投资上海黄金交易所的实物黄金业务，此外还经营纸黄金和品牌金等业务。

（一）上海黄金交易所

上海黄金交易所是经国务院批准，由中国人民银行组建，在国家工商行政管理局登记注册的，不以营利为目的，实行自律性管理的法人，是我国唯一的、专门从事黄金交易的国家级市场。遵循公开、公平、公正和诚实信用的原则组织黄金、白银、铂等贵金属交易。

1. 交易所会员

交易所实行会员制组织形式，会员由在中华人民共和国境内注册登记，从事黄金业务的金融机构，从事黄金、白银、铂等贵金属及其制品的生产、冶炼、加工、批发、进出口贸易的企业法人，并具有良好资信的单位组成。交易所会员依其业务范围分为金融类会员、综合类会员和自营会员。金融类会员可进行自营和代理业务及批准的其他业务，综合类会员可进行自营和代理业务，自营会员可进行自营业务。2007年6月，中国人民银行批准上海黄金交易所引入外资银行会员，这标志着中国黄金市场由一个封闭的国内市场正在大步走向开放性的、国际化的市场。2008年1月，《外资银行在华营业性机构参与上海黄金交易所市场交易暂行管理办法》正式发布实施。汇丰银行（中国）有限公司、渣打银行（中国）有限公司、加拿大丰业银行有限公司广州分行、澳大利亚和新西兰银行集团有限公司上海分行这四家银行成为上海黄金交易所首批外资银行会员。

2. 交易品种

上海黄金交易所的交易产品可分为现货和保证金两大类八个品种。现货交易共有四个品种，即Au99.95、Au99.99、Au50g和Au100g。保证金品种有四个品种，即Au(T+D)、Au(T+5)、Au(T+N1)和Au(T+N2)。它们以保证金方式进行交易，可以选择当日交收，也可以延期至下一个

① 2023年3月，中共中央、国务院印发了《党和国家机构改革方案》。决定在中国银行保险监督管理委员会基础上组建国家金融监督管理总局，不再保留中国银行保险监督管理委员会。5月18日，国家金融监督管理总局揭牌。

交易日交收，同时引入延期补偿费机制平抑供求矛盾。

3. 交易机制

标准黄金、铂金交易通过交易所的集中竞价方式进行，实行价格优先、时间优先撮合成交。非标准品种通过询价等方式进行，实行自主报价、协商成交。会员可自行选择通过现场或远程方式进行交易。交易所主要实行标准化撮合交易方式。交易时间为每周一至周五上午 9:00—11:30，下午 13:30—15:30，晚上 21:00—2:30。中国银行、中国农业银行、中国工商银行、中国建设银行、平安银行、兴业银行和华夏银行等作为交易所指定的清算银行，实行集中、直接、净额的资金清算原则。交易所实物交割实行"一户一码制"的交割原则，在全国 37 个城市设立 55 家指定仓库，金锭和金条由交易所统一调运配送。

4. 上海黄金交易所发展现状

上海黄金交易所市场交易规模持续攀升，连续 13 年位居全球场内黄金现货交易量世界第一。2024 年上半年，上海黄金交易所全部黄金品种累计成交量双边 2.98 万吨(单边 1.49 万吨)，同比增长 39.77%，成交额双边 15.49 万亿元(单边 7.74 万亿元)，同比增长 68.48%。上海期货交易所全部黄金品种累计成交量双边 8.01 万吨(单边 4.01 万吨)，同比增长 34.74%，成交额双边 35.67 万亿元(单边 17.84 万亿元)，同比增长 58.58%。2024 年上半年，尤其是进入 3 月份以后，黄金价格上涨较快，交易量环比大幅上升。

上海黄金交易所实行会员制，截至 2023 年底，上金所会员总数 291 家。其中，普通会员共计 146 家，包括金融类会员 29 家，综合类会员 117 家；特别会员共计 145 家，包括国际会员 103 家，外资境内金融机构 9 家，国内中小商业银行、证券公司等机构 33 家。

(二)上海期货交易所

2007 年 9 月 11 日，中国证监会发布公告，批准上海期货交易所上市黄金期货。2008 年 1 月 9 日，国内黄金期货合约在上海期货交易所正式挂牌交易。

1. 黄金期货标准合约

上海期货交易所对黄金期货标准合约的具体规定如表 7—4 所示。

表 7—4 上海期货交易所对黄金期货标准合约的具体规定

交易品种	黄　金
交易单位	1 000 克/手
报价单位	元(人民币)/克
最小变动价位	0.01 元/克
每日价格最大波动限制	不超过上一交易日结算价±5%
合约交割月份	1～12 月
交易时间	上午 9:00—11:30、下午 13:00—15:00
最后交易日	合约交割月份的 15 日(遇法定节假日顺延)
交割日期	最后交易日后连续五个工作日
交割品级	金含量不小于 99.95%的国产金锭及经交易所认可的伦敦金银市场协会(LBMA)认定的合格供货商或精炼厂生产的标准金锭
交割地点	交易所指定交割金库
最低交易保证金	合约价值的 7%
交易手续费	不高于成交金额的 2‰(含风险准备金)
交割方式	实物交割

续表

交易品种	黄　金
交易代码	AU
上市交易所	上海期货交易所

2.交易规则

上海期货交易所与黄金期货合约交易相关的交易规则主要有以下方面：

(1)交易保证金制度。黄金期货合约的最低交易保证金为合约价值的7%。

(2)限仓制度。上海期货交易所规定：经纪会员、非经纪会员和投资者的各品种黄金期货合约在不同时期的限仓比例和持仓限额各不相同。

(3)价格大幅波动时的风险管理。当某黄金期货合约连续3个交易日的累计涨跌幅达到10%，或连续4个交易日的累计涨跌幅达到12%，或连续5个交易日的累计涨跌幅达到14%时，交易所可以根据市场情况，采取单边或双边、同比例或不同比例、部分会员或全部会员提高交易保证金、调整涨跌停板幅度、强行平仓等措施进行风险管理。

(4)涨跌停板制度。交易所依据一定规则对黄金期货合约价格实施涨跌停板制度，即限制其价格的大幅波动。

(5)大户报告制度。当会员或者投资者某品种持仓合约的投机头寸达到交易所对其规定的投机头寸持仓限额80%以上(含本数)时，会员或投资者应向交易所报告其资金情况、头寸情况，投资者须通过经纪会员报告。交易所可根据市场风险状况，制定并调整持仓报告标准。

(6)强行平仓制度。当会员、投资者出现结算准备金余额小于零并未能在规定时限内补足、持仓量超出其限仓规定等情况时，交易所将对其持仓实行强行平仓。另外，交易所对黄金套期保值也作了相关规定。

(三)经营黄金业务的商业银行

国内商业银行经营的黄金业务主要有以下几项：

1.纸黄金业务

商业银行的纸黄金业务，是我国商业银行面向普通投资者开办的最主要的黄金投资业务。在此业务中，商业银行作为做市商进行双边报价，投资者通过价差交易获利，并不提取实物黄金。

2.商业银行代理个人投资上海黄金交易所的实物黄金业务

目前，中国工商银行、交通银行、兴业银行、平安银行、华夏银行等开办了代理个人投资上海黄金交易所的实物黄金业务。

3.品牌金业务

除代理个人投资上海黄金交易所的实物黄金之外，中国工商银行、中国建设银行、中国农业银行、招商银行、民生银行、平安银行和广东发展银行等开办了实物金条的销售和回购业务。

4.其他黄金业务

近年来，商业银行其他黄金业务也发展迅速，交易规模成倍增长。上海黄金交易所于2014年9月18日成立国际板，直接面向境外投资者开放境内黄金市场，初步实现了国内黄金市场和国际黄金市场的对接。境外投资者可以通过开立上海自由贸易账户，使用离岸人民币直接参与交易所国际板和主板市场交易。交易所现已有国际会员67家，通过国际会员代理的国际客户共计64家。上海黄金交易所致力于推动我国黄金市场的对外开放，积极实施市场化、国际化的发展战略。

另外，商业银行的黄金寄售业务、黄金租赁业务、黄金拆借业务、黄金远期业务、黄金期权业务等也有所增长。

拓展阅读 7—4　　中国三大商业银行的黄金业务

1. 中国建设银行“龙鼎金”

“龙鼎金”是建设银行个人黄金买卖业务的统一品牌名称，寓意一金九鼎，价值永恒。目前，“龙鼎企”品牌下包括个人账户金交易、个人实物黄金买卖两大类业务。

“龙鼎金”账户金是投资人在建设银行开立黄金账户，并进行买卖的一种金融投资产品。客户的黄金份额在账户中记录，而不提取实物黄金。客户只需把握市场走势通过低买高卖就能赚取差价。

交易时间：周一至周五 9:00—15:30，节假日休市时间参照上海黄金交易所休市规定。

交易单位：克，买入起点为 10 克，卖出起点为 1 克，交易委托为 1 克的整数倍。

报价单位：人民币元/克，最小价格变动单位为人民币 0.01 元。

交易品种：按成色划分为 AU99.95、AU99.99 等种类。

交易渠道：柜台、网上银行、电话银行。

交易方式：采用实时和委托两种方式进行交易。投资者可以直接按建设银行的买卖报价实时成交，或指定价格进行委托挂单。委托挂单分为获利买入挂单、获利卖出挂单和止损卖出挂单。获利挂单可以选择挂单有效期 1×24 小时至 5×24 小时，且为 24 小时的整数倍，止损挂单有效期为 24 小时。

2. 中国工商银行“金行家”

“金行家”个人账户黄金买卖业务是指个人客户以美元或人民币作为投资货币，在中国工商银行规定的交易时间内，使用中国工商银行提供的个人账户黄金买卖交易系统及其报价，通过柜台、网上银行、电话银行等方式进行个人账户黄金买卖交易的业务。

“金行家”个人账户黄金的特点：

(1)无须进行实物交割，没有储藏、运输、鉴别等费用。

(2)投资起金和每笔交易起点低，最大限度地利用资金：黄金(克)/人民币元，买卖交易起点 10 克黄金，交易最小计量单位 1 元；黄金(盎司)/美元，买卖交易起点 0.1 盎司黄金，交易最小计量单位 0.01 盎司。

(3)价格与国际市场黄金价格实时联动，透明度高。

(4)交易资金结算高速，划转实时到账。

(5)周一至周五，24 小时不间断交易。

(6)交易渠道多样，柜台、电话银行、网上银行均可进行交易。

(7)交易方式多样：即时交易、获利委托、止损委托、双向委托，最长委托时间可达到 120 小时。

3. 中国银行“黄金宝”

2003 年 11 月 18 日，中国银行上海市分行率先试运行人民币对本币金的个人实盘黄金买卖业务，也称黄金宝，是指个人客户通过柜台服务人员或其他电子金融服务方式，进行的不可透支的人民币对本币金的交易，开创了国内个人投资者炒金的先河。

中国银行“黄金宝”的特点：

(1)金价波动大。银行根据国际黄金市场行情，按照国际惯例进行报价。因受国际上各种政治、经济因素，以及各种突发事件的影响，金价经常处于剧烈的波动之中，因此进行个人实盘黄金买卖，风险与机遇并存。

(2)交易服务时间长。各分行结合不同的情况，经营时间有所不同，最长为每天 18 小时交易，涵盖主要国际黄金市场交易时间。

(3)交易方法多样。目前，可以通过柜台服务人员、电话交易设备等方式进行。

(4)交易方式灵活。既可进行市价交易，又可进行委托交易。

(5)资金结算时间短。当日可进行多次反向交易,提供更多投资机遇。

(四)监管体系

中国黄金市场已经建立起两个层面的监管框架,即金融监管部门的监管和市场的自律性管理。

1.金融监管部门的监管

主要包括:

(1)中国人民银行对黄金市场的监督管理。《中国人民银行法》第四条第一款规定,中国人民银行监督管理黄金市场。

(2)国家金融监督管理总局对商业银行开办黄金业务进行准入性监管。《银行业监督管理法》第十八条规定,银行业金融机构业务范围内的业务品种应当按照规定到国家金融监督管理总局审查批准或者备案。黄金业务目前作为商业银行的新业务和新产品,需要到国家金融监督管理总局进行审批或备案。

(3)中国证监会对黄金期货市场进行监管。《期货交易管理条例》第五条规定,证监会对期货市场实行集中统一的监督管理。

2.市场的自律性监管

它主要包括:根据各自的"章程"和"会员管理办法",上海黄金交易所和上海期货交易所各自对其会员进行自律性管理。

本章术语

黄金市场　国际性市场　区域性市场　有形市场　无形市场　实物市场
自由交易市场　黄金现货交易　黄金期货交易　黄金期权交易

应知考核

一、单项选择题

1.黄金在航空航天、通信、医学、电力等领域都具有极其广泛的用途,体现在(　　)。
A.黄金的商品属性　B.黄金的货币属性
C.黄金的投资属性　D.黄金的价格属性

2.狭义的黄金市场主要是指(　　)。
A.黄金保险市场　B.黄金制品市场　C.黄金投资市场　D.黄金信贷市场

3.会员多为世界级的黄金交易商和商业银行的市场是(　　)。
A.国际性市场　B.区域性市场　C.有形市场　D.无形市场

4.当今黄金市场得以发展的政策条件是(　　)。
A.黄金非货币化　B.黄金货币化
C.黄金保值化　D.黄金信贷化

5.决定黄金价格的重要因素是(　　)。
A.账面划拨　B.实物交易　C.成本因素　D.供求因素

二、多项选择题

1.黄金的内在价值具有的特点有(　　)。

A. 具有保值作用　　B. 具有很强的流动性
C. 理想的清偿资产　　D. 具有非流动性

2. 黄金的需求中属于黄金金融属性的有（　　）。
A. 官方储备需求　　B. 投资投机需求
C. 工业原料需求　　D. 消费需求

3. 黄金市场上最主要的三种交易方式有（　　）。
A. 现货交易　　B. 期货交易　　C. 期权交易　　D. 黄金融资业务

4. 黄金期货交易具有（　　）的特点。
A. 期货合约是标准化合约　　B. 交易流动性强，交易量大
C. 信用风险较低　　D. 期货交割主要采取对冲的方式

5. 黄金价格变动的间接影响因素有（　　）。
A. 政治局势与突发性重大事件　　B. 世界经济的周期波动
C. 通货膨胀　　D. 美元汇率的波动、相关投资品因素

三、判断题

1. 黄金的投资收益率高于股票和债券，而投资风险大于债券、小于股票。（　　）
2. 黄金市场是一个单一化的市场，它能够满足不同类型企业和投资者的多样化需求。（　　）
3. 黄金信贷市场是由银行提供融资业务，可以用黄金抵押贷款。（　　）
4. 黄金衍生品包括黄金远期、黄金期货、黄金期权和黄金掉期四类。（　　）
5. 对看跌期权而言，行权价格越高，则期权费越低。（　　）

四、简述题

1. 简述黄金市场的特点。
2. 简述黄金市场的功能。
3. 简述黄金的交易方式。
4. 简述黄金交易的交割形式。
5. 简述影响黄金价格的因素。

应会考核

■ 观念应用

【背景资料】

黄金投资优势何在？

浙江世纪黄金制品有限公司是一家于2005年在中国浙江省注册的有限公司，是中国第一批从事黄金业务的民营企业之一。公司前身“西子艺苑”成立于1992年，主要从事收藏品、邮票、电话磁卡的投资，同时也涉足证券、房产、股票等投资业务；于1999年更名为杭州新世纪纪念币有限公司，是经中国人民银行核准的主要经营黄金制品、金银币的企业，于2004年开始，致力于中国黄金市场个人炒金服务及黄金贸易。公司创建的中国纪念币交易网自主研发运行“黄金（金币）实时撮合系统”，为投资者提供先进完善的黄金（金币）实时交易咨询及服务，并以全新的电子交易理念引领新世纪投资新潮流。

黄金投资有着与其他投资品种区别的自身特点。首先是安全性。黄金的价值是自身所固有的

和内在的，并且有千年不朽的稳定性，所以无论天灾或人祸，黄金的价值永恒。其次是变现性。黄金是与货币密切相关的金融资产，因此很容易变现。更由于黄金市场是 24 小时交易的市场，因此随时可以变现钞票。黄金具有世界价格，还可以根据兑换比价，兑换为其他国家的货币。最后是逆向性。黄金的价值是自身固有的，当纸币由于信用危机而出现波动贬值时，黄金就会根据此货币贬值比率自动向上调整；而当纸币升值时，因黄金价格恒定，其价格表现为下降。这种逆向性便成为人们投资规避风险的一种手段，也是黄金投资的又一主要价值所在。

资料来源：李贺等：《金融市场学》(第三版)，上海财经大学出版社 2022 年版，第 183 页。

【考核要求】

(1)黄金投资具有哪些特点？

(2)影响黄金价格的因素有哪些？

■ 技能应用

开启财富之门的钥匙

根据一贯的风险控制策略，入市资金在账户上分为三份，分别为 30%、30%、40%，其中 30%为短线投资资金，30%为长线投资资金，40%为补救资金。

例如，某投资者以 900 美元/盎司买一手涨，1 000 美元/盎司卖出(不计手续费因素)。黄金投资收益＝(1 000－900)美元/盎司×1×100 倍＝10 000 美元。(注：如入市单过日，银行将收取利息，每日每手单银行付大概 28 港元的利息。)

相反，买错方向的话，例如，某投资者以 1 000 美元/盎司买一手涨，但金价跌了 10 元，为防止亏损增大，忍痛平仓，以 990 美元/盎司平掉(不计手续费因素)。黄金投资收益＝(990－1 000)美元/盎司×1×100 倍＝－1 000 美元。下单最好设置止损和止盈，万一方向判断错误，价格降到设置的止损位，平台会自动平仓，这样也避免亏损更多。

一般而言，每天会有 10 个点左右的波动，即意味着平均每天有 10×100 美元的利润空间。(按照 1 手计算)

资料来源：李贺等：《金融市场学》(第三版)，上海财经大学出版社 2022 年版，第 183—184 页。

【技能要求】

(1)现货黄金特点是什么？

(2)金价下跌为什么还可以赚钱？

(3)什么是点差？

(4)现货黄金的交易时间是什么？

■ 案例分析

【情景与背景】

中天黄金“地下炒金案”

根据警方对外披露的信息显示，自 2009 年 4 月以来，以郭某某为首的家庭式犯罪团伙，未经国务院期货监督管理机构的批准，以中天香港集团有限公司、中天黄金交易中心有限公司的名义，向全国各地发展公司代理和个人代理 6 000 多个，主要以电话营销方式招揽客户炒黄金期货，向全国 31 个省(直辖市、自治区)和香港地区发展客户 4 万多人。通过其设立的网络黄金交易平台进行“伦敦金”等非法黄金期货交易，累计收取客户保证金约 15 亿元，非法交易额达 8 000 多亿元，非法获利近 10 亿元。

在高额佣金的诱惑下，越来越多的人成为中天黄金的代理商。郭建军的“中天骗局”不仅使自己身陷囹圄，而且把众多代理商牵扯了进来。

“如果是实盘，即使中天出事了，客户肯定能从合法渠道拿到钱。因为如果是实盘，客户资金不在交易商那里。”中天黄金的一位炒金客韩先生如此说。在他看来，中天黄金的炒金系统只是一个“虚拟盘”。看似明晰的黄金期货交易，实际上是在中天设定的一个“虚拟盘”中买进卖出，就像玩一场游戏，客户的一切交易都是假的。

警方披露的信息也印证了韩先生的推测。据警方相关人士介绍，中天黄金公司的交易软件是自主研发的，黄金价格也由公司操控，意味着客户无论是买涨还是买跌最终都会亏损。并且，软件上发生的交易是内盘交易，实际上没有真实资本市场合约的交割，与资本市场毫无关系，交易的资金没有流到资本市场上，而是被中天黄金公司挪作他用。

资料来源：李贺等：《金融市场学》(第三版)，上海财经大学出版社 2022 年版，第 184 页。

【分析要求】

在黄金市场中如何规避风险，加强市场监管？此案例给我们带来哪些启示？

本章实训

【实训内容】

国际黄金市场。

【实训步骤】

1. 熟悉世界上黄金价格的类型(目前世界上黄金价格主要有三种类型：市场价格、生产价格和准官方价格。其他各类黄金价格均由此派生)、影响黄金价格的主要因素，为黄金投资提供依据。

2. 熟悉国际上黄金市场的主要投资方式，包括金条(块)、金币、黄金企业股票、黄金期货、黄金期权、黄金管理账户等，并比较其利弊。

【实训要求】

进行小组总结，分组讨论，教师对实训效果进行综合评价，并撰写实训报告。

<table>
<tr><th colspan="3">《国际黄金市场》实训报告</th></tr>
<tr><td>实训班级：</td><td>项目小组：</td><td>项目组成员：</td></tr>
<tr><td>实训时间：　　年　　月　　日</td><td>实训地点：</td><td>实训成绩：</td></tr>
<tr><td colspan="3">实训目的：</td></tr>
<tr><td colspan="3">实训步骤：</td></tr>
<tr><td colspan="3">实训结果：</td></tr>
<tr><td colspan="3">实训感言：</td></tr>
</table>

第八章　保险市场

● 知识目标

理解：保险市场的概念；保险市场的构成要素；保险市场的特征；保险市场的功能；保险市场供给和需求的概念；中国保险市场。

熟知：保险交易的要求与特征；保险市场分类；保险市场供给主体的组织形式；保险市场需求的基本要素；保险市场需求的分类；保险市场与证券市场的关系。

掌握：影响保险市场供给的因素；保险商品供给弹性；影响保险市场需求的因素；保险商品需求弹性。

● 技能目标

能够正确认知保险市场在现代经济中的作用，增强沟通协作能力，在保险业务中与各方有效交流；锻炼解决问题的能力，应对保险市场中的复杂情况；提高保险市场知识的应用能力、职业判断能力和相关知识的更新能力。

● 素质目标

具备对保险市场的敏锐洞察力，准确分析市场动态；提升风险评估与管理能力，做出合理的保险决策；能够结合当今保险市场的实际，提高分析问题和总结问题的能力，以及提高语言表达能力、与人合作的能力。

● 思政目标

培养学生诚信意识，在保险交易中，任何不诚信行为都将破坏市场公平；强化风险意识，理解生活中充满不确定性，保险是应对风险的有效手段；引导学生认识到保险在社会中的重要责任，弘扬法治精神，遵守保险法规，懂得依法维权；倡导公平正义，关注保险市场中的不公平现象；培养创新精神，鼓励学生思考保险的创新发展，为行业进步贡献力量。

● 课程引例

卡贷退保无益于市场稳定，信用保证保险增信作用难发挥

在新生代人群日益增长的消费金融需求和传统金融机构难以满足其需求的矛盾中，信用保证保险发挥了重要的作用。信用保证保险，简称“信保”，是以借款人的信用为标的的一种保险，它一

方面为具有融资需求的用户增信，帮助他们触达持牌金融机构，实现低成本融资需求，另一方面又为金融机构分散了风险。借款人在卡贷平台上通过信保增信借款成功后，恶意要求退保会直接影响自身信用，同时，这种卡贷退保行为也会破坏网络借贷平台的诚信基础，无益于市场稳定和长远发展。

作为普惠金融的一个重要组成部分，消费金融近些年发展迅速，我国互联网消费信贷渗透率和余额都在持续上涨。面对当前新兴的市场，传统金融机构仅根据征信记录给予固定额度的做法很难满足新生代人群的消费需求。

对于很多无抵押、小额和分散市场的"征信白户"，传统金融机构在服务其金融借贷、卡贷需求时，往往受征信数据完整性、实时性不足的限制，难以对其信用进行评估，出于控制风险的考虑，可能会拒绝其信贷请求。另外则是科技实力相对不足，传统金融机构以线下面审为主，线上的服务体验、效率和便捷性尚需提高。不同层次、不同需求的用户诉求，很难通过单一的金融产品满足。

信用保证保险正是为了满足征信空白的人群获取持牌、合规的金融产品而服务的，用户在卡贷平台上借款时只要购买个人借款保证险，就等于"增加"了自己的信用。一旦借款人没有按时还款，保险公司就会将这一笔费用赔偿给卡贷平台，如此一来，卡贷平台可以安心将钱借出去，大家也就顺利拿到了贷款。

需要指出的是，在这样一个基于信用的借款行为中，不论是卡贷机构还是保险公司，都需要借款人遵守协议、保持契约精神。一旦借款人强行要求退保，将会破坏整个信用借贷体系。当然，这种卡贷退保行为也对合规的卡贷机构造成损害，短期来看，借款人想要再次申请贷款会变得十分困难，即便更换平台也难以获得放款；而长期则会破坏此类信用借贷体系，最终损害的还是借款人自身利益。总而言之，卡贷退保行为无益于市场稳定和个人发展。

资料来源：李贺等：《金融市场学》(第三版)，上海财经大学出版社 2022 年版，第 186—187 页。

● 引例导学

通过上述引例可以看出，信用保证保险在国民经济中发挥着重要的作用，并且具有十分广阔的发展潜力和空间。在中国，人们对保险业重要性的认识正在随着经济的发展而不断提高，相信随着经济发达程度和人民生活水平的提高以及保险业的深入发展，人们对保险业重要性的认同将上升到一个相当高的层次。本章将介绍保险供求分析。

● 知识精讲

第一节 保险市场概述

一、保险市场的概念

市场是商品经济的范畴，是交易活动的领域，所以，与其他市场一样，保险市场也有狭义和广义之分。

狭义的保险市场是指进行保险交易活动的场所。这是一种静态的、有着固定的交易场所，集中进行保险交易的有形的市场。传统的保险市场大多是有形的，如保险交易所。保险交易活动最初产生于意大利经济繁荣的北部城市伦巴第，以后随着英国海上贸易的迅速发展，意大利伦巴第商人及其代理人便聚集于伦敦经营保险业务，从而将保险交易活动扩展至英国乃至欧洲其他地区。1771 年，著名的保险人组织——英国劳埃德保险社成立，成为英国保险交易的中心。经过三个多世纪的发展，劳埃德保险社已成为当今世界最大的保险市场。

广义的保险市场是指保险交换关系或保险供求关系的总和。这是一种动态的、没有固定交易场所，而是由各保险组织及其代理机构分散进行保险交易的无形的市场。因为市场的基础是交换，其核心内容是交易活动，而不是场所，而且随着社会的进步和科学技术的发展，特别是当今信息产业的高速发展，现代通信设备和计算机网络技术的广泛应用，保险交易活动已不受时间和空间的制约，没有固定交易场所的无形的保险市场已成为现代保险市场的主要形式。

【提示】保险市场的含义主要应从广义上去理解。

二、保险市场的构成要素

（一）保险市场的主体

1. 保险人

保险人即经营保险业务、提供保险经济保障的组织或机构，是保险市场的供给主体。保险人通过与投保人订立保险合同，收取保险费，建立保险基金，实现其对被保险人的损失赔偿或给付保险金的责任。目前，世界各国保险市场上保险人的组织形式主要有以下几种：

(1)国营保险公司，是由国家或政府投资设立的有限责任保险公司。国营保险公司除经营商业性保险业务外，通常还要承办一些私营保险公司不愿意或无力经营的政策性保险业务，如农业保险、出口信用保险、社会保险和失业保险等，为实现政府的某项经济或社会政策服务。

(2)保险股份有限公司，即通过发行股票筹集资本，以营利为目的的保险公司。保险股份有限公司一般规模比较大，资本也较雄厚，是现代保险市场上最主要的保险供给主体。

(3)相互保险组织，是由具有共同风险顾虑的个人或经济单位，为获得保险保障而共同集资设立的非营利的保险组织。其特点：一是参加者之间相互提供保险，即每一个参加者既是保险的供给者，也是保险的需求者，既是保险人，也是被保险人。二是不以营利为目的。相互保险有采取公司形式如相互保险公司，也有采取非公司形式如相互保险社或保险合作社。相互保险组织的规模通常比较小，业务也有一定的局限性。相互保险是一种古老的保险组织形式，但目前在西方国家保险市场上仍大量存在，特别在人寿保险、船东保赔保险和农业保险方面，如美国人寿保险业中，约有7%的人寿保险公司采用相互保险公司的组织形式，美国最大的人寿保险公司——谨慎保险公司、大都会人寿保险公司都是相互保险公司。

(4)个人保险组织，是以个人名义承保保险业务的一种保险组织形式。目前仅存在于英国的“劳合社”(Lloyd’s)。劳合社是劳埃德保险社的简称，是英国保险业的鼻祖，也是当今世界最大的保险垄断组织之一。劳合社是由众多个人承保商组成的保险集合体，每个承保商各自独立，自负盈亏，并以个人的全部财产对其承保的风险承担无限责任，因此，作为劳合社的承保商必须具备相当雄厚的财力。劳合社的业务是通过中介来传递的。劳合社设计了标准保单，中介将保单在各个承保机构中传递。可以说，劳合社是全球特殊保险险种和再保险险种的聚集地，很多承担高风险的险种只有在劳合社才能找得到。劳合社以其雄厚的资金力量、丰富的经验、精湛的技术、卓著的信誉和不断的创新精神著称于世，成为世界最大的保险市场，是国际保险市场上海上保险和再保险的最主要的供给者。

2. 投保人

投保人即保险单的购买者，是保险市场的需求主体。保险交易活动的进行通常是由投保人向保险人提出购买保险的要约，即填具投保单，经保险人审核同意后，双方签订保险合同，并由投保人负责缴纳保险费。此后，在保险合同的有效期限内，如果发生保险合同约定的风险损失，保险合同的被保险人或受益人即有权向保险人要求保险赔偿或给付保险金。根据法律规定，投保人可以是法人，也可以是自然人。但是，作为投保人必须具备以下两个基本条件：

一是必须具有权利能力和行为能力，因为签订保险合同是一种法律行为，而法律行为是会引起一定的法律后果，即当事人能够享有一定的权利，或必须承担一定的义务。由于投保人是与保险人签订保险合同的一方当事人，并负有缴纳保险费的义务，所以要求投保人必须具有民事权利能力和完全的行为能力。未取得法人资格的组织与无行为能力或限制行为能力的自然人均不能作为投保人，与其签订的保险合同在法律上无效。

二是对保险标的必须具有可保利益，即法律认可的经济利益。因为保险的宗旨是补偿被保险人因保险标的出险所遭受的经济损失，但不允许被保险人通过保险而获得额外的利益。可保利益既是确定保险保障最高限度的一个客观依据，又可以防止投保人或被保险人为谋取保险赔款而故意破坏保险标的的道德风险，还可以使保险区别于赌博，并使其不成为赌博。所以，无论是财产保险还是人身保险，都要求投保人对保险标的必须具有可保利益，才有条件或有资格与保险人签订保险合同，否则，签订的保险合同为非法的或无效的合同。

3.保险中介人

保险中介人即为保险供求双方提供服务的专门组织或个人。保险中介人既包括活动于保险人与投保人之间保险供需双方的媒介，把保险人和投保人联系起来并建立保险合同关系的人，也包括独立于保险人和投保人之外，以第三者身份处理保险合同当事人委托办理的有关保险业务的公估、鉴定、理算等事项的人。在保险市场发展初期，保险展业大多采用直接展业的方式，即由保险人直接向投保人推销保险单，而随着保险市场的发展，直接展业已无法满足保险供求双方的需要，因为对保险人来说，直接展业需要增设机构、配备大量的业务人员，这将提高保险经营成本，而对投保人来说，由于保险供给主体的多元化和保险商品的多样化以及信息的不对称性而难以确定投保。而保险中介人拥有与保险供求双方的广泛联系、丰富的保险专业知识、熟练的保险交易技巧以及对保险交易程序和价格的了解，能为保险供求双方提供信息、咨询和保险交易服务，从而成为现代保险市场不可或缺的一个要素。保险中介人主要有保险代理人和保险经纪人。

(1)保险代理人，是指接受保险人的委托，在保险人授权范围内代为办理保险业务，并向保险人收取佣金的单位或个人。保险代理权限一般为推销保险、签发暂保单或保险单、收取保险费，代为查勘、审核、赔款等。各国保险法律均要求保险代理人必须具备一定的资格条件，经申请核准，取得营业执照，方可经营保险代理业务。根据代理对象的不同，保险代理人有独立代理人和专用代理人两种形式：独立代理人能同时为几家保险公司代理保险业务，有权将其招揽的保险业务在自己所代理的保险人之间进行分配；专用代理人则只为一家保险公司或某一保险集团代理保险业务，其招揽的保险业务必须由其所代理的保险人承保。发达国家保险市场广泛采用代理人制度，如美国、日本 90%的保险业务是通过保险代理人进行的。

动漫视频
保险代理人

(2)保险经纪人，是受投保人委托，为投保人购买保险提供中介服务的中间人。保险经纪人为投保人提供的中介服务主要有：提供保险信息和咨询、设计投保方案、代表投保人与保险人接洽并商订保险合同的条件、代办投保手续、代交保险费，或受投保人的委托在保险事故发生时向保险人索取赔款。保险经纪人的法律地位与保险代理人不同，保险经纪人是投保人的代理人，是代表投保人或被保险人的利益，其在投保人或被保险人授权范围内的代理行为所产生的法律后果由投保人或被保险人负责，对保险人不具有法律的约束力。但如果保险经纪人的疏忽、过失行为使投保人或被保险人遭受损失，保险经纪人应独立承担民事法律责任。保险经纪人虽然是代表投保人或被保险人的利益，但其在为投保人购买保险提供中介服务时，同时也为保险人招揽了业务，所以其佣金是由保险人支付的。

经纪人可以是自然人，也可以是法人，如进入我国保险市场的英国塞奇维克经纪公司是目前欧洲最大、世界第二大的保险经纪公司，自1993年进入我国保险市场以来，已为我国100多家大型企业和项目设计保险方案与安排保险，其中包括广东大亚湾核电站、上海地铁等。

4. 保险公估人

保险公估人又称保险公证人，即根据我国《保险法》《保险公估机构管理规定》《保险公估基本准则》等有关法律与行政法规，经国家金融监督管理总局批准设立的，接受保险当事人委托，专门从事保险标的的评估、勘验、鉴定、估损、理算等业务的机构。保险公估人的业务独立于保险人和被保险人，是以第三方的身份提供服务的。保险公估人主要有两种职能：①评估职能，包括勘验职能、鉴定职能、估损职能和理算职能等；②公证职能，其具有公证职能是因为保险公估人具有丰富的公估知识和技能，在相关问题的判断和处理上具有权威性。相对来说，我国保险公估人的发展较为缓慢。

【注意】我国保险公估人只能是公司，保险公估机构可以是合伙企业、有限责任公司或股份有限公司。

（二）保险市场的客体

保险市场的客体是指保险市场上供求双方具体交易的对象，主要有财产保险、责任保险、信用保证保险和人身保险。

1. 财产保险

财产保险是以有形的物质财富及其相关利益作为保险标的的一种保险，包括火灾保险、海上保险、货物运输保险、汽车保险、航空保险、工程保险和农业保险等。

2. 责任保险

责任保险是以被保险人依法应负的民事损害赔偿责任作为保险标的的一种保险，包括公众责任险、产品责任险、雇主责任险、职业责任险和第三者责任险。

3. 信用保证保险

信用保证保险是以信用风险作为保险标的的一种保险，包括贷款信用保险、商业信用保险、出口信用保险、履约保证保险、忠诚保证保险和产品质量保证保险等。

4. 人身保险

人身保险是以人的生命和身体的机能作为保险标的的一种保险，包括人寿保险、健康保险和意外伤害保险等。

三、保险交易的要求与特征

（一）风险性

虽然任何商品交易或金融交易都具有一定的风险，但其交易对象本身并不是风险。而保险交易是以风险为对象的，即保险人提供风险保障，投保人通过购买保险转嫁风险，保险交易本身就是风险交易，保险交易的过程本质上就是保险人聚集与分散风险的过程。“无风险即无保险”，风险的客观存在和发展是保险交易与保险市场形成及发展的基础和前提。

（二）射幸性

一般商品交易或金融交易其债务的履行是确定的，即债务人必须按期偿还债务。而保险单的签发，即成交的保险交易，只是保险人对未来风险事故的发生导致被保险人经济损失进行补偿的承诺，而保险人是否履约，即是否对某一特定的被保险人进行损失补偿，取决于在保险合同的有效期限内是否发生约定的风险损失。由于风险的不确定性，使得每一笔保险交易的最终结果都具有射幸性（储蓄性的两全保险除外）。即如果发生约定的风险损失，保险人对被保险人支付保险赔款，且赔款可能远远超过被保险人所支付的保险费，或者无损失发生，则保险人只收取保险费；而无须履行赔偿责任。

（三）条件性

在一般商品交易或金融交易中，只要交易双方当事人意思表示一致，且具有民事权利能力和行为能力即可成交。而保险交易除了必须具备上述条件外，还要求投保人对保险标的必须具有可保利益，这是保险交易合法性的一个重要条件，是其他商品交易或金融交易所不具有的。所以，保险交易有其特定的条件，这就是可保利益。

四、保险市场的分类

（一）按照承保方式，保险市场分为原保险市场、再保险市场和自保市场

1. 原保险市场

原保险市场是指保险公司或其他形式的承保人，通过保险经纪人、代理人或本身的从业人员经营直接业务的市场。原保险市场在构成上，包括各国经营直接业务的保险公司，以及这些公司在国外开办的从事直接业务的海外分支公司。

2. 再保险市场

再保险市场又称分保市场。它是指由原保险公司直接承保保险业务之后，又在保险公司之间进行分保的市场。其目的是分散各保险企业承担的风险。再保险市场是保险公司之间的市场，对直接保险业务而言，它具有间接保险性质。再保险市场在构成上，包括专业再保险公司、兼营再保险公司和再保险集团。

3. 自保市场

自保市场是指由提供经济保障的自保公司所形成的保险市场。自保公司是指由工商企业设立的，主要承保或再保该工商企业本身业务的保险公司。自保公司是在两次世界大战期间首先在英国兴起。建立自保公司的目的在于保险费的节省和不外流。因为承保自己的利益，有利于防灾防损，也不会出现道德风险。此外，保险经营具有灵活性，保险成本较低，并能享受税收上的优惠等。

（二）按照业务性质分类，保险市场分为财产保险市场和人身保险市场

1. 财产保险市场

财产保险市场是指提供各种财产保险商品的市场。财产保险市场可细分为财产损失保险市场、责任保险市场、信用和保证保险市场等。

2. 人身保险市场

人身保险市场是指提供各种人身保险商品的市场。人身保险市场可以细分为人寿保险（生存保险、死亡保险和生死合险）市场、意外伤害保险市场、健康保险市场。

（三）按照保险活动的空间，保险市场分为国内保险市场和国外保险市场

1. 国内保险市场

国内保险市场是指保险人在本国从事国内保险业务所形成的保险市场，是国内保险供求关系的总和。在国内保险市场上，保险交易双方均为本国居民，保险交易活动受本国法规的约束。国内保险市场又可分为地区性的保险市场和全国性的保险市场。

2. 国际保险市场

国际保险市场是保险人经营国外保险业务而形成的保险市场，是国际保险供求关系的总和。在国际保险市场上，保险交易双方分属不同的国家，其交易的后果一般会引起国际上的资本流动，从而影响相关国家的国际收支。国外保险市场也可以分为区域性的国际保险市场和世界性的国际保险市场。其中，区域性的国际保险市场是指对国际保险市场进行地理上的划分。从区域概念来看，国际保险市场可分为北美保险市场、欧盟保险市场、日本保险市场和发展中国家保险市场等。

（四）按照市场模式，保险市场分为完全竞争模式、完全垄断模式、垄断竞争模式、寡头垄断模式

1. 完全竞争型保险市场

完全竞争型保险市场，是指一个保险市场上有数量众多的保险公司，任何公司都可以自由进出市场。在自由竞争模式下，保险市场处于不受任何阻碍和干扰的状态中，同时由于大量保险人的存在，且每个保险人在保险市场上所占份额都很小，因而任何一个保险人都不能够单独左右市场价格，而由保险市场自发地调节保险商品价格。在这种市场模式中，保险资本可以自由流动，价值规律和供求规律充分发挥作用。国家保险管理机构对保险企业管理相对宽松，保险行业公会在市场管理中发挥重要作用。

2. 完全垄断型保险市场

完全垄断型保险市场，是指保险市场完全由一家保险公司所操纵，这家公司的性质既可是国营的，也可是私营的。在完全垄断的保险市场上，价值规律、供求规律和竞争规律受到极大的限制，市场上没有竞争，没有可替代产品，没有可供选择的保险人。因此，这家保险公司可凭借其垄断地位获得超额利润。

完全垄断模式还有两种变通形式：一种是专业型完全垄断模式，即在一个保险市场上同时存在两家或两家以上的保险公司，各垄断某类保险业务，相互间业务不交叉，从而保持完全垄断模式的基本性质。另一种是地区型完全垄断模式，是指在一国保险市场上，同时存在两家或两家以上的保险公司，各垄断某一地区的保险业务，相互间业务没有交叉。

3. 垄断竞争型保险市场

垄断竞争模式下的保险市场，大小保险公司并存，少数大保险公司在市场上取得垄断地位。竞争的特点表现为：同业竞争在大垄断公司之间、垄断公司与非垄断公司之间、非垄断公司彼此之间激烈展开。

4. 寡头垄断型保险市场

寡头垄断型保险市场，是指在一个保险市场上只存在少数相互竞争的保险公司。在这种模式的市场中，保险业经营依然以市场为基础，但保险市场具有较高的垄断程度，保险市场上的竞争是国内保险垄断企业之间的竞争，形成相对封闭的国内保险市场。存在寡头垄断模式市场的国家既有发展中国家，也有发达国家。

五、保险市场的特征

（一）保险市场是直接的风险市场

（1）承保风险。这是指由于保险公司的粗放式经营而带来的风险。

（2）管理风险。这是指由于保险公司管理不善，内控机制不严密，或缺乏必要的制约和监督机制而导致的风险。

（3）投资风险。市场经济的发展和保险的金融属性决定了保险企业具有运用保险资金开展投资，向资产业务转化的职能。

（4）道德风险。这是指由于受利益的驱动，人们的主观心理行为、道德观念发生扭曲，而形成道德风险。

（二）保险市场是非即时清结市场

所谓即时清结的市场，是指市场交易一旦结束，供需双方立刻就能够确切知道交易结果的市场，简单说就是钱货两清交易。无论是商品市场还是一般的金融市场，都是能够即时清结的市场。

而保险交易活动因风险的不确定性使得交易双方都不可能确切知道交易结果，因此不能立刻结清；相反，还必须通过订立保险合同来确立双方当事人的保险关系，并且依据保险合同履行各自的权利与义务。保险单的签发，看似保险交易的完成，实则是保险保障的开始，最终的交易结果则要看双方约定的保险事件是否发生。所以，保险市场是非即时清结市场。

（三）保险市场是特殊的"期货"交易市场

保险市场所成交的任何一笔交易，都是保险人对未来风险事件发生所致经济损失进行补偿的承诺。而保险人是否履约即是否对某一特定的对象进行经济补偿，却取决于保险合同约定时间内是否发生约定的风险事件，以及这种风险事件造成的损失是否达到保险合同约定的补偿条件。这实际上交易的是一种"灾难期货"。因此，保险市场是一种特殊的"期货市场"。

六、保险市场的功能

（一）提高保险交易效率

保险市场是综合反映保险供给和保险需求的场所，保险交易主体可以通过保险市场了解保险供求信息，寻求各自的交易对象，满足保险供求的需要。因此，保险市场为保险交易过程的完成提供便利，使保险交易低成本、高效率地进行。

（二）增加保险有效供给

竞争是市场的伴随物，保险市场所提供的竞争机制必然促使保险人不断提高保险经营水平，包括提供保险优质服务、提高承保技术、不断开发满足市场需要的新险种，从而增加保险的有效供给。

（三）确定合理的保险交易价格

虽然保险商品价格的形成有其内在的规定性，即主要取决于风险损失率，但市场机制所具有的供求规律对保险交易价格仍然发挥作用。保险市场供求双方的相互作用，以及保险人的相互竞争，都有助于保险交易价格——保险费率趋于合理。

（四）实现风险最广泛的分散

保险市场为保险人提供了进一步分散风险的机制。保险人通过在保险市场上的相互转分保，共同承担巨额风险，从而使风险达到最广泛的分散。

第二节 保险市场供求分析

一、保险市场供给

（一）保险市场供给的概念

保险市场供给是指在一定的费率水平上，保险市场上的各家保险企业愿意并且能够提供的保险商品的数量。保险市场供给可以用保险市场上的承保能力来表示，它是各个保险企业的承保能力的总和。

保险市场供给包括质和量两个方面的内容：保险市场供给的质既包括保险企业所提供的各种不同的保险商品品种，也包括每一具体的保险商品品种质量的高低；保险市场供给的量既包括保险企业为某一保险商品品种提供的经济保障额度，也包括保险企业为全社会所提供的所有保险商品的经济保障总额。

（二）保险市场供给主体的组织形式

1. 国营保险组织

国营保险组织是由国家或政府投资设立的保险经营组织。它们可以由政府机构直接经营，也可以通过国家法令规定某个团体来经营(间接国营保险组织)。

2. 私营保险组织

私营保险组织是由私人投资设立的保险经营组织。它多以股份有限公司的形式出现。保险股份有限公司是现代保险企业制度下最典型的一种组织形式。

3. 合营保险组织

合营保险组织包括两种形式:一种是政府与私人共同投资设立保险经营组织,属于公私合营保险组织形式;另一种是本国政府或组织与外商共同投资设立的合营保险组织。

4. 合作保险组织

合作保险组织是由社会上具有共同风险的个人或经济单位,为了获得保险保障,共同集资设立的保险组织形式。如保险消费者组织起来并为其组织成员提供保险的组织,既可以采取公司形式如相互保险公司,也可以采取非公司形式如相互保险社与保险合作社。

5. 个人保险组织

个人保险组织是以个人名义承保保险业务的一种组织形式。迄今为止,这种组织形式只有英国的劳合社。它是世界上最大的也是唯一的个人保险组织。但是,劳合社本身并不是承保风险的保险公司,它仅是个人承保商的集合体,是一个社团组织。

6. 行业自保组织

行业自保组织是指某一行业或企业为了向本企业或本系统提供保险保障而成立的一种组织形式。欧美国家的许多大企业集团设有自己的自保保险公司。

(三)影响保险市场供给的因素

1. 承保技术水平

保险的对象是危险,但并不是所有的危险保险人都可以承保,可保危险在很大程度上受制于承保技术,包括危险管理、险种设计、费率计算、准备金提存以及再保险安排等专业技术。所以,承保技术水平的高低制约着保险的供给,承保技术水平越高,新险种的开发就越快,而每一个新险种的推出,都使可保危险的范围进一步扩大,从而也就增加了保险供给。

2. 保险市场的竞争状况

在竞争性的保险市场,存在着为数众多的保险人,相应会增加保险供给总量;同时,各保险人之间的竞争,促使其不断提高经营管理水平,不断开发新险种,由此也促进保险供给的扩大。而在垄断性的保险市场,保险供给要受一个或少数几个保险人的承保能力的制约,而且垄断者通常通过控制供给量的办法以获取超额或垄断利润,从而抑制保险供给。

3. 保险利润率

保险利润率是制约保险供给的一个重要因素,利润率对保险供给的影响体现在两个方面:一是保险资本,二是险种结构。众所周知,需求的动力是消费,供给的动力是利润。在市场经济条件下,平均利润率规律支配着一切经济活动,保险资本也受平均利润率规律的支配。如果保险企业利润率高,就会吸引更多的社会资本流向保险业,而在一般情况下,保险资本量与保险供给成正比关系,从而扩大保险供给;反之,如果保险企业利润率低,一些保险资本就会退出保险业,流向其他高利润的行业,从而缩小保险供给。同样,某一险种利润率高,保险人会争相开发,从而增加某险种的供给;反之,如果某险种利润率低,甚至亏本,保险人就会减少或停止供给。

4. 金融市场的发达情况

与其他金融机构一样,保险公司也具有两大业务,即负债业务(保险业务)和资产业务(投资业务)。保险投资能使保险业像银行业一样,处于负债业务带动资产业务,又以资产业务推动负债业务的良性循环之中。因为通过保险投资获取丰厚的投资利润能加速保险基金的积累,增强保险人的偿付能力，从而增加保险供给。但是，由于保险基金是来源于广大投保人所缴纳的保险费，返还于随机事件造成的被保险人的经济损失，其负债性使得保险投资必须严格遵循安全性、流动性和营利性三原则，而能兼顾"三性"原则的投资工具莫过于金融资产，所以，保险投资业务的开展，在很大程度上取决于金融市场的发展状况。因此，一个发达的、拥有众多金融工具的金融市场，是促进保险业的发展，从而增加保险供给的重要条件。此外，开发备受被保险人欢迎的投资类险种，如投资连结保险、分红保险，也需要金融市场的支持。

5. 政府的政策

政府的政策，如产业政策、税收政策，在很大程度上决定着保险业的发展，从而影响保险供给。如果政府采取积极的、宽松的、鼓励保险业发展的政策，就会刺激保险供给；如果政府采取压制保险业发展的政策，则会压缩保险供给。

（四）保险商品供给弹性

保险商品供给弹性通常指的是保险商品供给的费率弹性，即保险费率变动所引起的保险商品供给量变动。它反映了保险商品供给量对保险费率变动的反应程度，一般用供给弹性系数来表示。其公式为：

$$E_s=(\Delta S/S)/(\Delta P/P)$$

式中，E_s 表示供给弹性系数；S 表示保险商品供给量；ΔS 表示保险商品供给量变动；P 表示保险费率；ΔP 表示保险费率变动。

【做中学 8－1】 某保险公司的一款保险商品开始的保险费率为 4%，保险商品供给量是 6 000 份。之后，保险费率上升到 5%，保险商品供给量随之增加到 7 500 份。请计算保险商品供给弹性系数。

解析：ΔS（保险商品供给量变动）：7 500－6 000＝1 500

ΔP（保险费率变动）：5%－4%＝1%

S（初始保险商品供给量）为 6 000，P（初始保险费率）为 4%。

根据公式 $E_s=(\Delta S/S)/(\Delta P/P)$，计算如下：

$\Delta S/S=1\,500/6\,000=0.25$

$\Delta P/P=1\%/4\%=0.25$

因此 $E_s=0.25/0.25=1$

这表明该保险公司保险商品供给弹性为 1，即保险费率变动 25%，供给量变动 25%。

保险商品供给与保险费率成正相关关系。①供给无弹性，即 $E_s=0$，无论保险费率如何变动，保险商品供给量都保持不变；②供给无限弹性，即 $E_s=\infty$，即使保险费率不再上升，保险商品供给量也会无限增长；③供给单位弹性，即 $E_s=1$，保险费率变动的比率与其供给量变动比率相同；④供给富于弹性，即 $E_s>1$，表明保险商品供给量变动的比率大于保险费率变动的比率；⑤供给缺乏弹性，即 $E_s<1$，表明保险商品供给量的变动比率小于保险费率变动的比率。

二、保险市场需求

（一）保险市场需求的概念

需求是指有支付能力的需要。可见，需求的存在必须具备两个条件：一是需求客体对需求主体具有某种效用，使得需求主体对其产生拥有或消费的欲望；二是需求主体必须具有一定的货币支付能力，即可以按一定的价格购买其所需的客体，以满足其需要。

保险的需求效用包括两个方面：一是物质上的需求，即在约定的风险事故发生时，能够取得充分的经济损失补偿;二是精神上的需求,即通过投保,能够解除后顾之忧,获得安全感。此外,保险需求的有效性除了取决于投保人的投保欲望和缴费能力外,保险利益的存在成为保险需求的首要前提。所以,保险市场需求是指在一定的保险费率水平上,社会微观经济主体,包括个人、企业、政府部门,愿意并有能力在保险市场上购买的保险商品量。它是保险消费者对保险保障的需要量,用货币表示即为保险金额。

(二)保险市场需求的基本要素

保险市场需求包括三个基本要素:有保险需求的人、为满足保险市场需求的购买能力和购买意愿。即:保险市场需求＝人口＋缴费能力＋投保意愿。保险市场需求的这三个要素是相互制约、缺一不可的,只有三者结合起来才能构成现实的保险市场需求,才能决定需求的规模和容量。与一般需求的表现不同,保险市场需求的表现形式有两个方面:一方面体现在物质方面的需求,即在约定的风险事故发生并导致损失时,它能够对经济损失予以充分的补偿;另一方面则体现在精神方面的需求,即在投保以后,转嫁了风险,心理上感到安全,从而消除了精神上的紧张与不安。

(三)保险市场需求的分类

1. 潜在的保险市场需求

潜在的保险市场需求是由一些对保险商品或某一具体险种具有一定兴趣的消费者构成的。一般通过随机询问的调查方法取得有关信息。

2. 有效的保险市场需求

仅仅有兴趣还不足以确定保险市场需求。潜在的保险消费者还必须有足够的收入来购买保险商品。即除投保兴趣外,他们还必须有缴费能力。费率越高,消费者人数就会减少。因此,有效的保险市场需求是关于“兴趣”与“收入”这两个变量的函数。

3. 合格有效的保险市场需求

合格有效的保险市场需求是指具有保险商品的购买兴趣、有足够的缴费能力、能够接近保险商品,同时还有资格成为投保人或被保险人的消费者的需求总和。

4. 已渗透的保险市场需求

保险企业在一定时期内,只能根据自己的资源选择其中某些部分作为服务对象,确定目标市场,展开激烈竞争。在其目标保险市场上,已经成为本企业的投保人或被保险人就是已渗透的保险市场需求。

(四)影响保险市场需求的因素

1. 风险因素

“无风险,即无保险”,风险是保险产生、存在和发展的前提条件,从而也成为影响保险需求最基本的因素。保险需求总量与风险程度成正比,风险程度越高,范围越广,保险需求总量越大;反之,保险需求量就越小。

2. 社会经济制度

在高度集中的计划管理体制下,企业一无权利、二无责任、三无风险;一切都由国家安排,损失由政府拨补,职工的生老病死都由国家包下来,自然也就没有保险的需求。而在市场经济的条件下,企业是面向市场的独立的商品生产者,自主经营、自负盈亏,由此也必须承担各种自然灾害、意外事故、市场风险、信用风险和责任风险所造成的经济损失,从而产生了保险需求。同时,随着经济体制的改革,与市场经济相适应的社会保险和商业保险制度替代了由国家“统包”的劳动保险制度,企业职工的风险意识、自我保障意识提高了,对保险的需求也随之提高。

3. 经济发展水平

经济发展水平对保险需求的影响主要体现在以下三个方面:

(1)财富总量。随着经济的发展,现代化水平的提高,社会财富日益增加,风险也日益增加,不仅迫切需要保险保障,而且保险金额也越来越大。所以,经济越发展,社会财富越多,保险需求越大。

(2)产业结构。一般来说,经济发展水平越高,社会分工越细,产业结构越复杂,其关联程度越高,风险事故发生的影响面也就越大,对保险的需求越强烈。

(3)国民收入。随着经济的发展,国民收入增加,企业利润及个人收入也随之增多,购买保险的能力越强,保险需求就越大。同时,随着个人收入水平的提高,使得以满足基本生存需要为主的单一消费方式趋向消费多样化,安全需求成为人们日常消费中不可缺少的部分。

4.科学技术的发展和应用水平

科学技术的发展及其在经济生活中的广泛应用,既造福于人类,增强人类征服自然、改造自然的能力,也给人类带来了前所未有的新危险,如飞机作为交通工具的广泛使用,飞机失事也相应增多;原子能的应用,出现原子能辐射及爆炸的危险,从而也增加新的保险需求。

5.保险供给的有效性

保险供给的有效性对保险需求的影响主要体现在以下几个方面:

(1)保险费率。保险费率是保险商品的价格,而保险需求的有效性取决于投保人的保费支付能力,所以保险费率的高低会影响保险需求。保险费率上升将抑制保险需求,而保险费率下降则刺激保险需求,在其他条件不变的情况下,二者呈反方向变化。

(2)保险展业。保险展业是指保险的市场推销活动。保险的使用价值是满足人们补偿损失的需要,这种需要的产生往往是在危险事故发生以后,而保险的购买又必须在不确定的损失发生之前。但在损失发生之前,人们又总是存在着侥幸的心理,所以,保险的效用较为隐蔽,其需求欲望较难培植。同时,由于保险的专业性和技术性,保险单通常采用要式合同的形式,使得投保人或被保险人对保险产品的效用知之甚少,如何根据需要进行购买有一定的难度,这些都需要通过展业,广泛宣传,提高人们的风险意识和对保险的认识,从而促进保险需求。所以,卓有成效的保险展业,能够扩大保险需求;反之,则会减少保险需求。

(3)保险险种。随着经济和科学技术的发展,以及人们生活水平的不断提高,保险需求也随之不断变化,传统的单纯以财产和人身作为保险标的的保险已不能满足需要,高科技的险种,储蓄性或投资性的保险日益受到消费者的青睐。所以,如果保险人能根据市场的需要,不断创新,开发出满足人们需要的新险种,则能刺激保险需求;反之,则会减少保险需求。

(4)保险理赔。理赔是保险的赔偿处理,它体现了保险的基本职能,是保险人履行保险责任,被保险人享受保险权益的实现形式,也是投保人购买保险的目的所在。所以,理赔工作做得好不好,关系到保险人的信誉,从而影响到保险需求。当保险事故发生后,保险人能够重合同、守信用,实事求是,主动、迅速、准确地支付保险赔款或给付保险金,使被保险人得到足够、充分的补偿,则能取信于投保人,从而增加保险需求;反之,则会挫伤人们投保的积极性,减少保险需求。

6.政府政策及法律规定

保险市场是政策敏感性的市场,政府政策及有关法律规定对保险需求都有直接的影响作用。具体如下:

(1)税收政策。税收政策是影响保险需求的一个重要因素,如保险费的税前扣除,被保险人所取得的保险赔款或保险金可免纳企业所得税或个人所得税等,都将刺激保险需求。

(2)货币金融政策。保险是一种金融商品,尤其是储蓄性的人寿保险单,具有现金价值,更是一种有价证券。因此,货币金融政策的变动,将影响人们在保险商品与其他金融商品之间进行选择。

(3)强制保险。强制保险是国家或政府以法律或行政的手段强制实施的保险,凡在规定的范围内,不论被保险人愿意与否,都必须参加保险。如许多国家法律规定,汽车上路必须投保汽车第三者责任险等。因此，强制保险的实施，人为地扩大了保险需求。

(4)健全的法律制度。保险需求，特别是责任保险的市场需求在很大程度上取决于健全的法律制度。人们在社会中的行为都在法律制度的规范下，具有因违法造成他人的财产损失或人身伤害时必须承担经济赔偿责任的风险，所以人们才会有通过保险来转嫁这种风险的需要。只有对各种责任事故中的致害人进行严厉处罚的法律规定，才会促使可能发生民事责任事故的有关当事人积极投保各种责任保险。

(五)保险需求弹性

保险需求弹性是指保险需求对其各影响因素变动的反应程度。它通常用需求弹性系数来表示。用公式表示为：

$$E_d = (\Delta D/D)/(\Delta f/f)$$

式中，E_d 表示需求弹性系数；D 表示保险需求；ΔD 表示保险需求的变动；f 表示影响保险需求的因素；Δf 表示影响保险需求的因素的变动。

保险需求弹性主要包括三种：保险需求的价格弹性、保险需求的收入弹性和保险需求的交叉弹性。

1. 保险需求的价格弹性

保险需求的价格弹性是指保险价格的变动所引起的保险需求量的变动情况。它反映了保险需求对费率变动的反应程度。用公式表示为：

$$E_P = \frac{\Delta D/D}{\Delta P/P}$$

式中，E_P 表示价格弹性；D 表示保险需求；ΔD 表示保险需求的变动；P 表示保险费率；ΔP 表示保险费率的变动。

2. 保险需求的收入弹性

保险需求的收入弹性是指保险消费者货币收入变动所引起的保险需求量的变动。它反映了保险需求量对保险消费者货币收入变动的反应程度。用公式表示为：

$$E_i = \frac{\Delta D/D}{\Delta I/I}$$

式中，E_i 表示收入弹性；D 表示保险需求；ΔD 表示保险需求的变动；I 表示货币收入；ΔI 表示货币收入的变动。

学中做 8—1 某地区居民的平均收入水平为每月 6 000 元，对应的保险需求为 8 000 份。一段时间后，居民平均收入水平提高到每月 7 500 元，保险需求增加到 12 000 份。请计算保险需求的收入弹性。

解析：ΔD(保险需求的变动)：12 000－8 000＝4 000

ΔI(影响保险需求的因素的变动)：7 500－6 000＝1 500

D(初始保险需求)为 8 000，I(初始平均收入水平)为 6 000。

根据公式 $E=(\Delta D/D)/(\Delta I/I)$，计算如下：

$\Delta D/D = 4\ 000/8\ 000 = 0.5$

$\Delta I/I = 1\ 500/6\ 000 = 0.25$

因此 $E_i = 0.5/0.25 = 2$

3. 保险需求的交叉弹性

保险需求的交叉弹性是指相关的其他商品的价格变动引起的保险需求量的变动。它取决于其他商品对保险商品的替代程度和互补程度，反映了保险需求量变动对替代商品或互补商品价格变动的反应程度。用公式表示为：

$$E_x = \frac{\Delta D / D}{\Delta P_g / P_g}$$

式中，E_x 表示交叉弹性；D 表示保险需求；ΔD 表示保险需求的变动；P_g 表示替代商品或互补商品价格；ΔP_g 表示替代商品或互补商品价格的变动。

关于影响保险需求弹性的因素，一般而言，消费者对保险商品的需求越强，其需求弹性越小；保险商品的可替代程度越高，其需求弹性越大；保险商品用途越广泛，其需求弹性越大；保险商品消费期限越长，其需求弹性越大；保险商品在家庭消费结构中占的支出比例越大，其需求弹性越大。

三、保险市场均衡

保险市场供求平衡是指在一定费率水平下保险供给恰好等于保险需求的状态，即保险供给与需求达到均衡点，也即当费率 P 不变时，$S=D$。

保险市场供求平衡，受市场竞争程度的制约。市场竞争程度决定了保险市场费率水平的高低，因此，市场竞争程度不同，保险供求平衡的水平各异。而在不同的费率水平下，保险供给与需求的均衡状态也是不同的。保险市场有自动实现供求平衡的内在机制。

保险市场供求平衡包括供求的总量平衡与结构平衡两个方面，而且平衡还是相对的。所谓保险供求的总量平衡，是指保险供给规模与需求规模的平衡。所谓保险供求的结构平衡，是指保险供给的结构与保险需求的结构相匹配，包括保险供给的险种与消费者需求险种的适应性、费率与消费者缴费能力的适应性、保险产业与国民经济产业结构的适应性等。

第三节 保险市场与证券市场的关系

一、保险投资的可能性与必要性

（一）保险投资的可能性

保险投资是指保险人在组织经济补偿的过程中，对聚集的保险基金加以运用，从而使保险基金保值和增值的活动。保险人为了保证在保险事故发生或保单到期时履行其补偿或给付保险金的责任，必须将向被保险人预收的保险费积存起来，建立各种责任准备金。同时，由于危险的发生具有不确定性，而保险赔付是以保险事故或保险事件的发生为前提的，因此，在不断预收保险费—建立责任准备金—支付赔款的过程中，保险基金存在着备与用的时间差和数量差，使得相当一部分保险基金会暂时闲置和沉淀下来。而且，随着保险供求的发展，保费收入越多，保险人积聚的保险基金就越雄厚，这就为保险投资提供了可能。

（二）保险投资的必要性

1. 保险基金的本质属性，决定其必须进行运用

保险基金作为货币资金具有保值和增值的内在性质与要求，资金只有在运动中才能保值和增值，保险投资就是实现资金的运动，即将暂时闲置的保险基金转化为现实的职能资本，让其参与社会再生产，充分发挥资本的职能，由此带来利润，使保险基金得以保值和增值。

2. 保险基金的负债性质，也决定其必须进行运用

保险基金是保险人承担经济损失赔偿责任的备付金，是保险人的负债，最终都将以各种形式返还给被保险人，而在现代信用货币制度下，通货膨胀成为一种普遍现象，保险基金如果不在运用中

增值，则将难以实现其经济补偿的职能。在通货膨胀时期，国外保险公司通常通过保险投资，将投资收益以分红或变额保险的形式弥补由于通货膨胀造成的保险赔款或保险金贬值的损失，从而确保保险保障功能的发挥和维护被保险人的利益。

3.保险基金的计算方式，决定其必须投资生息

保险基金是来自投保人所缴纳的纯保费，它主要是以各种责任准备金的形式存在，包括寿险准备金和非寿险准备金。就寿险准备金而言，其计算的基本原理可简单归纳为收支相等原则和大数法则。所谓收支相等的原则，即保险人未来应给付的保险金应等于保险期内投保人缴纳的纯保费与纯保费按预定的利率以复利的方式计算的利息收入之和，也就是说，投保人缴纳的纯保费实际上只是保险人未来应付保险金的现值。所以，保险人收入的纯保费在作为保险金支付之前一定要增值，才能使保险费达到未来必须支付的金额，否则，责任准备金就不足支付，保险人将面临负债风险。

4.保险市场的激烈竞争，也决定其必须进行投资

当今世界保险市场承保力量过剩，竞争激烈，许多保险公司纷纷降低保险费率，以价格优势来吸引投保人，争取保险业务。而保险费率是保险商品的价格，费率下降，使承保利润减少，甚至入不敷出。因此，通过对降低保险费率而吸收来的巨额保险基金进行有效的运用，获取丰厚的投资利润来弥补承保业务的亏损，已成为保险公司生存和发展的重要途径。

5.保险产品的创新，也需要保险投资的支持

随着金融一体化和金融创新，保险人也不断推出新的产品，如投资连结类保险产品。这类保险产品最主要的特征就是具备保障和投资功能，它要求保险人必须从投资中获取既定的收益以保证对被保险人投资账户的利益分配，否则就难以支撑该产品的发展。因此，保险投资收益率的高低将直接决定着这类产品的生命力。

二、证券市场是保险投资的重要场所

（一）证券市场上多样化的金融工具是保险投资安全性的重要保证

保险投资必须高度重视安全性，安全性原则是保险投资必须遵守的首要原则。所谓安全性，有两个基本的要求：一是投资本金能够全部收回，确保保险基金的完整性；二是能够取得预期的收益，保证保险人履行其赔偿或给付保险金的职能。

在各种投资对象中，按照传统的观点，银行存款是最安全的，但是，银行存款收益率低，特别在通货膨胀时期，银行存款利率不可能随着物价的上涨而同比例攀升，其利率经常是处于一种负利率的状态；而在通货紧缩时期，由于银行利率不断下调，保险人特别是寿险公司将遭受利差损失，使得收取的保险费无法按预定的利率增值，以达到未来必须支付的保险金的数额，从而使保险人面临着负债风险。可见，银行存款的安全性不过是就其名义价值而言，投资银行存款账户，保险人无论是在通货膨胀时期还是在通货紧缩时期都将面临巨大的利率风险。也正因为如此，保险人一般不将银行存款作为主要的投资对象。而证券市场上多样化的金融工具是实现保险投资的安全性的有利条件。

首先，集安全性、流动性和收益性于一身的债券，与保险投资的原则和要求相符合，是保险投资的重要工具。特别是被称为“金边债券”的政府债券，信誉高、流动性强、安全性好、收益稳定，而且在市场经济发达的国家，政府债券是以拍卖竞价的方式出售的，这种做法的最大优点是由市场决定国债的利率，使国债利率具有指数调节的机制，从而保证购买国债能够保值和增值，能够满足保险投资对安全性的需要。

其次，证券市场上多样化的金融工具有利于保险投资的组合，而多样化的资产组合能够将风险

进行分散,从而保证投资的安全。众所周知,投资的安全性不仅取决于每一种资产自身的风险因素,而且取决于它与其他资产的相互关系。保险人可以根据保险基金的不同性质,以及赔偿和给付的需要,在证券市场上选择不同期限、不同性质、不同风险和收益的证券进行有效的组合。例如,财产保险的保险期限一般为一年,且风险具有较大的不稳定性,对资金流动性的要求比较高,所以财产保险准备金应着重于短期投资,如国库券、商业票据等,以便应付突发性和临时性的赔付需要。而人身保险多是长期而有固定金额的合同,风险分散且均匀,能够较精确地计算出每年的保险费收入与预计的保险金支出,因而对资金流动性的要求比较低,故可用于长期的投资,如购买长期债券或股票,以求获得较高的利润收入。

(二)发达的二级市场是保险投资流动性的保障

所谓流动性,是指资产在不发生损失的情况下迅速变现的能力。由于保险投资是建立在承保业务基础上的,积聚起来的保险基金首先必须满足保险偿付的需要,投资只是在这个前提下,利用保险基金收入和支出的时间差与数量差,对暂时闲置的资金作充分的运用。而且,由于保险风险的偶然性,使得保险赔付具有很大的不确定性,特别是财产保险。这就要求保险投资必须保持高度的流动性,以随时满足赔付的需要,有效地履行其经济补偿的功能。有价证券是仅次于银行存款而富有流动性的一种金融资产。有价证券的流动性不仅在于其具有大量诸如国库券、商业票据这类短期的证券,十分适合保险基金特别是非寿险责任准备金短期投资的需要,而且在于有价证券有着发达的流通市场,即便是投资于股票、长期债券,也可以随时易手,既可满足流动性的需要,又可获得较大的投资收益。而贷款和不动产投资虽然也有较高的收益,但由于缺乏发达的二级市场,流动性受到制约。

(三)长期高收益的证券是保险投资营利性的主要来源

保险投资的目的就是为了获取投资收益,营利是保险投资的核心目标。营利性原则是指在满足安全性的条件下追求保险投资收益的最大化,它是保险投资的一个重要原则。就收益性而言,贷款和不动产投资都是比较高的,因而也是保险人重要的营利性资产,具有长期、稳定增长特点的寿险准备金,一部分可以对此进行投资,以获取较高的收益。但是,由于贷款和不动产投资的流动性比较差,为了保证保险偿付,大部分保险基金的主要投向还是证券市场。这是因为有价证券不仅具有较高的流动性,而且有相当的利息或股息收入,特别是投资政府债券,除了有稳定的、高于银行存款的利息收入外,其收入还可以免交地方所得税,所以债券投资的实际收益率往往要高于其名义收益率,因此是保险投资最理想的投资工具。

而股票投资,虽然风险比较大,但具有收益高、流动性强的优点。其收益来源有两点:一是股息收入,优先股的股息是固定的,普通股的股息则是随着公司的盈利状况而定,所以当企业经营景气时,可以分享企业获取的高额利润;二是资本利得,即通过股票市场价格的波动套取价差利润。股票的流动性特点,一方面可以增加保险资产的流动性,另一方面在一定程度上也降低了投资风险。此外,股票尤其是普通股,是抵御通货膨胀的强有力的工具。因为股票代表投资者对股份公司的所有权。在通货膨胀时期,从企业物质性价值观来看保值上确属有利。因而,对既希望获取较高的投资收益,又对流动性要求比较高的保险投资来说,股票也是理想的投资工具。股票投资在发达国家保险公司资产总额中所占的比重不断上升。

拓展阅读 8—1　　保险投资对证券市场发展的影响

1. 增加证券市场的资金供给

保险人由于业务的特殊性,必须建立各种责任准备金,而这些责任准备金是来源于广大投保人所缴纳的保险费,因此,随着保险业的发展,收入的保险费越多,保险基金就越雄厚,从而使保险业成为一个聚集资金的重要行业。不断增长的雄厚的保险基金不仅为被保险人提供了广泛的、可靠的经济保障,而且为证券市场提供了大量的资金,美国、英国和日本等国的保险公司资产构成中,证券投资所占的比重是最大的,特别是美、英两国高达70%以上,而日本保险公司介入货币和资本市场的实力已超过银行位居第一。可见,庞大的保险基金可以增加证券市场的资金供给,已成为发达国家证券市场重要的资金来源。

2.促进证券市场的稳定发展

保险公司凭借其雄厚的资金力量,为证券市场提供大量的资金来源,从而成为证券市场上重要的机构投资者。如美国保险公司对货币和资本市场的投资在机构投资者中所占的比重仅次于商业银行和共同基金而居第三位,是美国货币和资本市场上主要的机构投资者。

所谓机构投资者,是指那些以其所能运用的资金在金融市场上进行各种投资的金融机构,主要有商业银行、投资银行、保险公司、养老基金、共同基金和信托投资公司等。与个人投资者相比较,机构投资者具有实力雄厚、专家理财、组合投资、抗风险能力强等特点,因此,机构投资者广泛参与证券市场的投资,有利于证券市场的稳定和发展。也正由于此,证券市场投资者结构,即机构投资者比重的逐渐上升被看成是一国证券市场走向成熟的标志。在西方发达国家成熟的资本市场上,机构投资者所占的比重是相当大的,如美国纽约证券交易所上市的股票有50%是由机构投资者所持有,而英国机构投资者在资本市场上所占的份额达63%,日本机构投资者持有上市公司的股权的比重也达46%。这些国家的机构投资者,凭借其雄厚的资金力量、专业的投资技术、多样化的投资组合和长远的投资战略,有效地促进了本国证券市场的稳定和发展。

第四节 中国与世界保险市场现状和发展分析

一、中国保险市场的形成

(一)外商保险公司垄断时期的中国保险市场

我国现代形式的保险是伴随着帝国主义的入侵而传入的。19世纪初,西方列强开始了对东方的经济侵略,外商保险公司作为保险资本输出与经济侵略的工具进入中国。

1805年,英商在广州设立广州保险公司(又译谏当保安行、广州保险社),此后,怡和洋行收购了该公司,并更名为广东保险公司(1836年)。这是外商在中国开设的第一家保险机构,也是近代中国出现的第一家保险公司。直到20世纪前,中国保险市场一直被英国保险公司所垄断,当时所有保险条款、费率均由英商控制的外国保险公司同业公会制定。与此同时,其他各外资列强也不甘由英国独占中国的保险市场,进入20世纪以后,法国、瑞士、日本等相继在中国设立了保险公司或代理机构。外国保险公司基本上控制了近代中国的保险市场。

(二)民族保险业开创与发展时期的我国保险市场

外商保险公司对中国保险市场的抢占及西方保险思想的影响,引起一些华商的起而仿效。1824年,一广东富商在广州城内开设张宝顺行,兼营保险业务,这是华人经营保险的最早记载;1865年,中国第一家民族保险企业——上海华商义和公司保险行创立,打破了外商保险公司独占中国保险市场的局面,中国近代民族保险业正式诞生;1875年,保险招商局的成立,标志着中国较大规模的民族保险企业诞生;1886年,“仁和”“济和”两保险公司合并为“仁济和”水火保险公司,资金达到100万两,雄厚的资金大大加强了其在保险市场上的实力和竞争能力,成为中国近代颇有影响的一家华商保险企业。以1875年保险招商局的创办为契机,中国民族保险业以后又相继成立了20多家水火险公司,并在民族资本主义工商业的大发展中得以迅速发展。

第一次世界大战开始，我国民族保险业进入发展时期，保险市场呈现出以下特点：①产寿险业并举发展；②保险立法日趋完善；③金融资本渗入保险业；④民族保险企业从上海等地向其他口岸和内地商埠延伸，从国内向国外扩展；⑤民族保险公司开始走向联合管理；⑥保险中介适时发展；⑦华商保险同业公会发挥了其“桥梁”和“纽带”作用。1937 年，抗日战争爆发，民族保险业的发展遭到沉重的打击。“二战”后，保险市场虽一度呈现出繁荣，但也只不过是一时的虚假景象。

二、中华人民共和国保险市场的初创

中华人民共和国成立后，首先是对以前的保险市场进行管理与整顿，紧接着是创立与发展人民保险事业。1949 年 10 月 20 日，中国人民保险公司正式挂牌开业，这标志着中国现代保险事业的创立，开创了中国保险的新纪元。保险市场上除传统的火险和运输险外，还积极开发新的险种，同时，中国人民保险公司在全国各地建立了自己的分支机构，并逐步开展了各种财产保险和人身保险业务。但是，由于“左”的错误思想影响，1958 年 10 月，国内保险业务被迫停办，直到 1979 年恢复。20 年的中断，使大量的专业人员和宝贵资料散失，拉大了与国外保险同行的差距，给中国现代保险业的发展带来很大损失。中国共产党十一届三中全会以后，国内保险业务得到恢复。

三、我国保险市场的现状及前景

近年来，保险业作为社会减震器与经济稳定器，在国民经济与社会生活中发挥着越来越重要的作用。

（一）我国保险市场的现状

1. 总保费收入规模和增速大幅提升

2023 年，保费收入首次突破 5 万亿，达 51 247 亿元，保费增速较上年增长 9.14%。如图 8—1 所示。

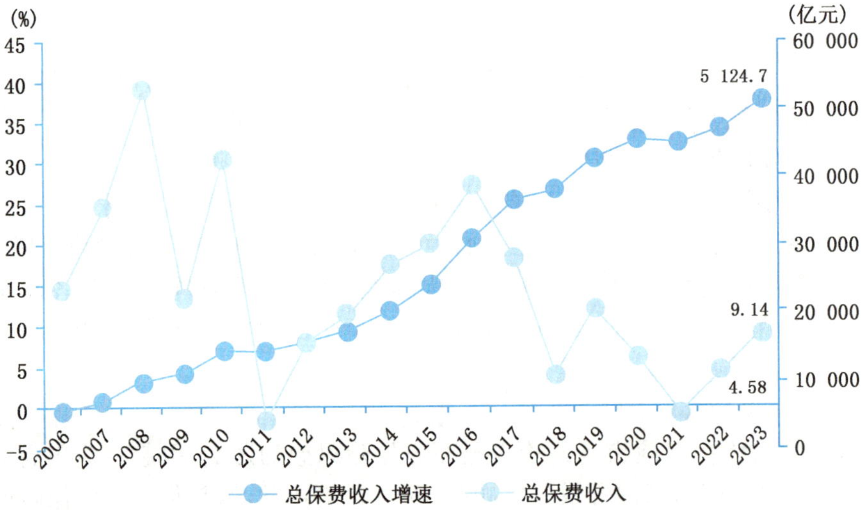

数据来源：国家统计局。

图 8—1 2006—2023 年总保费收入与增速

2. 保险密度大幅增长，保险深度显著回升

2023 年，保险密度大幅增长，达到 3 635 元/人，达到了“新国十条”提出的 3 500 元/人的目标。十年来，我国保险密度整体呈上升趋势，增长态势良好。从 2013 年至 2023 年，十年增幅为 187%。

如图 8—2 所示。

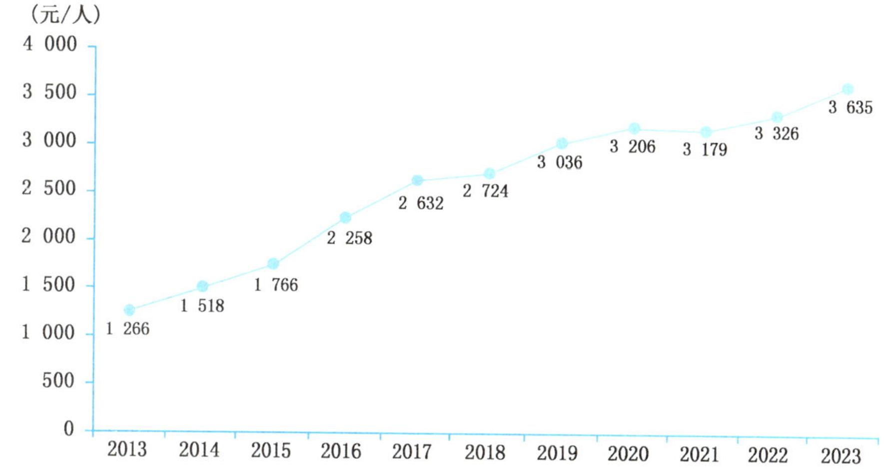

资料来源：编者根据国家金融监督管理总局、IMF、《2023 年安联全球保险业发展报告》、中国保险年鉴、网络数据搜集整理；2023 年保险密度来自《2023 年安联全球保险业发展报告》。

图 8—2　2013—2023 中国保险密度

3. 保险赔付支出大幅增长

2013—2023 年保险赔付支出增长约 3 倍。保险赔付支出增速总体呈先降后升趋势。结合近几年保费收入的趋势来看，保险公司经营压力增大。如图 8—3 所示。

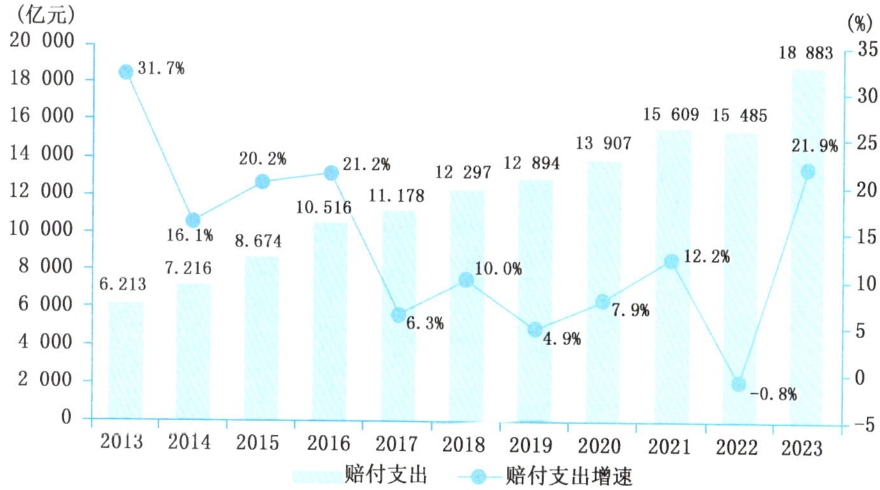

数据来源：国家金融监督管理总局。

图 8—3　2013—2023 年原保险赔付支出及增速

4. 保险资产规模逐年增加，增速回升

2019 年我国的保险资产总规模首次突破 20 万亿元，2023 年末保险资产规模将近 30 万亿元（达 29.96 万亿元）。如图 8—4 所示。

5. 保险资金运用规模快速增长

2013—2023 年，我国保险资金运用规模快速增长，增速总体呈下降趋势，2023 年保险资金运用规模 27.7 万亿元，增速重回两位数 10.5%。近年来险资运用结构调整，保险资金主要投向固定收

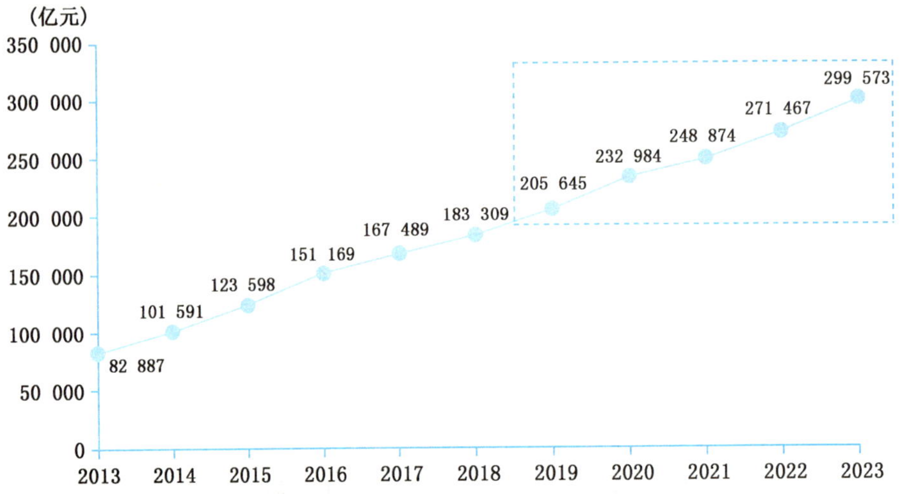

图 8－4　2013—2023 年保险资产规模

益类产品，银行存款在整个投资组合中的占比逐年递减，2023 年已不足 10%；股票和证券投资比例近年来略有下滑；债券投资自 2016 年起稳定上升，2023 年占比达 45.41%。受经济环境、权益市场及利率下行的影响，保险公司投资收益率总体呈下降趋势。2023 年投资收益率仅 2.2%。如图 8－5 所示。

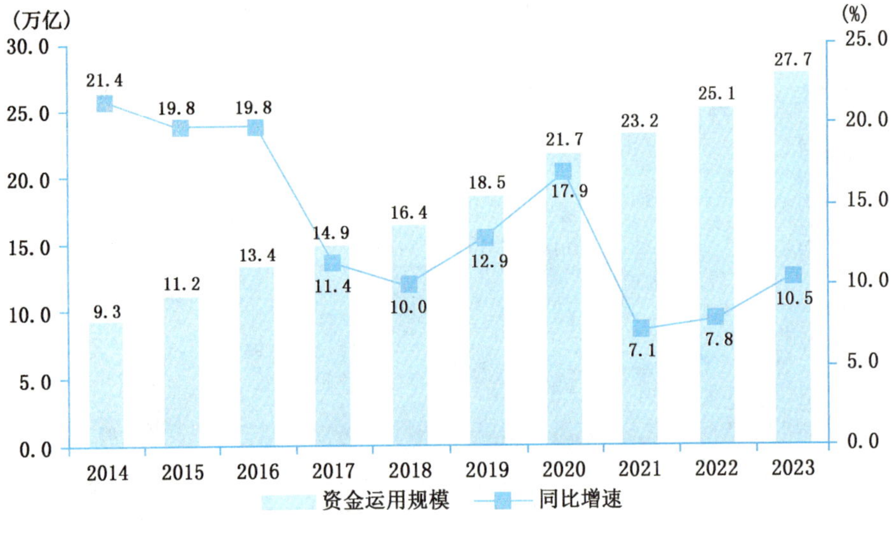

图 8－5　2014—2023 年保险资金运用规模

(二)我国保险市场的前景展望

1. 经营主体多元化

国有和国有控股保险公司在市场中居主导地位。从出资方式上，允许民营资本参股保险公司；从销售渠道上，发展代理公司、经纪公司；从业务范围上，增加只经营某一类险种的专业保险公司；从辅助服务上，增加精算师、会计师事务所和保险评级机构。同时，各种类型市场经营主体的数量按适当的比例进一步增加。

2. 运行机制市场化

保险公司、中介机构、投保人等市场主体通过市场机制发生联系和作用。市场经营主体依法进行公平、公正、公开的竞争;所有公司,不分所有制形式、不分内资外资、不分规模大小,均有平等的竞争地位;产品、费率、资金、人才主要通过市场机制调节。

3.经营方式集约化

保险公司经营观念转变,在经营过程中,以效益为中心,以科学管理为手段,加大对技术、教育和信息的投入,实现公司科学决策,走内涵式发展道路,为社会提供价格合理、质量优良的保险服务。

4.政府监管法制化

拥有比较完善的法律法规体系及有力的监管体系,形成相对稳定的监管模式,具备有效的监管手段,从而实现保险监管的制度化和透明化。政府对保险业的监督管理、引导扶持作用得到更充分的发挥。

5.从业人员专业化

保险业拥有一批遵守职业道德、具备现代专业知识、了解国内外市场、锐意进取的新型复合型人才,树立起保险业一流人才、一流服务的新形象。

6.行业发展国际化

中国保险业的经营管理更加符合国际惯例;我国保险市场逐步融入国际保险市场。同时,国内保险公司积极开拓海外业务,逐步向跨国经营方向发展。

四、全球保险行业市场现状与发展趋势分析

(一)全球保费收入整体呈上涨趋势

2021年全球保费收入达到4.2万亿欧元(约合6.47万亿美元),比2020年增长5.1%,2022年全球保费收入同比增4.8%,达到6.78万亿美元。整体来看,2011—2022年,全球保费收入呈上涨趋势。

(二)全球保险密度整体呈上涨趋势

近年来,世界保险业发展迅速,保险密度由2011年的652.03美元,上升到2021年的820.48美元。

(三)全球保险深度整体呈上涨趋势

2011—2022年,全球保险深度呈波动上涨趋势,在2020年达到7.24%的顶峰,2021年小幅下降到6.71%。

(四)全球非寿险业务反超寿险业务

2011—2019年,全球保险细分市场非寿险业务和寿险业务整体均呈上涨趋势,2018年以前全球寿险业务份额一直高于非寿险份额,之后被非寿险反超,2021年非寿险份额占比54.9%。

(五)2028年全球保费收入预计突破8万亿美元

当前,全球保费收入呈上涨趋势。随着全球人口增长、大众对身故和健康风险意识的增强及当前保险密度及保险深度较低的新兴市场崛起,预计未来几年全球保险业将保持增长势头,到2028年全球保费将突破8万亿美元。

第五节 互联网财产保险市场

近年来,各财产保险公司积极落实监管政策要求,不断夯实发展基础,提升可持续发展的能力,发挥互联网保险"惠普"和"科技"的双重优势,在引领财产保险行业创新发展、满足广大人民群众多

元化保障需求、服务实体经济和民生保障等方面发挥了积极作用。

一、互联网财产保险市场发展概况

(一)行业发展整体稳健,险种间“此消彼长”

根据保险业协会统计,2022 年上半年,共计 73 家财产保险公司开展互联网业务,经营主体数量基本保持稳定。互联网财产保险累计保费收入 530.4 亿元,同比负增长 1.4%(新口径下,2021 年互联网财产保险保费收入 537.7 亿元)。

(1)车险业务占比有所提升。2022 年上半年,互联网车险占比 16.8%,较 2021 年同期提升 2.6 个百分点;非车险(含意健险[①])占比 83.2%,相应下降 2.6 个百分点。

(2)险种间“此消彼长”,意健险、退货运费险和车险业务量同比变化明显。退货运费险和车险分别带来 28.0 亿元和 12.7 亿元的增量,意健险同比减少 49.2 亿元,其他险类变化不大,“两增一减”相互抵消之后,上半年互联网财产保险保费收入同比减少 7.3 亿元。

(3)月度保费平台特点明显。2022 年 1 月和 6 月因退货运费险和保证保险均为保费收入高点,带动互联网财产保险整体表现为年初和年中较高的趋势。

(4)竞争格局相对稳定。2022 年上半年,各经营主体互联网财产保险保费收入排名相对稳定。较上年同期,保费收入前十的公司未发生变化,但排名略有波动,其中 6 家正增长、4 家负增长。

(5)市场集中度略有提升。2022 年上半年保费收入前十的公司市场份额合计 86.4%,同比提升 3.2 个百分点(2021 年保费收入前十的险企市场份额为 83.2%);保费收入前三的公司市场份额合计 57.3%,同比提升 4.8 个百分点。

(6)业务增量主要来自头部公司。2022 年上半年同比业务增量最高的三家公司分别为平安产险(22.2 亿元)、国寿财险(10.2 亿元)和众安保险(6.8 亿元)。

(二)车险同比高速增长,非车险首次负增长

(1)车险实现高速增长,增量主要来自头部公司

互联网车险的快速增长得益于监管政策、保险公司战略倾斜、客户投保偏好等多重因素。一方面,近年来在国家金融监督管理总局大力推动车险市场及互联网保险规范发展、引导行业加速线上化转型的大背景下,互联网车险在运营效率、客户体验方面具有天然优势,保险公司对互联网车险业务的投入逐步加大。另一方面,“新冠”疫情影响以及客户群体代际更迭所带来的线上自主投保偏好正逐步显现。

随着车险综改推进和市场化竞争加剧,行业头部公司依托其客户、品牌和服务等方面多年的积淀,在车险线上化经营方面形成相对优势。

(2)非车险首次负增长,主要因意健险业务收缩

2022 年上半年,互联网非车险保费收入 441.1 亿元,同比负增长 4.3%,主要原因是意健险业务的大幅调整。意健险保费收入 151.7 亿元(其中健康险 124.2 亿元、意外险 27.6 亿元),同比负增长 24.5%,较 2021 年同期减少 49.2 亿元;非车财产保险(不含意健险,下同)增速较高,保费收入 289.4 亿元,同比增长 11.2%。

互联网非车险市场集中度高于车险。其中,非车财产保险保费收入前五的公司市场份额合计 75.6%,经营主体以传统大公司为主;意健险保费收入前五的公司市场份额合计 74.1%,业务规模领先的是两家专业互联网保险公司——众安保险和泰康在线,贡献了约一半的市场份额。

---

① 意健险是人身意外伤害险和健康险的综合简称,是指保险公司通过疾病保险、医疗保险、失能收入损失保险和护理保险等方式对因健康原因导致的损失给付保险金的保险。

互联网非车险主销产品比较集中。保证保险、退货运费险和健康险三个险类保费占比合计81%,其中保证保险保费收入151.5亿元(34.4%)、退货运费险82.7亿元(18.7%)、健康险124.1亿元(28.1%)。

(三)渠道结构总体均衡,险种来源各具特点

2022年上半年,互联网财产保险自营业务保费收入212.9亿元,占比40.1%;中介渠道保费收入306.8亿元,占比57.8%,其中保险专业代理渠道保费收入165.3亿元,占比31.2%;保险经纪人渠道保费收入141.5亿元,占比26.7%。总体来说,渠道结构相对均衡。

从不同险类的渠道来源来看,保证保险业务九成来自保险公司自营业务中的"嵌入非保险机构H5页面"(外部引流);健康险和退货运费险均以中介渠道为主,分别贡献81.4%和94.0%的保费;车险则主要来自保险公司自营业务平台(43.6%)和专业代理渠道(39.7%)。

从自营业务的细分来源来看,保费收入前三的分别是嵌入非保险机构的H5页面(渠道来源按照相关政策的新分类办法,"嵌入非保险机构App中的H5页面"保费收入归属于保险公司自营业务,实际该类业务流量来源于第三方)、公众号和App,保费收入分别为143.0亿元、22.4亿元和21.5亿元,合计占自营平台的87.8%。

保险公司结合险种特点和消费者习惯,不同自营平台的主销产品和经营策略有所不同。保险公司公众号和App均以车险为主、健康险为辅,车险占比分别为51.8%、67.4%,健康险占比分别为32.6%、20.9%;外部引流的H5页面则以保证保险为主,占比92.9%。

(四)快速响应市场需求,有力服务社会民生

2022年上半年,各财产保险公司充分发挥互联网优势,积极响应中央"六稳六保"政策要求,持续探索保障社会民生的创新保险产品,不断深入细分领域满足居民风险保障需求,拓展保障范围的广度和深度。

积极发挥互联网普惠和便捷优势,保险公司与政府以及互联网平台多方合作的惠民保类业务,覆盖面持续扩大,已病、高龄等人群均可投保,弥补了基本医保与传统商业健康保险的保障空白,提高了居民重特大疾病保障水平,满足其多元化医疗保障需求。此外,定制化团险开始放量,门急诊、已病/慢病人群保险及手术意外等产品供给持续丰富,覆盖人群稳步提升。

为提高新市民金融服务的可得性和便利性,增强其获得感、幸福感、安全感,助力解决新市民在创业、就业等领域的诸多问题,国家金融监督管理总局、中国人民银行下发了《关于加强新市民金融服务工作的通知》。持续推动产品和服务升级,为新市民群体提供更全面、更实惠的保险保障,是保险行业的使命担当。互联网财产保险发挥普惠服务和高效连接的优势,为外卖、快递、拼车、代驾、家政等领域的新市民群体提供适配的雇主责任险、职业意外险等产品,满足其工作变动相对频繁、时间灵活等需求,例如面向外卖骑手群体的专属产品等,有效提升外卖骑手的风险保障水平和保险产品的可及性、获得感。

此外,在积极探索创新险种方面,极限运动意外险、出租责任险、景区安全责任险等新产品不断涌现,在细分领域发挥保险风险管理的作用。

二、互联网财产保险市场面临问题与挑战

(一)产品和服务供给有待丰富,需满足客户多元需求

第一,产品供给方面,受线上交易特点、风险控制能力等多方面因素影响,互联网财产保险的责任和形态相对简单。当前互联网用户能够自主购买的通常是形态简单、标准化、价格低的产品,尚未形成保障全面、责任丰富的互联网财产保险产品体系。此外,由于行业竞争激烈,部分产品的同质化程度较高。行业需要紧密围绕客户多元化需求加速创新,不断丰富产品供给。

第二，服务供给方面，服务的使用率和体验仍有较大提升空间。当前在车险和健康险等领域已经初步形成了与保险责任相关的增值服务体系，但多以营销推动目的为主，服务使用率和服务体验均有待提升，亟须建立根据消费者的年龄、性别、使用场景等提供差异化服务的完备体系。

第三，客户体验方面，需大力提升保险条款的通俗化和流程简便化。互联网保险与传统销售模式的差异在于全流程线上化，由客户自主了解产品并完成投保过程。保险作为复杂的金融产品，条款内容对普通消费者而言比较晦涩难懂。特别是随着移动互联网在各年龄群体的广泛使用，中老年人也成为电商平台使用者、成为互联网保险的消费者，如何提升保险产品、服务和流程的“适老化”，如何让普通消费者看得明白、买得放心，是互联网保险创新和努力的方向。

互联网财产保险作为保险行业拥抱互联网、拥抱科技的先锋军，具有天然的数字化经营属性，承载着行业数字化转型升级、推动保险产品和服务创新的历史使命，行业各经营主体要回归客户的真实需求，回归创新发展的初心使命，助力保险行业供给侧改革。

（二）消费者权益保护任重道远，需持续优化客户体验

互联网财产保险经过多年的快速发展，以创新的模式和服务为消费者提供实惠的产品和便捷的服务，但也存在一些多种原因导致的消费者权益受到侵害的情形，亟须各经营主体予以重视。例如，互联网健康险“首月 X 元”等不规范的营销模式偏离了创新发展的初衷，片面强调“首月 X 元”，却未对保费缴纳整体情况、保险责任等重要内容充分提示，易使消费者忽视产品重要信息。加之一些广告界面设置不规范，故意诱导消费者勾选“领取”“自动续费”等选项，侵害消费者知情权和自主选择权。

为进一步推进互联网保险行业有序发展，切实维护保险消费者合法权益，国家金融监督管理总局于 2021 年 8 月份下发了《关于开展互联网保险乱象专项整治工作的通知》，针对互联网保险产品管理、销售管理、理赔管理、信息安全等乱象频发领域，重点整治销售误导、强制搭售、诱导销售、费用虚高、违规经营和用户信息泄露等问题，有效遏制了营销端不理性的乱象，切实保护了消费者的合法权益。从上半年行业经营情况来看，治理成效显著，有效遏制了营销端既往存在的诸多乱象。

保护消费者合法权益不受侵害，是行业经营的底线要求，事关保险行业在消费者心中的形象和认知，每一个经营主体都有责任严格遵守监管要求，为消费者提供安心、便捷、实惠的产品和服务。

（三）数据信息保护的要求升级，需强化意识提升技术

互联网财产保险从投保到服务全流程线上化，且因其产品普惠、碎片化的特点，涉及海量客户的个人信息和行为数据采集、存储和使用，数据泄露和滥用的风险高于传统业务，这对各经营主体的信息安全管理提出了巨大的挑战。

政府和监管部门高度重视客户信息保护和金融行业信息安全。《互联网保险业务监管办法》明确要求：贯彻落实国家网络安全等级保护制度，开展网络安全定级备案，定期开展等级保护测评，落实相应等级的安全保护措施。销售相关的自营网络平台和信息系统的安全保护等级应不低于三级；非销售相关的自营网络平台和信息系统的安全保护等级应不低于二级。

作为行业数字化转型的先锋军，互联网财产保险的各经营主体一方面要按照相关法律法规要求，遵循正当和必要原则收集、处理及使用个人信息，重视信息安全和客户信息保护工作，不断完善数据管理制度。另一方面，各经营主体要发挥技术优势，在信息安全技术上不断精进、提升，升级和改造信息安全系统，提升数据和客户信息安全保护能力。

（四）险企自有数据存在局限性，需破解线上风控难题

互联网保险作为一种线上“无接触”的销售方式，险企与消费者之间存在信息不对称的问题，难以核验客户真实的健康、财产等状况，导致一些不法分子利用互联网保险骗保骗赔，给行业的健康持续经营造成了隐患。

目前，许多公司正在探索通过大数据进行核保核赔端的风险控制，取得了一定的成效，能够提升承保端的逆选择识别风险，助力理赔端的反欺诈工作。然而，由于保险公司自身的数据资源有限，难以形成与业务实时动态特点相匹配的大数据，导致不少线上业务处于“高危”状态，对逆选择、不如实告知等欺诈行为缺乏有效应对方式。

针对线上隐蔽性强、涉众性广、复杂性高的风险，互联网财产保险各经营主体要立足消费者权益保护和风险防范，充分利用大数据、区块链、人工智能等科技手段，积极与拥有实时动态大数据的平台合作，探索兼顾客户信息保护和经营风险控制的数据联动模式，推动和完善行业信息共享机制建设，不断完善和提升全面风险管理能力，切实保障互联网消费者的权益。

三、互联网财产保险市场未来趋势与展望

（一）互联网财产保险发展空间巨大

随着互联网产业的快速发展，社会生活全面走向线上化、数字化，财产保险行业作为金融服务的重要组成部分，必然将加速拥抱互联网、拥抱数字经济。互联网财产保险当前仅占财产保险行业的 6.6%，未来发展空间巨大、前景广阔。

政策端，国家金融监督管理总局高度重视互联网保险业务的规范和引导，大力推动财产险业务线上化，为互联网财产保险的发展提供了有利的政策环境。2020 年 5 月下发《关于推进财产保险业务线上化发展的指导意见》，为财产险加速线上化和数字化进程提供了清晰的路线图和有利的政策环境。

我国的互联网普及率、使用深度持续提升，数字经济蓬勃发展，互联网基础设施高度发达，为保险业的数字化转型以及互联网保险的发展提供了坚实的基础。

与此同时，数字经济成为国家的战略性新兴产业，2021 年底国务院印发的《“十四五”数字经济发展规划》中明确提出：到 2025 年，数字经济迈向全面扩展期，数字经济核心产业增加值占 GDP 比重达到 10%。互联网财产保险作为保险行业数字化转型的先锋，必将加速融入数字经济大发展的浪潮。

（二）合规经营是行业创新发展前提

伴随着互联网保险的创新发展历程，我国逐步构建了立体化的制度体系，初步形成了以《中华人民共和国保险法》为依据、以《互联网保险业务监管办法》为核心、以《互联网保险销售可回溯管理办法》等一系列规范性文件为支撑的立体化制度体系。相关政策厘清了互联网保险的业务本质，主要体现了以下监管原则：①机构持牌、人员持证；②保护消费者权益；③适应数字化、智能化的发展趋势；④鼓励创新发展。

当前，我国经济发展进入新常态，内外部环境相对复杂。强化监管、防范风险，是互联网财产保险创新发展的前提。互联网保险要在充分汲取互联网行业追求极致客户体验、积极探索模式创新等优良传统的基础上，遵循金融行业发展规律，有序创新、合规经营。行业各经营主体应筑牢合规经营意识，真正理解监管政策背后的逻辑和实质，在监管红线范围内推动产品创新、服务创新和模式创新，促进行业健康持续发展。

监管政策的底层逻辑是保护消费者权益和防范风险，这与各经营主体的出发点和利益点完全一致。无论哪个行业、哪家企业，只有赢得消费者的尊重和信赖，才能蓬勃发展；只有敬畏风险，构建体系化的风险防范、识别和化解机制体制，才能行稳致远。合规经营，不仅是政府和监管对行业的指导和要求，而且是各经营主体自身的内在需求。

（三）数字化探索助力行业转型升级

互联网保险在新技术应用和实践方面，对行业数字化转型升级起到了创新引领作用，不仅激发

了行业的创新活力，而且加速了数字化转型的速度。通过与互联网产业的融合创新发展，提供了覆盖产品设计、定价、营销、服务、反欺诈等全流程的线上化、数字化解决方案，为行业全面数字化转型提供丰富的经验和可复制的样本。

双碳背景下，互联网车险正在加速与智能化、数字化水平较高的新能源车产业创新融合。截至2024年6月，我国新能源汽车保有量1 821万辆。部分新能源车企采用互联网直销模式，区别于传统燃油车以4S店为主的销售模式，且新能源车具有高度智能化的特点，能够采集实时、丰富的数据，为互联网车险提供了创新的试验场。虽然当前这一探索仍处于起步阶段，但随着数据的积累和技术的进步，互联网车险必将迈入全新的发展阶段，引领车险的数字化探索进程。

非车险的数字化探索同样空间巨大。以百万医疗产品为代表的互联网健康险，近年来在服务端延伸布局上有了一定的探索，与线上问诊、送药、健康管理等数字化健康医疗体系不断打通，初步具备了提供一站式健康风险解决方案的能力，但总体仍处于起步阶段。随着健康医疗产业加速数字化，互联网健康险与健康医疗产业的融合深度将持续推进，从而加速行业产品、服务等供给侧改革进程。其他非车险领域，智能家居、智慧农业、智慧城市等各行业全面深入的数字化、智能化发展，为农险、责任险、企财险、家财险等在互联网上的发展提供创新的数字化范本。

互联网财产保险领域的产品、服务和模式创新，必将成为整个财险行业的先行者，引领行业加速迈入数字化、智能化的新时代。

（四）保险新自营模式正在加速形成

互联网保险起步于险企的官方网站，伴随着互联网产业的高速发展，与平台创新合作，与场景共生共创，经营平台日趋多元化，业务承接平台既包括由保险公司自主开发和经营的平台，例如PC官网、App等，也包括在互联网场景中和大流量平台上独立运营的自有阵地，例如小程序、公众号、电商平台的自有店铺等。

自营平台的重要性不言而喻，是行业公认“难而正确的事”。如何将“获客—留存—复购”的经营路径形成高效的商业模式，一直是行业多年来探索的重要课题。从近期保险行业的经营实践中能够看到一种新的趋势，部分险企正在尝试转变自营平台的经营思路，从千方百计将互联网用户引流到官网、App等自建平台，转变为“就地经营转化”。

越来越多的保险机构意识到，与其花费高额费用将客户引流到互动频率偏低的App，不如在获客平台上直接经营转化，部分险企开始尝试入驻流量平台自建店铺，广告投放、内容营销、直播带货、社群运营等多种方式相结合，以通俗易懂的方式宣传专业的保险知识和产品，依托平台大数据精准识别和服务目标客群，形成了一个个相对完整的“客户经营闭环”。

各经营主体在探索自营业务与互联网平台融合互通的过程中，应坚守监管合规底线，机构持牌、人员持证，强化内容审核、销售人员资质管理等，利用好新媒体等新工具，探索互联网财产保险的创新经营模式。

（五）客户真实需求是发展的切入点

保险公司要以客户为中心，分析了解客户究竟需要什么样的保险产品和保险服务，保险供给必须能够直达和满足客户的真实需求，而不是靠营销或抬高渠道手续费。

回顾互联网财产保险的发展历程，从传统业务线上化阶段，到与互联网产业融合的场景化、智能化阶段，能够清晰地看到产品、服务、营销模式等不断演进迭代的脉络，其中始终不变的主线是坚定“以客户为中心”的经营理念，这种理念从认知到实践、从营销模式到服务体验，正在全面渗透到互联网财产保险经营的全流程。

本章术语

保险市场　保险人　投保人　保险中介人　原保险市场　财产保险市场
人身保险市场　国内保险市场　国外保险市场　保险市场供给　保险市场需求
保险市场供求平衡

应知考核

一、单项选择题

1. 现代保险市场上最主要的保险供给主体是(　　)。

A. 相互保险组织　B. 个人保险组织
C. 国营保险公司　D. 保险股份有限公司

2. (　　)是保险市场的需求主体。

A. 投保人　B. 保险中介人　C. 保险代理人　D. 保险经纪人

3. 不属于保险公估人主要职能的是(　　)。

A. 评估职能　B. 勘验职能　C. 公证职能　D. 鉴定职能

4. 目的是分散各保险企业承担的风险的是(　　)。

A. 原保险市场　B. 再保险市场　C. 自保市场　D. 财产保险市场

5. 不属于保险市场需求因素的是(　　)。

A. 人口　B. 缴费能力　C. 投保意愿　D. 支付能力

二、多项选择题

1. 保险市场的主体包括(　　)。

A. 保险人　B. 投保人　C. 保险中介人　D. 保险公估人

2. 下列属于保险交易特征的有(　　)。

A. 无风险性　B. 风险性　C. 射幸性　D. 条件性

3. 按照承保方式,保险市场分为(　　)。

A. 原保险市场　B. 再保险市场
C. 自保市场　D. 国内外保险市场

4. 保险市场是直接的风险市场,具体体现为(　　)。

A. 承保风险　B. 管理风险　C. 投资风险　D. 道德风险

5. 保险需求弹性主要包括(　　)。

A. 保险需求的价格弹性　B. 保险需求的收入弹性
C. 保险需求的交叉弹性　D. 保险需求的成本弹性

三、判断题

1. 劳合社是世界最大的保险市场,是国际保险市场上海上保险和再保险的最主要的供给者。(　　)

2. 保险市场是一种特殊的“期权市场”。(　　)

3. 根据法律规定,投保人可以是法人,也可以是自然人。(　　)

4. 保险公估人的业务独立于保险人和被保险人，是以第三方的身份提供服务。（ ）
5. 保险商品需求弹性，反映了保险商品供给量对保险费率变动的影响程度。（ ）

四、简述题

1. 简述保险市场的特征和功能。
2. 简述影响保险市场供给的因素。
3. 简述影响保险市场需求的因素。
4. 简述保险投资的可能性与必要性。
5. 为什么说证券市场是保险投资的重要场所？

应会考核

■ 观念应用

【背景资料】

文化产业保险市场亟待专业化

近年来，故宫文物受损事件引发了人们对文物、艺术品投保话题的热议。数据显示，2023 年，全球艺术品市场销售额同比下滑 4% 至 650 亿美元，但艺术品交易量同比增长了 4%，达到 3 940 万件。其中线上交易额增长 7%，达到 118 亿美元。中国艺术品市场销售额增长 9%，达到 122 亿美元，跃升至全球第二大艺术品市场的地位，但国内艺术品展览大多没有保险。绝大多数博物馆和美术馆中的多数藏品也处于无保状态，相较于欧美等成熟完善的艺术品保险市场，中国的市场巨大，却不成熟。

据了解，艺术品保险是从传统财产保险和货运保险基础上演变发展而来的，主要承保火灾以及其他自然灾害和意外事故造成的艺术品直接损失。保险标的包括投保人所有、代他人保管或与其他人共有，由投保人负责保管、展览、装卸、运输的艺术品。显然，对艺术品保护而言，投保艺术品保险是最直接的风险管控手段之一。

随着我国文化体制改革和文化事业的发展，文化产业在我国经济社会发展中的作用越来越突出。保险业作为金融体系的重要组成部分，有其特有的经济补偿、资金融通和风险管理的功能，在文化产业创新性发展、创造性转化中可发挥助推器和稳定器作用。

【考核要求】

为何目前中国的文化产业保险，尤其是艺术品保险问津者寥寥无几，国内保险公司也不积极呢？请你提出几点针对性的建议。

■ 技能应用

外资保险的进入和中国保险业的成长

加入世贸组织以来，中国认真履行承诺，逐步取消了对外资保险公司的限制，中国保险业对外开放已呈现出新形势。截至 2023 年 9 月末，境外保险机构在华共设立了 67 家外资保险机构和 73 家代表处，外资保险机构总资产约 2.33 万亿元。总体上看，在华外资银行保险机构多年来保持稳健经营、风险可控的特点，充分展现了中国金融业对外开放的积极成效。国家金融监管总局主动适应国际经济金融发展形势变化和银行业保险业改革开放的客观需要，不断扩大银行业保险业高水平开放，助力加快形成更大范围、更宽领域、更深层次的全面开放新格局。经营地域方面，外资保险也由东部、大城市向中西部、中小城市延伸，为保险业促进协调社会成长做出了积极贡献。在我国，中、外资保险机构正呈现出合作共赢、优势互补、相辅相成、协调成长的新场所。国家金融监管总局将继续推进银行业保险业高水平对外开放，一是全面实施外商投资准入前国民待遇加负面清单管理制度，为银行保险机构提供更加公平、透明和开放的政策环境、营商环境。二是进一步探索对外资机构的差异化监管，支持在华外资机构更加全面、深入参与中国金融市场，引导外资金融机构集聚发展，更好服务实体经济。三是统筹发展与安全，持续提高外资机构监管有效性，防范跨境风险传导，牢牢守住不发生系统性金融风险的底线。

【技能要求】

保险市场对外开放对提高中国保险行业整体水平，加速保险业成长起到了积极作用，请谈谈影响保险市场供给和需求的因素及其弹性分析。

■ 案例分析

【情景与背景】

做有温度的人民保险

2024 年 7 月 21 日，《中共中央关于进一步全面深化改革、推进中国式现代化的决定》（以下简称《决定》）全文发布。“保险”一词在《决定》中出现了 13 次之多，涉及航运保险、科技保险、农业保险、养老保险、医疗保险、大病保险、长期护理保险等多个保险领域的创新发展。保险作为现代金融体系的重要组成部分和市场经济的基础性制度安排，连接各行各业、关系国计民生，是促进经济发展、改善民生保障、助力共同富裕的有力手段。

习近平总书记强调，以百姓心为心，与人民同呼吸、共命运、心连心，是党的初心，也是党的恒心。“人民保险、服务人民”是新中国保险业与生俱来的初心使命。紧紧把握新时代保险业服务人民的根本方向。习近平总书记指出，适应我国社会主要矛盾的变化，更好满足人民日益增长的美好生活需要，必须把促进全体人民共同富裕作为为人民谋幸福的着力点。总书记的重要论述，为保险业在新时代坚持以人民为中心的发展思想，推动创新变革、转型发展，指明了方向。

致力于促进全体人民共同富裕，新时代保险业应当坚守风险保障本源，全面服务实体经济，与其他行业一起，共同助力做大初次分配的“蛋糕”。同时，保险业作为我国多层次社会保障体系的组成部分，可以在助力基本公共服务均等化，助推养老和医疗保障体系、兜底救助体系建设等方面发挥独特作用，以市场化方式，提升保障水平，扩大保障范围，降低和分散人民群众因灾因病因老和各类意外风险事故的支出，从支出端稳定中等收入群体、防止低收入群体致贫返贫。我国保险业近年来的一个突出特点，就是围绕政府“放管服”职能转变，运用市场化的保险机制，来承接一些原来由政府承担的公共服务职能。

习近平总书记指出，深化金融供给侧结构性改革必须贯彻落实新发展理念，强化金融服务功能，找准金融服务重点，以服务实体经济、服务人民生活为本。这为保险业深化供给侧结构性改革提供了根本遵循。服务实体经济、服务人民生活，才能不断提升人民保险的温度，做到人民的需求在哪里，保险产品服务就延伸到哪里，为人民群众提供更高质量、更有效率的保险服务，提升我国保险行业发展水平。

资料来源：中国人民保险集团党委：“做有温度的人民保险”，《求是》，2021 年第 22 期，有改动。

【分析要求】

如何从供给侧结构性改革的角度，促进保险市场的发展？

本章实训

【实训内容】

保险需求调查。

【实训步骤】

制作保险市场调查问卷;选择不同地点,发放问卷,收回问卷;统计、分析、总结问卷。

【实训要求】

进行小组总结,分组讨论,教师对实训效果进行综合评价,并撰写实训报告。

<table>
<tr><th colspan="3">《保险需求调查》实训报告</th></tr>
<tr><td>实训班级:</td><td>项目小组:</td><td>项目组成员:</td></tr>
<tr><td>实训时间: 年 月 日</td><td>实训地点:</td><td>实训成绩:</td></tr>
<tr><td colspan="3">实训目的:</td></tr>
<tr><td colspan="3">实训步骤:</td></tr>
<tr><td colspan="3">实训结果:</td></tr>
<tr><td colspan="3">实训感言:</td></tr>
</table>

第九章　金融衍生品市场

知识目标

理解：金融衍生品的概念与分类；金融衍生品的作用；金融衍生品的交易者类型。

熟知：金融远期合约的概念和主要产品；金融期货合约和主要产品；金融期权合约的概念。

掌握：金融远期合约的特点；金融期货合约的特点；金融远期合约与金融期货合约的区别；金融期货合约的功能；金融期权合约市场的构成要素、交易制度、种类；金融互换合约的特点和作用；碳金融衍生产品市场。

技能目标

能够掌握金融衍生品的交易技巧，学会风险管控方法，具备市场分析和策略制定的能力；能够正确认知金融衍生品市场在现代经济中的作用，提高金融衍生品市场知识的应用能力、职业判断能力和相关知识的更新能力。

素质目标

具有对金融衍生品的分析能力，提升风险评估与应对素质，增强市场洞察力和创新思维；能够结合当今金融衍生品市场的实际，提高分析问题和总结问题的能力，以及提高语言表达能力、与人合作的能力。

思政目标

培养学生强化诚信意识，坚守诚信是维护市场稳定和自身声誉的关键；树立风险意识，认识金融衍生品的高风险性，培养谨慎和负责的投资态度；培养社会责任感，理解金融衍生品对经济社会的影响，从而自觉关注行业发展，为社会的金融稳定贡献力量；激发创新精神，鼓励学生在了解金融衍生品的创新机制时，培养勇于探索和创新的思维。

课程引例

发展碳金融 激活碳市场

党的二十大报告提出："完善碳排放统计核算制度，健全碳排放权市场交易制度。"建设全国碳排放权交易市场，是利用市场机制控制和减少温室气体排放、推动绿色低碳发展的一项重大制度创新，是实现碳达峰、碳中和的重要政策工具。碳市场以碳排放权为标的资产进行交易，是一种比较典型的权证市场，有较强的金融属性。因此，发展碳金融，对建好碳市场至关重要。

作为我国绿色金融体系的重要组成部分，碳金融是指建立在碳排放权交易的基础上，以碳配额和碳信用等碳排放权益为媒介或标的的资金融通活动，服务于减少温室气体排放或者增强碳汇能力。碳金融能够为碳市场提供交易、融资、资产管理等工具，对碳市场形成合理的碳价、提升交易活跃度有着重要的推动作用。目前，我国碳金融实践成效逐步显现。2022 年 4 月，证监会发布碳金融产品的行业标准，明确碳金融产品的分类，给出了具体的碳金融产品实施要求，为金融机构开发、实施碳金融产品提供指引。在证监会的指导下，广州期货交易所稳步推动碳排放权期货研发，已经形成包括期货合约月份、交割制度、风险控制在内的一整套碳排放权期货合约制度设计方案。各金融机构纷纷开展碳保险、碳配额质押、“碳中和”债券、碳结构性存款等碳金融产品的创新和运用，更多金融资源投入碳减排领域。

资料来源：赵展慧：“发展碳金融 激活碳市场”，《人民日报》，2023 年 8 月 14 日。

● 引例导学

通过上述引例可以看出，发展碳金融，需要更统一完善的制度规则、更多政策扶持、更多产品创新。碳金融与碳市场的发展相辅相成，增强碳市场活力的同时，碳金融的发展也有赖于碳市场自身的发展。随着碳金融政策制度体系的不断完善，碳金融创新活力的不断增强，碳市场将成为金融服务“双碳”目标的重要抓手，碳金融也将为绿色发展提供源源不断的发展动能。金融衍生品市场是金融市场的重要组成部分。那么，金融衍生品市场是一个怎样的金融市场，有怎样的特征和功能，又是怎样运行的呢？本章将详细讲述。

● 知识精讲

第一节 金融衍生品概述

一、金融衍生品的概念与分类

动漫视频

金融衍生品

（一）金融衍生品的概念

金融衍生品又称金融衍生工具，是指其价值依赖于基本标的资产价格的金融工具或金融合约，如金融远期合约、金融期货合约、金融期权合约、金融互换合约等。随着金融国际化和自由化的发展，金融衍生品市场发展迅速，在国际金融市场发挥着巨大作用。

（二）金融衍生品的分类

1. 根据产品形态，分为金融远期合约、金融期货合约、金融期权合约和金融互换合约

金融远期合约和金融期货合约都是交易双方在当前约定未来某一交易的方式，金融期货合约与金融远期合约相比是更加标准化的合约；金融期权合约交易是买卖权利的交易，购买方只有权利没有义务；金融互换合约是交易双方约定未来一系列现金流交换的合约。

2. 根据基础工具种类不同划分，分为股权式衍生工具、货币衍生工具和利率衍生工具

股权式衍生工具是指以股票或股票指数为基础工具的金融衍生工具，主要包括股票期货、股票期权、股票指数期货、股票指数期权以及上述合约的混合交易合约。

货币衍生工具是指以各种货币作为基础工具的金融衍生工具，主要包括远期外汇合约、货币期货、货币期权、货币互换以及上述合约的混合交易合约。

利率衍生工具是指以利率或利率的载体为基础工具的金融衍生工具，主要包括远期利率协议、

利率期货、利率期权、利率互换以及上述合约的混合交易合约。

3. 根据有无固定交易场所，分为场内交易金融衍生品和场外交易金融衍生品

金融期货合约和部分标准化金融期权合约都属于场内交易；金融互换合约和金融远期合约属于场外交易。

场内交易又称交易所交易，是指所有的供求方集中在交易所进行竞价交易的交易方式。这种交易方式具有交易所向交易参与者收取保证金、同时负责进行清算和承担履约担保责任的特点。此外，由于每个投资者都有不同的需求，交易所事先设计出标准化的金融合同，由投资者选择与自身需求最接近的合同和数量进行交易。所有的交易者集中在一个场所进行交易，这就增加了交易的密度，一般可以形成流动性较高的市场。

【提示】期货交易和部分标准化期权合同交易都属于这种交易方式。

场外交易又称柜台交易，是指交易双方直接成为交易对手的交易方式。这种交易方式有许多形态，可以根据每个使用者的不同需求设计出不同内容的产品。同时，为了满足客户的具体要求，出售衍生产品的金融机构需要有高超的金融技术和风险管理能力。场外交易不断产生金融创新。但是，由于每个交易的清算是由交易双方相互负责进行的，交易参与者仅限于信用程度高的客户。

【提示】掉期交易和远期交易是具有代表性的柜台交易的衍生产品。

二、金融衍生品的作用

（一）有利于金融市场向完全市场发展

完全市场也称有效市场，是指理想的市场，即市场无摩擦、无税收、信息完全对称、交易双方遵循“经济人”假设等严格假设条件的市场。越接近完全市场，经济中的市场主体对未来风险收益的期望就越能够实现，市场主体的处境就越能够改善。

（二）价格发现

所谓价格发现，是指在一个公平、公开、高效、竞争的金融期货市场中，通过期货交易形成的期货价格具有真实性、可预期性、连续性和权威性的特点，能够比较真实地反映出金融资产价格的变动趋势。当然实际上，金融远期合约和金融互换合约也可以采用一个单一锁定的价格来替代未来价格的不确定性，因此也具有价格发现的功能。

（三）投机功能

金融衍生品具有高杠杆的交易特征，这为许多希望进行投机、追逐利润的投资者提供了非常强大的交易工具。而适度的投机是金融市场得以存在和发展的重要基础之一。需要注意的是，过度投机也可能带来市场的剧烈波动。

（四）风险管理

与传统的风险管理手段相比，利用金融衍生品进行风险管理具有三个比较明显的优势：

第一，具有更高的准确性和时效性。金融衍生品的价格受制于基础工具价格的变动，且变动趋势有明显的规律性。所以，成熟的金融衍生品市场上的产品交易可以对基础资产的价格变化做出灵敏反应，并随基础交易头寸的变动而随时调整，较好地解决了传统风险管理工具处理风险的时滞问题。

第二，具有成本优势。金融衍生品交易操作时多采用高财务杠杆方式，即付出少量资金即可控制大额交易，定期进行差额结算，动用的资金相对于保值对象而言比例很低甚至不交保证金，可以减少交易者套期保值的成本。

第三，具有灵活性。比如，金融期权合约的购买者获得了履约与否的权利；场内的金融衍生品交易可以方便地由交易者随时根据需要进行抛补。还有一些场外的金融衍生品，多是由金融机构

以基本金融工具为素材，随时根据客户需要为其“量身定制”新的金融衍生品，这种灵活性是传统金融工具无法比拟的。

三、金融衍生品的交易者类型

（一）套期保值者

套期保值者是指那些把金融衍生品市场当作转移价格风险的场所，利用金融衍生品合约的买卖，对其现在已经持有或即将持有的金融资产进行保值。

套期保值者的目的在于为他们已经持有或即将持有的金融资产转移风险，稳定金融资产价值和保住已经取得的收益。

【注意】利用金融衍生品进行套期保值所能达到的效果是使最终结果更加确定，但它不一定能改进最终结果。

（二）投机者

套期保值者是希望减少某项资产价格变动的风险，而投机者则希望在市场中持有某个头寸，利用某项资产价格变动来获取收益。

运用金融衍生品市场进行投机与在现货市场中购买标的资产进行投机有着重大的区别。在现货市场上购买一定数额的标的资产需要支付款项，付款金额等于所购买资产的全部价款。而签订与该项资产金额相同的金融衍生品合约往往最初不需要支付太多款项，因此投机者运用金融衍生品市场进行投机的杠杆比率会很高。

（三）套利者

在金融衍生品市场，套利者可以同时进入两个或多个金融衍生品市场进行交易，以锁定一个无风险的收益。虽然交易成本可能会减少投资者的收益，但是，对大的投资公司来说，其在市场上的交易成本一般都很低，套利机会极具吸引力。但套利机会往往不会长期存在，因为套利者的套利交易会使市场的不平衡很快消失，套利机会也随之消失。

第二节 金融远期合约市场

一、金融远期合约的概念

金融远期合约是指交易双方约定在未来的某一确定时间，按确定的价格买卖一定数量的某种金融资产的合约。合约中规定在将来买入标的物的一方称为多方，在未来卖出标的物的一方称为空方。合约中规定未来买卖标的物的价格称为交割价格。如果信息是对称的，而且合约双方对未来的预期相同，那么合约双方所选择的交割价格应使合约的价值在签署合约时等于零。

二、金融远期合约的特点

（一）协议非标准化

金融远期合约通常发生在两个金融机构之间或者金融机构与客户之间。远期合约交易没有固定的交割时间和标准金额，交易的资产、价格、交割时间、金额等具体要求都由双方协商决定，为非标准合约。

（二）场外交易

金融远期合约市场组织较为松散，没有专门的交易场所，也没有集中交易地点，交易方式也不是集中式的，是场外交易。

（三）灵活性强

金融远期合约交易双方可以根据自己的需要来“量身定做”金融远期合约，不受标准化条款的束缚。在签署金融远期合约之前，交易双方可以协商确定交割地点、交割时间、交割价格以及标的资产的质量等细节，以便满足双方需求。

（四）无保证金要求

正常情况下，金融远期合约交易双方在商定合约时，不需要缴纳保证金，也不需要进行任何金钱的交割。

（五）实物交割

远期交易属于实体交易，到了交易日一般要进行实物交割。

三、金融远期合约的主要产品

（一）远期利率协议

1. 远期利率协议的概念

远期利率协议是买卖双方同意从未来某一商定的时间开始在某一特定时期内按协议利率借贷一笔数额确定、以具体货币表示的名义本金协议。远期利率协议的买方是名义借款人，其订立远期利率协议的目的主要是规避利率上升的风险。远期利率协议的卖方则是名义贷款人，其订立远期利率协议的目的主要是规避利率下降的风险。二者的远期利率协议可以固定买方和卖方的借贷利率，将未来损益锁定。之所以称为“名义”，是因为借贷双方不必交换本金，只是在结算日由交易一方付给另一方结算金。在远期利率协议交易中，一般采用确定日的某市场同业拆借利率（即市场利率）作为参考利率。

【做中学 9-1】 假定 A 公司预计 3 个月以后有一笔 1 亿元的贷款需求。为防止 3 个月后贷款利率发生不利变动，A 公司则可以购买一笔金额 1 亿元、期限为 3 个月的远期利率协议。现在假设远期利率协议的价格为 5%，则 A 公司理论上把借款利率锁定在 5%的水平上。如果 3 个月后参考利率（即市场利率）最终为 5.8%，那么 A 公司则从远期利率协议的卖方收到一笔 80 万元（1 亿×0.8%）的结算金以补偿较高的利息支出；如果参考利率最终为 4.8%，那么 A 公司则向远期利率协议的出售方支付 20 万元（1 亿×0.2%）的结算金以补偿其较低的贷款利息收入。

2. 远期利率协议的主要作用

首先，远期利率协议能规避利率风险，通过将未来支付的利率锁定为协议利率来达到目的；其次，远期利率协议可以作为一种资产负债管理的工具，该交易不需要支付本金，利率也是按照差额计算，故其所需资金数量小，使银行及非银行金融机构可以在无须改变资产负债结构的基础上，有效规避利率风险、有效管理资产负债；最后，远期利率协议简便、灵活，不需要支付保证金。

（二）远期外汇合约

远期外汇合约又称期汇交易，是指买卖双方就货币交易种类、汇率、数量以及交割期限等达成书面协议，然后在规定的交割日由双方履行合约，结清有关货币金额。

【做中学 9-2】 假设一家中国公司将于 3 个月后收到 100 万美元，如果 3 个月后美元贬值，公司将遭受损失。为了规避这一汇率风险，该公司可以签订一份远期外汇合约，约定 3 个月后以 6.50RMB/USD 的价格卖出 100 万美元买入人民币。试分析未来 3 个月后该公司该笔远期外汇合约的盈亏状况。

解析：购买该远期外汇合约相当于对美元做空，对人民币做多。如果 3 个月后美元贬到 6.50RMB/USD 以下，如 6.0RMB/USD，该公司仍可以金融远期合约约定的交割价格 6.50RMB/

USD 进行交割，从而有效避免了汇率损失。但是如果 3 个月后，美元升值到 6.50RMB/USD 以上，如 7.00RMB/USD，该公司也只能以金融远期合约约定的交割价格 6.50RMB/USD 进行交割，失去了由于美元升值带来的盈利机会。

第三节 金融期货合约市场

一、金融期货合约的概念

实务操作

期货市场实时走势

金融期货合约是指协议双方同意在约定的将来某个日期按约定的条件(包括价格、交割地点、交割方式等)买入或卖出一定标准数量的某种标的金融资产的标准化协议。合约中规定的价格就是金融期货合约价格。

二、金融期货合约的特点

(一)标准化

金融期货合约的标准化主要包括:①交易对象标准化。它是指交易对象均是无形的和虚拟化的金融商品，而且其价格、收益率和数量均具有均质性、标准性和不变性。②交易单位规范化。交易单位规定为数目较大的整数，以提高买卖效率。③收付期限规范化。收付期限大多为 3 个月、6 个月、9 个月和 12 个月。④交易价格统一化。交易价格统一由交易所公开拍卖决定。

(二)场内交易，间接清算

金融期货合约交易在固定、集中、有组织的期货交易所内进行。交易双方并非直接接触，而是各自与交易所的清算部或者专设的清算公司结算。

(三)保证金制度，每日结算

在金融期货合约市场上，交易者只需按照金融期货合约价格的一定比例缴纳少量资金作为履行金融期货合约的财力担保，便可参与金融期货合约的买卖，这种资金就是金融期货合约保证金。金融期货合约交易的结算是由期货交易所统一组织进行的，实行每日无负债结算制度，又称"逐日盯市"制度，也即每日交易结束后，交易所按当日结算价结算所有合约的盈亏、交易保证金及手续费等费用。如果保证金不足，交易者要及时补足，否则交易所或清算机构则有权强行平仓。

(四)流动性强

市场中进行期货实物交割的是少数，大部分投机者和套期保值者是在最后交易日结束之前择机将买入的金融期货合约卖出，或将卖出的金融期货合约买回。这种通过一笔数量相等、方向相反的金融期货合约交易来冲销原有金融期货合约，终止金融期货合约交易的行为称作平仓。平仓为金融期货合约交易者提供了一种在交割日之前将金融期货合约结清的方式，大大提高了金融期货合约的流动性。

(五)违约风险低

由于金融期货合约交易者的对手方均为期货交易所的结算公司，所以参与金融期货合约交易的违约风险很低，接近于零。

三、金融期货合约与金融远期合约的区别

金融期货合约就是标准化了的金融远期合约。它与金融远期合约的主要区别如表 9－1 所示。

表 9—1 金融期货合约与金融远期合约的区别

区别类别	期货合约	远期合约
合约大小	标准固定	双方协议
交割日期	特定日期	双方协议
交易方式	交易所竞价、可冲销	双方间通信
商品交割方式	少数为实物交割	多数为实物交割
交易行为的监督	专门的管理机构	双方自我约束
交易风险	违约风险低	违约风险高
保证金要求	有	无

由表 9—1 可知，金融期货合约通常有标准化的合约条款，合约大小、交割日期等在合约上有明确的规定，无须双方再商定；而远期合约条款由交易双方协议决定。金融远期合约没有固定交易场所，通常在金融机构的柜台或通过电话等通信工具进行交易；而金融期货合约交易则是在专门的期货交易所内进行的。由于远期合约是非标准化的金融产品，转让相当困难，因此绝大多数远期合约只能通过到期实物交割来履行；而期货合约是标准化的，当交易一方的目的达到时，它无须征得对方同意就可以通过平仓来结清自己的头寸，而实际中绝大多数期货合约也都是通过平仓来了结的。远期合约的履行仅以签约双方的信誉为担保，不能保证到期一定能履行，远期交易的违约风险较高；期货合约的履行则由交易所或清算公司提供担保，即使一方违约，另一方也不会受到直接影响，期货交易的违约风险几乎为零，但是交易双方要承担价格波动风险。期货合约有保证金要求，而远期合约没有。

因此，从原理上来看，金融远期合约和金融期货合约是本质相同的两种金融衍生品，其最大的区别就在于交易机制的设计不同。金融期货合约交易通过标准化的合约设计和清算、保证金、每日结算等制度，提高了交易的流动性，降低了信用风险，从而大大促进了交易的发展。

四、金融期货合约的功能

（一）价格风险转移

在日常金融活动中，市场主体经常面临利率、汇率和证券价格风险（通称价格风险）。通过金融期货合约交易，可利用金融期货合约多头或空头把价格风险转移出去，从而实现避险目的。这是金融期货合约市场最主要的功能，也是金融期货合约市场产生的最根本原因。但是，金融期货合约交易的避险功能只是对单个主体而言的，对整个社会而言，金融期货合约交易并不能消除价格风险，它的作用只是实现价格风险的再分配即价格风险的转移。

不过，在有些条件下，金融期货合约交易还具有增加或减少整个社会价格风险总量的作用。具体而言，套期保值者之间的金融期货合约交易可以使两者的价格风险相互抵销，投机者之间的金融期货合约交易则是给社会增加价格风险，而套期保值者与投机者之间的金融期货合约交易才可以实现价格风险的转移。由此可见，适量的投机可以充当套期保值者的媒介，加快价格风险转移速度，而过度的投机则会给社会增加许多不必要的风险。

（二）价格发现

金融期货合约价格是所有参与金融期货合约交易的人，对未来某一特定时间的现货价格的期望。不论是金融期货合约的多头还是空头，都会依其个人所持立场或所掌握的市场信息对过去的价格表现加以研究，做出买卖委托。而交易所通过计算机撮合公开竞价出来的价格即为此瞬间市场对未来某一特定时间现货价格的平均看法。这就是金融期货合约市场的价格发现功能。市场参与者可以利用金融期货合约市场的价格发现功能进行相关决策，以提高自己适应市场的能力。

五、金融期货合约的主要产品

（一）利率期货

利率期货是指由交易双方签订的，约定在将来某一时间按双方事先商定的价格，交割一定数量与利率相关的金融资产的标准化合约。利率期货交易则是指在有组织的期货交易所中通过竞价成交的、在未来某一时期进行交割的债券合约买卖。

利率期货合约的种类繁多，但大体可分为两类：一类是以短期固定收入为主的债务凭证，主要有国库券、商业票据、可转让定期存单以及各种欧洲货币等。另一类是以长期固定收入为主的债务凭证，主要有各国政府发行的中长期公债，如美国的中期债券和长期债券、英国的金边债券、日本的日本政府债券等。

拓展阅读 9－1　　美国短期国库券期货合约

美国短期国库券是期限在 1 年以内的美国政府债券，是美国货币市场的主要金融工具，其发行以拍卖的方式定期贴现出售，到期以面值偿还。按期限分，美国国库券有 91 天、184 天和 364 天 3 种。表 9－2 列出了 IMM 90 天国库券期货合约的要件。

表 9－2　　IMM 90 天国库券期货合约

交易单位	百万美元面值短期国库券
最小变动单位	0.01
最小变动值	25 美元
每日交易限价	0.60（1 500 美元）
合约月份	3 月、6 月、9 月、12 月
交易时间	芝加哥时间：8:00—14:00
最后交易日	交割前 1 日
交割日	交割月份中 1 年期国库券尚余 13 周期限的第 1 天

注：短期国库券期货在现货市场上是以贴现率报价的，而在国库券期货市场上则是以 IMM 指数报价的。例如，一份年贴现率 8%的短期国库券期货合约，IMM 指数就是 92（100－8）。IMM 指数只是一种报价方法，并不是期货合约的实际价格，但通过 IMM 指数可以计算出期货价格。如果 IMM 指数是 92.00，则国库券期货合约的实际价格为 98 万美元（100 万－100 万×8%×90/360）。

（二）股指期货

股指期货的全称是股票价格指数期货，是指以股价指数为标的物的标准化金融期货合约，双方约定在未来的某个特定日期，可以按照事先确定的股价指数的大小，进行标的指数的买卖。由于股价指数是一种特殊的商品，它没有具体的实物形式，双方在交易时只能把股价指数的点数换算成货币单位进行结算，没有实物的交割。这是股价指数期货与其他标的物期货的最大区别。

与其他金融期货合约和股票交易相比，股价指数期货交易具有以下特殊性：

1. 特殊的交易形式

股价指数期货交易兼有期货交易和股票交易的双重特征，其交易标的——股价指数期货合约的价格也与整个股票市场价格同步变动，同样要承担股票价格波动所带来的风险等。但与进行股指所包括的股票现货交易相比，股指期货提供了更为方便的卖空交易方式和较低的交易成本，其杠杆比率和市场流动性都明显高于现货股票市场。

2. 特殊的合约规模

与外汇期货和利率期货不同，股价指数期货交易合约规模又称交易单位，是以股价指数的点数与某一规定货币金额(这一规定的货币金额称作合约乘数)的乘积来表示的。合约乘数是合约设计时交易所规定的，赋予每一指数点一个固定价值的金额。比如，恒生指数期货合约乘数为 50，其交易单位为每指数点乘以 50 港元，英国富时 100 股指期货合约乘数为 100，其交易单位为每指数点乘以 100 英镑。

3. 特殊的结算方式和交易结果

股指期货合约代表的是虚拟的股票资产，而非某种有形或具体的股票。因此，合约到期时，交易双方采用现金结算即可，无须也无法进行实物交割。

4. 特殊的高杠杆作用

一般的股票投资，投资人必须存有不低于股票价值 50%的保证金，而股指期货合约只需 10%左右的保证金。这种高杠杆作用可以使投资者以小博大。

(三)外汇期货

外汇期货是交易双方约定在未来某一时间，依据现在约定的比率，以一种货币交换另一种货币的标准化合约的交易，是以汇率为标的物的金融期货合约，用来规避汇率风险。

1. 外汇期货交易的特点

外汇期货交易与远期外汇交易相比，具有以下几个特点：

(1)市场参与者广泛。远期外汇交易的参与者主要是银行等金融机构及跨国公司等大型企业，外汇期货交易则以其灵活的方式为各种各样的企业提供规避风险的管理工具。

(2)流动性不同。远期外汇交易由于参与者在数量上的局限性，一般而言，合约的流动性较低；外汇期货交易则由于参与者众多，且有大量的投机者和套利者，流动性较好。

(3)场内交易。外汇期货交易在有形的交易所内喊价，竞价成交；而远期外汇买卖则由银行通过电话、电传或网络直接商谈成交。

(4)合约具有标准性。外汇期货合约是标准化的，交易品种单位、变化幅度、涨跌停板、交割时间等都是事先确定的；远期外汇交易的合约内容是由金融机构与客户根据其要求协商而定的。

(5)违约风险低。远期外汇交易的风险相对较大；外汇期货交易的风险相对较小。

(6)履约方式不同。远期外汇交易的履约主要是外汇的全额现金交收；外汇期货交易则大多采取对冲方式了结交易，一小部分采取现金交割方式。

2. 外汇期货交易的主要作用

(1)投机。外汇期货市场的投机是指交易者根据其对未来市场走势的预测和判断，通过买卖外汇期货合约，从中赚取差价的交易行为。单笔头寸投机可以分为做多和做空，前者就是当投机者预测某种外汇的期货价格将会上升，便买入该外汇期货合约，待以后择机对冲，反之亦然。

(2)转移汇率风险。套期保值者可把外汇期货合约视为一项保值手段，以此来避免国际贸易和投资活动中面临的汇率风险，将汇率风险转移到愿意承担汇率风险获取利润的投机者身上。

(3)提高交易效率。外汇期货合约市场集买卖双方在一起，通过标准化的交易方式降低交易成本，提高市场效率。

【做中学 9—3】 假定某年 6 月 10 日美元兑对瑞士法郎的汇率为 1USD＝1. 343 8CHD，一个美国公司将收到货款 100 万瑞士法郎，若按 6 月 10 日的汇率计算该公司可以收到 744 158. 36 美元，但是实际上货款 3 个月后才能收到。该公司预测瑞士法郎有贬值的趋势，请分析该公司应如何操作？

解析：该公司预测瑞士法郎有贬值的趋势，可以在芝加哥商业交易所的国际货币市场上卖出瑞士法郎期货合约。由于国际货币市场规定的瑞士法郎期货合约的交易单位为125 000瑞士法郎，该公司卖出8份9月到期的外汇期货合约，假定期货合约的价格为1USD=1.343 1CHD，则合约的总价值为744 546.2美元(125 000×8/1.343 1)。若9月10日美元兑瑞士法郎的汇率上升为1USD=1.351 0CHD，则该美国公司按此汇率收回的货款为740 192.45美元，汇率变动给其造成的损失为3 965.91美元。同时，9月10日该公司以1USD=1.352 5CHD的价格买入8份9月到期的瑞士法郎期货合约，则合约总价值为739 371.53美元(125 000×8/1.352 5)，该公司通过低买高卖瑞士法郎期货合约盈利了5 174.67美元，弥补了汇率变动带来的损失，有效地进行了套期保值。

第四节 金融期权合约市场

实务操作

期权市场实时走势

一、金融期权合约的概念

金融期权合约是指赋予其购买方在规定期限内按买卖双方约定的价格(简称协议价格或执行价格)购买或出售一定数量某种金融资产(称为标的资产)权利的合约。金融期权合约购买方为了获得这个权利，必须支付给金融期权合约出售方一定的费用，该费用称为期权费或期权价格。

二、金融期权合约的特点

(一)以金融资产作为标的物

期权是一种可以买卖某种商品的权利，它本身是一种抽象的、无形的东西。金融期权交易以某种金额资产作为交易标的，是一种权利的有偿使用，是期权的买方向期权的卖方支付了一定数额的期权费之后所拥有的，在规定有效期或有效期内，按事先约定的价格向卖方买进或卖出一定数量的某种金融商品的权利。

(二)期权买方和卖方非对等的权利与义务

金融期权合约的买方付出期权费买入看涨期权或看跌期权，就获得了处置某种资产的权利，也可以放弃行使权利。但如果金融期权合约买方要求行权，卖方就必须接受。因此，对金融期权合约的买方而言，付出期权费后就只有权利没有义务，而金融期权合约的卖方则相反，收到期权费后，就只有义务没有权利。所以，金融期权合约买方可能遭受的最大损失和金融期权合约卖方可能获得的最大盈利都在期权费之内。

金融期权合约中买卖双方的关系如表9—3所示。

表9—3 金融期权合约中买卖双方的关系

项　目	买　方	卖　方
权利与义务	有执行权利、无义务	有执行义务、无权利
期权费	支付	收取
履行合约	决定权	无法要求对方执行
最大损失	期权费	无限损失
最大获利	无限获利	期权费
对市场的预期	预期多头买进 预期空头买进	预期多头卖出 预期空头卖出

（三）买卖双方风险与收益的不平衡性

对期权的买方来说，一方面，他所承担的风险是有限的，因为其可能遭受的最大损失就是购买期权所支付的期权费，这种风险是可预知的并且已支付的；另一方面，期权买方具有行使买进或卖出标的金融资产的权利，所以获利机会较多，并且收益额可能是无限的。但是，对期权的卖方来说，他在期权交易中所面临的风险是很难准确预测的，为此必须先缴纳一笔保证金以表明其具有履约的财力，具体来说，在出售期权情况下，其风险可能是无限的。与其承担的风险相比，期权卖方的收益永远是有限的，即期权买方支付的期权费。

三、金融期权合约市场的构成要素

（一）金融期权合约的买方与卖方

买方是指依据金融期权合约买卖协议支付期权费用，同时获得行使期权权利的一方。卖方是依据金融期权合约买卖协议收取期权费用，同时负有按期履行期权义务的一方。

（二）标的资产的种类及数量

金融期权合约中规定的双方买入或售出的资产，称为金融期权合约的标的资产。金融期权合约中应指明标的资产的种类及数量。

（三）合约的有效期限

金融期权合约的有效期限一般不超过 9 个月，以 3 个月和 6 个月最为常见。

（四）期权费

金融期权合约是其卖方将一定的权利赋予买方而自己承担相应义务的一种交易。作为给金融期权合约出售方承担义务的报酬，金融期权合约买方必然要支付给金融期权合约卖方一定的费用，称为期权费或期权价格。

（五）执行价格

执行价格是指金融期权合约所规定的、金融期权合约买方在行使其权利时实际执行的价格（标的资产的买价或卖价）。

（六）到期时间

金融期权合约中的另一个交易要素是金融期权合约的到期时间，金融期权合约买方只能在合约所规定的时间内行使其权利，一旦超过期限仍未执行即意味着自愿放弃了这一权利。按金融期权合约买方执行金融期权合约的时限划分，金融期权合约可基本分为欧式期权和美式期权。

四、金融期权合约市场的交易制度

（一）标准化合约

交易所期权合约的最大特征和成功原因之一就是期权合约的标准化。标准化的期权合约中，交易单位、执行价格、最后交易日与履约日、每日价格波幅限制、最小变动价位、合约月份、交易时间等都由交易所规定。

1. 期权合约的交易单位

交易单位也被称为“合约大小”，就是一张期权合约中标的资产的交易数量。期权合约不同、交易所不同，交易单位的规定都会有所不同。

2. 执行价格

期权合约中的执行价格也是由交易所事先选定的。对期权合约确定执行价格的时候，将首先根据该合约标的资产最近的收盘价，依据某一特定的形式确定一个中心执行价格，再根据特定的幅度设定该中心价格的上下各若干级距的执行价格。

3.最后交易日和履约日

最后交易日是指期权合约在交易所交易的最后截止日。履约日是指期权合约中规定的期权合约的买方实际执行该合约的日期。

（二）保证金制度

金融期货合约的保证金制度是要求买卖双方都要缴纳保证金，而金融期权合约交易中只有金融期权合约的卖方需要缴纳保证金。因为金融期权合约的买方只有履约的权利而没有履行的义务，卖方则相反。金融期权合约的卖方可以选择现金缴纳保证金，也可以预先将金融期权合约的标的资产存放在经纪人处作为履约保证。

（三）交割规定

在场内金融期权合约交易中，如果交易者不想继续持有未到期的期权头寸，就可以在最后交易日结束之前，随时进行反向交易，结清头寸。这与金融期货合约交易中的对冲是相似的。相反，如果最后交易日结束之后，交易者所持有的头寸仍未平仓，买方就有权要求执行，而卖方就必须做好相应的履约准备。当然，如果是美式期权，金融期权合约买方随时有权决定交割。从实际来看，金融期权合约交割的比例要比金融期货合约高得多。

五、金融期权合约的种类

按期权买者的权利划分，期权可分为看涨期权和看跌期权。看涨期权赋予期权买者购买标的资产的权利；而看跌期权赋予期权买者出售标的资产的权利。

按期权买者执行期权的时限划分，期权可分为欧式期权和美式期权。欧式期权的买者只能在期权到期日才能执行期权；而美式期权允许买者在期权到期前的任何时候执行期权。

按照金融期权合约的标的资产划分，金融期权合约可分为利率期权、货币期权、股价指数期权、股票期权和金融期货期权。

第五节 金融互换合约市场

一、金融互换合约的概念及基本原理

金融互换合约是两个或两个以上当事人按照商定条件，在约定的时间内，交换一系列现金流的合约。金融互换合约交易的主要原理是比较优势原理，即交易双方利用各自在筹资成本上的比较优势筹措资金，然后分享由比较优势而产生的经济利益。

金融互换合约是比较优势理论在金融领域最生动的运用。根据比较优势理论，只要满足两种条件就可进行金融互换合约：双方对对方的资产或负债均有需求、双方在两种资产或负债上存在比较优势。

所有的互换建立在同样的基本结构上。两个互换对手同意进行一种或多种指定数量的标的资产的交换。互换中标的资产为名义本金，以区别于现货市场中的实际本金交换。一个互换可以是一次本金的交换、两次本金的交换、一系列次本金的交换，也可以是没有本金的交换。最常见的情况是，在互换开始时交换一次名义本金，而在结束时再反向交换名义本金。

拓展阅读 9-2　　金融互换合约市场的产生与发展

金融互换合约是自 20 世纪 80 年代以来国际资本市场上出现的一种新型金融衍生品，是国际金融形势动荡不安、金融自由化与电子化发展的必然产物。与其他金融衍生品一样,金融互换合约产生的原始动因也是规避市场风险、逃避政策管制和套利。金融互换合约的迅猛发展,对国际金融市场与各参与主体均产生了重大影响。

我国的企业与金融机构近些年才开始涉足金融互换合约交易业务,而且目前主要局限于一些简单的利率互换与货币互换等形式。其主要原因在于:我国有关机构的风险管理制度不健全、相关人员的专业水平不高以及宏观上国家的外汇管制相对较严等。

二、金融互换合约的特点

(一)风险比较小

金融互换合约一般不涉及本金,信用风险仅限于息差,而且涵盖数个利息期间,所以总体上风险比较小。

(二)灵活性大

金融互换合约交易为场外交易,虽然合约标准化,只是指条款格式化而言,具体的条件可以商定,变通性较大;另外,金融互换合约交易不通过交易所,手续简便。

(三)参与者信用比较高

金融互换合约交易通常在 AA 级信用以上的交易者之间进行,一般不需要保证和抵押,签订交易合约并不立即影响交易者的现金流量;而金融期货交易需要有保证金,金融期权交易需要有期权费,从而会影响交易者的现金流量。

三、金融互换合约的作用

(一)合理利用经济资源,提高经济效益

投资者可以利用金融互换合约交易,充分利用双方的比较优势来提高收益。同样道理,筹资者也可以利用金融互换合约交易大幅度降低筹资成本。

(二)规避风险

投资者或者筹资者可以利用金融互换合约交易规避利率风险或者汇率风险。

(三)有效管理资产负债结构

银行或者企业可以利用金融互换合约交易筹措到所需的任何期限、币种、利率的资金。同时,可以灵活地调整其资产负债的市场结构和期限结构,有效地管理资产负债。

(四)合理逃避管制

金融互换合约交易属于不记入资产负债表的表外业务,可以合理地规避税收管制、利率管制、外汇管制等。

四、金融互换合约的主要产品

(一)货币互换

货币互换(Currency Swap)又称外汇互换,是指交易双方互相交换不同币种、相同期限、等值资金债务或资产的货币及利率的一种预约业务。具体而言,就是双方按固定汇率在期初交换两种不同货币的本金,然后按预先规定的日期进行利息和本金的分期互换,在某些情况下,期初可以不交换本金,也可以到期日不交换本金。货币互换的主要原因是双方在各自国家中的金融市场上具有比较优势。

最为著名的一笔货币互换交易是 1981 年 8 月在世界银行与国际商业机器公司(IBM)之间进行的。在这次交易中,世界银行将 2.9 亿美元的固定利率负债与国际商业机器公司已有的瑞士法

郎和德国马克的债务互换。互换双方的主要目的是:世界银行希望筹集固定利率的德国马克和瑞士法郎低利率资金,但世界银行无法直接通过发行债券来筹集德国马克和瑞士法郎,而世界银行具有 AAA 级的信誉,能够从市场上筹措到最优惠利率的美元借款。而此时,国际商业机器公司需要筹集一笔美元资金,由于数额较大,集中于任何一个资本市场都不妥,而他们在筹集 DM 和 SP 资金方面具有较大的优势,为此,希望利用自己的优势筹集 DM 和 SP 资金以后,通过互换从世界银行那里换得优惠利率的美元。可见,货币互换最主要的作用就是能够让交易双方扬长避短,最大限度地降低筹集资金成本。

货币互换交易的具体操作过程包括三个步骤:

第一,本金的初期互换,其主要目的是确定交易双方各自本金的金额,以便将来计算应支付的利息和再换回本金。

第二,利息的互换,即交易双方按议定的利率,以未偿还本金为基础,进行利息支付。

第三,本金的再次互换,即在合约到期日,双方换回交易开始时互换的本金。

下面举例说明这一过程。

【做中学 9—4】 假定英镑兑美元汇率为 1 英镑=1.600 0 美元。一家美国公司想借入 3 年期的 1 000 万固定利率英镑借款,而一家英国公司想借入 3 年期的 1 600 万固定利率美元借款。但由于两国金融市场对这两家公司的熟悉状况不同,因此市场向它们提供的固定利率也不同,如表 9—4 所示。

表 9—4 市场向两公司提供的借款利率

	美元	英镑
英国公司	10%	6%
美国公司	11%	8%

解析:从表 9—4 可以看出,英国公司在英国市场和美国市场上的借款利率均比美国公司低,但绝对优势大小不同。英国公司在英镑市场的绝对优势为 2%,而在美元市场上的绝对优势为 1%。这说明英国公司在英镑市场上借贷有比较优势,而美国公司在美元市场上借贷有比较优势。这两家公司就可以利用各自的比较优势,也即英国公司从英国市场上筹集英镑,美国公司在美国市场上借美元,然后通过金融互换合约得到自己需要的资金,并通过分享互换收益 1%[(8.0%—6.0%)—(11.0%—10.0%)]来达到双方降低筹资成本的目的。

【做中学 9—5】 有一家美国公司(A)需要筹集一笔日元资金,但该公司筹集美元的能力比筹集日元的能力强,因此采用先发行欧洲美元债券,然后向甲银行调换获得日元资金。假设 A 公司发行欧洲美元债券的条件如表 9—5 所示。

表 9—5 A 公司发行欧洲美元债券的条件

期　限	5 年
金　额	1 亿美元
票息率	9.5%(每年)

甲银行则为了抵补外汇风险,同时安排一笔与 A 公司所处情况正好相反的 B 公司的"资产互换"交易,即以那笔从 A 公司互换而来的美元资产交换 B 公司的日元资产,假定此时货币互换的汇价为 1 美元=100 日元,日元利率为 7.5%,互换开始日为 2024 年 1 月,每年支付一次利息,为期 5

年，具体流程如下：

第一步，期初相互交换本金，如下所示：

第二步，期间每年年初各方进行利息互换，如下所示：

第三步，期末各方进行利息和本金互换，如下所示：

这样，A 公司通过货币互换以较低的筹资成本(7.5%)筹集到 100 亿日元资金，相反 B 公司把日元债务调换成了美元债务。这种避免了日元升值而导致的债务负担加重的风险。

（二）利率互换

利率互换(Interest Rate Swap)是指双方同意在未来的一定期限内根据同种货币同样的名义本金交换现金流，其中一方的现金流根据浮动利率计算出来，而另一方的现金流根据固定利率计算。利率互换中交换的现金流量可以是固定利率利息流和浮动利率利息流，其中浮动利率利息流一般用 6 个月的伦敦银行同业拆放利率(LIBOR)表示。

简单来说，两笔债务以利率方式互相调换，一般期初和到期日都没有实际本金的交换。在利率互换中，本金被作为计算利息的基础而真正交换的只是双方不同特征的利息。利率互换就是两笔货币相同、本金相同、期限相同的资金做固定利率与浮动利率的调换。这个调换是双方的，如甲方以固定利率换取乙方的浮动利率，乙方则以浮动利率换取甲方的固定利率，故称利率互换合约。交易双方进行利率互换的主要原因在于双方分别在固定利率市场和浮动利率市场上具有比较优势，计算原理与货币互换类似，但因利率互换只交换利息差额，所以信用风险很小。

利率互换的优点主要有：①控制利率波动风险；②降低筹资成本；③风险较小；④逃避管制；⑤手续简便，交易容易迅速达成。

利率互换的缺点主要有：利率互换合约不存在像金融期货合约交易市场那样的标准化合约，不易找到合适的交易对象，交易成本较高。

利率互换主要有三种形式：

(1)同种货币的固定利率与浮动利率互换。

(2)以某种利率为参考的浮动利率与以另一种利率为参考的浮动利率互换。

(3)某种货币固定利率与另一种货币浮动利率的互换。

相比较而言，利率互换的出现比货币互换晚，资本市场债券发行中最著名的首次利率互换发生在 1980 年 8 月。当时德意志银行(Deutsche Bank)发行了 3 亿美元的 7 年期固定利率的欧洲债券，并安排与三家银行进行互换，换成以 LIBOR 为基准的浮动利率。在该项互换中，德意志银行按低于 LIBOR 支付浮动利息，得到了优惠，而其他三家银行则通过德意志银行很高的资信级别换得了优惠的固定利率美元债券。由于利率互换双方能够互相利用各自在金融市场上的优势获得利益，因而这次利率互换交易的成功，推动了利率互换市场很大的发展，这也标志着互换交易工具的应用已从货币市场转到信贷市场。

【做中学 9—6】 甲、乙两公司在欧洲美元市场上固定利率和浮动利率的借款成本如表 9—6 所示(暂且考虑利率互换的第一种形式)：

表 9—6

	甲公司	乙公司	相对优势
资信等级	AAA	BBB	
直接筹集固定利率奖金成本	12%	13%	1%
直接筹集浮动利率奖金成本	LIBOR	LIBOR+0.25%	0.25%

从表 9—6 中可以看出，甲公司无论是在固定利率资金市场上还是在浮动利率资金市场上的资信均高于乙公司，从而具有绝对优势。但是相比之下，甲公司在固定利率资金市场占有较大的相对成本优势，而乙公司在浮动利率资金市场相对劣势较小，双方就可按照著名的“比较利益”原则，分别在各自具有比较优势的市场上筹集资金，然后进行利率互换交易，就可以使双方都能以低廉的成本获得各自所需的资金。

具体操作过程如下：甲公司在欧洲美元市场上借固定利率为 12%的借款，乙公司在浮动利率市场筹措成本为 LIBOR+0.25%的资金，然后通过一个中间人(Intermediary)进行互换交易。显而易见，甲公司为了获得那笔浮动利率资金，愿意付出成本在 LIBOR 以下的任何代价，乙公司为了获取那笔固定利率资金愿意付出 13%以下的任何代价。根据比较利益原则，双方都可以在一定的幅度内商谈互换成交的价格。这里假定中间人要收取 0.25%的中介费用，最后商定的结果假设为：甲公司向中间人支付的利率为 LIBOR－0.25%，中间人对其支付 12%的利率；乙公司向中间人支付 12.5%的固定利率，同时由中间人对其支付 LIBOR 水平的浮动利息。这个过程可由图 9—1 表示。

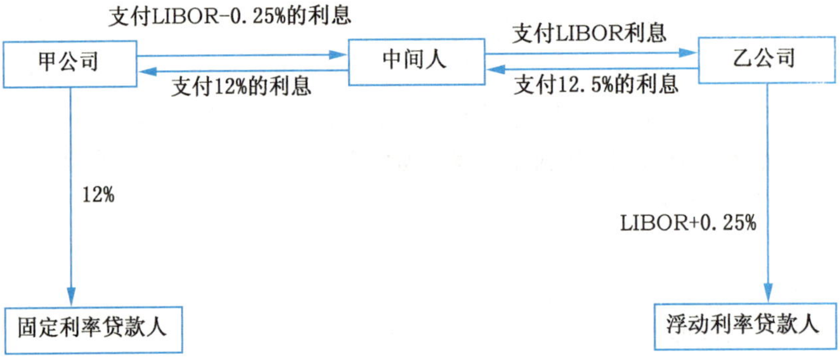

图 9—1

由图 9—1 可以看出，经过互换交易后，甲方得到那笔浮动利率资金的实际成本为 LIBOR－0.25%，节约了 0.25%的浮动利率借款成本；乙公司得到那笔固定利率资金的实际成本为 12.75% [12.5%+(LIBOR+0.25%－LIBOR)]，也节约了 0.25%，另外 0.25%为中间人所得，中间人同时承担了对甲、乙公司的风险。

第六节 碳金融衍生品市场

当前,全球气候变化问题日益严峻,碳金融产品作为一种创新的气候融资工具,在引导社会资金流向低碳领域、促进经济社会绿色转型等方面发挥着越来越重要的作用。

一、碳金融的概念

随着应对气候变化的紧迫性日益凸显,碳减排已成为全球共识。碳排放权交易市场应运而生。在各国政策法规的逐步完善、市场机制的日趋成熟以及社会各界需求的不断增长等多重因素的推动下,碳排放权交易市场的金融属性逐步显现。碳金融作为一种新兴的金融形态,在这一过程中应时而生,并呈现出蓬勃发展的态势。

碳金融,是指一切与控制和管理温室气体排放相关联的金融活动,有狭义和广义之分。狭义的碳金融特指以碳排放权为标的物所开展的各类金融交易活动,包括但不限于碳现货、碳期货以及碳期权等产品交易;而广义的碳金融则涵盖了所有以减少温室气体排放为目标的金融制度安排和交易活动,这不仅包括碳交易,而且将一切与碳排放权投融资相关的经济活动涵盖在内。

2022 年 4 月 12 日,中国证券监督管理委员会(简称"中国证监会")发布《碳金融产品》的行业标准(JR/T 0244-2022)。该标准明确了碳金融的定义与范围并规定了碳金融产品的实施要求,成为健全碳金融标准体系、推动碳排放合理定价的主要依据,并为狭义的碳金融提供了较为全面的图谱描绘。

在该标准中,碳金融产品被明确定义为"建立在碳排放权交易的基础上,服务于减少温室气体排放或者增加碳汇能力的商业活动,以碳配额和碳信用等碳排放权益为媒介或标的的资金融通活动载体"。从内容上看,该标准的制定既遵循了《欧盟金融工具市场指令》《欧盟碳排放交易指令》等国际化的标准原则,又充分考虑到国内不同机构在实施应用过程中的差异性和复杂性,主要内容包括以下三部分:

(1)碳金融产品术语。涵盖了 26 种在标准中出现的术语和定义。

(2)碳金融产品分类。该标准将碳金融产品分为碳市场融资工具、碳市场交易工具和碳市场支持工具,共计三大类。其中:

①碳市场融资工具包括但不限于碳债券、碳资产抵质押融资、碳资产回购、碳资产托管等。该类产品可以为碳排放权相关资产提供估值和变现的途径,有效地为碳资产持有者盘活碳资产,提高企业授信与融资效率,在拓宽融资渠道的基础上降低融资成本。

②碳市场交易工具包括但不限于碳远期、碳期货、碳期权、碳掉期、碳借贷等;这类工具可以大大提升未来碳金融市场的稳定性、确定性,为投资者提供对冲价格波动风险、实现套期保值、投机等操作。

③碳市场支持工具包括但不限于碳指数、碳保险、碳基金等。该类工具可反映碳市场或某类碳资产的价格变动趋势,或为降低碳资产的开发或交易风险提供保障。

(3)碳金融产品实施要求。依据产品分类,该标准将碳资产抵质押融资、碳资产回购、碳资产托管、碳远期、碳借贷、碳保险共计六类碳金融产品实施流程进行了细化

二、碳金融的作用

碳排放权交易市场作为一种具备成本效益的市场化减排工具,为促进经济社会绿色低碳发展、推进生态文明建设发挥着重要作用。随着碳市场分配制度和交易制度的不断完善,以及现货产品

和衍生品市场规模的持续扩大，各类兼具投融资价值的金融工具正在不断涌现，进而使得碳排放权的金融属性日益凸显。综合来看，碳排放权的金融属性，或者说碳金融市场的作用主要体现在以下四个方面：价格发现、资金融通、流动性提升以及风险管理。

在价格发现方面，碳排放权的金融属性在一级市场、二级市场以及衍生品市场中均有不同程度的体现。在一级市场中，部分试点已将拍卖机制引入作为一种灵活的市场调节工具，旨在通过碳价水平来反映控排企业的履约意愿。在二级市场中，以碳配额或 CCER 为产品的现货交易能够通过供求关系的变化来反映碳价走势，进而影响相关参与者的履约行为和投融资决策。在衍生品市场中，碳期货等金融工具可以基于政策研判、市场走势等因素来反映未来市场碳价预期，并最终传导至现货市场，形成价格发现机制。

在资金融通方面，融资工具在碳金融市场中扮演着至关重要的中介角色。碳市场融资工具以碳资产为基础标的，拓宽企业的融资渠道，提升资本配置效率，实现资金的有效融通。以碳配额抵质押贷款为例，这类工具通过将企业持有的碳配额作为质押担保物，盘活企业的碳资产，将企业所拥有的碳资产价值转化为其可利用的低成本资金，从而为企业的低碳转型提供必要的资金支持。然而，我国碳金融工具的资金融通功能尚未得到充分发挥。尽管碳资产抵质押融资作为成熟度和实践性较高的产品之一，近年来在地方碳市场均有成功案例落地，但由于碳配额资产属性在法律层面上尚未得到明确界定，面对碳金融产品在实施和处置方面可能存在的争议，导致金融机构在开展相关融资业务时持较为审慎的态度，这在很大程度上削弱了金融机构等参与者开展相关业务的积极性和主动性。

在流动性提升方面，碳金融市场可以通过丰富金融工具、增加参与主体等方式，有效提升市场的流动性和活跃度。首先，在碳市场履约潮汐现象频发、碳价波动较大的背景下，积极探索和发展碳期货等碳金融衍生品至关重要。这类衍生品能够为减排企业或相关供需方提供高效的交易平台，基于对趋势的研判锁定未来价格，不仅可以显著降低交易搜寻成本，而且能有效规避自持碳资产缩水的风险，实现套期保值目的。这对熨平周期性波动、提高碳配额交易市场的流动性具有积极作用。其次，与现货市场相比，衍生品市场的参与范围更为广泛，不仅允许机构投资者参与，而且向个人投资者开放，这有利于吸引具有丰富投资经验和雄厚资金实力的各类市场主体参与交易，大幅扩大碳市场交易的参与者范围。特别是券商等专业金融机构进入碳金融市场后，能够充分发挥其在流动性较弱市场中的做市交易经验，在碳市场中有效弥合碳价差异，提供必要的流动性支持。这些金融机构凭借自身丰富的交易经验、产品设计能力等专业优势，相较于控排企业而言具有更高的换手率，可以为碳市场提供更加充足、持续的流动性。

在风险管理方面，以碳期货为代表的碳金融交易产品可为控排企业提供低成本、高效率的风险管理手段。具体而言，碳期货可以很好地服务于强制碳市场下控排企业的远期履约需求。通过提前在可控范围内锁定未来履约所需的配额数量及配额价格，控排企业可以将部分交易风险转移至金融机构等专业交易对手方，有效对冲碳价波动风险，保障自身的经营稳定性。此外，随着碳金融衍生品市场的逐步完善和规模化发展，控排企业将更加积极主动地寻求合适碳价下的配额交易机会，合理分散和转移风险，减少由于强制履约期限到来时出现的大量集中交易现象，从而有效缓解碳市场的潮汐效应，实现市场的平稳运行。

三、碳金融发展现状

当前，碳金融工具的发展呈现出产品成熟度差异较大、地区发展不均衡两大显著特征。

在产品探索方面，我国对碳市场融资工具和支持工具的探索相对较多，主要采取颁布相关指引、流程文件，落地代表性金融产品等方式进行。然而，这些工具的整体规模仍然较小，尚未形成可复制、可推广的成熟模式。相比之下,交易工具的发展仍处于初期探索阶段,特别是碳期货领域仍属空白,这主要与我国碳市场的发展阶段相关。当前,中国碳市场的交易方式较为原始,缺乏连续交易、集合竞价等现代金融市场的主流交易方式,限制了现货交易频率和市场活跃度。此外,中国碳市场的广度和深度不足,碳市场覆盖的行业和控排企业数量有限,市场参与主体明显不足且结构较为单一。同时,市场还常常出现履约期临近量价齐涨、履约期过后交投清淡的潮汐现象。这些因素综合导致了中国碳市场有效性的不足,进而影响了碳期货等交易工具在中国的推出和发展。

在地区发展方面,地区试点碳市场先试先行,在各类金融工具的实践创新上领先于全国碳市场。其中,北京、广东、深圳、湖北、上海五地的探索处于领先地位,在融资、交易、支持三大类工具板块均有所布局。

总体来看,尽管当前碳金融工具的发展仍存在产品成熟度差异较大、地区发展不平衡等问题,但部分试点地区在产品创新和市场机制完善方面已经取得了积极进展。未来,随着有偿分配、市场稳定等机制的逐步建立和完善,以及投资者结构的不断优化,碳金融工具有望实现更大范围、更高水平的发展,为碳市场的高效运行和减排目标的实现提供有力支撑。

四、全球碳市场的进展及主要矛盾

(一)全球碳市场的进展

随着 70 多个国家和地区承诺 2050 年实现净零排放,全球碳市场积极扩张,目前正在运行的碳排放交易体系有 21 个,覆盖的碳排放约占全球排放总量的 10%。发达国家碳市场在运行过程中,金融机构参与日益广泛,交易所作用不断增大,交易的金融工具品种日益丰富。目前,全球碳金融市场每年交易规模超过 600 亿美元。其中,起步最早、市场交易最活跃的品种是碳期货,年交易额占 1/3。

(二)全球碳市场发展面临的主要矛盾

(1)市场分割。《京都议定书》规定的三个机制均涉及不同国家和市场间的业务关系。不同市场在法律法规、配额分配方式、交易机制等方面存在差异。复杂的法律适用和地域管辖增加了市场主体的风险,跨国项目的审批认证存在较大障碍和较高成本。

(2)不确定风险。如国际公约的全面性和延续性问题产生碳泄露,美国退出《巴黎协定》,部分国家考虑征收碳边境调节税。

(3)碳价低迷。世界银行发布的 *State and Trends of Carbon Pricing* 2020 指出,尽管全球碳价不断上涨,但仍低于实现《巴黎协定》目标所需的价格。截至 2020 年 3 月末,全球碳价近一半低于 10 美元/吨,仅不到 5%的碳价与实现《巴黎协定》的目标一致。

(4)碳金融创新能力不足。由于碳金融专业人才缺乏,部分政府尚未完全放开建设碳市场、对待碳金融产品的开发和创新比较谨慎等原因,全球碳金融产品服务创新仍滞后于需求。

五、碳金融衍生品

碳金融衍生品形态各异,包括碳远期、期货、期权、掉期等,但与传统金融衍生品一样具备信用、套保和价值发现功能。碳金融衍生品市场分为交易所市场和交易所外市场或柜台交易(OTC)。交易所市场交易的是规范标准化的碳期货或期权合约,OTC 交易的是买卖双方针对碳产品的价格、时间、地点等经过谈判达成协议后的碳衍生品的合约,如掉期碳金融衍生品。

碳金融衍产品是在原生碳金融工具基础之上派生出来的碳远期、碳期货、碳期权等金融产品。近年来,国际上各种相关的金融衍生产品也有了相当的发展,为碳排放权的供求双方提供了新的风险管理和套利手段。中国是最大的碳供应国,是国际碳市场具有影响力的主要参与者。

碳金融衍生品主要分为四类：碳远期、碳期货、碳期权、碳互换。

（1）碳远期。碳远期主要是应用在发展中国家 CDM 项目开发过程中，出资方和项目实际开发者在项目建设之初就签订相关合约，规定在项目完成之后，交易减排额度的数量、价格和时间。远期合约与期货合约的区别在于，期货合约是由交易所制定的标准化合约，而远期合约是由交易双方自行拟定条款。远期合约也没有相关机构监督执行，这就使参与者面临不易追偿的违约风险。

（2）碳期货。碳期货是碳排放权市场最主要的衍生产品。这是由于以下几个原因：其一，商品期货市场的高度发展为碳期货的产生和发展奠定了物质和制度基础。其二，期货交易相对于其他衍生产品有着更高的普及程度。其三，碳期货交易相对于碳远期交易在合约执行方面更有保障，相对于碳期权等衍生品来说更加基础，包括中国在内的一些国家并不具有发达的资本市场，不具有发展碳期权的成熟条件。

（3）碳期权。碳期权与普遍意义上的金融市场期权产品有所不同，碳期权的标的物是碳期货，碳期权实际上是碳期货期权。世界上首只碳期货期权是 2005 年由 ECX 推出的 EUAs 期货期权，这一事件也标志着碳衍生品市场的正式形成。之后，欧洲气候期货交易所、纳斯达克商品部、美国绿色交易所等也相继推出了碳期货期权合约。碳期货期权合约和碳期货合约的设计条款类别大致相同，在同一个交易所内，也保持碳期货和期权合约相应条款设计数据的相同。碳期货期权的本质是一种权利，这也是其与碳期货最大的不同之处。在碳衍生品市场中，碳期权的产生和发展使得产品结构更加完备。

（4）碳互换。碳互换是指交易双方通过达成协议，约定在未来某一时间互换一定数量的不同性质的碳排放权产品，如 CERs 和 EUAs 之间的互换。互换使得不同市场之间不同性质的碳排放权产品可以互相流通和调剂，从而实现相互替代，增强了不同市场之间碳排放权产品的流动性，从而优化了资源配置。此外，不同市场之间的价差也为投资者进行相应的交易提供了获利的可能。最典型的互换是 EU−ETS 中的成员可以通过 CDM 机制和 J 机制获得相应的减排额度来完成自身的减排任务。在相应的交易市场中，CERs 和 EUAs 可以进行互换交易。

除了以上四种碳衍生品，还有一些结构性理财产品，如汇丰银行发行的气候基金，投资于气候变化板块的股票组合或者相应指数，为投资者提供多样化的投资选择。但是，这些产品份额较小，不会对碳排放权市场形成较大影响。

学中做 9−1 目前，国际很多机构强调全面参与碳市场，而非仅局限于碳金融产品和服务。国际上领先的商业银行不仅仅局限在碳金融相关产品与服务，而是主张将节能减碳的理念拓展至金融机构内外部各个领域，引导全社会减少碳排放。相对而言，国际市场更重视碳金融衍生品市场与碳现货市场的发展相辅相成的作用。比如欧盟（EU−ETS）及美国（RGGI）在碳市场设计过程中均重视形成完整的碳金融市场结构，使现货与衍生品市场间互相支撑。

另外，海外机构也重视多元化碳金融工具的开发。围绕碳排放权，海外一些金融机构以成熟的传统金融产品为依托，在银行碳结算、直接投融资、碳期货等金融衍生产品以及碳咨询等方面进行了有益的尝试。如美国一些银行围绕碳信用开发了登记、托管、结算和清算业务；荷兰一些银行等金融机构从事碳交易中介业务，提供融资担保、购碳代理、碳交易咨询；还有一些海外金融机构推出了标准化的场外交易核证减排期货合同（SCERFA），建立了碳排放交易基金等。

请问：你认为碳期货市场还有哪些挑战？

分析提示

学中做9−1

本章术语

金融衍生品　金融远期合约　金融期货合约　股指期货　外汇期货　金融期权合约　金融互换合约　货币互换　利率互换　碳金融

应知考核

一、单项选择题

1. 在(　　)交易中,交易双方的权利与义务不对等。

A. 金融期货　B. 金融期权　C. 金融远期　D. 金融互换

2. 具有真实性、预期性、连续性和权威性的特点,能够比较真实地反映出金融资产价格的变动趋势的是(　　)。

A. 价格发现　B. 投机功能　C. 风险管理　D. 资产增值

3. 不属于金融期货合约特点的是(　　)。

A. 标准化　B. 场内交易,间接清算

C. 流动性弱　D. 违约风险低

4. 下列不属于金融衍生工具的是(　　)。

A. 期权　B. 利率互换　C. 股票　D. 远期合约

5. 在特定的时间,按协议价格和数量买卖某种指定金融资产的权利称为(　　)。

A. 金融远期　B. 金融期权　C. 金融期货　D. 金融互换

二、多项选择题

1. 根据产品形态,金融衍生品分为(　　)。

A. 金融远期合约　B. 金融期货合约

C. 金融期权合约　D. 金融互换合约

2. 根据基础工具种类不同划分,金融衍生品分为(　　)。

A. 股权式衍生工具　B. 货币衍生工具

C. 利率衍生工具　D. 定期存单工具

3. 关于金融互换合约的作用,下列说法中正确的有(　　)。

A. 合理利用经济资源,提高经济效益　B. 规避风险

C. 有效管理资产负债结构　D. 合理规避管制

4. 金融期货合约的主要产品有(　　)。

A. 利率期货　B. 股指期货　C. 外汇期货　D. 汇率期货

5. 按期权买者执行期权的时限划分,期权可分为(　　)。

A. 欧式期权　B. 美式期权　C. 看涨期权　D. 看跌期权

三、判断题

1. 金融衍生品市场中的交易者有套期保值者、投机者和套利者。(　　)

2. 远期利率协议可以作为一种资产负债管理的工具,简便、灵活,但需要支付保证金。(　　)

3. 金融期货合约交易则是在专门的期货交易所内进行的。(　　)

4. 股价指数期货的标的物是股价指数，它有具体的实物形式。 ( )
5. 金融互换合约是要素禀赋理论在金融领域最生动的运用。 ( )

四、简述题

1. 简述金融衍生品的作用。
2. 简述金融远期合约的特点。
3. 简述金融期货合约的特点。
4. 简述金融期权合约的特点。
5. 简述金融互换合约的特点。

应会考核

■ 观念应用

【背景资料】

金融衍生品市场的状况

假设 2024 年 4 月 11 日惠普股票价格为 28.11 美元。甲认为惠普股票价格将上涨，因此以 0.75 美元的期权费向乙购买一份 2024 年 7 月到期、协议价格为 30 美元的惠普股票看涨期权。一份标准的期权交易里包含了 100 份相同的期权。

【考核要求】

(1)如果在期权到期时，惠普股票等于或低于 30 美元，看涨期权的价值为多少？卖方盈利是多少？

(2)如果在期权到期时，惠普股票升至 30.75 美元，买方盈利是多少？

(3)如果在期权到期时，惠普价格升到 30.75 美元以上，买方盈利是多少？

■ 技能应用

假定一张期货合约的标的资产是金属，这种金属是牙科产品中作为催化剂使用的白金合金。这张合约的交易价格是每盎司 90 美元，每张合约为 100 盎司。保证金要求每张合约为 675 美元，现货市场价格为 95 美元，如果：

(1)在期货合约到期日每盎司金的价格上涨到 106 美元；

(2)在期货合约到期日每盎司金的价格下降到 70 美元。

【技能要求】

请计算买入一张期货合约的收益率以及现在购入 100 盎司的收益率。

■ 案例分析

【情景与背景】

衍生品市场：加快创新更好服务实体经济

在《期货和衍生品法》正式实施不到 7 个月时间里，中国证监会就《衍生品交易监督管理办法(征求意见稿)》(以下简称《办法》)公开征求意见。《办法》共 8 章 52 条，将证监会监管的衍生品市场各类活动和主体全部纳入规制范围。金融衍生品本身具有高度复杂性，根据国际掉期与衍生工具协会统计，世界 500 强企业中有 94%参与衍生品市场交易，主要是场外衍生品，包括场外期权和互换。近年来，我国大宗商品场外衍生品市场发展迅速，金融机构通过为实体企业提供商品互换等场外衍生品业务，降低了企业参与衍生品市场的门槛。据国际清算银行统计，全球场外衍生品规模远高于场内衍生品。《办法》提出，要促进衍生品市场健康发展，支持证券期货经营机构业务创新。通过在产品、工具、制度和技术等方面的创新，促进衍生品市场健康有序发展。

《办法》强调满足市场各类主体的风险管理需求，更好服务实体经济。首次在衍生品领域提到"实行账户实名制"，有利于了解和识别客户、打击借"壳"交易行为。《办法》提出，可以豁免专业交易者的部分或者全部标准，这充分体现出对衍生品"以服务实体经济为目的"的导向。《办法》指出，将证监会监管的衍生品市场各类活动和主体全部纳入规制范围，以功能监管为导向，制定统一的准入条件、行为规范和法律责任。

资料来源：刘慧："衍生品市场：加快创新更好服务实体经济"，《中国经济时报》，2023 年 3 月 28 日。

【分析要求】

(1)衍生品市场可以采取的业务创新领域有哪些？

(2)如何促进衍生品市场交易更好地发展？

(3)对结构复杂度高的衍生品合约易导致违规套利行为，结合"放管服"，则需高度重视对衍生品交易的统筹监管，积极提升衍生品市场交易透明度，请提出你的几点建议。

本章实训

【实训内容】

金融期货市场行情观察与分析

【实训步骤】

选择某一交割月的沪深 300 指数期货合约，观察与分析这一合约报价及交易情况。

【实训要求】

进行小组总结，分组讨论，教师对实训效果进行综合评价，并撰写实训报告。

<table>
<tr><th colspan="3">《金融期货市场行情观察与分析》实训报告</th></tr>
<tr><td>实训班级：</td><td>项目小组：</td><td>项目组成员：</td></tr>
<tr><td>实训时间：　　年　　月　　日</td><td>实训地点：</td><td>实训成绩：</td></tr>
<tr><td colspan="3">实训目的：</td></tr>
<tr><td colspan="3">实训步骤：</td></tr>
<tr><td colspan="3">实训结果：</td></tr>
<tr><td colspan="3">实训感言：</td></tr>
</table>

第十章　金融资产价值分析

知识目标

理解：货币时间价值的概念；风险的概念及种类。

熟知：影响债券和股票投资价值的因素；债券定价原理；债券定价的两个特性；风险的衡量；风险价值决策原则。

掌握：货币时间价值的计算；收入资本化法在债券价值分析中的运用；股息贴现模型；风险报酬的计算；投资组合的风险。

技能目标

能够正确认知金融资产价值的相关概念，掌握价值分析方法，具备资产估值能力，提高投资决策和风险防范技能，并结合金融资产在现代经济中的作用，提高对金融资产价值的应用能力、职业判断能力和相关知识的更新能力。

素质目标

提升学生金融素养，培养严谨分析思维、敏锐市场感知和良好的风险应对心理素质；能够结合当今金融资产价值的实际，提高分析问题和总结问题的能力，以及提高语言表达能力、与人合作的能力。

思政目标

培养学生的辩证思维，理解金融资产价值的波动是多种因素相互作用的结果，学会全面、客观地看待问题；增强学生的法律意识，在金融资产交易中要遵守法律法规，杜绝违法违规行为；树立正确的财富观，明白金融资产的价值获取应基于合理合法的途径，不贪图暴利；培养学生的社会责任感，认识到金融资产的价值变动对社会经济的影响，从而能够以积极的态度为社会的金融稳定贡献力量。

课程引例

拿破仑的一束玫瑰花带来的时间价值

拿破仑1797年3月在卢森堡第一国立小学演讲时说了这样一番话："为了答谢贵校对我，尤其是对我夫人约瑟芬的盛情款待，我不仅今天呈上一束玫瑰花，并且在未来的日子里，只要我们法兰西存在一天，每年的今天我都将亲自派人送给贵校一束价值相等的玫瑰花，作为法兰西与卢森堡友谊的象征。”时过境迁，拿破仑穷于应付连绵的战争和此起彼伏的政治事件，最终惨败而被流放到圣赫勒拿岛，把对卢森堡的诺言忘得一干二净。

可卢森堡这个小国对这位“欧洲巨人与卢森堡孩子亲切、和谐相处的一刻”念念不忘，并载入他们的史册。1984 年底，卢森堡旧事重提，向法国提出违背“赠送玫瑰花”诺言的索赔：要么从 1797 年起，用 3 路易作为一束玫瑰花的本金，以 5 厘复利（即利滚利）计息全部清偿这笔玫瑰花案；要么法国政府在各大报刊上公开承认拿破仑是个言而无信的人。

起初，法国政府准备不惜重金赎回拿破仑的声誉，但却又被计算机算出的数字惊呆了：原本 3 路易的许诺，本息竟高达 1 375 596 法郎。

经苦思冥想，法国政府斟词酌句的答复是：“以后，无论是在精神上还是在物质上，法国将始终不渝地对卢森堡大公国的中小学教育事业予以支持与帮助，以此兑现我们的拿破仑将军那一诺千金的玫瑰花信誉。”这一措辞最终得到了卢森堡人民的谅解。

资料来源：李贺主编：《财务管理学》，上海财经大学出版社 2022 年版，第 31—32 页。

- 引例导学

通过上述引例可以看出，无论是国家还是机构，都必须考虑货币时间价值。一方面，涉及成本与收益的权衡，另一方面，涉及风险与报酬的权衡。价格机制是金融市场运行机制的核心，金融资产的价值决定是金融市场学中最复杂，同时也是最重要的问题。本章运用理论与实际相结合的方法，对金融资产的价值（或价格）进行介绍。

- 知识精讲

第一节 货币时间价值分析

一、货币时间价值的概念

动漫视频

货币时间价值

所谓货币时间价值，是指在不考虑风险和通货膨胀的情况下，货币经过一定时间的投资和再投资所产生的增值，也称为资金的时间价值。从经济学理论的角度而言，现在的一单位货币与未来的一单位货币的购买力之所以不同，是因为要节省现在的一单位货币不消费而改在未来消费，则在未来消费时必须有大于一单位的货币可供消费，作为弥补延迟消费的贴水。货币之所以具有时间价值，至少有三个方面的原因：

（1）货币可用于投资，获得利息，从而在将来拥有更多的货币量。

（2）货币的购买力会因通货膨胀的影响而随时间改变。

（3）一般来说，未来的预期收入具有不确定性。投资可能产生投资风险，需要提供风险补偿。

二、货币时间价值计算中的若干概念

（一）终值

终值是现在的货币折合成未来某一时点的本金和利息的合计数，反映一定数量的货币在将来某个时点的价值，通常用 FV 表示。

（二）现值

现值是指未来某一时点的一定数额的货币折合为相当于现在的本金。现值与终值是货币在不同时点上的对称。现值与终值的概念是对货币时间价值最好的衡量方式，它反映了保持相等价值

和购买力的货币在不同时点上数量的差异，通常用 PV 表示。

（三）利息

利息是指在一定时期内，资金拥有人将其资金的使用权转让给借款人后得到的报酬，通常用 I 表示。

（四）利率（或通货膨胀率）

利率即影响货币时间价值程度的波动要素。某一度量期的实际利率是指该度量期内得到的利息金额与该度量期开始时投资的本金金额之比，实际利率其实可以看作是单位本金在给定的时期产生的利息金额，通常用字母 i(或 k)表示。

（五）时间

货币时间价值的参照系，通常用 t 表示，或用 n 表示期数。

（六）必要报酬率

必要报酬率是指进行投资所赚得的最低报酬率，它反映的是整个社会的平均回报水平。

（七）期望报酬率

期望报酬率是一项投资方案估计所能够达到的报酬率，它反映的是投资者心中所期望的报酬率水平。

（八）实际报酬率

实际报酬率是项目投资后实际赚得的报酬率。只有在一项投资结束之后，结合已经取得的投资效益才能够评估得出实际的报酬率水平。

三、货币时间价值的计算

（一）单利

单利是只就初始投入的本金计算利息的一种计算制度。按照这种方法，只就初始投入的本金计算各年的利息，所生利息不加入本金重复计算利息。单利不是货币时间价值的表现形式，不能以单利计算货币时间价值。单利只适用于特定情况下的计算，比如商业票据的贴现利息的计算、单利计息条件下债券利息的计算等。

假设用不同的计算符号来表示一些财务指标：PV 代表现值（本金，初始金额）；FV 代表终值；i 代表利率水平；I 代表利息额；n 代表时间周期数。那么：

单利终值的公式如下：

$$FV=PV\times(1+n\times i)$$

单利现值的公式如下：

$$PV=\frac{FV}{1+n\times i}$$

单利利息额的公式如下：

$$I=n\times i$$

【做中学 10－1】 某人买入面值为 1 000 元、年利率为 4%、两年期、一次性还本付息的短期公司债券一张，问到期的本利和是多少？

解析：$FV=PV\times(1+n\times i)$

$=1\ 000\times(1+2\times4\%)=1\ 080$（元）

（二）复利

复利是本金和利息都要计算利息的一种计算制度。在复利制度下，一个重要的特征是上一年的本利和要作为下一年的本金计算利息。

1.复利终值

复利终值的计算公式如下：

$$FV=PV(1+i)^n$$

其中，$(1+i)^n$ 为1元复利的终值，它表示1元钱的本金在特定利率和期数条件下到期的本利和。1元复利终值可以简记为$(F/P, i, n)$。为了便于计算，可以根据利率与期数，查“复利终值系数表”来确定1元复利终值。

【做中学10—2】 某人现从信用社一次借入100万元，投资建一养鸡场，该养鸡场建设期3年，信用社规定复利计算，年利率6%，则至建设期满的本利和是多少？

解析：$FV=PV(1+i)^n=100\times(1+6\%)^3=119.10$(万元)

2.复利现值

复利现值的计算公式如下：

$$PV=\frac{FV}{(1+i)^n}$$

其中，$\frac{1}{(1+i)^n}$为复利现值系数，记作$(P/F, i, n)$。它是复利终值系数的倒数，可以通过查询“复利现值系数表”求得。

【做中学10—3】 面值为100万元、年利率6%、10年期、单利计算、到期一次还本付息的债券，在投资者要求的必要报酬率为8%的情况下，最高买价不能超过多少？

解析：该债券的内在价值为：

$PV=FV\times(P/F, i, n)=100\times(1+6\%\times10)\times(P/F, 8\%, 10)=160\times0.4632=74.112$(万元)

因此，其最高买价不能超过74.112万元。

（三）名义利率和实际利率的换算

在上述复利计算中，一般每年计息一次，即计息周期为一年，但实际工作中有时会按半年一次、每季一次甚至每月一次计算。复利计息的频率不同，其计算结果也不同。

【做中学10—4】 本金为1元，年利率为12%，每年计算一次利息，一年后本利和为多少？

解析：$FV=1\times(1+12\%)=1.12$(元)

若每月计算一次利息，一年后本利和又为多少？

$FV=1\times\left(1+\frac{12\%}{12}\right)^{12}=1.1268$(元)

这表明每月计息一次的本利和大于一年计息一次的本利和，而且相当于按年利率12.68%计息一次。因此，在这种情况下就出现了名义利率和实际利率。

一般来说，金融机构习惯以年为期限表示利率，即公布的利率都是年利率。通常，年利率都是指名义利率。当计息期以年为单位时，年利率指的就是实际利率；当计息期以小于年的半年、季度或月为单位时，年利率指的就是名义利率，实际利率需要通过计算求出。在进行经济分析时，每年计算利息次数不同的名义利率，相互之间没有可比性，应预先将其转化为年的实际利率后才能进行比较。具体转换如下：

$$i=\left(1+\frac{r}{m}\right)^m-1$$

其中，i 表示实际利率；r 表示名义利率；m 表示每年复利次数。

学中做 10－1　　王月的资金时间价值观念

王月是某领域的国际知名专家。近日，他接到一家上市公司的邀请函，邀请他担任公司的技术顾问，指导新产品的开发。邀请函的主要内容如下：①担任公司顾问工作期限为 5 年；②每个月到公司指导工作 2 天；③每年顾问费为 15 万元；④提供公司所在地城市住房 1 套，价值 100 万元。

王月对以上工作待遇很满意，对该公司开发的新产品也很有研究，因此他决定接受邀请。但他不想接受住房，因为每月工作 2 天，只需要住宾馆就可以了。于是他向公司提出，能否将住房改为住房补贴。公司研究了王月的请求，决定可以在今后 5 年里，每年年初给王月支付 22 万元的住房补贴。

收到公司的通知后，王月又犹豫起来。因为如果接受公司住房，可以将住房出售，扣除售价 5%的税金和手续费，他可以获得 95 万元；而接受住房补贴，则每年年初他可获得 22 万元。假设每年存款利率为 4%。

请问：你能运用资金时间价值观念，帮助王月做出恰当的选择吗？

分析提示

学中做10-1

第二节　债券投资价值分析

一、影响债券投资的价值因素

（一）影响债券投资价值的内部因素

1. 期限

一般来说，债券的期限越长，其市场变动的可能性就越大，价格的易变性也就越大，投资价值越低。

2. 票面利率

债券的票面利率越低，债券价格的易变性也就越大。在市场利率提高的时候，票面利率较低的债券的价格下降较快。但是，当市场利率下降时，它们增值的潜力也较大。

3. 提前赎回条款

提前赎回条款是债券发行人所拥有的一种选择权，它允许债券发行人在债券发行一段时间以后，按约定的赎回价格在债券到期前部分或全部偿还债务。这种规定在财务上对发行人是有利的，因为发行人可以发行较低利率的债券取代那些利率较高的被赎回的债券，从而减少融资成本。而对投资者来说，他的再投资机会受到限制，再投资利率也较低，这种风险是要补偿的。因此，具有较高提前赎回可能性的债券应具有较高的票面利率，也应具有较高的到期收益率，其内在价值也就较低。

4. 税收待遇

一般来说，免税债券的到期收益率比类似的应纳税债券的到期收益率低。此外，税收还以其他方式影响着债券的价格和收益率。例如，任何一种按折扣方式出售的低利率附息债券提供的收益有两种形式：息票利息和资本收益。在美国，这两种收入都被当作普通收入进行征税，但是对于后者的征税可以推迟到债券出售或到期时才进行。这种推迟就表明大额折价债券具有一定的税收利益。在其他条件相同的情况下，这种债券的税前收益率必然略低于高利附息债券，也就是说，低利附息债券比高利附息债券的内在价值要高。

5. 流通性

流通性是指债券可以迅速出售而不会发生实际价格损失的能力。如果某种债券按市价卖出很困难，持有者会因该债券的市场性差而遭受损失，这种损失包括较高的交易成本和资本损失，这种风险也必须在债券的定价中得到补偿。因此，流通性好的债券与流通性差的债券相比具有较高的内在价值。

6. 债券的信用等级

债券的信用等级是指债券发行人按期履行合约规定的义务、足额支付利息和本金的可靠性程度，又称信用风险或违约风险。一般来说，除政府债券以外，一般债券都有信用风险，只不过风险大小有所不同而已。

【注意】信用越低的债券，投资者要求的到期收益率就越高，债券的内在价值也就越低。

（二）影响债券投资价值的外部因素

1. 基础利率

基础利率是债券定价过程中必须考虑的一个重要因素，在证券的投资价值分析中，基础利率一般是指无风险债券利率。政府债券可以看作现实中的无风险债券，它风险最小，收益率也最低。一般来说，银行利率应用广泛，债券的收益率也可参照银行存款利率来确定。

2. 市场利率

市场利率风险是各种债券都面临的风险。在市场总体利率水平上升时，债券的收益率水平也应上升，从而使债券的内在价值降低；反之，在市场总体利率水平下降时，债券的收益率水平也应下降，从而使债券的内在价值增加。并且，市场利率风险与债券的期限相关，债券的期限越长，其价格的利率敏感度也就越大。

3. 其他因素

影响债券定价的外部因素还有通货膨胀水平和汇率波动等。通货膨胀的存在可能会使投资者从债券投资中实现的收益不足以抵补由于通货膨胀而造成的购买力损失。当投资者投资于某种外币债券时，汇率的变化可能会使投资者的未来本币收入受到贬值损失。这些损失的可能性也都必须在债券的定价中得到体现，使其债券的到期收益率增加，债券的内在价值降低。

二、收入资本化法在债券价值分析中的运用

收入资本化法认为任何资产的内在价值（Intrinsic Value）取决于投资者对持有该资产预期的未来现金流的现值。决定债券的内在价值成为债券价值分析的核心。本书项目三对债券的种类进行了详细的分类，下面将对不同的债券种类分别使用收入资本化法进行价值分析。

（一）贴现债券（Pure Discount Bond）

贴现债券又称零息票债券（Zero-coupon Bond），是一种以低于面值的贴现方式发行、不支付利息、到期按债券面值偿还的债券。债券发行价格与面值之间的差额就是投资者的利息收入。由于面值是投资者未来唯一的现金流，所以贴现债券的内在价值由以下公式决定：

$$V=\frac{A}{(1+r)^{T}} \tag{10－1}$$

其中，V 表示内在价值，A 表示面值，r 表示市场利率，T 表示债券到期时间。

假定某种贴现债券的面值为 100 万美元，期限为 20 年，利率为 10%，那么它的内在价值应该是：$V=100/(1+0.1)^{20}=14.8644$（万美元）。换言之，该贴现债券的内在价值仅为其面值的 15% 左右。

（二）直接债券（Level-coupon Bond）

直接债券又称定息债券，或固定利息债券，按照票面金额计算利息，票面上可附有作为定期支付利息凭证的息票，也可不附息票。投资者不仅可以在债券期满时收回本金（面值），而且可定期获

得固定的利息收入。所以,投资者的未来的现金流包括两部分:本金与利息。

直接债券的内在价值公式如下:

$$V=\frac{c}{(1+r)}+\frac{c}{(1+r)^2}+\frac{c}{(1+r)^3}+\cdots+\frac{c}{(1+r)^T}+\frac{A}{(1+r)^T} \quad (10-2)$$

其中,c 表示债券每期支付的利息,其他变量与式(10—1)相同。

【做中学 10—5】 某国政府 2017 年 11 月发行了一种面值为 1 000 美元、年利率为 13%的 4 年期国债。由于传统上,债券利息每半年支付一次,即分别在每年的 5 月和 11 月,每次支付利息 65 美元(130 美元/2)。那么,2017 年 11 月购买该债券的投资者未来的现金流可用表 10—1 表示。

表 10—1 购买某种债券的投资者未来的现金流

2018.5	2018.11	2019.5	2019.11	2020.5	2020.11	2021.5	2021.11
65 美元	65 美元	65 美元	65 美元	65 美元	65 美元	65 美元	65 美元+1 000 美元

如果市场利率定为 10%,那么该债券的内在价值为 1 097.095 美元,具体过程如下:

$$V=\frac{65}{(1+0.05)}+\frac{65}{(1+0.05)^2}+\cdots+\frac{65}{(1+0.05)^8}+\frac{1\,000}{(1+0.05)^8}$$

$$=1\,097.095(\text{美元})$$

(三)统一公债(Consols)

统一公债是一种没有到期日的特殊的定息债券。最典型的统一公债是英格兰银行在 18 世纪发行的英国统一公债(English Consols),英格兰银行保证对该公债的投资者永久性地支付固定的利息。直至如今,在伦敦的证券市场上仍然可以买卖这种公债。因为优先股的股东可以无限期地获得固定的股息,所以在优先股的股东无限期地获取固定股息的条件得到满足的条件下,优先股实际上也是一种统一公债。统一公债的内在价值的计算公式如下:

$$V=\frac{c}{(1+r)}+\frac{c}{(1+r)^2}+\frac{c}{(1+r)^3}+\cdots=\frac{c}{r} \quad (10-3)$$

【做中学 10—6】 某种统一公债每年的固定利息是 50 美元,假定市场利率水平为 10%,那么,该债券的内在价值为 500 美元,即:

$$V=\frac{50}{0.1}=500(\text{美元})$$

在上述三种债券中,直接债券是一种最普遍的债券形式。

三、债券定价原理

根据以上讨论,我们可以给出债券定价原理。1962 年麦尔齐尔(B. G. Malkiel)最早系统提出了债券定价的五个原理。至今,这五个原理仍然被视为债券定价理论的经典。

原理一:债券的价格与债券的收益率成反比例关系。换句话说,当债券价格上升时,债券的收益率下降;反之,当债券价格下降时,债券的收益率上升。[①]

【做中学 10—7】 某 5 年期的债券 A,面值为 1 000 美元,每年支付利息 80 美元,即息票率为

① 可以通过对式(10—2)求导,证明原理一。$\frac{dV}{dr}=\frac{dP}{dr}=-\left(\sum_{t=1}^{T}\frac{tc}{(1+r)^{t+1}}+\frac{AT}{(1+r)^{T+1}}\right)\leqslant 0$。类似地,可以对原理二至原理四进行数学证明。

8%。如果现在的市场价格等于面值，意味着它的收益率等于息票率 8%。如果市场价格上升到 1 100 美元，它的收益率下降为 5.76%，低于息票率；反之，当市场价格下降到 900 美元时，它的收益率上升到 10.98%，高于息票率。

$$1\ 000=\frac{80}{(1+0.08)}+\cdots+\frac{80}{(1+0.08)^5}+\frac{1\ 000}{(1+0.08)^5}$$

$$1\ 100=\frac{80}{(1+0.057\ 6)}+\cdots+\frac{80}{(1+0.057\ 6)^5}+\frac{1\ 000}{(1+0.057\ 6)^5}$$

$$900=\frac{80}{(1+0.109\ 8)}+\cdots+\frac{80}{(1+0.109\ 8)^5}+\frac{1\ 000}{(1+0.109\ 8)^5}$$

原理二：当债券的收益率不变，即债券的息票率与收益率之间的差额固定不变时，债券的到期时间与债券价格的波动幅度之间成正比关系。换言之，到期时间越长，价格波动幅度越大；反之，到期时间越短，价格波动幅度越小。这个定理不仅适用于不同债券之间的价格波动的比较，而且可以解释同一债券的期满时间的长短与其价格波动之间的关系。

【做中学 10—8】 某 5 年期的债券 B，面值为 1 000 美元，每年支付利息 60 美元，即息票率为 6%。如果它的发行价格低于面值，为 833.31 美元，意味着收益率为 9%，高于息票率；如果一年后，该债券的收益率维持在 9%的水平不变，它的市场价格将为 902.81 美元。这种变动说明了在维持收益率不变的条件下，随着债券期限的临近，债券价格的波动幅度从 116.69(1 000−883.31)美元减少到 97.19(1 000−902.81)美元，两者的差额为 19.5 美元，占面值的 1.95%。具体计算公式如下：

$$833.31=\frac{60}{(1+0.09)}+\cdots+\frac{60}{(1+0.09)^5}+\frac{1\ 000}{(1+0.09)^5}$$

$$902.81=\frac{60}{(1+0.09)}+\cdots+\frac{60}{(1+0.09)^4}+\frac{1\ 000}{(1+0.09)^4}$$

原理三：随着债券到期时间的临近，债券价格的波动幅度减少，并且是以递增的速度减少；反之，到期时间越长，债券价格波动幅度增加，并且是以递减的速度增加。这个定理同样适用于不同债券之间的价格波动的比较，以及同一债券的价格波动与其到期时间的关系。

【做中学 10—9】 沿用做中学 10—8 中的债券。假定两年后，它的收益率仍然为 9%，当时它的市场价格将为 924.06 美元，该债券的价格波动幅度为 75.94(1 000−924.06)美元。与上例中的 97.19 美元相比，两者的差额为 21.25 美元，占面值的比例为 2.125% 。所以，第一年与第二年的市场价格的波动幅度(1.95%)小于第二年与第三年的市场价格的波动幅度(2.125%)。第二年后的市场价格计算公式为：

$$924.06=\frac{60}{(1+0.09)}+\cdots+\frac{60}{(1+0.09)^3}+\frac{1\ 000}{(1+0.09)^3}$$

原理四：对于期限既定的债券，由收益率下降引致的债券价格上升的幅度大于同等幅度的收益率上升引致的债券价格下降的幅度。换言之，对于同等幅度的收益率变动，收益率下降给投资者带来的利润大于收益率上升给投资者带来的损失。

【做中学 10—10】 某 5 年期的债券 C，面值为 1 000 美元，息票率为 7%。假定发行价格等于面值，那么它的收益率等于息票率 7% 。如果收益率变动幅度定为 1 个百分点，当收益率上升到 8%时，该债券的价格将下降到 960.07 美元，价格波动幅度为 39.93(1 000−960.07)美元；反之，当收益率下降 1 个百分点，降到 6%，该债券的价格将上升到 1 042.12 美元，价格波动幅度为 42.12

美元。很明显，同样 1 个百分点的收益率变动，收益率下降引致的债券价格上升幅度(42.12 美元)大于收益率上升引致的债券价格下降幅度(39.93 美元)。具体计算如下：

$$1\,000=\frac{70}{(1+0.07)}+\cdots+\frac{70}{(1+0.07)^5}+\frac{1\,000}{(1+0.07)^5}$$

$$960.07=\frac{70}{(1+0.08)}+\cdots+\frac{70}{(1+0.08)^5}+\frac{1\,000}{(1+0.08)^5}$$

$$1\,042.12=\frac{70}{(1+0.06)}+\cdots+\frac{70}{(1+0.06)^5}+\frac{1\,000}{(1+0.06)^5}$$

原理五：对于给定的收益率变动幅度，债券的息票率与债券价格的波动幅度之间成反比关系。换言之，息票率越高，债券价格的波动幅度越小。[①]

【做中学 10－11】 与做中学 10－10 中的债券 C 相比，某 5 年期的债券 D，面值为 1 000 美元，息票率为 9%，比债券 C 的息票率高 2 个百分点。如果债券 D 与债券 C 的收益率都是 7%，那么债券 C 的市场价格等于面值，而债券 D 的市场价格为 1 082 美元，高于面值。如果两种债券的收益率都上升到 8%，它们的价格无疑都将下降，债券 C 和债券 D 的价格分别下降到 960.07 美元和 1 039.93 美元。债券 C 的价格下降幅度为 3.993%，债券 D 的价格下降幅度为 3.889%。很明显，债券 D 的价格波动幅度小于债券 C。具体公式如下：

债券 C：

$$1\,000=\frac{70}{(1+0.07)}+\cdots+\frac{70}{(1+0.07)^5}+\frac{1\,000}{(1+0.07)^5}$$

$$960.07=\frac{70}{(1+0.08)}+\cdots+\frac{70}{(1+0.08)^5}+\frac{1\,000}{(1+0.08)^5}$$

债券 D：

$$1\,082=\frac{90}{(1+0.07)}+\cdots+\frac{90}{(1+0.07)^5}+\frac{1\,000}{(1+0.07)^5}$$

$$1\,039.93=\frac{90}{(1+0.08)}+\cdots+\frac{90}{(1+0.08)^5}+\frac{1\,000}{(1+0.08)^5}$$

四、债券定价的两个特性

(一) 久期

债券的久期(Duration)的概念最早是马考勒(F. R. Macaulay)于 1938 年提出的，所以又称马考勒久期(简记为 D)。马考勒使用加权平均数的形式计算债券的平均到期时间，即马考勒久期。

1. 马考勒久期的计算公式

$$D=\frac{\sum_{t=1}^{T}PV(c_t)\times t}{B}=\sum_{t=1}^{T}\left[\frac{PV(c_t)}{P_0}\times t\right] \qquad (10-4)$$

其中，D 表示马考勒久期，B 表示债券当前的市场价格，$PV(c_t)$表示债券未来第 t 期可变现现金流(利息或本金)的现值，T 表示债券的到期时间。需要指出的是，在债券发行时与发行后，都可以计算马考勒久期。计算发行时的马考勒久期，T(到期时间)等于债券的期限；计算发行后的马考勒久期，T(到期时间)小于债券的期限。

① 定理五不适用于一年期的债券和以统一公债为代表的无限期债券。

【做中学 10—12】 某债券当前的市场价格为 950.25 美元，收益率为 10%，息票率为 8%，面值 1 000 美元，3 年后到期，一次性偿还本金。该债券的有关数据如表 10—2 所示。

表 10—2　马考勒久期计算举例

未来现金流支付时间，t	未来现金流(美元)，c	现值系数	未来现金流的现值，$PV(c_t)$	现值乘以支付时间，$PV(c_t)\times t$
1	80 美元	0.909 1	72.73 美元	72.73 美元
2	80 美元	0.826 4	66.12 美元	132.23 美元
3	1 080 美元	0.751 3	811.40 美元	2 434.21 美元
加　总			950.25 美元	2 639.17 美元

利用式(10—4)，可知：

$$D=\frac{72.73\times 1+66.12\times 2+811.40\times 3}{950.25}=\frac{2\ 639.17}{950.25}=2.78(\text{年})$$

2. 马考勒久期定理

关于马考勒久期(MD)与债券的期限(T)之间的关系，存在以下六个定理。

定理一：只有贴现债券的马考勒久期等于它的到期时间。

由于该种债券以贴现方式发行，期间不支付利息，到期一次性偿还本金。所以，它的市场价格应该等于到期偿还的本金的现值，即：

$$D=\frac{PV(c_T)}{B}\times T=1\times T=T \tag{10—5}$$

其中，c_T 是第 T 期偿还的本金，$PV(c_T)$是相应的现值。

定理二：直接债券的马考勒久期小于或等于它的到期时间。只有仅剩最后一期就要期满的直接债券的马考勒久期等于它的到期时间，并等于 1，即：

$$D=\frac{\sum_{t=1}^{T}PV(c_t)\times t}{B}=\frac{PV(c_1)}{B}\times 1+\frac{PV(c_2)}{B}\times 2+\cdots+\frac{PV(c_T)}{B}\times T\leqslant T \tag{10—6}$$

定理三：统一公债的马考勒久期等于$[1+1/r]$，其中 r 是计算现值采用的贴现率，即：

$$D=1+\frac{1}{r} \tag{10—7}$$

定理四：在到期时间相同的条件下，息票率越高，久期越短。息票率越高，早期支付的现金流的权重越大，加权平均的到期时间自然就越短。

定理五：在息票率不变的条件下，到期时期越长，久期一般也越长。对平价和溢价的债券而言，到期时间越长，久期也越长，这是显而易见的。意外的是，处于严重折价状态的债券，到期时间越长，久期可能反而越短。

定理六：在其他条件不变的情况下，债券的到期收益率越低，久期越长。这是因为到期收益率越低，远期支付的现金流价值相对越大，其在债券总价值中占的权重也越大。

（二）凸度

债券的凸度(Convexity)是指债券价格变动率与收益率变动关系曲线的曲度。实际上，久期等于债券价格对收益率一阶导数的绝对值除以债券价格。我们可以把债券的凸度(C)类似地定义为债券价格对收益率二阶导数除以价格，即：

$$C=\frac{1}{P}\frac{\partial^2 P}{\partial y^2} \tag{10-8}$$

在现实生活中，债券价格变动率与收益率变动之间的关系并不是线性关系，而是非线性关系。如果我们只用久期来估计收益率变动与价格变动率之间的关系，那么从式(10－7)可以看出，收益率上升或下跌一个固定的幅度时，价格下跌或上升的幅度是一样的。显然这与事实不符。

在图 10－1 中，A 直线表示用久期近似计算的收益率变动与价格变动率的关系，B、C 曲线分别表示不同凸度的收益率变动幅度与价格变动率之间的真实关系，其中 C 的凸度大于 B。

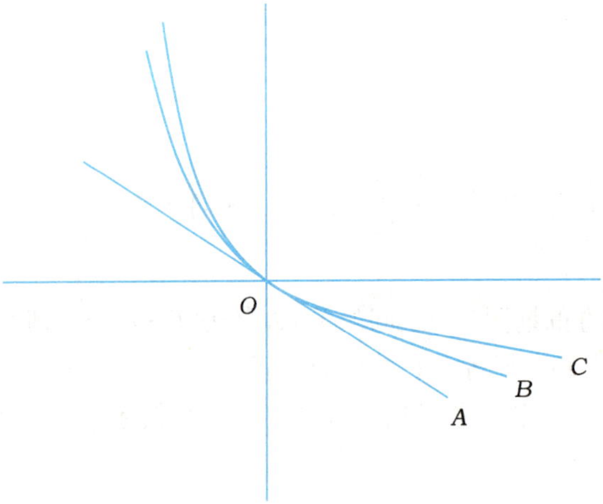

图 10－1　价格敏感度与凸度的关系

从图 10－1 可以看出，当收益率下降时，价格的实际上升率高于用久期计算出来的近似值，而且凸度越大，实际上升率越高；而当收益率下降时，价格的实际下跌比率却小于用久期计算出来的近似值，且凸度越大，价格的实际下跌比率越小。

这说明：①当收益率变动幅度较大时，用久期近似计算的价格变动率不准确，需要考虑凸度调整；②在其他条件相同时，人们应该偏好凸度大的债券。

考虑了凸度问题后，收益率变动幅度与价格变动率之间的关系可以重新写为：

$$\frac{\partial P}{P}=-D^*\partial y+\frac{1}{2}C(\partial y)^2 \tag{10-9}$$

当收益率变动幅度不太大时，收益率变动幅度与价格变动率之间的关系就可以近似表示为：

$$\frac{\Delta P}{P}=-D^*\Delta y+\frac{1}{2}C(\Delta y)^2 \tag{10-10}$$

第三节　股票投资价值分析

一、影响股票投资价值的因素

(一)影响股票投资价值的内部因素

一般来讲，影响股票投资价值的内部因素主要包括净资产、盈利水平、股利政策、股份分割、增资和减资、资产重组等。

1. 净资产

净资产(或资产净值)是总资产减去总负债后的净值，是全体股东的权益，是决定股票投资价值的重要基准。公司经过一段时间的运营，其资产净值必然有所变动。股票作为投资的凭证，每一股代表一定数量的净值。从理论上讲，净值应该与股价保持一定比率，即净值增加，股价上涨；净值减少，股价下跌。参考指标：市净率。

2. 盈利水平

公司的业绩好坏集中表现于盈利水平高低。公司的盈利水平是影响股票的投资价值的基本因素之一。在一般情况下，预期公司盈利增加，可分配的股利也会相应增加，股票市场价格上涨；预期公司盈利减少，可分配的股利相应减少，股票市场价格下降。但值得注意的是，股票价格的涨跌和公司盈利的变化并不完全同时发生。参考指标：市盈率。

3. 股利政策

股份公司的股利政策直接影响股票投资价值，在一般情况下，股票价格与股利水平成正比。股利水平越高，股票价格越高；反之，股利水平越低，股票价格越低。股利来自公司的税后盈利，但公司盈利的增加，只为股利分配提供了可能，并非盈利增加股利一定增加，公司为了合理地扩大再生产与回报股东之间分配盈利，会有一定的股利政策。

4. 股份分割

股份分割又称拆股或拆细，是将原有股份均等地拆成若干较小的股份。股份分割一般在年度决算月份进行，通常会刺激股价上升。股份分割给投资者带来的不是现实的利益，因为股份分割前后投资者持有的公司净资产与以前一样，得到的股利也相同。但是，投资者持有的股份数量增加了，给投资者带来了今后可多分股利和更高收益的预期，因此股份分割往往比增加股利分配对股价上涨的刺激作用更大。

5. 增资和减资

增资是公司因业务发展需要增加资本额而发行新股的行为，对不同公司股票价格的影响不尽相同。在没有产生相应效应前，增资可能使每股净资产下降，因而可能促使股价下跌。但对那些业绩优良、财务结构健全、具有发展潜力的公司而言，增资意味着将增加公司的经营实力，会给股东带来更多回报，股价不仅不会下跌，而且可能会上涨。当公司宣布减资时，多半是因为经营不善、亏损严重、需要整顿，所以股价会大幅下降。

6. 资产重组

公司重组总会引起公司价值的重大变动，因而其股价也随之产生剧烈的波动。但需要分析公司重组对公司是否有利，重组后是否会改善公司的经营状况。这些是决定股价变动方向的决定因素，但是，在我国，因为散户众多，投资者行为对股市影响较大，一般情况下，资产重组都会刺激股价短期的上涨。

(二)影响股票投资价值的外部因素

一般来讲，影响股票投资价值的外部因素主要包括宏观经济因素、行业因素和市场因素。

1. 宏观经济因素

宏观经济走向和相关政策是影响股票投资价值的重要因素。宏观经济走向包括经济周期、通货膨胀以及国际经济形势等因素。国家货币政策、财政政策、收入分配政策以及对证券市场的监管政策等都会对股票投资价值产生影响。

2. 行业因素

产业的发展状况和趋势对相关产业上市公司的影响是很大的，因而产业的发展状况和趋势、国家的产业政策和相关产业的发展等都会对相关产业上市公司的股票投资价值产生影响。

3. 市场因素

证券市场上投资者对股票走势的心理预期对股票价格走势产生重要的影响，市场中的散户投资者往往有从众心理，对股市产生助长或助跌的作用。

二、收入资本化法的一般形式

收入资本化法认为，任何资产的内在价值取决于持有资产可能带来的未来的现金流收入的现值。由于未来的现金流取决于投资者的预测，其价值采取将来值的形式，所以，需要利用贴现率将未来的现金流调整为它们的现值。在选用贴现率时，不仅要考虑货币时间价值，而且应该反映未来现金流的风险大小。用数学公式表示(假定对于所有未来的现金流选用相同的贴现率)：

$$V=\frac{C_1}{(1+y)}+\frac{C_2}{(1+y)^2}+\frac{C_3}{(1+y)^3}+\cdots=\sum_{t=1}^{\infty}\frac{C_t}{(1+y)^t} \tag{10-11}$$

其中，V 代表资产的内在价值，C_t 代表第 t 期的现金流，y 代表贴现率。前面债券的现金流(C_t)采取利息或本金的形式，并用市场利率代表贴现率。

三、股息贴现模型

收入资本化法运用于普通股价值分析中的模型，又称股息贴现模型。其函数表达式如下：

$$V=\frac{D_1}{(1+y)}+\frac{D_2}{(1+y)^2}+\frac{D_3}{(1+y)^3}+\cdots=\sum_{t=1}^{\infty}\frac{D_t}{(1+y)^t} \tag{10-12}$$

其中，V 代表普通股的内在价值；D_t 代表普通股第 t 期支付的股息和红利；y 代表贴现率，又称资本化率(Capitalization Rate)。

股息贴现模型假定股票的价值等于它的内在价值，而股息是投资股票唯一的现金流。事实上，绝大多数投资者并非在投资之后永久性地持有所投资的股票，即在买进股票一段时间之后可能抛出该股票。所以，根据收入资本化法，卖出股票的现金流收入也应该纳入股票内在价值的计算。那么，股息贴现模型如何解释这种情况呢？

假定某投资者在第三期期末卖出所持有的股票，根据式(10－12)，该股票的内在价值应该等于：

$$V=\frac{D_1}{(1+y)}+\frac{D_2}{(1+y)^2}+\frac{D_3}{(1+y)^3}+\frac{V_3}{(1+y)^3} \tag{10-13}$$

其中，V_3 代表在第三期期末出售该股票时的价格。

根据股息贴现模型，该股票在第三期期末的价格应该等于当时该股票的内在价值，即：

$$V_3=\frac{D_4}{(1+y)}+\frac{D_5}{(1+y)^2}+\frac{D_6}{(1+y)^3}+\cdots=\sum_{t=1}^{\infty}\frac{D_{t+3}}{(1+y)^t} \tag{10-14}$$

将式(10－14)代入式(10－13)，得到：

$$V=\frac{D_1}{(1+y)}+\frac{D_2}{(1+y)^2}+\frac{D_3}{(1+y)^3}+\frac{D_4/(1+y)^1+D_5/(1+y)^2+\cdots}{(1+y)^3} \tag{10-15}$$

由于$\frac{D_{t+3}/(1+y)^t}{(1+y)^3}=\frac{D_{t+3}}{(1+y)^{t+3}}$，所以式(10－15)可以简化为：

$$V=\frac{D_1}{(1+y)}+\frac{D_2}{(1+y)^2}+\frac{D_3}{(1+y)^3}+\frac{D_4}{(1+y)^{3+1}}+\frac{D_5}{(1+y)^{3+2}}+\cdots=\sum_{t=1}^{\infty}\frac{D_t}{(1+y)^t} \tag{10-16}$$

因此，式(10－13)与式(10－12)是完全一致的，证明股息贴现模型选用未来的股息代表投资股票唯一的现金流，并没有忽视买卖股票的资本利得对股票内在价值的影响。如果能够准确地预测股票未来每期的股息，就可以利用式(10－12)计算股票的内在价值。在对股票未来每期股息进行预测时，关键在于预测每期股息的增长率。如果用 g_t 表示第 t 期的股息增长率，其数学表达式为：

$$g_t=\frac{D_t-D_{t-1}}{D_{t-1}} \tag{10－17}$$

四、利用股息贴现模型指导证券投资

所有的证券理论和证券价值分析都是为投资者投资服务的。换言之，股息贴现模型可以帮助投资者判断某股票的价格是高估还是低估。判断股票价格高估或低估的方法也包括两种：

第一种方法：计算股票投资的净现值。如果净现值大于零，说明该股票被低估；反之，该股票被高估。用数学公式表示：

$$NPV=V-P=\left[\sum_{t=1}^{\infty}\frac{D_t}{(1+y)^t}\right]-P \tag{10－18}$$

其中，NPV 代表净现值，P 代表股票的市场价格。当 NPV 大于零时，可以逢低买入；当 NPV 小于零时，可以逢高卖出。

第二种方法：比较贴现率与内部收益率的差异。如果贴现率小于内部收益率，证明该股票的净现值大于零，即该股票被低估；反之，当贴现率大于内部收益率时，该股票的净现值小于零，说明该股票被高估。内部收益率(Internal Rate of Return，*IRR*)，是当净现值等于零时的一个特殊的贴现率①，即：

$$NPV=V-P=\left[\sum_{t=1}^{\infty}\frac{D_t}{(1+IRR)^t}\right]-P=0 \tag{10－19}$$

第四节 风险和收益分析

一、风险及其衡量

(一)风险的概念及种类

1. 风险的概念

从理财的角度而言，风险是指公司在各项理财活动中，由于各种难以预料或无法控制的因素而遭受伤害、损失、毁灭或者失败等不利后果的可能性。财务活动中的风险，则是指在一定时期内和一定条件下实际财务结果偏离预期财务目标的可能性。多数投资者是担心风险并力求规避风险的。那么，在现实经济生活中，为什么还有人进行风险性投资呢？因为风险性投资不仅可以获得资金的时间价值，而且可以得到一部分额外收益——风险价值。

【提示】投资者所冒的风险越大，其所要求的风险价值就越高。

2. 风险的种类

从风险产生的原因、影响程度和投资者的能动性来划分，风险可以分为系统风险和非系统风险两种。

(1)系统风险又称市场风险、不可分散风险，是指那些对整个经济活动中所有公司都产生影响的因素所引起的风险，如通货膨胀、经济衰退、国家政策调整、利率变化、战争等。这类风险涉及所有公司，影响所有投资对象，不能通过多样化投资——投资组合来分散风险。

① 有时，可能存在几个使得净现值等于零的贴现率，即内部收益率的数目大于1。

(2)非系统风险又称公司特有风险、可分散风险,是指发生于单个或少数公司内部的特有事件所引起的风险,如新产品开发失败、经营管理不善造成产品质量下降、没有争取到大订单、诉讼失败、工人罢工等。这类风险一般只影响一个或几个公司,因此可以通过多样化投资——投资组合来分散。

(二)风险的衡量

风险主要是由于各种影响因素造成经济活动结果的不确定性所引起的。在日常理财活动中应正确估计和计算风险的大小,将风险产生的损失降到最低。

拓展阅读 10—1　　海天公司还款方式与投资方案的选择

2022 年初,海天公司从银行获得贷款 2 000 万元,年利率 10%,期限 10 年。银行提出两种还款方式:①每年只付利息,到期一次付清本金;②全部本息到期一次付清。该公司计划用获得的贷款投资创办服装厂,根据市场调查,预计不同市场情况下的年收益及其概率的资料如表 10—3 所示。假设服装行业的风险系数为 0.4,计划年度的平均利率为 12%。如果你是公司经理,将选用哪种还款方式?上述投资方案是否可行?

表 10—3　　预计不同市场情况下的年收益及其概率

市场情况	预计年收益(万元)	概率(P_i)
差	200	20%
一般	400	55%
好	600	25%

类似这些涉及资金时间价值和风险价值的理财活动在企业经营管理中经常遇到,若要正确决策,就必须掌握资金时间价值和风险价值的理论。

1. 概率

概率是指某一随机事件发生的可能性大小。随机事件是指在一定条件下可能发生也可能不发生的现象。如果将所有可能的随机事件及其对应概率依次编排,便形成了随机事件的概率分布。例如,上面的“拓展阅读”中海天公司经济前景的概率分布可用表 10—4 来表示。

表 10—4　　经济前景概率分布

经济前景	概率(P_i)
差	20%
一般	55%
好	25%

不难发现,概率分布有以下特点:①所有概率都在 0 和 1 之间,即 $0<P_i<1$;②某一方案的所有结果(随机事件)的概率之和等于 1(或 100%),即 $\sum_{i=1}^{n} P_i = 1$。这里 n 表示某方案可能出现结果的个数。

2. 期望值

期望值是指某一概率分布中的各种可能结果以各自对应概率为权数计算出来的加权平均值,它反映了各种结果的平均值。其计算公式为:

$$\overline{E}(x)=\sum_{i=1}^{n}x_iP_i$$

式中，$\overline{E}(x)$表示期望值；x_i 表示第 i 种可能结果；P_i 表示第 i 种可能结果的概率；n 表示可能结果的个数。

【做中学 10－13】 某国际公司当前有一笔 100 000 元闲置资金欲对外投资，有甲、乙两个项目可供选择，经测算，有关资料如表 10—5 所示。试计算甲、乙两个项目的期望值。

表 10—5 某国际公司的有关资料

经济前景	概率(P_i)	甲项目的投资报酬率(x_i)	乙项目的投资报酬率(x_i)
差	20%	16%	11%
一般	55%	18%	18%
好	25%	21%	25%

解析：甲项目：$\overline{E}(x)=\sum_{i=1}^{n}x_iP_i=16\%\times20\%+18\%\times55\%+21\%\times25\%=18.35\%$

乙项目：$\overline{E}(x)=\sum_{i=1}^{n}x_iP_i=11\%\times20\%+18\%\times55\%+25\%\times25\%=18.35\%$

甲、乙两个项目的期望值均为 18.35%，难以判断两个项目孰优孰劣。在项目的期望值相等的情况下，可以采用标准离差或方差来判断项目优劣。

3. 标准离差与方差

标准离差又称标准差，是反映某一概率分布中的各种可能结果偏离其期望值的平均程度。在期望值相同的情况下，标准离差越大，偏离程度越大，风险越大；反之，则风险越小。其计算公式为：

$$\sigma=\sqrt{\sum_{i=1}^{n}(x_i-\overline{E})^2\times P_i}$$

$$\sigma^2=\sum_{i=1}^{n}(x_i-\overline{E})^2\times P_i$$

式中，σ 表示标准离差；σ^2 表示方差；其他符号同上。

【做中学 10－14】 根据做中学 10—13 有关数据，试计算甲、乙两项目预计报酬率(x_i)与其期望的($\overline{E}$)的标准离差。

解析：

甲项目：

$$\sigma=\sqrt{(16\%-18.35\%)^2\times20\%+(18\%-18.35\%)^2\times55\%+(21\%-18.35\%)^2\times25\%}$$
$$=1.71\%$$

乙项目：

$$\sigma=\sqrt{(11\%-18.35\%)^2\times20\%+(18\%-18.35\%)^2\times55\%+(25\%-18.35\%)^2\times25\%}$$
$$=4.68\%$$

在甲、乙两项目期望值相等的条件下，标准离差越小，说明投资项目可能的报酬率与期望值的离散程度越小，投资风险也就越小。按照这个标准进行判断，甲项目的风险要小于乙项目的风险。

4. 标准离差率

标准离差或方差只有在期望值相等的前提条件下，才能比较各投资方案的风险大小，一旦各投资方案的期望值不同,就不能用来比较它们的风险程度。要比较期望值不同的各投资方案的风险程度,可以用反映投资报酬率变动程度的一个相对数——标准离差率。标准离差率是标准离差与期望值之比。其计算公式为:

$$\nu=\frac{\sigma}{E}\times 100\%$$

式中,ν 表示标准离差率;其他符号同上。

【做中学 10-15】 某国际公司欲对外投资,有甲、乙两个项目可供选择。经测算,甲项目期望值为 20%,标准离差为 2%;乙项目期望值为 30%,标准离差为 4.5%。试计算甲、乙两项目的标准离差率并比较它们的风险大小。

解析:甲项目:$\nu=\frac{\sigma}{E}\times 100\%=\frac{2\%}{20\%}\times 100\%=10\%$

乙项目:$\nu=\frac{\sigma}{E}\times 100\%=\frac{4.5\%}{30\%}\times 100\%=15\%$

甲项目的标准离差率为 10%,乙项目的标准离差率为 15%,由标准离差率可以判断出甲项目风险较小。甲项目收益低,风险小;乙项目收益高,风险大。对甲、乙两项目的选择取决于投资人的风险好恶。如果偏好风险,选乙;厌恶风险,选甲。

二、风险报酬的计算

投资者做出的投资决策是在风险与报酬之间进行权衡的结果。风险大小与投资者所要求的报酬高低应该成正比。也就是说,风险大,所要求的报酬高;风险小,所要求的报酬低。在正确地计算出某种方案的风险后,必须进行报酬的计算。

(一)风险报酬率

风险报酬率是指投资者因冒风险进行投资而获得的超过资金时间价值率(资金时间价值除以原投资额)的额外报酬率。如果不考虑通货膨胀因素,投资报酬率就是资金时间价值率与风险报酬率之和。风险报酬率的计算需要借助于一个系数——风险价值系数。它们之间的关系用公式表示如下:

$$K=R_F+R_m=R_F+b+\nu$$

式中,K 表示含风险的总报酬率;R_F 表示无风险报酬率;R_m 表示风险报酬率;b 表示风险价值系数;ν 表示标准离差率。

无风险报酬率是没有投资风险和通货膨胀条件下的资金时间价值率。一般可以将国库券的利率视为无风险报酬率。

【做中学 10-16】 假设做中学 10-14 中,甲项目的风险价值系数为 15%,乙项目的风险价值系数为 20%,则两个投资项目的风险报酬率分别为多少?

解析:甲项目:$R_m=b+\nu=15\%\times\frac{1.71\%}{18.35\%}=1.4\%$

乙项目:$R_m=b+\nu=20\%\times\frac{4.68\%}{18.35\%}=5.1\%$

如果无风险报酬率为 10%,则两个项目的投资报酬率分别为:

甲项目:$K=R_F+R_m=10\%+1.4\%=11.4\%$

乙项目:$K=R_F+R_m=10\%+5.1\%=15.1\%$

(二)风险价值决策原则

在多方案的风险性投资决策中,决策者究竟需要按照什么样的准则在风险与报酬之间作出权衡呢?毋庸置疑,总的原则是选择低风险高收益的方案。具体有以下几种情况:

(1)若各方案的期望值相同,应选择标准离差小的方案;

(2)若各方案的期望值不同,应选择标准离差率小的方案;

(3)若各方案的期望值不同,而它们的标准离差率又相同,应选择期望值高的方案。

三、投资组合的风险

投资者在做出投资决策时,为了降低风险、提高收益,不仅可以将一定量的资金集中投资于若干备选资产中风险最小、收益最高的资产上,还可以将资金分开来投资于多项资产上,并使总的风险最小、总的收益最高。比如说,既投资于实物资产,也投资于有价证券;或者同时投资于多种实物资产或有价证券。这种将全部资本投放于多项资产上的投资方式称为投资组合。一般来说,相对于单项投资,组合投资的风险要低一些。

在投资组合中,投资者并不十分注重某一项资产的风险与收益,而是注重投资组合的总风险和总收益。投资组合的期望值,与其中每一项资产的期望值有关,是每一项资产期望值的加权平均值。其计算公式如下:

$$E_P=\sum_{i=1}^{n}W_i\overline{E}_i$$

式中,E_P 表示投资组合的期望值;W_i 表示第 i 种资产在投资组合中所占的价值权重,$\sum_{i=1}^{n}W_i=1$;$\overline{E}_i$ 表示第 i 种资产的期望值;n 表示投资组合中的资产总项数。

【做中学 10-17】 投资者的某项投资组合由 3 项资产构成,它们的期望值分别为 15%、20% 和 25%,价值权重分别为 20%、30%和 50%,则该投资组合的期望值是多少?

解析:$E_P=\sum_{i=1}^{n}W_i\overline{E}_i=20\%\times15\%+30\%\times20\%+50\%\times25\%=21.5\%$

本章术语

金融风险　系统风险　宏观经济风险　利率风险　汇率风险　市场风险
非系统风险　流动性风险　金融风险管理　风险分散　风险对冲　金融市场监管

应知考核

一、单项选择题

1. 在(　　)下,一个重要的特征是上一年的本利和要作为下一年的本金计算利息。

A. 单利　B. 复利　C. 现值　D. 终值

2. (　　)是债券发行人按期履行合约规定的义务、足额支付利息和本金的可靠性程度,又称信用风险或违约风险。

A. 期限　B. 提前赎回条款　C. 税收待遇　D. 债券的信用等级

3. 某人目前向银行存入 1 000 元,银行存款年利率为 4%,在复利计息的方式下,5 年后此人可以从银行取出(　　)元。

A. 1 200.00　　B. 1 216.70　　C. 1 204.00　　D. 1 170.00

4. 将原有股份均等的拆成若干较小的股份是指(　　)。

A. 增资　　B. 减资　　C. 股份分割　　D. 公司资产重组

5. 某人进行一项投资，预计 6 年后会获得收益 880 元，在年利率为 5%的情况下，这笔收益的现值为(　　)元。

A. 4 466.62　　B. 656.66　　C. 670.56　　D. 4 455.66

二、多项选择题

1. 影响债券投资价值的内部因素有(　　)。

A. 期限　　B. 票面利率　　C. 税收待遇　　D. 流通性

2. 影响债券投资价值的外部因素有(　　)。

A. 基础利率　　B. 市场利率　　C. 通货膨胀水平　　D. 汇率波动

3. 影响股票投资价值的内部因素主要包括(　　)。

A. 公司净资产　　B. 公司盈利水平　　C. 股份分割　　D. 公司资产重组

4. 下列关于马考勒久期定理的说法中正确的有(　　)。

A. 直接债券的马考勒久期大于它们的到期时间

B. 在到期时间相同的条件下，息票率越高，久期越短

C. 在息票率不变的条件下，到期时期越长，久期一般也越长

D. 在其他条件不变的情况下，债券的到期收益率越低，久期越长

5. 影响股票投资价值的外部因素主要包括(　　)。

A. 宏观经济因素　　B. 行业因素　　C. 市场因素　　D. 公司资产重组

三、判断题

1. 一般来说，未来的预期收入具有不确定性。(　　)

2. 债券的票面利率越低，债券价格的易变性也就越小。(　　)

3. 当净现值大于零时，意味着内在价值大于债券价格，即市场利率高于债券承诺的到期收益率，该债券被高估。(　　)

4. 股利水平越高，股票价格越低；反之，股利水平越低，股票价格越高。(　　)

5. 在期望值相同的情况下，标准离差越大，偏离程度越大，风险越大。(　　)

四、简述题

1. 简述影响债券投资的价值因素。

2. 简述麦尔齐尔债券定价的五个原理。

3. 简述关于马考勒久期的六大定理。

4. 简述影响股票投资价值的因素。

5. 简述风险的种类及相关内容。

五、计算题

1. 某公司股票预计每年每股股利为 1.8 元，市场利率为 10%，则该公司股票内在价值为多少？

2. 某公司发行的股票，经分析属于固定成长型，预计获得的报酬率为 10%。最近一年的每股股利为 2 元，预计股利增长率为 6%，则该种股票的价值为多少？

3. 某公司拟于某年2月1日购买一张面额为1 000元的债券。其票面利率为8%，每年2月1日计算并支付一次利息，并于5年后的1月31日到期。市场利率为10%，债券的市价是920元，能否购买该债券？

4. 某公司发行票面金额为1 000元，票面利率5%，期限为5年的债券。该债券每年付息一次，到期按面额偿还本金。分别按市场利率为4%、5%、6%三种情况计算其发行价格。

5. 某企业拟购买另一家企业发行的利随本清的企业债券。该债券面值为1 000元，期限为5年，票面利率为10%，不计复利，当前市场利率为8%。该债券的价格为多少时，企业才适合购买？

应会考核

■ 观念应用

【背景资料】

王先生的储蓄选择

甲银行可提供2年期定期存款服务，名义年利率为4%，该存款每季计息一次；乙银行同样可提供2年期定期存款服务，名义年利率为3.9%，该存款每月计息一次。王先生手上有现金100万元。

【考核要求】

王先生应选择哪一家银行储蓄？

■ 技能应用

雪银化纤股份有限公司股票发行定价

雪银化纤股份有限公司（以下简称"雪银公司"）拟发行股票3 500万股，面值1元，采取溢价发行，由蓝天证券公司（以下简称"蓝天公司"）包销。雪银公司在与蓝天公司确定股票的发行价格时，雪银公司提出，本公司盈利能力强、产品质量好，在市场上有较强的竞争实力，流通盘又小，因此认为应将股票发行价格定为7元/股为宜；蓝天公司认为，该股票所在行业前景不是很好，同类股票近期在二级市场上表现不是很理想，而且大盘处于疲软状况，因此提出将发行价格定为4.5元/股较为合适。后经双方协商，在对雪银公司现状和前景以及二级市场分析的基础上，将股票发行价格定为5.2元/股，并上报中国证监会核准。

资料来源：李贺等：《金融市场学》（第三版），上海财经大学出版社2022年版，第251—252页。

【技能要求】

（1）影响股票发行价格的因素是什么？

（2）我国股票发行定价的方式和过程是怎样的？

■ 案例分析

【情景与背景】

年薪30万，银行存款200万，理财怎么做？

在上海工作的屈先生，今年38岁，是一家跨国公司的部门负责人。屈先生现在税后年薪约30万元，公司有五险一金，福利齐全，另外还有年终奖4万～6万元。屈先生在上海有房子一套，价值约450万元，银行存款有200多万元。

据了解，屈先生的房子每月有4 000多元的房贷要还款。屈先生的太太是家庭主妇，不过有时也兼职去外语学校代课，一个月能获得3 000多元的收入。屈先生的银行存款大部分为定期储蓄，小部分资金买了一些股票以及投资了一些在余额宝。目前，他感到余额宝的收益下滑，因此他考虑起了其他的投资。

资料来源：李贺等：《金融市场学》(第三版)，上海财经大学出版社 2022 年版，第 252 页。

【分析要求】

请帮助屈先生做出其他投资规划，并做出理财价值分析。

本章实训

【实训内容】

股票投资交易程序及其收益分析。

【实训步骤】

根据本项目所学的内容，结合你以前和现在所学过的课程，对股票进行投资，并查看分析最后的盈亏情况并对此进行分析总结。

【实训要求】

将你所做的实训内容填写在表 10—6 中，教师进行点评总结，并撰写实训报告。

股票模拟投资

(一)确定投资对象

在所选行业中确定投资对象为________________________________。

(二)确定投资策略

根据以上分析确定对自己的股票投资策略为________________________。

(三)进行股票模拟投资

根据确定的投资对象和投资策略进行一周的模拟投资(与实训同时进行，如果条件允许，可以进行 T+0 交易)，观察行市变化情况。

(四)记录模拟交易过程和计算交易盈亏

股票交易过程记录如表 10—6 所示。

表 10—6 股票交易过程记录表

序号	股票简称	股票代码	买卖次序	日期	时间	买卖方向	成交价格(元)	成交数量(股)	盈亏(元)
1			1						
			2						
			3						
			4						
			5						
2			1						
			2						
			3						
			4						
			5						

续表

序号	股票简称	股票代码	买卖次序	日期	时间	买卖方向	成交价格（元）	成交数量（股）	盈亏（元）
3			1						
			2						
			3						
			4						
			5						
4			1						
			2						
			3						
			4						
			5						
5			1						
			2						
			3						
			4						
			5						
6			1						
			2						
			3						
			4						
			5						
合计盈亏　　　　元									

教师检查签字________________　　　　检查时间________年____月____日

《股票投资交易程序及其收益分析》实训报告		
实训班级：	项目小组：	项目组成员：
实训时间：　年　月　日	实训地点：	实训成绩：
实训目的：		
实训步骤：		
实训结果：		
实训感言：		

第十一章　金融风险和金融市场监管

知识目标

理解：金融风险的概念和特征；金融风险的来源；金融风险的经济结果；金融风险管理及相关概念；金融市场监管的概念。

熟知：风险管理的发展趋势；金融市场监管的必要性；发达国家金融市场监管体制；我国金融市场监管体制。

掌握：金融风险的分类；金融风险管理的过程；金融市场监管的目的；金融市场监管的原则；金融市场监管的方法。

技能目标

能够正确认知金融风险和金融监管在现今金融市场中的重要性；提高金融风险和监管的应用能力、职业判断能力与相关知识的更新能力。

素质目标

能够结合当今金融风险和金融监管的实际，提高分析问题和总结问题的能力，同时提高语言表达能力、与人合作的能力。

思政目标

培养学生的风险意识和责任担当，明白金融风险对经济社会的重大影响，树立正确的价值观，在面对利益诱惑时坚守道德底线；理解金融市场监管的重要性，培养学生的法治观念，认识到依法监管是维护金融秩序和社会公平的保障；激发学生的社会责任感，鼓励为构建稳定、公平、有序的金融环境贡献力量，推动金融行业健康发展，服务国家经济建设。

课程引例

坚持把防控风险作为金融工作的永恒主题

——学习《习近平关于金融工作论述摘编》

防范化解金融风险，特别是防止发生系统性金融风险，是金融工作的根本性任务，也是金融工作的永恒主题。

防范化解金融风险关乎国家长治久安。金融安全是国家安全的重要组成部分,是经济平稳健康发展的重要基础。维护金融安全,是关系我国经济社会发展全局的一件带有战略性、根本性的大事,责任重大,容不得丝毫疏忽懈怠。必须充分认识防范化解金融风险的极端重要性,切实把维护金融安全作为治国理政的一件大事,扎扎实实把金融工作做好。

防范化解金融风险关乎中国式现代化建设全局。金融是国民经济的血脉,也是资源配置和宏观调控的重要工具。金融活,经济活;金融稳,经济稳。当今世界,金融是大国博弈的必争之地。一个国家一旦发生系统性风险,现代化进程往往就被迟滞甚至中断。必须增强金融报国情怀,为实体经济发展提供更高质量、更有效率的金融服务,促进经济和金融良性循环。

防范化解金融风险关乎人民群众切身利益。我们党领导的金融事业,归根到底要造福人民。实践中,重大金融风险可能造成社会财富受损、金融服务中断,直接侵害人民群众切身利益。必须始终坚持以人民为中心,以实际行动践行金融工作的政治性、人民性,坚决维护金融消费者合法权益,让广大群众更好共享金融发展成果。

在以习近平同志为核心的党中央坚强领导下,我国防范化解金融风险攻坚战取得重要阶段性成果,有力维护了经济社会稳定和人民财产安全。

资料来源:《人民日报》评论员:“坚持把防控风险作为金融工作的永恒主题”,《人民日报》,2024年4月19日。

● 引例导学

通过上述引例可以看出,金融是最需要监管的领域,金融监管体制和能力要适应我国金融体系发展要求。本章将介绍金融风险和金融市场监管的概念、特征;金融风险管理的过程、金融市场监管的方法等。

● 知识精讲

第一节 金融风险概述

一、金融风险的概念和特征

(一)金融风险的概念

动漫视频

金融风险

风险一般是指产生损失的可能性或不确定性。风险是由风险因素、风险事故和损失的可能性三个要素有机构成的。金融风险也是一种风险,是指金融变量的变动所引起的资产组合未来收益的不确定性。

(二)金融风险的特征

1. 隐蔽性

隐蔽性是指由于金融机构经营活动的不完全透明性,在其不爆发金融危机时,可能因信用特点而掩盖金融风险不确定损失的实质。

2. 扩散性

扩散性是指由于金融机构之间存在复杂的债权和债务关系,一家金融机构出现危机可能导致多家金融机构接连倒闭的“多米诺骨牌效应”现象。

3. 加速性

加速性是指一旦金融机构出现经营困难,就会失去信用基础,甚至出现挤兑风潮,这样会加速金融机构的倒闭。

4. 不确定性

不确定性是指金融风险发生需要一定的经济条件或非经济条件，而这些条件在风险发生前都是不确定的。

5. 可管理性

可管理性是指通过金融理论的发展、金融市场的规范、智能性的管理媒介，金融风险可以得到有效的预测和控制。

6. 周期性

周期性是指金融风险受经济循环周期和货币政策变化的影响，呈现规律性、周期性的特点。

二、金融风险的来源

金融风险来源于风险暴露以及影响资产组合未来收益的金融变量变动的不确定性。未来收益有可能受金融变量变动影响的那部分资产组合的资金头寸称为风险暴露。风险与暴露如影随形，紧密结合。没有风险暴露就没有风险，也就无所谓金融风险了。同时，暴露与风险又具有不同的内涵，暴露反映的是风险资产目前所处的一种状态，而风险是一种可能性。风险暴露的程度可以用暴露和风险同时加以刻画，如贷款的信用风险暴露等于该笔贷款目前的信用暴露与违约损失率的乘积。

不确定性是金融活动中客观存在的事实，反映了一个特定事件在未来变化有多种可能的结果。不确定性是金融风险产生的根源，不确定性越大，风险也就越大。不确定性可以进一步细分为外在不确定性和内在不确定性。外在不确定性是指生成于某个经济系统自身范围之外的风险因子。外在不确定性对整个经济体系都会带来影响，导致的风险一般是系统性风险；内在不确定性主要源自经济体系之内的因素（如主观决策、获取信息的不充分性等）造成的不确定性，它具有明显的个体性，可以通过设定合理的规则或投资分散化等方式来降低其产生的金融风险，这些风险都为非系统性风险。

三、金融风险的经济结果

（一）金融风险对微观经济的影响

它包括：可能给微观经济主体带来直接或潜在的经济损失、影响投资者的预期收益、增大交易和经营管理成本、可能降低部门生产率和资金利用率。

（二）金融风险对宏观经济的影响

它包括：可能引起一国经济增长、消费水平和投资水平的下降；影响一国的国际收支；可能造成产业结构不合理、社会生产力水平下降，甚至引起金融市场秩序混乱，对经济产生严重破坏；对宏观经济政策的制定和实施产生重大影响。

四、金融风险的分类

金融风险的种类和分类标准很多。按照能否分散，可将金融风险分为系统风险和非系统风险；按照会计标准，可将金融风险分为会计风险和经济风险；按照驱动因素，可将金融风险分为市场风险、信用风险、操作风险和流动性风险等类型。在这里仅介绍系统风险和非系统风险。

（一）系统风险

系统风险是指由于多种因素的影响和变化，导致投资者风险增加，从而给投资者带来损失的可能性。系统风险又被称为“不可分散风险”或“不可回避风险”。系统风险包括宏观经济风险、购买力风险、利率风险、汇率风险和市场风险。

1.宏观经济风险

宏观经济风险指的是经济活动和物价水平波动可能导致的企业利润损失。宏观经济风险具有潜在性、隐藏性和累积性的特点。

(1)宏观经济风险的潜在性指的是宏观经济风险总是与宏观经济系统相伴而生的,宏观经济发展和运作本身就蕴涵着经济风险。

(2)宏观经济风险的隐藏性指的是虽然宏观经济风险总是潜在的,但在多数情况下是隐藏在经济系统内部的,并不会明显地表现出来,只是到了一定的时候才会暴露出来。

(3)宏观经济风险的累积性指的是宏观经济风险会随着社会经济矛盾的不断加深而日益增大,当累积到一定程度的时候就会引发经济危机。

2.购买力风险

购买力风险又称通货膨胀风险,是指由于通货膨胀的不确定性变动导致金融机构遭受经济损失的可能性。通货膨胀是各国经济发展中经常发生的经济现象。通货膨胀率的高低对利率和金融资产价格及其收益都会产生很大影响。当通货膨胀率提高时,由于货币贬值将使金融机构的债权受到损失,同时金融机构的投资收益所代表的实际购买力也在下降,如果通货膨胀率大于名义投资收益率,实际收益将为负,这会给金融机构造成更大损失。

3.利率风险

利率风险是指由于利率的变动而给金融机构带来损失或收益的可能性。在存贷款业务中,利率的上升与下降,意味着利息支出或利息收入的增加或减少。证券投资业务中,由于利率的高低会反方向影响证券价格,从而影响买卖证券的价格收益。保险业务中,费率的确定需要考虑到利率因素,不可避免地也会遇到利率风险。与信用风险不同,利率风险既可能使金融机构遭受损失,也可能使其从中获得收益。利率的某一变动,在使用金融机构的某些业务受损或获益的同时,也会使其他一些业务受损或获益,当然,这些受到相反影响的业务不一定属于同一金融机构。

4.汇率风险

汇率风险又称外汇风险,是指由于汇率变动而使以外币计价的收付款项、资产负债造成损失或收益的不确定性。外汇风险具有或然性、不确定性和相对性三大特征。

(1)外汇风险的或然性是指外汇风险可能发生也可能不发生,不具有必然性。

(2)外汇风险的不确定性是指外汇风险给持有外汇或有外汇需求的经济实体带来的可能是损失也可能是盈利,它取决于在汇率变动时经济实体处于债权地位还是债务地位。

(3)外汇风险的相对性是指外汇风险给一方带来的是损失,给另一方带来的必然是获利。

5.市场风险

市场风险是指由于金融市场变量的变化或波动而引起的资产组合未来收益的不确定性。市场风险具有以下特点:

(1)主要由证券价格、利率、汇率等市场风险因子的变化引起。

(2)种类众多、影响广泛、发生频繁,是各个经济主体所面临的最主要的基础性风险。

(3)常常是其他金融风险的驱动因素。

(4)相对于其他类型的金融风险而言,市场风险的历史信息和历史数据的易得性较高。

(二)非系统风险

非系统风险是与整个股票市场或者整个期货市场或外汇市场等相关金融投机市场波动无关的风险,是指某些因素的变化造成单只股票或者单个期货、外汇品种以及其他金融衍生品种的价格下跌,从而给有价证券持有人带来损失的可能性。非系统风险是可以抵消、回避的,因此又被称为“可分散风险”或“可回避风险”。非系统风险包括信用风险、财务风险、经营风险、流动性风险和操作风险。

1.信用风险

信用风险又被称为违约风险，是指在信用活动中由于存在不确定性而使本金和收益遭受损失的可能性。例如，在银行业务中，贷款是一项主要的资产业务，它要求银行对借款人的信用水平作出判断。但由于信息不对称，这些判断并非总是正确的，而且借款人的信用水平可能会因各种原因而下降。

【提示】银行面临的主要风险就是借款人不能履约的风险，即信用风险。

这些风险不仅存在于贷款业务中，而且存在于其他债券投资、票据买卖、担保、承兑等业务中。信用风险的一个显著特征是在任何情况下都不可能产生额外收益，风险后果只能是损失。

2.财务风险

财务风险是指公司财务结构不合理、融资不当使公司可能丧失偿债能力而导致投资者预期收益下降的风险。其主要特征表现在以下方面：

(1)客观性。即风险处处存在、时时存在。也就是说，财务风险不以人的意志为转移，人们无法回避它，也无法消除它，只能通过各种技术手段来应对风险，进而避免风险。

(2)全面性。即财务风险存在于企业财务管理工作的各个环节，在资金筹集、资金运用、资金积累、资金分配等财务活动中均会产生财务风险。

(3)不确定性。即财务风险在一定条件下、一定时期内有可能发生，也有可能不发生。

(4)收益与损失共存性。即风险与收益成正比，风险越大，收益越高；反之，风险越低，收益也就越低。

3.经营风险

经营风险是指企业的决策人员与管理人员在经营管理过程中出现失误而导致企业盈利水平变化，从而使投资者预期收益下降的可能性。

经营风险来自企业内部因素和外部因素两个方面。企业内部的因素主要有：①项目投资决策失误，未对投资项目做可行性分析，草率上马；②不注意技术更新，使企业在行业中的竞争地位下降；③不注意市场调查，不注意开发新产品，仅满足于目前企业产品的市场占有率和竞争力，满足于目前的利润水平和经济效益；④销售决策失误，过分地依赖大客户、老客户，没有注重打开新市场，寻找新的销售渠道；⑤企业的主要管理者因循守旧、不思进取，机构臃肿、人浮于事，对可能出现的天灾人祸没有采取必要的防范措施等。企业外部因素是企业以外的客观因素，如政府产业政策的调整、竞争对手的实力变化使公司处于相对劣势地位，引起企业盈利水平的相对下降等。但是，经营风险主要还是来自企业内部的决策失误或管理不善。

4.流动性风险

流动性风险是指由于流动性的不确定变化而使金融机构遭受损失的可能性。流动性包含两层概念：一层是指金融资产以合理的价格在市场上流通、交易及变现的能力；另一层概念是指金融机构能够随时支付其应付款项的能力以及能以合理的利率方便地筹措资金的能力。如果这些方面的能力强，则其流动性好；反之，则流动性差。当发生储户挤兑而银行头寸不足时，就会发生流动性风险，若控制不力会波及整个金融体系的安全。

5.操作风险

操作风险是指由于不完善或有问题的内部操作过程、人员、系统或外部事件而导致的直接或间接损失的风险。操作风险的基本特征有：①操作风险成因具有明显的内生性。②操作风险具有较强的人为性。③操作风险与预期收益具有明显的不对称性。④操作风险具有广泛存在性。⑤操作风险具有与其他风险很强的关联性。⑥操作风险的表现形式具有很强的个体特性或独特性。⑦操作风险具有高频率、低损失和高损失、低频率的特点。⑧操作风险具有不可预测性和特发性。⑨操作风险的管理责任具有共担性。

五、金融风险管理及相关概念

(一)金融风险管理的概念

金融风险管理是指金融企业在筹集和经营资金的过程中,对金融风险进行识别、衡量和分析,并在此基础上有效地控制与处置金融风险,用最低成本,即用最经济合理的方法来实现最大安全保障的科学管理方法。

(二)风险分散

风险分散是指通过多样化的投资来分散和降低风险的方法。根据多样化投资分散风险的原理,商业银行的信贷业务应是全面的,不应集中于同一业务、同一性质,甚至同一国家的借债人。多样化投资分散风险的风险管理策略前提条件是要有足够多的相互独立的投资形式。同时,风险分散策略是有成本的。

(三)风险对冲

风险对冲是指通过投资或购买与标的资产收益波动负相关的某种资产或衍生产品,来冲销标的资产潜在的风险损失的一种风险管理策略。风险对冲是管理市场风险(利率风险、汇率风险、股票风险和商品风险)非常有效的办法。

(四)风险转移

风险转移是指通过购买某种金融产品或采取其他合法的经济措施将风险转移给其他经济主体的一种风险管理办法。

一般来说,风险转移的方式可以分为非保险转移和保险转移。非保险转移是指通过订立经济合同,将风险以及与风险有关的财务结果转移给别人。在经济生活中,常见的非保险风险转移有租赁、互助保证、基金制度等。保险转移是指通过订立保险合同,将风险转移给保险公司(保险人)。个体在面临风险的时候,可以向保险人缴纳一定的保险费,将风险转移。一旦预期风险发生并且造成了损失,则保险人必须在合同规定的责任范围之内进行经济赔偿。

(五)风险规避

风险规避是指商业银行拒绝或退出某一业务或市场,以避免承担该业务或市场具有的风险。不做业务,不承担风险。风险规避主要通过限制某些业务的经济资本配置来实现。风险规避策略的局限性在于它是一种消极的风险管理策略。

(六)风险补偿

风险补偿是指商业银行在所从事的业务活动造成实质损失之前,对所承担的风险进行价格补偿的策略性选择。在交易价格上附加更高的风险溢价,即通过加价来索取风险回报。

六、金融风险管理的过程

金融风险管理是一个十分复杂的过程,根据金融风险管理过程中各项任务的基本性质,可以将整个金融风险管理分为以下六个阶段。

(一)金融风险的度量

金融风险的度量,就是鉴别金融活动中各项损失的可能性,估计可能损失的严重性。金融风险的度量包括以下方面:

1. 风险分析

风险分析包括:分析各种风险暴露,如哪些项目存在金融风险,受何种金融风险的影响;分析各种资产和负债受到金融风险影响的程度;分析金融风险的成因和特征,分清哪些风险可以回避、哪些风险可以分散、哪些风险可以减少。

2. 风险评估

风险评估包括：预测和衡量金融风险的大小；确定各种金融风险的相对重要性；明确需要处理的缓急程度，以此对未来可能发生的风险状态、影响因素的变化趋势做出分析和判断。

（二）风险管理对策的选择和实施方案的设计

在完成准确的风险度量之后，管理者必须考虑金融风险管理策略。不同的金融风险，可以采取不同的策略。风险管理的方法一般分为控制法和财务法。所谓控制法，是指在损失发生之前，运用各种控制工具，力求消除各种隐患，减少风险发生的因素，将损失的严重后果减少到最低限度。所谓财务法，是指在风险事件发生后已经造成损失时，运用财务工具，对损失的后果给予及时的补偿，促使其尽快地恢复。

（三）金融风险管理方案的实施和评价

金融风险管理方案确定后，必须付诸实施。金融风险管理方案的实施，直接影响着金融风险管理的效果，也决定了金融风险管理过程中内生风险的大小，因此，它要求各部门互相配合支持，以保证方案的顺利实施。金融风险管理方案的实施和评价是指不断通过各种信息反馈检查风险管理决策及其实施情况，并视情形不断地进行调整和修正，以此更加接近风险管理的目标。

（四）风险报告

风险报告是指金融企业定期通过其管理信息系统将风险报告给其董事会、高级管理层、股东和监管部门的程序。风险报告应具备以下几方面的要求：

（1）输入的数据必须准确有效，必须经过复查和核对来源于多个渠道的数据才能确定。

（2）应具有时效性，风险信息的收集和处理必须及时、高效、准确。

（3）对不同的部门提供不同的报告。近年来，监管部门采取措施要求金融企业改进风险报告和年报中的信息披露，金融工具的会计计账方法也逐步转向以公允价值为基础的更科学的方法。

（五）风险管理的评估

风险管理的评估是指对风险度量、选择风险管理工具、风险管理决策以及金融风险管理过程中业务人员的业绩和工作效果进行全面的评价。

（六）风险确认和审计

风险管理程序的最后一个部分是确认金融企业正在使用的风险管理系统和技术是有效的。风险确认和审计主要是指内部审计和外部审计对风险管理程序的检查，这就要求内部审计中需要更高水平的专业技术，用于保证了解和检查风险管理职能的有效性。

七、风险管理的发展趋势

全面风险管理是现代风险管理理论的最新发展，主要始于 20 世纪 90 年代中后期的欧美国家。它是一种以先进的风险管理理念为指导，以全球的风险管理体系、全面的风险管理范围、全程的风险管理过程、全新的风险管理方法、全员的风险管理文化、全额的风险管理计量等全面的风险管理概念为核心的一种崭新的风险管理模式，目前已成为金融、电信等许多高风险行业研究的热点。它是保证管理活动持续发展和竞争优势的最重要方式，也体现了风险管理的发展趋势。

全面风险管理的本质概念是指考虑了企业所有的风险因素和所有业务部门及其相关性，基于企业整体的风险管理，是相对于传统的单风险因素或单业务部门的风险管理而言的。其核心理念是用系统的、动态的方法进行风险控制，以减少项目过程中的不确定性。它不仅使各层次的项目管理者树立风险意识，重视风险问题，防患于未然，而且在各个阶段、各个方面进行有效的风险控制，形成一个前后连贯的管理过程。

第二节 金融市场监管概述

一、金融市场监管的概念

金融市场监管是由金融监管当局制定并执行的，直接干预金融市场配置机制，或间接改变金融企业和金融产品消费者供需决策的一般规则或特殊行为。

从金融市场监管的概念可以看出，金融市场监管的主体是一个国家和地区的金融市场监管当局；金融市场监管的客体是金融市场和金融行业，包括金融市场的配置机制、金融企业、金融产品消费者；金融市场监管的依据是有关金融法律、法规、条例和政策。

二、金融市场监管的必要性

（一）市场经济的内在要求

从市场经济的内在要求来看，在现实经济运作中，由于存在着垄断、价格黏性、市场信息不对称、外部负效应等情况，竞争有效发挥作用的各种条件在现实中不能得到满足，从而导致经常性的"市场失灵"。因此，完全的自由放任并不能使金融市场运行实现规范合理和效率最优，这就需要借助政府的力量，从市场外部通过法令、政策和各种措施对金融市场主体及其行为进行必要的管制，以弥补市场缺陷。

（二）金融业的特殊性

1. 金融业在国民经济中具有特殊地位和作用

在现代市场经济中，金融业是货币流通中心、资金融通中心、社会支付结算中心。特别是在当代完全的信用货币制度下，金融已不再扮演简单的中心角色，而是积极地发挥着创造货币和信用流通工具的功能，从而使其对经济发展的作用从最初适应性的便利与促进，发展到现在主动性的推动和先导上来，成为一国经济发展的关键。金融业的稳定与效率直接影响着国民经济的运作与发展，甚至社会的安定，由此决定了必须对金融市场严格监管，保证金融市场体系的安全、有效运行。

2. 金融业存在巨大的内在风险

一方面，与其他行业相比，金融业是一个特殊的高风险行业，这种特殊性决定了国家需要对该行业市场进行监管。金融业特殊的高风险首先表现在所经营对象的特殊性上，金融机构经营的不是普通商品，而是货币资金，包括债券、股票、保险单等商品。它们与客户的经营关系都以信用为基础，而信用本身就包含了许多不确定性因素，这就决定了金融市场机构的经营具有内在的风险，这些风险一旦成为现实，就会动摇社会公众对金融市场机构的信任，引发金融危机。

另一方面，金融业负债比率高，自有资本少，营运主要依靠外部资金来源，特别是银行采取部分准备金制度，从事短借长贷的资金运用及证券投资等高风险经营，同时又必须随时满足客户提款或支付的需要。这就使银行的经营具有内在的不稳定性，其生存在很大程度上依赖于公众的信任。一旦金融市场机构出现风险，就会动摇公众信心，极易引发挤提存款、抛售有价证券等金融恐慌现象。

3. 金融业具有公共性

金融业公共性与金融市场活动涉及的广泛性相关。但由于金融业具有相对垄断性，不是任何人都能参与自由竞争的行业，有可能做出不利于债权人（或债务人）的安排，或向客户提供不公平的歧视性服务。同时，在金融活动中，广泛存在信息不完全或信息不对称的情况。为了防止相对垄断可能带来的不公平和信息不对称造成的评价、选择困难，需要通过金融市场监管来约束金融市场机构的行为，保护公众利益。

三、金融市场监管的目的

（一）维护金融市场体系的安全与稳定

这是金融市场监管的首要目标，金融机构是经营货币信用的特殊企业，是风险很大的行业。任何一家金融机构经营出现严重问题都会引起连锁反应，由此导致经济、金融秩序的严重混乱，甚至引发经济、金融危机。因此，世界各国均将金融市场体系视为国民经济的神经中枢，千方百计地维持和保护。

（二）保护存款人与投资人的利益

这是金融市场监管的具体目标，存款人通过银行机制成为事实上的贷款人，保护存款人的利益实质上是维护信用制度，也使银行得以生存。投资人是金融市场上的参与主体，作为资金的输出方，也是各种交易中的信息弱势群体，需要受到保护。因此，金融市场监管当局要保证存款人和投资人的利益不受损害。

以上两个目的之间存在密切联系、相辅相成，维护金融市场体系的安全和稳定是保护存款人和投资者利益的前提条件，金融市场机构一旦出现危机，遭受损失的首先是存款人和投资者；同时，保护存款人和投资者利益又可以促进金融市场体系的安全与稳定。

四、金融市场监管的原则

（一）依法监管原则

依法监管是指金融市场监管必须依据法律，符合法律，不得与法律相违背。具体要求是，金融市场监管主体由法律确定，金融市场监管权力由法律授予，金融市场监管权力的行使必须依据并遵守法律，违反合法性原则的金融市场监管没有法律效力。

（二）合理性原则

合理性的基本要求是：金融市场监管行为的动因应符合金融市场监管目的，金融市场监管行为应建立在正当考虑的基础上，金融市场监管行为的内容应合乎情理。

合理性原则实质上是要求金融市场监管主体行使职权时要符合常理（法律精神）。一般而言，在实施金融市场监管时，具有不正当动机（目的）及不合理内容的决定，就是滥用自由裁量权的行为，这有悖于法律精神。

（三）协调性原则

协调性原则要求金融市场监管行为应具有协调性。这种协调性主要包括以下方面：

（1）不同金融市场监管主体之间的协调性。

（2）同一金融市场监管主体不同职能部门之间及上下级机构之间职责划分要合理明确、相互协调。

（3）金融市场监管与宏观金融调控之间要相互协调，从某种意义上讲，有效的金融市场监管是做好金融宏观调控的基本条件。

（四）效率原则

效率原则有两个概念：一是金融市场监管不得压制竞争，要鼓励、倡导和规范竞争，创造适合金融竞争的外部竞争环境，防止垄断，提高金融市场体系的整体效率；二是金融市场监管本身也要讲究效率，降低金融市场监管成本，减少社会支出，从而增加社会净福利。

五、金融市场监管的方法

（一）非现场检查监管

非现场检查监管又称非现场监测，是按照审慎性原则进行监管的重要方式之一。具体而言，非现场检查监管是指监管机构通过收集金融市场机构的经营管理和财务数据，运用一定的技术方法（如各种模型与比例分析等），研究分析金融市场机构经营的总体状况、风险管理状况、合规情况等，发现其风险管理中存在的问题，对其稳健性经营情况进行评价。通过非现场检查监管，能够及时和连续监测金融市场机构的经营风险状况，为现场检查监管提供依据和指导，使现场检查监管更有针对性，有利于合理分配监管资源，发挥现场检查监管的最大效力。

（二）现场检查监管

现场检查监管是金融市场监管当局实施监管的一种重要方式，是由金融市场监管当局指派监管人员进入金融市场机构经营场所，通过查阅各类财务报表、文件档案、原始凭证和规章制度等业务资料，核实、检查和评价金融市场机构的合法经营情况等。通过现场检查，有助于全面、深入地了解金融市场机构的经营和风险状况，对金融市场机构的合法经营和风险状况作出客观、全面的判断和评价。现场检查后，检查组要对发现的问题提出意见和看法。

第三节 发达国家金融市场监管体制

一、美国金融市场监管体制

美国金融市场体系的发展虽然只有两百多年的历史，但其金融市场体系比较健全，金融市场的发育也比较成熟。美国的金融市场监管体制是由联邦政府和州政府共同负责的分业监管，分为联邦管理系统和州管理系统两部分。其中，美联储、货币监督署、联邦存款保险公司以及州政府的相关部门共同负责对银行业的监管；美国证券交易委员会负责对证券业的监管；美国全国保险监督协会以及州设立的保险局负责对保险业的监管；美国商品交易委员会负责对期货业的监管。

美国的金融市场监管体制呈现出以下特点：

（一）分业监管体制

分业监管体制既有监管专业化分工优势，又有监管竞争优势，每个监管机构之间尽管监管对象不同，但相互之间也存在竞争压力，这样可以提高监管效力。但是，分别设立多个监管机构不仅要花费很大成本，而且各个监管主体之间的协调难度也增加。美国 1999 年 11 月颁布《金融服务现代化法案》，金融业混业经营时代正式开始，但是美国的金融市场监管体制并未随着经营体制的改变而改变，没有由分业监管转变为混业监管，只是更强调了美联储的综合监管职能，并加强了众多监管部门的协调与配合。

（二）双线监管模式

由于联邦和州政府都有权对金融市场机构实施监管，而且在两个层级上都有多个监管的权威机构，这就使得美国的金融市场被置于严密的监管之下。不同的监管者从不同侧面、不同角度及时发现问题，并及时采取相应措施予以补救，从而最大限度地降低金融市场的营运风险。

（三）明晰的金融监管法律体系

在旧的金融监管模式下，银行领域有《格拉斯—斯蒂格尔法案》，保险领域有《州保险法》，证券领域有《证券法》《证券交易法》《投资公司法》等，1999 年的《金融服务现代化法》，对原有的金融法律和法规进一步修正，将法律规范的范围扩大到整个金融服务业。严格的立法和司法制度程序有助于营造一个规范有序、公平竞争的金融市场环境，减少不确定性和金融风险的发生。

二、日本金融市场监管体制

日本在金融市场监管体制的建设上，一直将美国模式作为范本，在“二战”后实行分业监管体制，但在20世纪末，为顺应金融业的发展，同英国一样实施了金融监管体制改革，转变为混业监管体制。

日本的金融市场监管体制呈现出以下特点：

（一）突出金融市场监管的独立性

日本旧制度的症结是大藏省集财政、金融管理为一体，凌驾于中央银行之上，货币政策与金融市场监管丧失了其应有的独立性。新制度强调中央银行的独立性，赋予其独立制定货币政策的职能，而金融厅成为日本金融监管的最高权力机构，全面负责对所有金融机构的监管工作。为了确保金融厅的独立性，日本规定金融厅的长官由首相直接任命，人事权由金融厅长官直接掌握和负责。中央银行也负有金融市场监管的职责，为控制金融风险而对金融市场机构进行检查以及提供相关的服务，但在金融厅长要求时，中央银行应向其出示检查结果，并允许金融厅职员阅读相关资料。

（二）从带有浓厚的行政管理色彩向缩小行政监管的范围转变，逐步增强市场约束在监管中的作用

日本金融监管当局顺应金融自由化的发展趋势，适当缩小了行政监管的范围，行政监管只负责金融制度的确立、经营的合规性与稳健性、金融风险监管等宏观内容，不再干预金融市场机构的具体业务，主要通过信息披露的方式对金融市场的运营状况进行监管，并增强居民风险意识，加强会计师事务所等社会中介服务机构的社会监督职能。

（三）分业监管与功能监管的统一，高度重视分业监管的优势，更加注重功能监管

从日本金融厅的内设机构可以看出，日本虽然在整体上实行了混业监管，但在日本金融厅内部还是实行非常严格的分业监管，银行、证券和保险监管机构分开，既保证了由分业监管向混业监管的平稳过渡，又能够充分发挥分业监管所具有的专业化优势。目前，金融市场监管理论界将功能监管作为比机构性监管更为优化的一种监管模式。日本在进行金融体制改革时，考虑到未来金融市场监管理论的发展方向，在监管机构的设计上更加贴近功能监管。

三、英国金融市场监管体制

英国是金融业发展最早的国家。1997年10月，英国金融服务监管局成立，标志着英国金融市场监管体制由分业监管模式转变为混业监管模式。在1997年金融服务监管局成立前，英国实行单线多头式的混业监管模式，监管权集中于中央政府，由不同的监管机构对不同的金融市场机构和金融业务进行监管。英国金融服务监管局成立后，成为集银行、证券、保险三大监管责任于一身的一元化金融市场监管机构。

英国的金融市场监管体制呈现出以下特点：

（一）金融市场监管的权力高度集中

英国金融服务监管局拥有对金融机构、金融市场、服务于该市场的专业机构和个人的清算与支付系统等进行谨慎监管的全部权力。英国金融服务监管局除接受原有各金融监管机构的职能外，还负责过去某些不受监管的领域，如金融机构与客户合同中的不公平条款、金融市场行业准则、为金融业提供服务的律师与会计师事务所等的规范与监管。

（二）快速而彻底的体制改革

与其他国家相比较，英国在1997年的金融监管体系改革时进程较快且一步到位，在不到4年的时间里整合了原来众多的金融市场监管机构，且将全部的金融市场监管职能都赋予了金融服务局。

（三）温和的监管理念

英国是发展最早的市场经济国家，自由民主的思想十分浓厚。它形成的金融市场监管理念同

其他国家相比，更注重社会道德和自我约束，其监管理念是以谨慎原则为基础，而不是以控制为基础实施监管；与被监管机构保持距离，避免频频到现场检查。

（四）金融市场监管的职能从中央银行分离，建立了金融市场监管制衡机制

鉴于货币政策与金融市场监管之间的密切联系及相互影响，监管职能从英格兰银行分离出去后，法律规定英格兰银行与金融服务监管局负责人交叉参加对方的理事会，实行互相介入，以保证二者之间的有效协调。这种安排能保证金融服务监管局负责的金融市场监管与英格兰银行负责的货币政策，在重大的宏观层面上的决策保持较强的互通性。

四、不同国家金融市场监管体制的比较分析

通过上面对美国、日本和英国的金融市场监管体制的分析，可以发现，一国所选择的金融市场监管体制的模式，是与其当时的社会历史条件和经济发展水平相适应的，是以本国的经济体制为基础，并以能实现金融业的发展和稳定为目标的。分业监管与混业监管的比较如表 11－1 所示。

表 11－1 分业监管、混业监管的比较

	分业监管	混业监管
监管成本	过高，比如英国的原有分业监管体制	低，可实现规模经济，如北欧地区和英国等国家在实行混业监管之后实现该目的
监管效率	低，会出现重复监管或监管真空，如美国各州的州立银行几乎都参加了联邦存款保险计划，受到联邦政府的监管，但同时也受到各州银行监管局的重复监管，自然降低监管效率	资源配置可以实现效率最优；弹性较大，监管当局在行使其监管职权时，对金融市场风险的判断和立场，通过必要的监管手段实现一定的监管目标
监管目标	很难形成一个明确、统一的整体监管目标	监管目标简要而明确
监管能力	具有专业化优势	有规模效应，其监管更具全局性
监管协调	需要协调	不存在监管机构之间的冲突，矛盾只存在于监管机构的内设部门之间，协调起来较为容易
对金融行业差异性的适应能力	更能适应不同金融行业的差异性，能够根据不同金融行业的特殊性，区别对待不同金融市场机构或金融市场业务，确定各自的监管标准和要求，制定有针对性的监管手段和措施，从而更有效地控制金融风险、保持金融市场稳定	由于金融业各部门具有各自的特征，因此各监管机构的目标、方式和理念必然没有统一的标准，这就使综合性监管机构对内部专业化极强的各监管部门难以协调，从而不得不对各目标有所取舍

从表 11－1 中的比较可以发现，混业监管体制在总体上比分业监管体制具有一定的优越性。

第四节 我国金融市场监管体制

一、我国金融市场监管的历史沿革

（一）中央银行行使金融监管职能的初始阶段（1985—1992 年）

这一阶段是中国人民银行专门行使中央银行职能的初期，主要依靠行政手段管理金融的时期。该时期中国人民银行的工作重心放在改革和完善信贷资金管理体制、加强中央银行的宏观调控上，对中央银行金融监管工作研究不多、重视不够。金融监管的作用发挥是不理想的。

（二）整顿式、合规性监管的阶段（1993—1994 年）

这一阶段是以 1993 年中央银行提出整顿金融秩序、进一步发挥中央银行的监管作用为契机

的，大体经历了两年时间。针对当时经济生活中存在的各地盲目扩张投资、竞相攀比发展速度，乱集资、乱拆借，用信贷资金炒房地产、炒股票及银行信贷资金体外循环的现象，强调中央银行的分支机构要转变职能，由过去侧重于管资金、分规模，转变到加强金融监管上来。1994 年，各级人民银行按照中央指示，认真执行"堵邪路、开正门"的方针，严格执行"约法三章"和"三项要求"，切实加强金融监管，严肃查处了一批越权批设金融机构、擅自提高利率、非法开办外汇期货市场及个别地方出现的非法集资等问题。这一阶段监管方式主要是整顿式、运动式，监管内容以合规性为主。

（三）金融市场监管有法可依的阶段（1995—1997 年）

中央银行从监管实践中深深体会到，要保证金融监管的权威性和超脱性，切实增强监管实效，维护良好的金融秩序，必须使金融监管有法可依，以法律为保障开展依法监管，才能取得好的监管效果。因此，于 1994 年我国先后颁布《外资金融机构管理条例》《金融机构管理规定》等金融监管法规。1995 年全国人大先后通过了《中国人民银行法》《商业银行法》《票据法》《保险法》《担保法》《关于惩治破坏金融秩序犯罪的决定》等金融法律和政策。可以说，1994 年和 1995 年是我国金融法制建设大发展的时期。以此为标志，我国金融监管开始走上依法监管的轨道。

（四）金融市场监管体制改革深化阶段（1997—2003 年）

这一时期，金融分业经营、分业监管体制进一步完善，中国证券和银行保险监督管理委员会相继成立，分别负责证券业、保险业的监管，中国人民银行承担各类银行、信用社和信托投资公司等非银行金融机构的监管，银行与其所办的信托、证券业务相继脱钩。1999 年，中国人民银行管理体制进行了重大改革，撤销了省级分行，建立了 9 个跨省区分行，中央银行依法履行金融监管职责的独立性得到了进一步增强。

（五）"一行三会"金融市场监管模式阶段（2003—2018 年）

2003 年 3 月，十届人大一次会议决定成立中国银行业监督管理委员会（简称"银监会"），依法对银行、金融资产管理公司、信托公司以及其他存款类金融机构实施监督管理，形成了中国人民银行、银监会、证监会、保监会分工合作的金融分业监管体制。党的十八大以来，我国金融监管体制机制改革持续推进，中央银行、金融监管部门、地方金融管理机构分工协作架构逐步形成，金融监管法律法规制度不断健全，金融监管能力和水平持续提升。2018 年 3 月 13 日，根据国务院发布的机构改革方案，银监会和保监会合并，组建中国银行保险监督管理委员会，作为国务院直属事业单位。至此，"一行三会"成为历史，"一委一行两会"形成新的监管格局。

（六）构建新的金融监管格局阶段（2019 年至今）

2023 年 5 月 18 日，国家金融监督管理总局正式挂牌。继 2018 年中国银保监会组建之后，金融监管格局又迎来重大调整，这是深化金融监管体制改革、加强和完善现代金融监管、促进实现金融监管全覆盖的重大举措。随着金融监管机构改革不断推进，"一行一局一会"（中国人民银行、国家金融监督管理总局、中国证券监督管理委员会）新格局正在加快形成。通过理顺体制机制、提升监管效率，金融将在服务推动高质量发展中更好发挥作用。党的二十届三中全会审议通过的《中共中央关于进一步全面深化改革、推进中国式现代化的决定》对完善金融监管体系作出部署，提出"依法将所有金融活动纳入监管，强化监管责任和问责制度，加强中央和地方监管协同"。

二、我国金融市场"一行一局一会"的监管架构

（一）中国人民银行的职责

中国人民银行的职责包括以下方面：

（1）拟订金融业改革、开放和发展规划，承担综合研究并协调解决金融运行中的重大问题、促进金融业协调健康发展的责任。牵头国家金融安全工作协调机制，维护国家金融安全。

(2)牵头建立宏观审慎管理框架,拟订金融业重大法律法规和其他有关法律法规草案,制定审慎监管基本制度,建立健全金融消费者保护基本制度。

(3)制定和执行货币政策、信贷政策,完善货币政策调控体系,负责宏观审慎管理。

(4)牵头负责系统性金融风险防范和应急处置,负责金融控股公司等金融集团和系统重要性金融机构基本规则制定、监测分析和并表监管,视情责成有关监管部门采取相应监管措施,并在必要时经国务院批准对金融机构进行检查监督,牵头组织制定实施系统重要性金融机构恢复和处置计划。

(5)承担最后贷款人责任,负责对因化解金融风险而使用中央银行资金机构的行为进行检查监督。

(6)监督管理银行间债券市场、货币市场、外汇市场、票据市场、黄金市场及上述市场有关场外衍生产品;牵头负责跨市场跨业态跨区域金融风险识别、预警和处置,负责交叉性金融业务的监测评估,会同有关部门制定统一的资产管理产品和公司信用类债券市场及其衍生产品市场基本规则。

(7)负责制定和实施人民币汇率政策,推动人民币跨境使用和国际使用,维护国际收支平衡,实施外汇管理,负责国际国内金融市场跟踪监测和风险预警,监测和管理跨境资本流动,持有、管理和经营国家外汇储备和黄金储备。

(8)牵头负责重要金融基础设施建设规划并统筹实施监管,推进金融基础设施改革与互联互通,统筹互联网金融监管工作。

(9)统筹金融业综合统计,牵头制定统一的金融业综合统计基础标准和工作机制,建设国家金融基础数据库,履行金融统计调查相关工作职责。

(10)组织制订金融业信息化发展规划,负责金融标准化组织管理协调和金融科技相关工作,指导金融业网络安全和信息化工作。

(11)发行人民币,管理人民币流通。

(12)统筹国家支付体系建设并实施监督管理。会同有关部门制定支付结算业务规则,负责全国支付、清算系统的安全稳定高效运行。

(13)经理国库。

(14)承担全国反洗钱和反恐怖融资工作的组织协调和监督管理责任,负责涉嫌洗钱及恐怖活动的资金监测。

(15)管理征信业,推动建立社会信用体系。

(16)参与和中国人民银行业务有关的全球经济金融治理,开展国际金融合作。

(17)按照有关规定从事金融业务活动。

(18)管理国家外汇管理局。

(19)完成党中央、国务院交办的其他任务。

(20)职能转变。

(二)国家金融监督管理总局的职责

国家金融监督管理总局的职责包括以下方面:

(1)依法对除证券业之外的金融业实行统一监督管理,强化机构监管、行为监管、功能监管、穿透式监管、持续监管,维护金融业合法、稳健运行。

(2)对金融业改革开放和监管有效性相关问题开展系统性研究,参与拟订金融业改革发展战略规划。拟订银行业、保险业、金融控股公司等有关法律法规草案,提出制定和修改建议。制定银行业机构、保险业机构、金融控股公司等有关监管制度。

(3)统筹金融消费者权益保护工作。制定金融消费者权益保护发展规划,建立健全金融消费者权益保护制度，研究金融消费者权益保护重大问题，开展金融消费者教育工作，构建金融消费者投诉处理机制和金融消费纠纷多元化解机制。

(4)依法对银行业机构、保险业机构、金融控股公司等实行准入管理，对其公司治理、风险管理、内部控制、资本充足状况、偿付能力、经营行为、信息披露等实施监管。

(5)依法对银行业机构、保险业机构、金融控股公司等实行现场检查与非现场监管，开展风险与合规评估，查处违法违规行为。

(6)统一编制银行业机构、保险业机构、金融控股公司等的监管数据报表，按照国家有关规定予以发布，履行金融业综合统计相关工作职责。

(7)负责银行业机构、保险业机构、金融控股公司等的科技监管，建立科技监管体系，制定科技监管政策，构建监管大数据平台，开展风险监测、分析、评价、预警，充分利用科技手段加强监管、防范风险。

(8)对银行业机构、保险业机构、金融控股公司等实行穿透式监管，制定股权监管制度，依法审查批准股东、实际控制人及股权变更，依法对股东、实际控制人以及一致行动人、最终受益人等开展调查，对违法违规行为采取相关措施或进行处罚。

(9)建立除货币、支付、征信、反洗钱、外汇和证券期货等领域之外的金融稽查体系，建立行政执法与刑事司法衔接机制，依法对违法违规金融活动相关主体进行调查、取证、处理，涉嫌犯罪的，移送司法机关。

(10)建立银行业机构、保险业机构、金融控股公司等的恢复和处置制度，会同相关部门研究提出有关金融机构恢复和处置意见建议并组织实施。

(11)牵头打击非法金融活动，组织建立非法金融活动监测预警体系，组织协调、指导督促有关部门和地方政府依法开展非法金融活动防范和处置工作。对涉及跨部门跨地区和新业态新产品等非法金融活动，研究提出相关工作建议，按要求组织实施。

(12)按照建立以中央金融管理部门地方派出机构为主的地方金融监管体制要求，指导和监督地方金融监管相关业务工作，指导协调地方政府履行相关金融风险处置属地责任。

(13)负责对银行业机构、保险业机构、金融控股公司等与信息技术服务机构等中介机构的信息科技外包等合作行为进行监管，依法对违法违规行为开展调查，并对金融机构采取相关措施。

(14)参加金融业相关国际组织与国际监管规则制定，开展对外交流与国际合作。

(15)完成党中央、国务院交办的其他任务。

(三)中国证券监督管理委员会的职责

中国证券监督管理委员会的职责包括以下方面：

(1)依法对证券业实行统一监督管理，强化资本市场监管职责。

(2)研究拟订证券期货基金市场的方针政策、发展规划。起草证券期货基金市场有关法律法规草案，提出制定和修改建议。制定证券期货基金市场有关监管规章、规则。

(3)监管股票、可转换债券、存托凭证和国务院确定由中国证券监督管理委员会负责的其他权益类证券的发行、上市、交易、托管和结算，监管证券、股权、私募及基础设施领域不动产投资信托等投资基金活动。

(4)监管公司(企业)债券、资产支持证券和国务院确定由中国证券监督管理委员会负责的其他固定收益类证券在交易所市场的发行、上市、挂牌、交易、托管和结算等工作，监管政府债券在交易所市场的上市交易活动，负责债券市场统一执法工作。

(5)监管上市公司、非上市公众公司、债券发行人及其按法律法规必须履行有关义务的股东、实际控制人、一致行动人等的证券市场行为。

(6)按分工监管境内期货合约和标准化期权合约的上市、交易、结算和交割，依法对证券期货基金经营机构开展的衍生品业务实施监督管理。

(7)监管证券期货交易所和国务院确定由中国证券监督管理委员会负责的其他全国性证券交易场所，按规定管理证券期货交易所和有关全国性证券交易场所的高级管理人员。

(8)监管证券期货基金经营机构、证券登记结算公司、期货结算机构、证券金融公司、证券期货投资咨询机构、证券资信评级机构、基金托管机构、基金服务机构，制定有关机构董事、监事、高级管理人员及从业人员任职、执业的管理办法并组织实施。

(9)监管境内企业到境外发行股票、存托凭证、可转换债券等证券及上市活动，监管在境外上市的公司到境外发行可转换债券和境内证券期货基金经营机构到境外设立分支机构。监管境外机构到境内设立证券期货基金机构及从事相关业务，境外企业到境内交易所市场发行证券上市，合格境外投资者的境内证券期货投资行为。

(10)监管证券期货基金市场信息传播活动，负责证券期货基金市场的统计与信息资源管理。

(11)与有关部门共同依法对会计师事务所、律师事务所以及从事资产评估、资信评级、财务顾问、信息技术系统服务等机构从事证券服务业务实施备案管理和持续监管。

(12)负责证券期货基金业的科技监管，建立科技监管体系，制定科技监管政策，构建监管大数据平台，开展科技应用和安全等风险监测、分析、评价、预警、检查、处置。

(13)依法对证券期货基金市场违法违规行为进行调查，采取相关措施或进行处罚。依法打击非法证券期货基金金融活动，组织风险监测分析，依法处置或协调推动处置证券期货基金市场风险。组织协调清理整顿各类交易场所，指导开展风险处置相关工作。

(14)按照建立以中央金融管理部门地方派出机构为主的地方金融监管体制要求，指导和监督与证券期货基金相关的地方金融监管工作，指导协调地方政府履行相关金融风险处置属地责任。

(15)开展证券期货基金业的对外交流和国际合作。

(16)完成党中央、国务院交办的其他任务。

【做中学 11－1】　　中国金融监管新动向

2023 年 3 月最新公布的《党和国家机构改革方案》，提出组建中央金融委员会（以下简称“中央金融委”）及中央金融工作委员会（以下简称“中央金融工委”），在中国银行保险监督管理委员会基础上组建国家金融监督管理总局（以下简称“金管总局”），并相应调整中国证券监督管理委员会职责及地方金融监管体制。更符合现代金融监管要求的“二委一行一局一会”＋“各地局”的中国版“三层＋双峰”监管框架更加清晰。

“二委一行一局一会”＋“各地局”是中国金融监管框架的最直接的表现，也体现出中国版的“三层＋双峰”模式。“三层”是指顶层为中央金融委和中央金融工委；中间层为各金融监管部门，具体包括央行、金管总局和证监会；底层为中央金融管理部门地方派出机构和地方金融监管局。“双峰”则是将监管部门的具体职能分为审慎监管和行为监管。

在此框架下，中央金融委及其办公室体现党中央对金融工作的集中统一领导，负责金融稳定和发展的顶层设计、统筹协调、整体推进、督促落实以及研究审议重大政策、重大问题等。作为“三层”中的“顶层”，接续之前国务院金融稳定发展委员会及其办事机构的职能，进一步增强不同金融行业的统一监管与协调统筹能力，及中央与地方在金融领域的统一监管与协调统筹能力等。同时，为进一步统一领导金融系统党的工作，新组建的中央金融工委主要负责指导金融系统党的政治建设、思想建设、组织建设、作风建设、纪律建设等。

动漫视频

金融风险

全球性金融监管改革浪潮及重新提及宏观审慎管理理念，是危机背景下的产物，是为缓解发达经济体金融危机而提出的具有针对性的应急措施。同时，当前国际通行的宏观审慎管理框架主要是针对发达经济体而提出的，其构建思路和具体工具难以完全适用于新兴市场国家和发展中国家的金融实践。中国金融监管的最新调整充分考虑了政策措施的适用性，在当前的全球经济形势下具有重要意义。

资料来源：尹振涛："重磅改革下，中国金融监管新动向"，人民论坛网，2023 年 5 月 16 日。

请分析当前国际局势下中国优化金融监管的意义。

三、中国金融监管模式的选择

客观来说，建立有效的金融监管体系是一国金融健康运行的必要前提，也是更好地保护投资者利益的重要手段。但是，一国选择何种金融监管体系模式或金融监管体系变迁的路径则取决于其经济、金融运行的内外部环境。

结合我国的具体国情，特别是从我国金融发展的现状来看，我国似乎已经逐渐出现了对统一金融监管的客观需要。一方面，自我国加入 WTO 以来，无论是金融产品的交易，还是金融组织、金融市场之间的合作与结合从广度和深度上都得到加强。从业务合作到股权重组都使我国金融与全球金融的联系更加紧密。与此同时，随着我国金融与国外金融的联系日渐紧密，对金融业的监管和控制也变得更加复杂，尤其是国内分业经营、分业监管与全球混业的趋势、国外大型金融集团的合作使得监管的难度更加凸显。这就要求金融监管体系更加灵活、更加综合、更加统一，以提高金融监管的有效性。另一方面，从国内的情况来看，尽管金融混业还没有成为金融发展的主流，特别是还存在着一些金融混业法律上的障碍，但是，不同金融部门间的业务合作和交叉、金融集团等已有一定的发展。金融混业既是金融机构本身发展的需要，也是金融满足经济发展需求的必然，而各种形式的"混业"必然呼唤金融监管的统一。

根据我国的具体国情和金融发展阶段，当前提高金融监管效率的关键在于群策群力、专心致志地做好银行、证券、保险的分业监管工作，不断提高银行、证券、保险监管的专业化水平，并在此基础上团结协作，形成监管合力，强化金融监管的有效性，提高金融运行的效率。必须明确，做好分业监管工作是实现金融统一监管的前提和基础，切忌脱离实际、好高骛远、盲目乐观，急于从分业监管向统一监管过渡。

四、我国金融监管机制建设

（一）更新金融监管理念

在金融全球化、集团化趋势日益明显的背景下，我国传统的金融监管理念应该有所更新，也就是要由严格限制金融机构的经营业务和经营行为向促进金融业竞争、促进金融混业经营的方向转变，由限制金融机构的合并转向鼓励金融机构之间的联合。特别是，在从金融分业经营到混业经营的转变过程中，必然会出现许多的金融创新，所以金融监管当局应该早做准备，未雨绸缪。

（二）转移金融监管重心

我国金融监管的重心应该由"合规"监管转向"合规与风险"并重监管。目前的金融监管主要是对金融机构执行有关政策、法律、法规的情况实施监管，这些因素在评定金融机构的风险度方面所占的权重也较大；而对金融机构的资本充足程度、资产质量、流动性、营利性和管理水平等所进行的监管力度不大，在评定金融机构整体风险度时，这些因素所占的权重较小。这种监督管理架构显然已经不适应新的金融发展格局。从国际金融业的发展趋势来看，金融的混业经营状况已经打破了有关法律、法规的界限，而且相关的限制性法规已经被废除（最明显的标志就是《金融服务现代化法案》废除了《格拉斯—斯蒂格尔法案》对混业经营的限制)，这也意味着金融监管的重心已经由“合规”转向了对经营风险的控制。

(三)改进金融监管方式

这方面的重点是要实现由静态监管向动态监管的转变，时刻关注、控制、防范和化解金融机构的风险。主要包括：(1)监管机构应改变过去那种只注重“事后化解”或者只注重特定时点上的资产状况的做法，逐步做到注重“事前防范”、随时化解风险。(2)鼓励金融机构改善其内部控制体系，消除经营中存在的违规、违纪现象，提高其防范风险的意识，对不该发放的贷款坚决抵制，严格控制不良贷款的增量，同时，提高员工的素质，尽快掌握现代化的监管技术和方法，提高整体风险防范能力。(3)加强信息披露，监管当局应该按照市场原则监督金融机构，在审批的基础上，加强信息披露，强化对金融机构的市场约束力。

(四)完善金融监管体系

首先，要进一步加强中国人民银行、证监会、国家金融监督管理总局的独立性，加大对违规机构及时发现、查处的力度；其次，在当前“分业经营、分业监管”的背景下，进一步强化监管机构之间已建立的高层定期会晤制度，经常就一些重大问题进行磋商、协调；最后，对业务交叉领域和从事混业经营的金融集团，实施联合监管，建立监管机构之间的信息交流和共享机制。

(五)加强跨境金融监管的合作

根据《巴塞尔协议》的相关规定，对于跨境银行，母国监管当局和东道国监管当局应该进行合理的监管分工和合作。通常，母国监管当局负责对其资本充足性、最终清偿能力等实施监管，东道国监管当局负责对其所在地分支机构的资产质量、内部管理和流动性等实施监管；同时，两国监管当局要就监管的目标、原则、标准、内容、方法以及实际监管中发现的问题进行协商和定期交流。在金融全球化条件下，为了有效监管本国商业银行的境外业务以及外国银行在本国的金融业务，进一步加强跨国监管合作已经变得越来越迫切和越来越重要。

拓展阅读 11—1　完善金融监管体系，将有哪些着力点?

党的二十届三中全会审议通过的《中共中央关于进一步全面深化改革、推进中国式现代化的决定》(以下简称《决定》)。新一轮金融监管体制改革是加强和完善现代金融监管的重大举措，通过机构设置调整和职责优化，金融监管新格局加快形成，依法将所有金融活动纳入监管，实现金融监管全覆盖。

金融监管总局表示，全面加强金融监管是当前和今后一个时期金融工作的主要任务之一，将全面落实“五大监管”要求，坚持风险为本原则，加强法人机构审慎监管，完善机构定位，夯实金融稳定基础；坚持依法将各类金融活动全部纳入监管，规范金融机构及第三方中介机构等的经营活动；坚持“实质重于形式”原则，对股东、关联交易和复杂产品等穿透到底；加快完善风险源头防控、预警纠正、事后处置等机制，加大对金融机构和金融活动的全流程全链条监测预警。

完善金融监管体系，要切实加大金融监管力度。今年以来，金融监管部门开出多张大额罚单，处罚内容涉及信贷业务违规、内控管理不到位、保险产品销售不规范、虚列费用等，彰显强监管严监管的鲜明导向。

从金融监管部门释放的信号看，下一步的监管重点将聚焦影响金融稳定的“关键事”、造成重大金融风险的“关键人”、破坏市场秩序的“关键行为”，把“板子”真正打准、打痛，增强监管的震慑力。

金融监管总局表示，将紧紧围绕强监管严监管要求，深入整治金融市场乱象，做到坚持原则、敢于碰硬；在市场准入、审慎监管、行为监管等各个环节严格执法，实现金融监管“横向到边、纵向到底”；坚持刀刃向内，从严抓好“对监管的监管”，完善监管履职问责、尽职免责制度等。

健全金融法治是完善金融监管体系的重要保障。《决定》提出制定金融法，备受市场关注。“《决定》提出制定金融法，体现出党中央对加强金融法制建设，完善金融法律体系的高度重视。”金融监管总局法规司有关负责人表示，金融监管总局将全力配合做好金融法起草工作，推动金融领域综合性法律的制定取得实质进展。同时扎实推进银行业监督管理法、保险法、商业银行法修改工作，进一步完善风险处置机制，建立风险早期纠正硬约束制度，弥补监管制度短板，为金融业持续规范运行夯实法治保障。

资料来源：李延霞：“完善金融监管体系，将有哪些着力点”，新华网，2024 年 8 月 10 日。

第五节 互联网金融风险与监管

一、互联网金融风险

（一）互联网金融风险的概念

互联网金融风险是指与互联网金融有关的风险，如市场风险、金融产品风险、金融机构风险等。一家互联网金融机构发生的风险所带来的后果，往往超过对其自身的影响。因为一家互联网金融机构因经营不善而出现危机，有可能对整个互联网金融体系的稳健运行构成威胁；而一旦发生系统风险，互联网金融体系运转失灵，必然会导致整个互联网经济秩序的混乱。

（二）互联网金融风险的类别

1. 互联网金融市场风险

互联网金融市场风险是指互联网理财或其他产品在经济环境的影响下导致其无法实现其承诺的投资收益率的风险。近年来，由于全球经济增长低迷、中国经济潜在增速下降、国内制造业存在普遍产能过剩、国内服务业开放不足、中小企业淘汰率逐年增高以及金融机构坏账率逐年上升等，互联网金融产品的市场风险已成为互联网机构防范风险的重点。

2. 互联网金融信用风险

由于网上“刷信用”“刷评价”的行为仍然存在，网络数据的真实性、可靠性会受到影响；部分互联网平台缺乏长期的数据积累，风险计量模型的科学性也有待验证；在互联网金融领域，信息不对称依旧没有显著改善，如此诸多因素带来了互联网信用风险的长期存在。随着互联网金融平台的增加，近年来发生的部分平台卷款跑路的事件就属于互联网金融信用风险的范围。

3. 法律定位不明引起的越线风险

互联网金融机构法律定位不明，有可能越界触碰法律的两个“底线”：一个是不能非法吸收公众存款，另一个是不能非法集资。谬误与真理只有一步之遥。P2P 网络借贷平台的产品设计和运作模式略有改变，就可能“越界”进入法律上的灰色地带，甚至触碰“底线”。我们支持互联网金融的创新发展，但是不允许碰触这两个“底线”。

4. 互联网金融流动性风险

互联网金融领域一直在探索提高支付账户的活跃度，第三方支付投身到互联网金融领域，存在着资金期限错配的风险因素，一旦货币市场出现大的波动，可能会出现大规模的挤兑现象，进而引发流动性风险。

5. 互联网金融信息泄露风险

互联网金融的一大基础是在大数据基础上进行数据挖掘和分析。在这个过程中，个人交易数据的敏感信息很容易被广泛收集，对客户账户安全和个人信息的保护提出了巨大的挑战。目前，客户的信息数据丢失出现了不少案例，交易平台并没有在传输、存储、使用、销毁等方面建立个人隐私保护的完整机制，这加大了信息泄露的风险。

6. 互联网金融技术风险

计算机病毒可通过互联网快速扩散与传染，而计算机操作系统本身就存在漏洞，这就给利用互联网窃取别人隐私的黑客提供了温床。当人们通过互联网进行投资或融资业务时，也就将个人信息及资产暴露于互联网风险之下。

7. “长尾”风险

所谓长尾，即只要存储和流通的渠道足够大，需求不旺或销量不佳的产品共同占据的市场份额就可以与那些数量不多的热卖品所占据的市场份额相匹敌甚至更大。互联网金融的产生拓展了交易可能性边界，使得大量没有被传统金融覆盖的人群接受了互联网金融的服务，因此也产生了与传统金融不同的风险特征。消费者对金融知识、风险识别的欠缺而产生的不公正待遇，互联网金融风险产生后对社会的负面影响，互联网金融的市场纪律失效等都是潜在的“长尾”风险。

（三）互联网金融风险的特征

1. 互联网金融风险扩散速度较快

无论是第三方支付还是移动支付，包括 P2P、大数据金融、众筹平台、信息化金融等在内的互联网金融，都具备高科技的网络技术所具有的快速远程处理功能，它们为便捷快速的金融服务提供了强大的信息技术支持，而反过来看，互联网金融的高科技也可能会加快支付、清算及金融风险的扩散速度。在传统的纸质支付交易结算中，对于出现的偶然性差错或失误还有一定的时间进行纠正，而在互联网金融的网络环境中这种回旋余地就大为减小，因为互联网或者移动互联网内流动的并不仅仅是现实货币资金，而更多的是数字化信息，当金融风险在短时间内产生时，再进行预防和化解就比较困难，这也加大了金融风险的扩散面积和补救的成本。

2. 互联网金融风险监管难度较高

互联网金融技术环境中存在所谓“道高一尺，魔高一丈”的说法，这对于互联网金融的风险防控和金融监管提出了更高的要求。互联网金融中的网络银行、手机银行等的交易和支付过程均在互联网或者移动互联网上完成，交易的虚拟化使金融业务失去了时间和地理限制，交易对象变得模糊，交易过程更加不透明，金融风险形式更加多样化。由于被监管者与监管者之间信息不对称，金融监管机构难以准确了解金融机构资产和负债的实际情况，难以针对可能的金融风险采取切实有效的金融监管手段。

3. 互联网金融风险交叉传染的可能性增加

传统金融监管可以通过分业经营、设置市场屏障或特许经营等方式，将金融风险隔离在相对独立的领域。而互联网金融中的这种物理隔离的有效性相对减弱，尤其是防火墙作用可能因网络黑客等破坏而衰减，因此防火墙的建设更需要加强。随着我国多家金融银行机构的综合金融业务的开展和完善，互联网金融业主与客户之间的相互渗入和交叉，使得金融机构间、各金融业务种类间、国家间的风险相关性日益增强，互联网由此引发突发性金融危机的可能性增大。

（四）互联网金融风险的防控

1. 加快建立网络金融技术监管体系

在中国目前的加密技术中，关键技术和数字签名技术的发展要求是落后于网络金融的技术的，很可能造成很多安全隐患，因此应大力开发网络加密技术，这是预防和减少安全风险与技术风险的有效手段，提高网络的安全性能才是加快建立金融网络化技术监管体系的根本目的。

2. 完善网络金融业务活动监管体系

只有规范防范风险的规则和条例，加强金融体系的相关组织建设，提高金融信息系统安全建设工作的组织管理，建立专门的机构进行管理和组织相应的专业技术知识培训，才能有效地防范互联网犯罪的实施。另外，需要全面清理现有的互联网安全系统，确保审计管理信息系统安全防范体系的建立，并健全操作规程和改善业务，加强关键岗位管理，健全内部控制机制，对互联网金融风险进行严格的全过程监控。相关内容如图 11－1 所示。

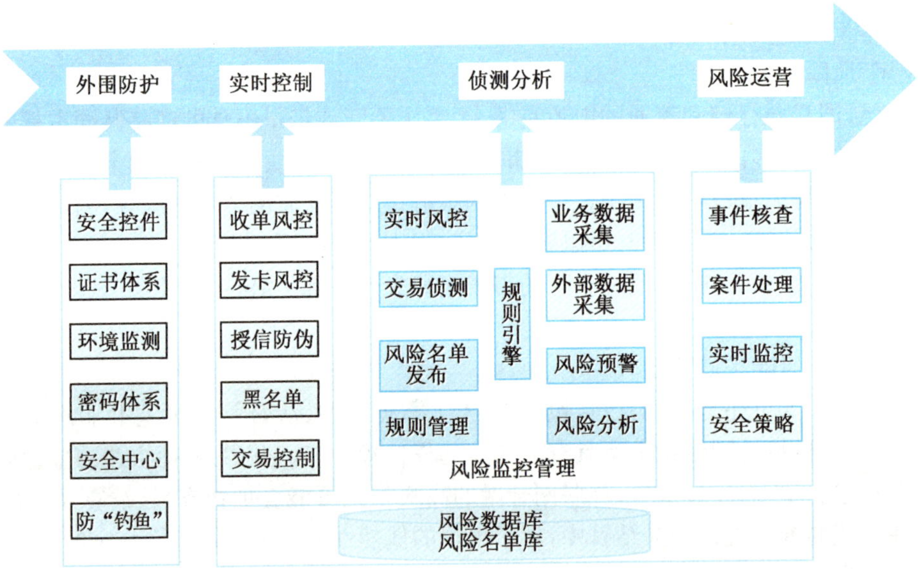

图 11－1 全过程监控互联网金融风险

3. 加强建设网络金融基础设施体系

在网络金融服务不断发展的过程中，需要加强建设金融网络化基础设施体系。在发达国家，网络金融系统从一开始就根据信息系统的基本原理形成总体规划的指导，按照一定的标准和规范完成系统开发的过程。而对于互联网金融的资金流动通过网络完成支付，其交易行为很难得到有效监管，从而为“洗钱”等违法行为提供了平台。加上第三方支付机构对用户和交易的审查不够严格，资金交易双方只需在平台上注册账户，通过虚假商品或者虚假资金借贷行为交易，便可将非法资金“合法”转移。因此，我国应当借鉴发达国家的经验。首先应按照统一标准的原理和方法，建立财务统一技术标准，进而统一规划电子货币的金融体系，提升各大商业银行和中小银行的网络技术，确保网络金融基础设施的完善和安全。

4. 重视建立网络金融监管保障体系

对于网络金融服务，中国人民银行、国家金融监督管理总局、中国证监会可在坚持分类监管的总体原则下，不断完善制度法规建设，加强行业监管。对于第三方支付，中国人民银行理应承担支付系统的建设者、行业标准的制定者，以及法定货币的发行、管理机构的责任，中国人民银行应该与证监会、国家金融监督管理总局一道，对第三方支付机构形成有效的监管体系。

5. 必须加强社会信用体系建设

一个完善的社会信用体系是降低金融风险、促进金融规范发展的保障。据统计，在发达国家，企业逾期应收账款占贸易总额的 0.3%～0.5%，而我国却在 6%以上。至于个人信用制度，在我国也只是刚刚开始建立。因此，大力培育社会信用意识，加强个人信用评估系统和电子商务系统的身份认证体系，鼓励信用中介机构的建立，支持新型网络金融开展各种信用数据平台的建立，利用大数据分析体系，推动信用报告网络查询服务、信用等级评估的发展，这可以使社会的道德基础更加良好，进而有利于降低信用风险。

6.加强网络金融的门槛准入和资金监管

可以借鉴温州市金融综合改革模式，建立网络借贷登记管理平台，对民间借贷行为双方均须实名登记认证，保障交易的真实性。同时，对 P2P 网贷、第三方支付等网络金融公司的资金必须通过专门的资金托管方托管，并由监管当局实行实时动态监管，对资金发放、资金使用等情况逐笔对应并形成有效台账，使之能做到跟踪管理、有账可循。

7.建立有效的网络金融法律管理体系

在网络金融服务不断发展的过程中，必须加强法制建设，建立有效的金融网络化法律管理体系。目前，中国已初步建立了对网上交易，计算机使用、安全的立法，但远不能适应网络金融发展时代的要求。我们应该学习其他国家的成功经验，在网络金融发展的早期阶段及时制定和颁布有关法律，加快网络金融服务业立法的步伐，加强适应网络金融的监管和风控体系立法。在发展过程中，要明确网络金融中诸如个人信息、电子签章、电子证书等电子凭证和信息的有效性，加快制定网络金融技术规章和国家标准。

二、互联网金融监管

（一）互联网金融监管的概念

互联网金融监管是在金融自由化、网络化的背景下，金融主管机构或金融监管执行机构为保护存款人或投资人的利益，维护金融体系的安全稳定，推动经济的发展，根据金融法规对以互联网为技术手段的金融活动所实施的监督管理。

（二）互联网金融监管的目的

1.维护金融机构和第三方金融平台的公平有效的竞争

每个国家的金融监管当局都应该为互联网金融发展提供一个适度的竞争环境，这种良好适度的环境既可以保持金融机构和第三方金融平台的经营活力，又不至于引起它们经营失败而导致倒闭，产生经济震荡。

2.保护存款人和投资者的利益

加强互联网金融的监管，可以使存款人和投资者感受到使用的便利与安全。面临日益猖獗的网络黑客攻击、网络诈骗等网络安全问题，互联网金融在信息技术层面上的监管应加大力度，从而保护存款人和投资者的利益。

3.确保金融秩序的安全

互联网金融的兴起，使本来就拥有庞大体系的金融业锦上添花。金融企业相互之间都存在紧密的联系，因此一家系统出了问题，很可能会引发连锁反应，导致一连串金融企业经营出现危机，从而引发金融风险。对于互联网金融的监管，其重要目标就是要维系国内金融体系的安全和稳定，保证金融秩序的安全。

4.保证中央银行货币政策的有效实施

中央银行是货币政策的实施主体，作为当今各国宏观调控的主要手段，货币政策的地位可见一斑。随着互联网金融的发展，其支付工具的创新给基础货币的统计和定义带来了新挑战。因此，中央银行的金融监管要有利于保证货币政策的顺利执行，增强对基础货币的管理能力。同时，在发行电子货币时，要保证金融业对中央银行进行及时反馈，确保调节手段及时准确地传递和实施。

（三）互联网金融监管的必要性

互联网金融的出现，改变了金融交易的范围、人数、金额和环境，交易量的猛增、换手率的猛涨，使金融系统性风险大为增加。当金融交易的受众范围太大、参与交易的人数太多之后，金融市场里“星星之火，可以燎原”的概率就会大增，不监管所引发的问题可能会超过监管本身所隐含的社会代价。

（四）互联网金融监管的原则

1. 互联网金融监管应体现适当的风险容忍度

一方面，对于互联网金融这样一种新出现的金融业态，需要留有一定的试错空间，过早的、过严的监管会抑制创新。美国经济学家斯莱弗认为，任何制度安排都需要在“无序”与“监管”两种社会成本之间权衡。如果P2P和众筹的业务模式能坚持单笔金额小、人数少，就应该用私人秩序和司法来规范。P2P等无区域性、系统性影响的自然退出，是市场的一种自我淘汰机制，对整个互联网金融的长期有序发展未必是坏事。另一方面，整个互联网金融行业可以在摸索中寻找道路，但不能犯致命性错误，整体风险须在可控范围内。因此，监管的良好目标应是既避免过度监管，又防范重大风险。

2. 实行动态比例监管

金融监管部门应当定期评估不同互联网金融平台和产品对经济社会的影响程度与风险水平，根据评估结果确定监管的范围、方式和强度，实行分类监管。对于影响小、风险低的，可以采取市场自律、注册等监管方式；对于影响大、风险高的，则必须纳入监管范围，直至实行最严格的监管，从而构建灵活的（而不是僵化的）、富有针对性的与有效性的（而不是笼统与无效的）互联网金融监管体系。评估应定期进行，监管方式需根据评估结果动态进行调整。

3. 原则性监管与规则性监管相结合

在原则性监管模式下，监管当局对监管对象以引导为主，关注最终监管目标能否实现，一般不对监管对象做过多、过细的要求，较少介入或干预具体业务。而在规则性监管模式下，监管当局主要依据成文法规定，对金融企业各项业务内容和程序作出详细规定，强制每个机构严格执行，属于过程控制式监管。一方面，互联网金融监管必须在明确监管目标的基础上，实现“原则”先行。监管原则应充分体现互联网金融运营模式的特点，给业界提供必要的创新空间，同时指导和约束运营者承担对消费者的责任。另一方面，要在梳理互联网金融主要风险点的基础上，对互联网金融中风险高发的业务和交易制定监管规则，事先予以规范。原则性监管与规则性监管的结合，有助于在维护互联网金融的市场活力与做好风险控制之间实现良好平衡，促进其可持续发展。

4. 防止监管套利，注重监管的一致性

监管套利是指金融机构利用监管标准的差异或模糊地带，选择按照相对宽松的标准发展业务，以此降低监管成本、获取超额收益。互联网金融提供的支付、放贷等服务与传统金融业相仿，如果二者执行不同的监管标准，将易于引起不公平竞争。事实上，已经有持牌金融机构提出：为什么同样都提供支付服务或者从事贷款业务，受到的监管却不一样？为确保监管的有效性，维护公平竞争，在设计互联网金融监管的规则时，应确保两个“一致性”：一是不论是互联网企业还是传统的持牌金融机构，只要其从事的金融业务相同，原则上就应该受到同样的监管；二是对互联网金融企业的线上、线下业务的监管应当具有一致性。

5. 关注和防范系统性风险

互联网金融的发展对系统性风险的影响具有双重性，这应当是金融监管机构关注的焦点。一方面，通过增加金融服务供给、提高资源配置效率、推进实体经济可持续发展等，互联网金融的发展有助于降低系统性风险。另一方面，互联网金融也可能会放大系统性风险。互联网金融准入门槛低，可能会使非金融机构短时间内大量介入金融业务，降低金融机构的特许权价值，增加金融机构冒险经营的动机。互联网金融的信息科技风险突出，其独有的快速处理功能，在快捷提供金融服务的同时，也加快了相关风险积聚的速度，极易形成系统性风险。此外，某些业务模式还存在流动性风险隐患。例如，互联网直销基金1周7天、1天24小时都可以交易，但货币市场基金有固定交易时间，第三方支付机构需要承担隔夜的市场风险和流动性风险，这类“小概率、大损失”的“黑天鹅”

事件对此类模式的成败有重要影响。金融监管机构对此应当保持高度警惕,及时化解和干预。

6. 全范围的数据监测与分析

及时获得足够的信息尤其是数据信息是理解互联网金融风险全貌的基础和关键,是避免监管漏洞,防止出现监管"黑洞"的重要手段。客观上,大数据为实施全范围的数据监测与分析,加强对互联网金融风险的识别、监测、计量和控制提供了手段。为此,监管机构需要基于行业良好实践,提出数据监测、分析的指标定义、统计范围、频率等技术标准。如对 P2P 平台设计经营性指标和风险性指标的定期与实时报送和分析机制。在数据监测、分析机制的建设过程中,应注意保持足够的灵活性,在定期评估的基础上持续完善,以及时捕获新风险。

7. 严厉打击金融违法犯罪行为

在精心呵护互联网金融的创新精神和普惠性的同时,必须及时惩治各类金融违法犯罪行为。互联网金融发展良莠不齐,少数互联网企业运营中没有建立数据的采集和分析体系,而是披着互联网的外衣不持牌地做传统金融,有些平台甚至挑战了法律底线。如一部分 P2P 脱离了平台的居间功能,先以平台名义获取资金再进行资金支配甚至挪作他用,投资人与借款人并不直接接触,这已突破了传统意义上 P2P 贷款的范畴。为此,必须不断跟踪研究互联网金融模式的发展演变,划清各种商业模式与违法犯罪行为的界限,依法严厉打击金融违法犯罪行为,推动互联网金融健康有序发展。

在打击金融犯罪的同时,也应当考虑与时俱进地修改部分法律条款,支持互联网金融发展。例如,美国《创业企业融资法》就是通过修订法条,将需要向美国证监会注册并公开披露财务信息的公司股东人数从 499 人提高到 2 000 人,鼓励小企业通过众筹融资。

8. 加强信息披露,强化市场约束

信息披露是指互联网金融企业将其经营信息、财务信息、风险信息、管理信息等告知客户、股东等。准确充分的信息披露框架,一是有助于提升互联网金融行业整体和单家企业的运营管理透明度,从而让市场参与者对互联网金融业务及其内在风险进行有效评估,发挥好市场的外部监督作用;二是有助于增强金融消费者和投资者的信任度,奠定互联网金融行业持续发展的基础;三是有助于避免监管机构因信息缺失、无从了解行业经营和风险状况,从而出台过严的监管措施,抑制互联网金融发展。加强信息披露的落脚点是以行业自律为依托,建立互联网金融各细分行业的数据统计分析系统,并就信息披露的指标定义、内容、频率、范围等达成共识。当前,提升互联网金融行业透明度的抓手是实现财务数据和风险信息的公开透明。

9. 互联网金融企业与监管机构之间应保持良好顺畅的沟通

互联网金融企业与金融监管机构之间良好、顺畅、有建设性的沟通,是增进相互理解、消除误会、达成共识的重要途径。一方面,互联网金融企业应主动与监管机构沟通,努力使双方就业务模式、产品特性、风险识别等行业发展中的难题达成理解。特别是对法律没有明确规定、拿不准的环节,更要及时与相关部门沟通,力求避免法律风险。在此过程中,推进行业规则逐步健全。另一方面,建设性的沟通机制有助于推动监管当局按照激励相容的原则设计监管规则,在充分考虑互联网金融企业在运营和内部风险管理等方面的特殊性的前提下,促进监管要求与行业内部风险控制要求的一致性,降低互联网金融企业的合规成本。

10. 加强消费者教育和消费者保护

强化消费者保护是金融监管的一项重要目标,也是许多国家互联网金融监管的重点。要引导消费者厘清互联网金融业务与传统金融业务的区别,促进公众了解互联网金融产品的性质,提升风险意识。在此基础上,切实维护放贷人、借款人、支付人、投资人等金融消费者的合法权益。当前重点是加强客户信息保密,维护消费者信息安全,依法加大对侵害消费者各类权益行为的监管和打击力度。例如，针对第三方支付中消费者面临的交易欺诈、资金被盗、信息安全得不到保障等问题，应针对性地加强风险提示，及时采取强制性监管措施。

11. 强化行业自律

相较于政府监管，行业自律的优势在于：作用范围和空间更大，效果更明显，自觉性更强。今后一段时期，互联网金融行业的自律程度、行业发展的有序或无序将在很大程度上影响着监管的态度和强度，从而也影响着整个互联网金融行业未来的发展。为此，行业领头的企业必须发挥主动性，尽快带头制定自律标准，建立行业内部自我约束机制，不应一味等待政府的强制性干预。陆续成立的互联网金融协会应当在引导行业健康发展方面，尽快发挥影响力，特别是要在全行业树立合法合规的经营意识，强化整个行业对各类风险的管控能力，包括客户资金和信息安全风险、网络风险、洗钱风险、流动性及兑付风险、法律风险等。

12. 加强监管协调

互联网金融横跨多个行业和市场，交易方式广泛，参与者众多，想要有效控制风险的传染和扩散，离不开有效的监管协调。一是可以通过已有的金融监管协调机制，加强跨部门的互联网金融运营、风险等方面的信息共享，沟通和协调监管立场。二是以打击互联网金融违法犯罪为重点，加强司法部门与金融监管部门之间的协调合作。三是以维护金融稳定，守住不发生区域性、系统性金融风险的底线为目标，加强金融监管部门与地方政府之间的协调与合作。

学中做 11－1　做好数字金融，助力发展新质生产力

“新质生产力”写入 2024 年的政府工作报告，并被列为 2024 年十大工作任务的首位。习近平总书记在参加江苏代表团审议时强调，因地制宜发展新质生产力。科技创新是发展新质生产力的核心要素，在这一过程中，需要大力发展数字经济。而数字金融正是数字技术不断向金融领域渗透，与数字经济高度契合的金融新形态。

互联网金融是我国自主创新的概念。2014 年 3 月，《政府工作报告》第一次提出和使用“互联网金融”的概念，要求“促进互联网金融健康发展”。2015 年《政府工作报告》肯定“互联网金融异军突起”，再次强调促进互联网金融健康发展。2015 年 7 月，中国人民银行等十部门发布的《关于促进互联网金融健康发展的指导意见》界定，“互联网金融是传统金融机构与互联网企业利用互联网技术和信息通信技术实现资金融通、支付、投资和信息中介服务的新型金融业务模式”。2016 年《政府工作报告》强调“规范发展互联网金融”。为促进互联网金融健康有序发展，2016 年 4 月，党中央、国务院部署了互联网金融风险专项整治工作，探索建立互联网金融监管长效机制。在 2017 年《政府工作报告》中，把互联网金融列为金融风险的重要来源，要求“对不良资产、债券违约、影子银行、互联网金融等累积风险要高度警惕”，部署了整顿规范金融秩序，筑牢金融风险“防火墙”，守住金融安全底线。2018 年《政府工作报告》提出坚决打好三大攻坚战，进一步要求“健全对影子银行、互联网金融、金融控股公司等监管，进一步完善金融监管、提升监管效能”。2019 年《政府工作报告》没有提及互联网金融，只是强调引导金融支持实体经济，稳妥处置金融领域风险。从 2014 年至 2019 年，国家层面对互联网金融持包容审慎的态度，从促进发展到规范发展，再到专项整治、加强监管，探索金融创新之路。

“金融科技”第一次出现在《政府工作报告》中是 2020 年，要求“利用金融科技和大数据降低服务成本，提高服务精准性”。2020 年以后，《政府工作报告》中提到关于金融与技术融合的新业态，用“金融科技”替代了“互联网金融”。2020 年之前，互联网金融、数字金融与金融科技概念基本上是混合使用，监管层在 2017 年之前使用“互联网金融”，此后更多使用“金融科技”的概念。2016 年 11 月 18 日，时任央行副行长的潘功胜在世界互联网大会上表示，“中国央行正在评估互联网金融

的风险,中国将建立数字金融的监管体系和市场准入体系”。在这个讲话中,监管层既用了“互联网金融”的概念,也用了“数字金融”概念。2017 年 5 月,为了加强金融科技工作的研究规划和统筹协调,中国人民银行成立金融科技(FinTech)委员会。在 2019 年 9 月央行颁布的《金融科技(FinTech)发展规划(2019—2021 年)》中,监管层采用了金融稳定理事会(FSB)2016 年提出的定义,认为“金融科技是技术驱动的金融创新,核心是运用现代科技成果改造或创新金融产品、经营模式和业务流程等,推动金融发展提质增效”。鉴于互联网金融发展过程中出现的风险事件,政府对发展金融科技的态度比较谨慎。2021 年《政府工作报告》中提出,“强化金融控股公司和金融科技监管,确保金融创新在审慎监管的前提下进行”。截至目前,金融科技在《政府工作报告》中仅出现了两次。

从科技在金融领域的应用发展历程来看,金融业经历了金融业务电子化、金融渠道电子化和金融服务智能化三个阶段。实际上,互联网金融只是在“互联网+”的大背景下诞生的一种全新的获取流量的手段而已,缺少了数据的优化、重组、再生的互联网金融,并未给金融行业带来真正意义上的蜕变。随着大数据、云计算、人工智能、物联网和区块链技术逐步成熟,并在金融行业产品、流程和运营中应用,金融领域开启了一个以数字技术为主要驱动力的金融科技新时代,传统金融行业的产品形式、业务流程、运行机理和组织架构都将被重塑。

分析提示

做中学11-1

资料来源:欧阳日辉:“做好数字金融大文章 助力发展新质生产力”,《金融时报》,2024 年 3 月 11 日。

请问:要实现金融业高质量发展,如何推动数字经济与实体经济深度融合,谈谈你的观点。

本章术语

金融风险　系统风险　金融风险管理　风险分散　风险对冲　风险转移　风险规避　金融市场监管

应知考核

一、单项选择题

1. 金融市场监管主体由法律确定,违反合法性原则的金融市场监管没有法律效力,体现了(　　)原则。

A. 依法监管　B. 合理性　C. 协调性　D. 效率

2. (　　)是指通过金融理论的发展、金融市场的规范、智能性的管理媒介,金融风险可以得到有效的预测和控制。

A. 隐蔽性　B. 不确定性　C. 可管理性　D. 周期性

3. 隐藏在经济系统内部的,并不会明显地表现出来,只是到了一定的时候才会暴露出来,这充分说明了宏观经济风险的(　　)。

A. 潜在性　B. 隐藏性　C. 累积性　D. 可控性

4. 在实行市场化利率的国家,金融机构面临的(　　)通常较大。

A. 购买力风险　B. 利率风险　C. 汇率风险　D. 市场风险

5. 金融市场监管当局指派监管人员进入金融市场机构经营场所,通过查阅各类财务报表等业务资料，核实、检查和评价金融市场机构的合法经营情况，是金融市场监管的(　　)。

A. 非现场检查监管　　B. 现场检查监管

C. 非财务监管　　D. 财务监管

二、多项选择题

1. 按照驱动因素，可将金融风险分为(　　)。

A. 市场风险　　B. 信用风险　　C. 操作风险　　D. 会计风险

2. 系统风险包括(　　)。

A. 经济风险　　B. 购买力风险　　C. 利率风险　　D. 汇率风险

3. 财务风险是由于公司财务结构不合理、融资不当使公司可能丧失偿债能力而导致投资者预期收益下降的风险。它的主要特征表现在(　　)。

A. 客观性　　B. 非全面性

C. 确定性　　D. 收益与损失共存性

4. 美国的金融市场监管体制呈现的特点有(　　)。

A. 分业监管体制　　B. 双线监管模式

C. 突出金融市场监管的独立性　　D. 温和的监管理念

5. "一行一局一会"是(　　)的简称。

A. 国务院金融稳定发展委员会　　B. 中国人民银行

C. 国家金融监督管理总局　　D. 中国证券监督管理委员会

三、判断题

1. 周期性是指金融风险受经济循环周期和货币政策变化的影响，呈现规律性、周期性的特点。(　　)

2. 非系统风险又被称为"不可分散风险"或"不可回避风险"。(　　)

3. 风险与收益成正比，风险越大，收益越高。(　　)

4. 风险规避主要通过限制某些业务的经济资本配置来实现。它是一种消极的风险管理策略。(　　)

5. 保护存款人与投资人的利益，这是金融市场监管的首要目标。(　　)

四、简述题

1. 简述金融风险的特征。

2. 简述金融风险的系统性风险和非系统性风险。

3. 简述金融风险管理的过程。

4. 简述金融市场监管的必要性。

5. 简述金融市场监管的目的和原则。

应会考核

■ 观念应用

【背景资料】

数字经济时代,资本市场与金融监管体系变革

数字经济作为一个庞大而复杂的领域,其发展迅速且体量庞大,既带来了巨大机遇,也带来了诸多挑战。伴随着资本市场与数字经济之间的交织发展,叠加当前全球科技信息领域由开放合作向防御制裁转变,强化数字经济金融监管体系改革、协同发展与安全显得尤为重要。

中国作为全球数字经济增速排名前列的国家,一直以来秉持着深化改革开放的发展路径,有望"以我为主、博采众长",以资本市场与金融监管体系变革为钥,为中国经济高质量发展提供更加稳定高效的金融支持,也为全球经济繁荣、社会稳定作出重要贡献。

根据中国信息通信研究院最新发布的《全球数字经济白皮书(2023年)》,2016—2022年,美国、中国、德国、日本、韩国5个世界主要国家的数字经济总体年均复合增速约8.9%,其中中国数字经济年均复合增长达14.2%;2022年,中美德日韩五国数字经济总量为31万亿美元,占全球GDP比重为58%,较2016年提升约11个百分点;数字经济规模同比增长7.6%,高于GDP增速5.4个百分点。

资料来源:程实、徐婕:"数字经济时代,资本市场与金融监管体系变革",第一财经网,2023年7月25日。

【考核要求】

数字经济作为一个庞大而复杂的领域,其发展迅速且体量庞大,资本市场运作的影响不容忽视,请结合背景分析其带来的机遇和面临的挑战,试分析监管机构应采取的措施。

■ 技能应用

构建强大的金融监管

党的二十大报告提出,"加强和完善现代金融监管"。前进道路上,坚持底线思维、增强忧患意识,着力打造完备有效的金融监管体系,构建强大的金融监管,不忽视一个风险、不放过一个隐患,严抓不放、常抓不懈,我们就一定能有效防范化解金融风险,让中国特色金融发展之路越走越宽广。

深化金融体制改革,推进金融安全网建设,不断提升金融监管的能力和水平,全力守住不发生系统性风险底线。完善金融监管是推进国家治理体系和治理能力现代化的内在要求。在省部级主要领导干部推动金融高质量发展专题研讨班开班式上,习近平总书记深刻阐释金融强国应当具备的关键核心金融要素,其中一个重要方面,就是拥有"强大的金融监管"。新时代以来,我国不断深化金融监管体系改革,推动监管标准统一、监管效率提升,同时积极参与国际金融监管改革。我国金融监管体系不断健全,为推动金融高质量发展提供了坚实保障。但也要清醒认识到,金融乱象和腐败问题屡禁不止,金融监管和治理能力薄弱,经济金融风险隐患仍然较多。面向未来,必须着力构建强大的金融监管,以严密过硬监管保障金融稳定发展。

资料来源:王刚、于涛:"构建强大的金融监管(新论)",人民网,2024年2月28日。

【技能要求】

(1)金融监管具有不可替代的重要作用,对于实现经济社会发展目标任务、更好统筹发展和安全具有什么重要意义?

(2)构建强大的金融监管,如何从思想认识上深化?

(3)打造完备有效的金融监管体系,应该从哪些角度入手?

■ 案例分析

【情景与背景】

俄罗斯金融市场监管者

据俄罗斯商务咨询网报道,俄罗斯经济发展部建议设立独立于政府的自我调节机构,以对俄罗

斯金融市场进行监督。该机构为独立的专业公权力机构，兼有对金融市场所有部门的调节和监督功能，且机构自身与上述功能不存在内部利益冲突。同时还将建立跨部门金融稳定理事会，理事会负责监督金融部门系统风险，在对金融市场的监控作用上高于金融自我调节机构。俄罗斯国家基金市场协会会长基莫费耶夫表示，类似机构在英美已存在，它们兼顾国家职能部门和自我调节机构的双重特点，其经费由金融市场参与单位以会费方式构成，这样既可以保证其完全独立于国家机构，又可以解决费用高及技术保证不足等问题。政府各部门尚未对此建议做出答复，财政部表示在现有法律框架内设立类似机构似不可能。

资料来源：李贺等：《金融市场学》（第三版），上海财经大学出版社 2022 年版，第 279 页。

【分析要求】

金融市场监管者在维护金融市场秩序方面的必要性及其作用，以及金融监管者在实施监管时需要遵守的原则。

本章实训

【实训内容】

我国金融市场监管现状分析。

【实训步骤】

了解我国金融市场发展现状；分析我国金融市场监管手段；小组讨论，提出有益于金融市场发展的建议。

【实训要求】

要求：进行小组总结，分组讨论，教师对实训效果进行综合评价，并撰写实训报告。

<table>
<tr><th colspan="3">《我国金融市场监管现状分析》实训报告</th></tr>
<tr><td>实训班级：</td><td>项目小组：</td><td>项目组成员：</td></tr>
<tr><td>实训时间：　年　月　日</td><td>实训地点：</td><td>实训成绩：</td></tr>
<tr><td colspan="3">实训目的：</td></tr>
<tr><td colspan="3">实训步骤：</td></tr>
<tr><td colspan="3">实训结果：</td></tr>
<tr><td colspan="3">实训感言：</td></tr>
</table>

参考文献

[1] 中国证券业协会主编:《金融市场基础知识》,中国财政经济出版社 2023 年版。
[2] 中国证券业协会主编:《证券市场基本法律法规》,北京:中国财政经济出版社 2023 年版。
[3] 沈悦主编:《金融市场学》(第四版),科学出版社 2021 年版。
[4] 张亦春、郑振龙、林海主编:《金融市场学》(第六版),高等教育出版社 2024 年版。
[5] 王玉霞编著:《投资学》(第四版),东北财经大学出版社 2020 年版。
[6] 李贺主编:《证券投资学》,上海财经大学出版社 2020 年版。
[7] 邢天才、王玉霞主编:《证券投资学》(第五版),东北财经大学出版社 2020 年版。
[8] 李贺等编著:《金融市场学》(第三版),上海财经大学出版社 2022 年版。
[9] 刘园主编:《金融市场学》(第二版),中国人民大学出版社 2019 年版。
[10] 陈善昂主编:《金融市场学》(第五版),东北财经大学出版社 2022 年版。
[11] 韩国文、刘彻主编:《金融市场学》,人民邮电出版社 2019 年版。
[12] 李贺主编:《财务管理学》,上海财经大学出版社 2022 年版。
[13] 杜金富主编:《金融市场学》(第二版),中国金融出版社 2018 年版。
[14] 李贺主编:《国际金融学》,上海财经大学出版社 2023 年版。
[15] 中国保险行业协会:http://www.iachina.cn/col。
[16] 国家金融监督管理总局:http://www.cbirc.gov.cn。
[17] 中国证券监督管理委员:http://www.csrc.gov.cn。
[18] 东方财富网:http://emweb.eastmoney.com。